아동 · 청소년
뇌 기반 심리치료

John B. Arden, Lloyd Linford 지음
김광웅, 홍주란, 차미숙 옮김

Σ 시그마프레스

아동 · 청소년 뇌 기반 심리치료

발행일 | 2016년 1월 5일 1쇄 발행

저자 | John B. Arden, Lloyd Linford
역자 | 김광웅, 홍주란, 차미숙
발행인 | 강학경
발행처 | (주)시그마프레스
디자인 | 이상화
편집 | 문수진

등록번호 | 제10-2642호
주소 | 서울시 영등포구 양평로 22길 21 선유도코오롱디지털타워 A401~403호
전자우편 | sigma@spress.co.kr
홈페이지 | http://www.sigmapress.co.kr
전화 | (02)323-4845, (02)2062-5184~8
팩스 | (02)323-4197

ISBN | 978-89-6866-621-6

Brain-Based Therapy with Children and Adolescents
Evidence-Based Treatment for Everyday Practice

＊ 책값은 책 뒤표지에 있습니다.

이 도서의 국립중앙도서관 출판예정도서목록(CIP)은 서지정보유통지원시스템 홈페이지 (http://seoji.nl.go.kr)와 국가자료공동목록시스템(http://www.nl.go.kr/kolisnet)에서 이용하실 수 있습니다.(CIP제어번호: CIP2015032539)

역자 서문

이 책은 John Arden과 Lloyd Linford가 2009년 집필한 *Brain-Based Therapy with Children and Adolescents*의 번역서입니다. 이 책은 또한 *Evidence-Based Treatment for Everyday Practice*라는 부제를 달고 있습니다. 책의 제목만 봐도 심리치료의 최신 경향이 잘 드러나 있습니다.

21세기 들어 상담 및 심리치료 분야에서 두드러지게 나타나는 주제는 '증거 기반evidence-based'과 '뇌 기반brain-based'입니다. 이 책은 바로 이 두 가지 요구를 동시에 모두 충족하려는 의도에서 만들어진 것입니다. 저자들은 모두 노던캘리포니아에 있는 Kaiser Permanente Medical Center의 임상 전문가입니다. 특히 John Arden은 위 메디컬 센터의 Training Director이자 뇌 과학에 근거한 심리치료 전문가로서 세계적인 명성을 가진 분입니다. 우리나라에서도 이미 두 권의 저서가 번역 출판된 바 있습니다. 한 권은 2013년 번역 출판된 당신의 뇌를 리셋하라—올바른 뇌 사용설명서이고, 다른 한 권은 2015년 번역 출판된 브레인 바이블—평생 생생하게, 생산적으로, 행복하게 살 수 있는 다섯 가지 전략입니다. 또한 이 책과 함께 공저자들은 *Brain-Based Therapy with Adult*(2009)를 출판한 바 있습니다. Lloyd Linford는 심리학, 정신의학, 사회복지학을 넘나들면서 주로 증거 기반 심리치료의 대가로서 활동해 왔습니다. 여러 공적 활동과 함께 30년 이상 캘리포니아 오클랜드 지역에서 청소년과 성인을 위한 심리치료 시설을 운영하며 임상적 경험private practice과 연구를 수행해 왔습니다. 이러한 경험과 배경을 가진 두 사람이 공저자라는 점은 이 책의 전문적 가치를 충분히 보장해 주리라 믿습니다.

이 책을 번역하면서 역자들은 여러 가지 어려움을 경험하였습니다. 정말로 맞는 말은 아니겠지만, '책을 번역하는 것은 책을 새로 쓰는 것보다 더 어렵다'는 많은 번역자들의 하소연이 있습니다. 우리 역자들도 이런 하소연에 적극 동감합니다. 저자의 의도와 지식을 완전히 잘 파악하기 힘들다는 점이 우선적인 과제지만, 이 문제가 어느 정도 해결되면 즉시 부딪히는 문제는 우리말과 글로 어떻게 옮기고 표현하는 것이 최선인가 하는 문제입니다. 번역서의 가독성을 높이는 관건은 바로 여기에 있을 것임에 틀림없습니다. 역자들도 이런 어려움으로 고심도 많이 하고 토론과 협의도 많이 했습니다. 그러면서 새로운 지식을 얻는 기쁨을 누렸던 것 또한 당연한 일이었습니다. 이 기쁨과 성취감으로 일 년 반을 버텨 왔기 때문입니다. 여기에 덧붙여 역자들로 하여금 더 큰 어려움을 겪게 만든 것은 뇌 과학과 신경의학의 전문 용어들을 이해하고 우리말로 옮겨 놓는 일이었습니다. 의학사전을 뒤지고 다른 관련 전문 서적을 찾고 공부를 해가면서 이 문제를 원만히 해결했다고 생각하지만, 의학 지식 이해의 어려움은 잊을 수 없는 고난의 추억이 되었습니다.

뇌 과학과 신경생리학의 전문 용어들은 주로 뇌의 해부학적 명칭과 신경전달물질 이해에 도움이 되는 용어들입니다. 이 책에서 다른 심리치료 문헌들과 차이가 나는 중심 주제들입니다. 독자들도 이 책을 읽고 이해하면서 역자들과 똑같은 어려움을 겪을 것이라 생각하여, 뇌 과학과 신경생리학의 용어들을 한 곳에 모아서 원어와 우리말 역어를 차례 뒤에 이어서 제시해 놓았습니다. 더불어 뇌의 구조를 이해하는 것이 이 책을 잘 이해하는 데 큰 도움이 되겠기에 뇌 구조 그림도 첨부해 놓았습니다. 이 책의 부록에는 뇌 과학에 관한 기초적인 이해를 돕기 위한 지식이 잘 제시되어 있습니다. 그래서 뇌 과학에 관해서 익숙하지 않은 독자들은 우선 이 부록을 먼저 읽어 두는 것이 크게 도움이 될 것이라고 믿습니다.

이 책을 번역하고 출판하게 된 데는 역자들뿐 아니라 여러 분의 도움이 있었습니다. 우선 번역 초본 원고를 세세하게 읽어 가면서 가독성이 떨어지는 부분을 지적해 주고, 더 나은 표현이나 전달 방식을 자문해 준 임효진 선생님께 깊은 감사의 말씀을 드립니다. 뿐만 아니라, 당초 약속했던 시간을 제대로 지키지 못했는데도 불구하

고 역자들의 여러 가지 사정을 잘 이해해 주시고 좋은 책을 만드는 데만 집중해 주신
(주)시그마프레스에 깊이 감사드립니다. 아무쪼록 이 책이 아동과 청소년을 위해서
상담과 심리치료 서비스를 제공하는 한국의 전문가 여러분께 도움이 되기를 충심으
로 바라마지 않습니다.

역자 일동

한국어판 추천사

상담과 심리치료를 이해하고 실천하는 방식에 큰 변화가 일어나고 있다. 변화의 공통분모를 찾기 위하여 심리치료 학파 상호 간에 경계를 허무는 국제적인 움직임은 일관되게 뇌 기반 연구에 기초를 두고 있다. 새로운 통합모델은 통합모델과 관련된 과거의 기여를 흡수하되 이론 중심 학파의 엄격한 경계에만 기반을 두고 있는 순수한 이론 중심의 경향을 지양한다.

나는 심리학자, 치료 트레이너, 심리행정가로서 지난 40년간 많은 이론들이 명성을 얻었다가 몇 년 뒤 단지 먼 기억으로 사라져 가는 것을 봐 왔다. 그리고 이러한 이론들은 상호 간에 충돌하기도 하였다. 아동, 청소년, 그 부모들은 자신의 문제에 대해 뇌 기반 심리치료자로부터 이론 중심 학파에 소속된 치료자와 완전히 다른 관점을 들을 수 있을 것이다.

이 책의 한국어판은 다른 나라의 번역판과 마찬가지로 상담자 또는 치료자인 여러분에게 뇌 과학을 포함하는 모든 연구 영역을 통합하는 방법을 제공할 것이다. 그리고 주의집중 문제, 우울 또는 불안을 포함한 심리적인 문제들을 해결해야 하는 아동과 청소년, 그리고 그 가족을 도울 수 있게 해 줄 것이다.

저자 서문

어려움에 처한 아동을 돕고자 하는 열망은 성인의 뇌와 마음에 주로 내재되어
있으며, 이는 인류의 기원인 호모사피엔스 이전부터 존재했다. 그러나 실제
서구식 직업으로는 매우 최근에 이루어졌다. 아동을 돕는 직업은 19세기 유럽과 미
국에서 탄생했다. 도시화와 산업화로 인해 부모는 가족과 함께 시간을 제대로 보내
지 못했으며, 아이들은 여러 가지 새로운 어려움과 스트레스 요인에 노출되었다. 당
시 사람들은 기존의 신앙과 농경생활에서 벗어났고, 그에 따라 사회적 가치가 변화
하기 시작했다. 광범위한 문헌과 의무교육은 이 변화 과정에 활기를 불어넣었다. 아
동정신의학, 심리학, 사회사업 모두 우연치 않게 이 시기에 탄생했다. 사회사업은
런던과 뉴욕의 빈민가에서 시작되었으며, 아동심리학의 근원은 19세기 오스트리아
와 프랑스로 거슬러 올라간다. Siegfried Bernfeld(1922), August Aichorn(1926/1955),
Anna Freud(Burlington & Freud, 1940; Freud, 1946)는 Sigmund Freud의 이론을 바
탕으로 아동에 대한 헌신적인 과업을 이룩하였다.

Anna Freud를 포함한 학자들은 아동심리치료의 고유한 특성을 반영하는 접근방식
을 활용해야 했다. 성인심리치료는 각 개인이 사회 체계에 얼마나 깊게 포함되어 있
는지를 그다지 고려하지 않지만, 아동심리치료는 이 사실을 매우 중요하게 여긴다.
아동의 심리평가는 부모와 형제의 심리적 강점 및 약점, 불안의 실제 근원, 실제 트
라우마와 상실 경험에 대한 평가를 반드시 포함해야 한다.

사회사업가, 결혼 및 가족상담자, 아동심리치료자의 핵심 교육과정을 살펴보면

상담기술은 세 분야의 교육과정에 모두 포함되어 있는 반면, 아동심리학의 실제 바탕이 되는 뇌 발달은 배제되어 있다. 이 시리즈의 1권인 성인 뇌 기반 심리치료(*Brain-Based Therapy with Audlts*)에서 언급한 바와 같이, 19세기 심리학 분야의 가장 핵심 인물인 Sigmund Freud와 William James는 뛰어난 신경생리학자였다. 그러나 이들은 뇌 생물학 연구를 지속하지 않았기 때문에 정신의 작동 원리에 대한 깊이 있는 이론을 다루지 못했다. Freud의 '과학적 심리학을 위한 과제(Project for a Scientific Psychology)'(1895/1958)는 명확한 생물학적 증거에 기반을 둔 정신 이론 및 치료를 구상하려는 현대 심리치료자들의 열정을 담고 있다. 이상하게도 Freud는 살아있는 동안 '과제'를 한 번도 출판하지 않았다. 신경과학자로서 자신의 연구에 대한 의구심이 있었거나 아무도 모르는 다른 이유가 있었을 것으로 추정된다.

아동심리치료자와 소아과 레지던트는 새로운 교육과정의 바탕이 되는 애착과 관계에 대한 신경생물학을 이해하고 있어야 한다. 즉 인간의 뇌가 초기 관계 패턴의 지속성을 어떻게 유지하며, 동시에 어떻게 그 패턴을 변화시킬 수 있는지 이해할 수 있어야 한다. 성인 내담자와 이 내용을 다룰 때는 세밀한 점검보다는 자연스러운 조율을 통한 뇌 변화에 중점을 둔다. 이와 달리, 아동의 뇌 발달은 극적이고 지속적으로 이루어지는 변화에 중점을 두어 설명해야 한다. 아동은 출생 이전부터 환경 및 환경과의 관계 변화에 매우 민감하게 반응한다. 즉 아동의 뇌는 생득적인 구조에 대한 역설과 무한한 신경가소성을 만들어낸다.

발달심리, 신경과학, 심리치료를 통합하려는 시도는 최근 10년간 심리학 분야의 가장 중요한 발전으로 볼 수 있다. Schore(1994), Segal(1999), Cozolino(2006)는 정신역동치료를 활용하여 뇌 발달과 마음의 관련성을 밝혀낸 바 있다. 애착 이론의 통합 접근은 발달병리학의 새로운 영역으로 자리 잡았다(Cicchetti et al., 2006; Sroufe et al., 2005). Jerome Kagan과 Mary Rothbart의 생물학적인 접근은 기질 연구의 관점과 진화론적 생물학을 통합하는 방식이다(Kagan, 2004). Melanie Klein(1975/1921~1945)의 경우 부모는 무의식적으로 자신의 분노를 자녀에게 투사하고 동일시한 후 자녀의 공격적인 행동을 처벌한다고 보았다. 이처럼 관찰을 바탕으로 하는 몇몇 고전 연구들은 최근 들어 임상적 관점뿐 아니라 생물학적 관점으로도 이해되기 시작했다. 지금까지 광범위한 심리학적 기준의 범위 내에서 신경과학을 아동심리치료에 적용한 시도는 단 한 번도 없었기에 이를 목표 삼아 이 책을 집필하였다.

그러나 대다수의 치료자들은 여전히 "그래서 어떻다는 거지?" 하고 매우 의아해한다. 뇌 발달과 기능에 대한 이해 여부는 실제 심리치료 수행에 어떤 영향을 미치는가? 새로운 지식들은 Anna Freud(Sandler & Freud, 1985), Piaget(1951), Winnicott (1941/1975; 1975), Bowlby(1969)의 위대한 아동심리학 이론 및 임상 방식과 어떤 관련이 있는가? 매우 반항적인 아동을 상담할 때 이 지식은 어떻게 도움이 되는가? 이와 같은 의문을 해소할 수 있는 내용들을 본문에 담았다. 얼마나 다양한 전통 이론과 기법들이 새로운 신경생물학적 기준에 해당하는지를 실질적으로 명확히 밝히고 확고한 근거를 제시하고자 노력하였다.

아동심리치료 분야에서 발달신경과학은 19세기 미국의 개척자와 견줄 만큼 중요한 역할을 한다. 당시 신문기자인 Horace Greeley는 서부의 가능성과 미래를 보고, 독자들에게 "Go west, young man!"이라는 조언을 남겼다. 발달신경과학의 가능성과 미래에 대한 우리의 생각도 이와 유사하다. 즉 발달신경과학은 매우 풍부한 지식을 포함하고 있으며 성취 가능한 학문 영역이다. 또한 심리치료자가 반드시 숙지해야 하는 학문 분야로 발전할 것이다. 치료자는 성장하고 있는 아이들의 끊임없는 변화를 이끌어내기 위해 아동의 마음뿐 아니라 뇌 작동 원리를 반드시 이해해야 한다. 이 책에 제시된 접근방식은 성장 중인 뇌의 특성과 연구를 통해 입증된 치료 접근법을 통합하려는 시도라고 볼 수 있다. 이 책은 발달신경과학의 연구 결과들을 증거기반 임상 경험과 결합함으로써 아동을 위한 뇌 기반 심리치료를 제공하고자 한다.

차 례

역자 서문 iii
한국어판 추천사 vi
저자 서문 vii

제1장 변화하기와 머물러 있기 1

신경역동 : 자기조직화와 아동발달 6 / 발달하는 뇌 14 / 신경가소성 23

제2장 기질과 신경역동 27

고전적 관점 31 / 현대 심리학에서의 기질 32 / 기질을 개선하기 39
정서를 주고받기 41 / 정서조절 관계 45

제3장 애착과 주관성 47

Freud, Klein, Winnicott 49 / 애착 56 / 애착, 정서조절, 정신병리 63
상위인지와 자기조절 67

제4장 양육관계에서의 손상과 개선 69

애착 손상과 뇌 72 / 모성 우울 74 / 스트레스, 발달, 부모 학대 79
내러티브를 함께 구성하기 83 / 정서 조절하기 88 / 마음이론 94

제5장 청소년기 발달 99

호르몬, 성장, 성 103 / 심리적 발달 109 / 양육 113

제6장 **BASE를 활용한 심리치료** 121

뇌의 특성 'B' 123 / 조율 'A' 131 / 체계 'S' 138 / 증거 기반 'E' 146

제7장 **주의집중과 자기조절 장애** 149

진단 152 / 유병률과 공존율 156 / 평가 157 / 원인론과 신경역동 160
ADD/ADHD 치료 163 / 부모상담과 가족치료 168 / 학교와 협력하기 172
예후 173

제8장 **아동과 청소년의 불안** 179

타고난 요인 182 / 강박장애 189 / 사회불안장애 201
외상 후 스트레스 장애 213

제9장 **아동과 청소년의 우울** 223

발생률과 유병률 226 / 진단 227 / 평가 230 / 원인론 232
애착, 관계, 기분 238 / 우울증 치료 240

 뇌 과학의 기초 253

뉴런과 주변 요소 254 / 신경화학적 작용 259
모듈과 네트워크 : 뇌 구성요소 263 / 뇌 속으로의 여행 266
신경가소성과 신경역동 283

참고문헌 286
찾아보기 332

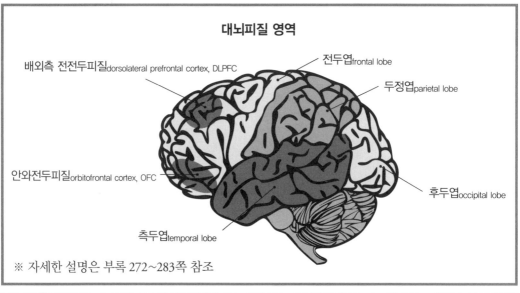

대뇌피질 영역

배외측 전전두피질dorsolateral prefrontal cortex, DLPFC

전두엽frontal lobe

두정엽parietal lobe

안와전두피질orbitofrontal cortex, OFC

후두엽occipital lobe

측두엽temporal lobe

※ 자세한 설명은 부록 272~283쪽 참조

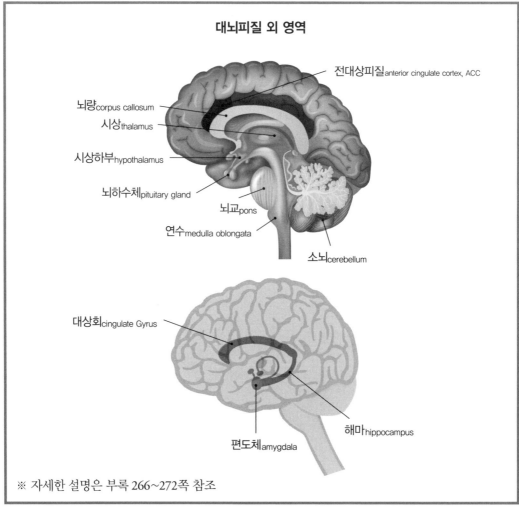

대뇌피질 외 영역

전대상피질anterior cingulate cortex, ACC

뇌량corpus callosum

시상thalamus

시상하부hypothalamus

뇌하수체pituitary gland

뇌교pons

연수medulla oblongata

소뇌cerebellum

대상회cingulate Gyrus

편도체amygdala

해마hippocampus

※ 자세한 설명은 부록 266~272쪽 참조

이 책의 주요 뇌 과학 용어와 신경전달물질

뇌 과학 용어

(가나다순)

역어	원어	설명 참조
거울신경세포	mirror neuron	124쪽
뉴런	neuron	254쪽
방추세포	spindle cell	128쪽
세포사멸	apoptosis	264쪽
수상돌기	dendrites	254쪽
수초화	myelination	20쪽
시냅스	synapse	254쪽
신경가소성	neuroplasticity	283쪽
신경교세포	glial cell	254쪽
신경망	neural network	265쪽
신경발생	neurogenesis	283쪽
신경역동	neurodynamics	264쪽
축삭돌기	axons	254쪽

신경전달물질

역어	원어	설명 참조
아미노산 신경전달물질amino acid neurotransmitters		
감마아미노부티르산	gamma-aminobutyric acid, GABA	259쪽
글루탐산	glutamate	259쪽
모노아민 신경전달물질monoamine neurotransmitters		
도파민	dopamine, DA	259쪽
세로토닌	serotonin, 5-hydroxytryptamine(5-HT)	261쪽
에피네프린	epinephrine	262쪽
노르에피네프린	norepinephrine	262쪽
신경펩타이드neuropeptides		
옥시토신	oxytocin	263쪽
바소프레신	vasopressin	263쪽
뇌 유래 신경영양인자	brain-derived neurotrophic factor, BDNF	79쪽

뇌 과학 용어와 신경전달물질의 상세한 해설은 부록 참조

제1장

변화하기와 머물러 있기

어디에서 무엇을 하든 우리 인생은 무거운 바퀴가 굴러가는 것처럼 천천히 흘러가며 어떠한 상황에서도 멈추지 않는다. 나는 인생이란 그 무엇도 개의치 않고 전진한다는 것을 매우 겸허하게 알게 되었다.

—Lisa Kristine, 사진작가

아동심리치료자는 인격 및 성격의 안정성과 변화가능성을 동시에 다루며 치료 관계를 활용하여 아동이 복잡한 사회에 건강하게 적응할 수 있도록 돕는다. 치료 관계가 마음을 변화시킬 수 있다는 발견은 정신의학 내에서 심리치료 혁명을 불러일으켰다. 이 발견은 당시 두뇌와 신경계 연구 분야 선구자들의 공헌이 컸으나 그러한 사실은 널리 알려지지 않았다. Freud는 1877년부터 1900년[꿈의 해석(*The Interpretation of Dreams*) 발간 연도]까지 신경과학과 관련된 저술을 100편 이상 남겼다(이에 대한 흥미로운 논의는 Solms & Saling, 1990 참조). 그 당시는 뇌의 각 영역이 특정 역할을 개별적으로 수행한다는 과학적 견해가 우세하였으나 신경과학자인 Freud는 이와 다른 견해를 제시하였다. Freud는 실어증을 다룬 짧은 글을 통해 국재화 가설localization hypothesis을 반대하며 뇌의 '언어 영역speech freid' 개념(1888/1990)을 새롭게 제시하였는데, 이 개념이 현대 뇌 과학 관점과 더욱 일치한다.

Freud와 마찬가지로 William James 또한 뇌신경학자였다. 그의 연구는 Freud의 연구만큼 임상가들에게 유용하게 쓰이지는 않았지만 현대 인지과학의 토대가 되었다. 그런 점에서 James는 행동주의 및 인지행동치료의 선구자였다. James(1890)의 심리학의 원리(*Principles of Psychology*)에는 심리학 연구에서 지속적으로 중요하게 다루었던 개념인 연상 학습, 일련의 조작적 학습, 공포 조건화 등에 대한 논의가 담겨 있다. 그의 정서이론은 감정이 사고나 환상 때문에 발생하는 것이 아니라 외부 자극에 대한 본능적이고 신체적인 반응 때문에 발생한다는 관점을 기반으로 한다. 심리학의 원리는 상세한 뇌 그림과 브로카 영역 및 베르니케 영역(언어 표현 및 이해 능력과 관련된 뇌 핵심 영역)에 대한 설명을 포함하고 있다. James는 의식의 영역을 다음과 같이 결론 내렸다.

> 그렇기는 하지만 의식이라는 단어의 의미를 각자의 개인적 자기personal self로 제한
> 했기 때문에, 앞 단락의 질문에 대해 피질은 인간의 의식을 다루는 유일한 영역이라고
> 매우 확실하게 답변할 수 있다. 피질보다 하위 영역과 관련된 의식은 스스로 인식
> 할 수 없는 의식이다. (James, 1890, p. 67)

그 후 임상심리학자들은 뇌를 고려하지 않는 아리스토텔레스, 데카르트, 제임스
의 이론을 지향하면서 사례 연구와 인지발달 및 행동규범에 중점을 둔 Freud를 추종
하였다. 생물학자들은 순수 심리학을 위해 뇌 과학을 포기한 심리치료자들이 '비과
학적인' 방법을 적용한다고 비난하였다. 통찰과 공감을 활용하여 마음을 이해하는
방법이 여기에 해당한다. 치료자들은 신경학에서 벗어난 덕분에 과학자들이 수년 동
안 실험실에서 밝혀내지 못했던 신경과학에 대한 진실, 즉 뇌는 대인관계에 매우 민
감하게 반응한다는 것을 발견할 수 있었다. 특히 아동기에는 관계가 음식과 온정만
큼 중요한 역할을 한다.

인간 본성과 발달에 대한 심리치료자들의 발견은 동시대 신경과학 실험실에서 입
증된 결과를 능가하는 내용이었다. 그러나 Freud와 James의 순수 심리학 분야를 추
종하며 정신역동과 행동주의 접근에 익숙한 치료자들은 직관적인 가설과 추론에 필
요한 현실 검증을 최우선으로 하지 않았다.

현대 신경과학의 접근 방식은 정신역동에서 설명하는 무의식 현상을 다시 점검할
수 있는 계기를 만들어 주었으며 통합 신경발달 모델의 가치를 보여주는 본보기라고
할 수 있다. 정통 정신분석가들은 무의식을 청교도의 지옥과 같은 방식으로 설명하
는 경향이 있었다. 그들은 무의식을 사회질서와 개인의 선량한 마음을 파괴하는 위
협적인 리비도의 충동과 공격성의 집합체로 설명하였다. 이후 정신역동치료자들은
무의식을 완화된 의미, 즉 사회적 및 개인적으로 수용할 수 없는 충동 저장소로 간주
하였다. 현대 신경과학 관점으로 해석한다면, Freud의 무의식은 인간이 자각하지 못
하는 영역에서 기능하는 매우 큰 정신세계 영역 중 작은 일부분에 해당한다고 볼 수

있다. 뇌의 대부분 영역은 의식적으로 기능할 수 없으며 기능의 목적 또한 의식 수준에서 파악할 수 없다. 신경과학자들은 프로이트 학파와 달리 '비의식nonconscious'이라는 용어를 명사가 아닌 형용사 형태로 사용하도록 주의한다. 최신 신경과학에서는 마음을 형태나 장소보다는 과정으로 간주한다. 신경역동치료자들은 통찰보다는 사고, 정서, 행동의 심리학적 영역과 뇌기능을 통합하는 방식에 더욱 열의가 있다.

임상가는 신경과학 연구에서 밝혀진 무의식적 기능의 임상적 의의를 제대로 알고 있어야 한다. 변연계limbic system의 중심부이자 뇌 중앙 부근에 위치한 해마hippocampus는 특정한 기억 형태 저장에 핵심 역할을 한다. 해마는 의식적으로 경험하는 사건의 기억 형성에 매우 중요한 영역이다. 해마는 뇌의 다른 영역에서 전달된 정보뿐만 아니라 전체 신경계(입력된 정보들을 외현기억으로 저장하게 하는 역할)에서 전달된 정보들을 조직하고 조성한다. 이 자그마한 뇌 모듈의 일부 혹은 전체를 손실한 성인은 장기 외현기억을 더 이상 형성하지 못하게 된다. 유명한 환자 H.M.의 사례에서도 좌ㆍ우측 해마 제거 수술을 받은 직후 동일한 특성이 나타났다[자매편 성인 뇌 기반 심리치료(*Brain-Based Therapy with Adult*) 참조].

해마의 기능은 시간이 흐르면서 변하는데, 이는 다른 여러 뇌 모듈과 유사한 발달 속도로 이루어진다. 기억이 형성되는 일련의 생물학적 과정은 임상적으로 중요한 의미가 있다. 예를 들어 해마와 피질 사이의 특정한 고리는 과거의 사건을 명확하게 기억해낼 수 있도록 해주는데, 이 고리는 2세 이후부터 기능한다. 2세 이전까지는 외현기억을 형성할 수 없다. 아동 또는 성인 내담자의 방어를 아무리 많이 분석하더라도 이 시기 기억들을 밝혀내는 것은 '불가능'하다. 영아기 기억상실은 심리적 원인(Freud의 주장)이 아닌 발달 과정의 결과물이다. 이와 같은 외현적인 자전적 기억체계의 발달은 아동 성격과 개인의 지속성 및 정체성에 중요한 영향을 미친다.

다른 기억체계는 좀 더 이른 시기에 형성된다. 해마와 매우 인접한 위치에 있는 편도체는 절차기억과 정서기억을 포함하는 암묵기억체계implicit memory system에 강력한 영향력을 발휘한다. 해마와 마찬가지로 편도체amygdala또한 양 반구에 상대적으로 작은 크기로 각각 존재한다. 편도체는 스트레스에 대한 신체 반응을 유발하는 강력한 매개체이며 무의식적 정서기억 저장에 지대한 영향을 미친다. 이러한 기억체계들은 행동으로 드러나는 정보나 반응을 통해서만 인식할 수 있다. 그러므로 아동심리치료자는 암묵기억과 연관된 행동을 명확하게 해석한다. 예를 들어 영아기에 지속적인 방임을 경험한 8세 아동을 상담할 때, 상담자는 아이의 영아기 기억을 밝혀내려고 하기보다는 아이와 함께 새로운 내러티브를 구성하려고 한다.

신경역동 : 자기조직화와 아동발달

마음은 아동의 뇌와 같은 복잡계complex system 속에서만 발견할 수 있는 현상, 즉 '창발적 과정emergent process'에 해당한다. 창발적 과정은 해마와 대뇌피질 간 상호작용과 같은 복잡계 내 요인들의 상호작용을 통해 발생하는 놀라운 결과다. 마음/뇌 작용과 같은 복잡계는 이를 구성하고 있는 하위 체계의 기능을 자체적으로 완전히 바꿔 놓기도 하기 때문에 부분의 합보다 전체가 더 위대한 힘을 발휘한다고 볼 수 있다 (Arden, 1996; Grigsby & Stevens, 2000).

복잡성

복잡계에는 일반적으로 몇 가지 중요한 특성이 있다. 그중 하나는 다음과 같다. 복잡계는 대개 여러 영역으로 구성되어 있는데, 어느 한 영역의 기능보다는 구성 영역 간 관계가 훨씬 중요하다. 예를 들어 폐호흡을 하는 포유류의 경우, 폐는 순환계의 핵심 기관이지만 폐 기능은 보다 큰 체성계, 특히 뇌의 지배를 받는다. 반대로 폐를 구성하는 세포 내 미세한 작용의 활동은 폐에 큰 영향을 미친다. 아동의 뇌 또한 상호 밀접한 여러 영역이나 모듈로 구성되어 있으며 발달단계와 경험에 따라 변화를 거듭한다. 단일 세포는 자가 복제를 통해 일란성 쌍둥이 자손세포를 만들어내면서부터 장기간 분화 과정에 접어든다. 자손세포는 또 다른 세포의 증조부모 역할을 하게 될 것이다. 즉 자손세포 중 하나는 소화기관, 다른 하나는 후두부에 위치한 시각피질의 뉴런 형성에 쓰인다. 두 자손세포가 처음부터 모세포와 동일하다는 점을 고려했을 때 두 자손세포의 반응능력은 타고나는 것이다. 그중에서도 특히 자궁환경 속 세포 위치와 태아 내 세포 위치는 더욱 이 특징이 두드러진다.

정상 아기는 첫 체세포 분열이 끝난 시점을 기준으로 대략 9개월 후에 태어난다. 유전과 환경 간 강렬한 상호작용 체계는 출생 후에도 분화 작업을 계속한다. 신생아는 모든 다른 포유류 새끼에 비해 미성숙한 상태로 태어나지만 고도로 분화된 많은 체계를 갖고 있기 때문에 양육자와의 애착 형성을 통해 특별하게 성장한다. 이러한 측면에서 아동은 다른 사람들이나 집단으로 이루어진 쌍방적 사회 체계에 속하는 하위 체계라고 볼 수 있다. 신생아의 뇌는 다른 생명 체계와 마찬가지로 안정과 불안정 사이에서 균형을 유지하며(von Bertalanffy, 1968), 스스로 조직화할 수 있는 능력이 있다(Arden, 1996). 제2장에서 설명하겠지만 영아는 생존과 발달을 위해 사람들의 관심을 받을 수 있도록 설계된 진화 과정을 거친다. 영아의 선천적인 신경학적 구조는 그 종류에 상관없이 출생과 동시에 환경과 상호작용하며 환경을 통해 변화한다.

복잡계는 어떠한 방식으로 스스로 조직화하고 유지하며, 새로운 정보를 처리하는가? 모든 복잡계는 변화하는 환경 속에서 일정한 수준으로 안정성을 유지할 수 있다.

비생명 체계에서의 이러한 자기조직화 기능은 토성과 토성 주변 고리의 '움직임'을 예로 들어 설명할 수 있다. 토성의 고리를 천체망원경으로 관찰해보면 행성 궤도의 중앙을 둘러싸고 있는 유색의 납작한 고체 밴드처럼 보인다. 그러나 실제로는 엄청난 속도로 행성 주위를 질주하는 수십억 개의 돌로 구성되어 있다. 뿐만 아니라 그 고리들은 커다란 복잡계 속에서 서로 빈 공간을 사이에 두고 분리되어 있는 개별 모듈이다.

역학 연구자들은 이 패턴을 어트랙터attractor라고 부른다. 어트랙터는 체계가 최소의 에너지로 취할 수 있는 활동이나 구조 패턴을 의미한다. 돌은 어트랙터 패턴을 벗어나려고 하는 에너지를 갖고 있기 때문에 고리 사이의 무비행 구역으로 진입하려고 할 것이다. 그러나 전체 체계의 자기조직화 기능 때문에 고리를 벗어나는 돌은 중력에 의해 인접한 고리로 끌려 들어가게 된다. 아동의 뇌와 같은 모든 복잡계는 여러 공통 요인이 있는데, 그중 하나가 바로 **변화를 위해서는 종종 추가적인 에너지가 필요하다는 것**이다. 저항은 관성을 유지하고 에너지를 보존하려는 체계의 특성을 의도적으로 거부하거나 반대하는 행위가 아닐 수도 있다(Grigsby & Stevens, 2000).

토성의 고리 체계처럼 아동의 뇌 또한 역동적인 복잡성, 즉 특정한 반응 패턴을 스스로 조직하고 유지하는 능력을 갖고 있다. 토성 궤도의 돌이나 잔해 조각들의 이동 패턴과 마찬가지로 아동의 '특성traits'도 어트랙터에 해당한다. 그러나 거대한 행성의 고리 체계보다 신생아 뇌의 복잡성이 훨씬 더 위대하다. 수정란과 태아의 모든 후속 세포 DNA에는 신체의 특정 세포 생성에 필요한 모든 정보가 담겨 있다. 모든 세포는 환경 요인에 반응하며, 환경 요인에 의해 변화된다. 태아는 10~26주 동안 분당 평균 25만 개의 새로운 뉴런을 만들어낸다. 이 세포들은 거의 정해진 장소에서 생성되며, 생성 이후에는 일정한 수상돌기dendrites, 네트워크를 형성하거나 다른 뉴런과 연결될 준비를 한다. 뉴런의 지휘하에 성장하는 수상돌기는 출생 시 또는 생후 몇 개월이나 몇 년 이후 작동할 뇌 기능 개시에 필요한 네트워크의 일부분이 된다.

이 세포들은 어떤 방식으로 안정성과 변화 사이에서 정확한 균형을 유지하는 것일까? 뉴런 내부의 미세한 전기 활동이 세포 '발화'를 일으키고 방대한 신경전달물질을 내보내면, 이웃 뉴런의 신경전달물질 수용체가 반응한다. 이웃 뉴런은 전달받은 신경전달물질의 종류에 따라 전기적 활성화를 일으키거나 진정될 것이며, 이는 곧 정신적 반응mental life을 일으킨다. 전체 체계는 무수한 세포들로 구성되어 있다. 신생아의 뉴런은 엄마의 뉴런보다 2배 많으며 외부 자극을 받으면 매우 급속하게 서로 연결된다. 아기는 출생 한 시간 내로 주변 사람의 얼굴 표정을 따라 할 수 있으며 (Meltzoff & Moore, 1977), 눈에 보이는 그 어떤 것보다 사람의 모습을 가장 선호하게 된다(Bebee & Lachman, 2002). 뉴런의 목적지 선정이나 다른 뉴런과의 연결 방식 원리에 대해서는 아직 밝혀지지 않았다. 그러나 분명한 점은 전체 체계는 환경을 정교하게 인식하며, 인식된 환경은 곧바로 신생아의 뇌를 재조직하는 데 핵심 역할을 한다. 이는 인간 신경계의 영속적인 자기조직화 특성 중 하나에 해당한다.

복잡성과 환경 민감성

치료자는 아동 주변의 관계를 세밀하게 평가해야 하며 세상을 바라보는 아동의 관점을 이해하고 있어야 한다. 관계는 인간 발달을 촉진한다. 치료자와의 관계는 아동이 성인 양육자 및 또래와 맺는 다양한 애착 형태 중 하나에 해당한다. 치료자는 아동이 가족 및 외부 세계에 적응할 수 있도록 도와주며, 적응을 위한 변화가 아동의 내적 세계와 항상 균형을 유지할 수 있도록 돕는다. 치료 과정에서는 감정 및 사건을 해석하는 아동의 방식과 이를 보다 세밀하게 이해하고 해석할 수 있는 치료자의 개입이 조화를 이룬다. 즉 아동심리치료는 치료자와 아동 간 유대관계를 통해 두 사람의 뇌에 변화를 일으킨다.

결핍 혹은 풍족한 환경의 영향에 관한 연구는 아동이 대인관계 환경에 어느 정도로 노출되어 있는지를 평가한다. 정신과 의사이자 Anna Freud와 가까운 동료인 Rene Spitz(1983)는 영아기 뇌 발달과 관계 의존적 학습의 상호작용 연구 분야에서 선구자였다. 그는 결핍 환경에 처한 영·유아를 대상으로 연구하는 방법을 고안하였다. 머리 외상 연구가 성인의 뇌기능 모델 발달을 이끈 것처럼, Spitz의 연구 방법은 사랑과 아동 뇌세포 간 섬세한 상호작용을 이해하는 데 중요하다. 연구 방법의 원리는 매우 비참한 상황에서 일어나는 현상을 관찰함으로써 일상에서 일어날 수 있는 일들을 이해하는 것이다. Spitz는 의학적 문제로 입원한 영아를 대상으로 연구하여 시설증후군과 의존성 우울개념을 정의하였다. Spitz의 연구 결과는 다음과 같다. 오랜 기간 방치된 영아의 경우 대개 처음에는 적극적으로 저항한다. 그러나 주변 반응이 전혀 없으면 더 이상 저항하지 않고 수동적으로 반응한다. 영아의 위축된 행동은 지속될 수 있으며 치명적인 사망을 초래하기도 한다. Spitz의 제안대로 영아는 신체 접촉, 눈 맞춤, 미소, 안아주기, 음성 반응이 부재할 경우 생명을 잃을 수도 있다.

루마니아 고아원은 영아의 모성박탈과 사회적 박탈 연구에 중요한 현장으로 여겨져 왔다. 1989년 차우셰스쿠 정권 몰락 후 15만 명 이상의 아이들이 고아원에서 생활하게 되었다. 상당수는 영양결핍이거나 방치되었으며 감염질병으로 생명을 잃기도 했다. 음식과 깨끗한 환경은 제공되었지만 한 사람이 30여 명을 보살폈기 때문에 아이들의 개별 심리적 욕구를 채워줄 수는 없었다. 대부분은 머리 흔들기, 끊임없이 움직이기와 같은 자기자극에 의지했다. 결정적 시기 동안 사람과 일정한 접촉을 하지 못했던 점은 다차원적 발달지연의 주원인으로 작용했다(Kuhn & Schanberg, 1998).

루마니아 고아원에 8개월 이상 머물렀던 1세 미만 영아는 생후 4개월 이전에 입양된 영아보다 혈중 코르티솔cortisol 수치가 높았으며 코르티솔 수치가 지속적으로 상승

하는 것으로 나타났다(Gunmar, 2001). 코르티솔은 뇌 각성 체계에서 중요한 역할을
하며 비교적 짧은 시간에 영향력을 발휘한다. 장기간 스트레스는 해마의 기능과 크
기에 부정적 영향을 미치고 편도체의 과잉 활성화를 유발하여 체계를 무너뜨린다.

영국 소아정신과 의사이자 신경과학자인 Michael Rutter는 3세 6개월 즈음에 입
양된 루마니아 고아 156명과 6세 이전에 입양된 일반 아동 50명을 비교 연구하였다
(Rutter et al., 2001). 모든 아동을 장기 추적하면서 정서 문제, ADHD, 자폐, 인지손
상, 또래 관계 손상, 품행문제를 포함한 다양한 행동 문제를 평가했다. 루마니아 아
동은 7개 영역 중 4개(애착문제, ADHD, 유사 자폐문제, 인지손상) 영역에서 문제
를 드러낼 가능성이 높은 것으로 나타났다. 이와 같은 문제는 2세 이후에 루마니아
를 떠난 아동에게 더욱 두드러졌다. 생후 6개월 이전에 입양된 아동은 일반 입양 아
동 집단과 유사했다. 루마니아 고아원에서 생후 6개월 이후에 영국으로 입양된 아동
의 경우 입양 시기가 늦을수록 행동 문제 발병 위험성이 증가하였으며, 2세 이후에
입양된 아동의 위험성이 가장 높은 것으로 나타났다. 흥미롭게도 2세 이후에 입양된
아동 중 20~25% 정도는 6세가 될 때까지 행동 문제를 드러내지 않았다.

캐나다 Fisher 연구팀은 브리티시컬럼비아 주에 입양된 루마니아 아동의 트라우마
를 조사하였다(Fisher, Ames, Chisholm & Savoie, 1995). 그 결과 루마니아 고아원에
서 최소 8개월을 보낸 아동은 4개월 이하 거주 아동과 달리 심각한 발달문제가 있는
것으로 나타났다. 미국 가정으로 입양된 루마니아 아동은 다양한 초기 사회성 결핍
증상을 보였다. 이들은 놀이에 관심이나 흥미가 없는 것처럼 행동했고 음식을 저장
해 두는 습관이 있었다. 또한 울거나 고통을 호소하는 경우가 매우 드물었다. 고아를
대상으로 한 영상 연구는 이러한 행동 문제와 일치하는 뇌의 비정상적 특성을 밝혀
내기도 했다. 관계 및 자기조절 수행에 필수 영역인 안와전두피질orbital frontal cortex을 비
교한 결과, 일반 아동에 비해 고아의 안와전두피질 활성화 수치가 낮은 것으로 나타
났다(Chugani et al., 2001).

모성 결핍 또한 심각한 신경화학문제를 초래한다. 태어나자마자 어미와 분리되어
성장한 동물의 경우 신경전달물질(뉴런의 시냅스를 통해 전달되는 화학물질)의 생성
및 기능이 지속적으로 불규칙한 것으로 밝혀졌다. 기쁨과 보상 경험에 중요한 전달

물질인 도파민dopamine 또한 애착 경험에 영향을 받는 신경화학물질 중 하나다. 초기 박탈은 도파민 생성과 도파민의 스트레스 완화 역할을 조절하는 유전자 발현을 변형시킨다. 다른 동물 연구에서도 초기 모성 분리의 부정적 영향이 검증된 바 있다. 벤조디아제핀benzodiazepine 수용체 발현, RNA 내 세로토닌serotonin 수용체 발현, 모르핀morphine 수용체, 당질코르티코이드glucocortocoid 수용체에 대한 영아의 민감성은 스트레스 반응과 관련이 있었다(상세한 내용은 Wexler, 2006 참조). Spitz처럼 초기 대인 관계 박탈의 치명적인 영향을 연구한 발달학자 및 동시대 신경과학자들의 업적은 전 세계의 사회 정책을 바꾸어 놓았다. 많은 연구를 통해 안정적인 관계가 발달의 기초 자양분이라는 결론이 내려지면서 고아원, 소아 병동, 데이케어 센터에 변화가 일어났다. 자원이 충분한 기관에서는 영아에게 더욱 질 높은 상호작용과 전담 양육자를 제공하려는 조치를 취했다. 불행하게도 이러한 변화를 일으킬 자원이 부족한 곳에서는 희생되는 영아의 수가 줄어들지 않았다.

신경가소성과 신경발생

풍족한 환경에서 성장한 아동을 대상으로 한 연구는 뇌 발달에 미치는 환경 요소의 영향을 편향된 관점이기는 하지만 극도로 결핍된 환경 속 아동 대상 연구와 동일한 결과를 제시해 왔다. 이러한 연구들은 개입 후 검증이 필요하기 때문에 인간을 대신하는 동물을 실험대상으로 활용한다. 그중에서 쥐는 손쉽게 새끼를 낳을 수 있고 상대적으로 빨리 성장하기 때문에 활용도가 높은 편이다. 40년 이상 풍족한 환경에 노출된 쥐의 뇌는 구조적으로 다양한 변화를 거듭한 것으로 나타났다. 뇌 무게와 밀도가 전반적으로 증가했다. 수상돌기와 수상돌기의 가지 밀도, 뉴런당 시냅스 개수, 시냅스 종말 개수가 증가하면서 뉴런 사이 소통이 활발해지기도 했다. 해마의 치상회dentate gyrus 내 과립세포granule cell 또한 증가했다(상세한 내용은 Cicchetti & Curtis, 2006 참조).

환경 자극에 반응하는 뇌는 새로운 뉴런을 만들어낸다는 최근 연구 결과 또한 중요한 발견이다. 샌디에이고 소크생물연구소 연구진은 터널, 바퀴, 기타 흥미로운 소품이 구비된 우리 속 어른 쥐를 대상으로 실험을 진행했다. 그 결과 일반 우리 속 쥐에 비해 풍족한 우리 속 쥐의 뉴런이 15% 많은 것으로 나타났다. 예상대로 풍족한 우리 속 쥐는 다양한 인지 및 기억력 테스트에서 우수한 수행을 보였으며 해마의 크기가 증가한 것으로 밝혀졌다(Kemperman et al., 1998). 이른바 신경세포 분열neuronal proliferation은 줄기세포에서 생성된 신경모세포neuroblast라는 뉴런의 전구체를 필요로 한다. 일반적으로 줄기세포와 신경모세포는 성인기 내내 만들어지기는 하지만 새로운 뉴런으로 변하지는 않는다. 그러나 소크 연구진은 풍족한 환경 속에서 인지적 자극을 받을 경우 신경모세포가 실제 뉴런으로 변할 가능성이 증가한다는 점을 입증하였다.

이러한 발견은 대다수 신경과학자의 오랜 믿음, 즉 인간의 뉴런 수는 출생 시 이미 정해져 있다는 내용과 상반된다. 소크 연구진과 유사한 연구는 신경과학계의 집단정신을 바꾸어 놓았다. 해마 치상회와 같은 뇌의 특정 부위에서 새로운 뉴런이 생성되는 것으로 밝혀졌다. 이로 인해 새로운 학습에 대한 뇌의 반응성을 더욱 깊게 인식하게 되었다. 심리치료는 풍부한 대인관계 환경의 전형이다. 그렇기 때문에 실험실뿐만 아니라 상담실에서도 신경발생이 일어난다고 볼 수 있다. 치상회 뉴런의 85% 정도는 출생 후 만들어지는 것으로 추정된다. 이러한 과립세포는 흥분성이며 글루탐산glutamate을 기본 신경전달물질로 사용한다. Kemperman 연구팀(1998)은 풍족한 환경 속 쥐의 치상회에서 새로운 뉴런을 발견했다. Gould 연구팀(1999)은 어른 원숭이 뇌에서 동일한 현상을 밝혀냈다.

교육계에서는 환경이 뇌의 생물학적 변화에 영향을 미친다는 신념을 바탕으로 풍부한 환경 개입을 시도해 왔다. 헤드스타트Head Start는 개입 프로그램의 훌륭한 사례 중 하나다. 참여 아동 뇌의 구조적인 변화를 촬영하거나 뇌 변화를 입증할 만한 다른 직접적인 증거는 없었다. 그러나 아이들의 행동 변화는 뇌 변화를 입증하는 가장 강력한 증거가 되었다. 프로그램 덕분에 아이들의 평균 지능지수가 상승하였고 학교 적응과 사회적 유능감에 긍정적 변화가 일어났다(Lazar, Darlington, Murray, Royce, & Snipper, 1982). 다른 개입 프로그램인 ABC 프로젝트Abecedarian Project 또한 고위험군 유아의 인지발달에 긍정적인 영향을 미쳤다(Cottlieb & Blair, 2004; Ramey et al., 2000). 참여 아동의 지능지수는 통제 집단에 비해 평균 5점 상승하였다. 더불어 초등학교에서의 낙제율 또한 50% 감소하였으며, 12~15세 아동은 다양한 시험에서 좋은 성적을 거두었다. 가장 고위험군에 해당했던, 지능지수 70 이하인 엄마를 둔 아이들은 이 프로그램을 통해 가장 많은 변화를 보였다.

유전과 환경의 영향

입양 연구는 대체로 개인의 발달에 기여하는 환경의 중요성을 강조한다. Cadoret (1995)는 다음과 같은 상반된 결과를 제시하였다. 가정폭력 이력이 있는 친부모를 떠나 그렇지 않은 양부모에게 입양된 아동의 13%만 성장하면서 반사회적 특성을 보였다. 반면, 폭력 이력이 없는 친부모에게 태어났지만 폭력 이력이 있는 양부모에게 입양된 아동 중 45%가 반사회적 특성이 있는 것으로 나타났다.

쌍생아 연구는 특정 심리특성 발달에 영향을 미치는 유전과 환경의 상대적 중요성을 검증하는 대표 방식이다. Bokhorst 등(2003)은 초기 평가 시 '안정 애착'으로 분류된 일란성 쌍둥이 중 불안 성향이 높은 양부모 밑에서 성장한 아이들을 대상으로 연구하였다. 그 결과 쌍둥이가 양부모의 불안 특성에 영향을 미치는 경우 아이들에게도 불안 특성이 나타날 수 있다고 제안하였다.

아동은 위험 요인과 보호 요인이 혼재된 환경 속에서 성장한다. 하와이 카우아이에서 태어난 1955년생 아동 700명을 추적 관찰한 종단 연구는 다음과 같은 결과를 제시하였다. 대상 아동 절반은 빈곤한 가정에서 성장했고 나머지 절반은 상대적으로 윤택한 환경에서 성장했다. 연구 대상의 1/3은 행동 문제를 보였다. 이들은 특히 부모의 질병, 만성 빈곤, 부모의 정신병, 가족의 불안정한 분위기와 같은 위험 요인에 노출된 것으로 나타났다. 그러나 흥미롭게도 연구 대상의 10%인 70명은 다양한 위험 요인에 노출되기는 했지만 배려심이 많고 유능한 성인으로 성장하였다. 다음과 같은 환경이 이들의 보호 요인으로 밝혀졌다.

- 엄마의 양육 효능감
- 아동의 사회적 성숙도, 자율성, 자기효능감, 학업능력
- 부모 외 다른 가족 구성원과 또래의 정서적 지지

타고난 유전 성향의 발현과 환경이 자극하는 영향 간 상호작용은 복잡하게 이루어진다. 이 책과 같은 시리즈 저서인 성인 뇌 기반 심리치료에서는 이렇게 서로 강화시키는 패턴을 육성된 천성nurtured nature이라고 불렀다. 저자들은 이 용어를 연령과 상관없이 발달해 가는 인간의 뇌와 대인관계 환경의 상호 영향성을 표현하는 데 사용하고 있다. 전반적으로 여러 요인이 육성된 천성 패러다임 내에서 위험과 회복성 간 관계에 영향을 미친다. 심각한 결핍환경에서 태어난 루마니아 아동을 대상으로 한 Rutter의 연구에서는 영국 양부모에게 입양된 아동의 20~25%가 사랑스러운 가족들과 함께 지내는 동안 회복될 수 있었으며 정상적인 발달 과정을 거친 것으로 밝혀졌다. 하와이 아동의 사례와 마찬가지로 개별 요인과 체계 요인 모두 아동의 성공적인 발달에 기여했다.

내담 아동은 유전과 환경 특성을 나타내는 보호 요인과 위험 요인을 모두 갖고 있기 때문에 치료자는 다양한 역할을 수행해야 한다. 발달은 유전이나 환경 중 어느 한쪽에만 근거를 두고 이루어지지 않는다. 모든 아동은 자신만의 고유한 유전적 역사를 갖고 태어난다. 뇌 기반 심리치료의 목적은 위험에 직면했을 때 회복할 수 있는 잠재력을 극대화하는 것이다. 이 책은 부모에게 긍정적인 양육 방식을 알려주고 내담 아동에게 인지적이고 정서적으로 풍부한 환경을 일시적으로 제공해줌으로써 보호 요인을 강화하고 촉진하고자 한다. 제2장에서는 '환경' 측면인 애착과 '유전' 특성인 아동의 기질을 다룰 예정이다.

발달하는 뇌

인간이 환경의 영향에 매우 민감한 이유는 무엇일까? 치료 관계를 통한 변화는 어떤 원리로 가능한 것일까? 질문에 대한 답은 뇌의 해부학적 구조, 역동적인 기능, 발달사 속에서 찾을 수 있다. 뇌 발달은 세 가지 방식, 즉 유전자 유래, 경험기대, 경험의존으로 나뉜다(Black, Jones, Nelson, & Greenough, 1998; Greenough, Black, & Wallace, 1987).

유전자 유래 발달

유전자 유래 뇌 발달은 상대적으로 경험의 영향을 받지 않는다. 이 발달은 대부분 출생 전에 이루어진다(예 : 뉴런이 정해진 해부학적 위치로 이주하는 과정). 뇌는 속이 비어 있는 원통 모양의 신경관neural tube에서 처음 만들어진다. 뉴런은 신경관 안쪽 벽을 따라 형성된 후 목표 위치로 이주한다(Kolb, 1989). 태아의 뉴런은 임신 10~26주 사이에 가장 왕성하게 형성된다. 뇌는 뉴런을 과잉 생산한 다음 세포사멸apoptosis 또는 가지치기를 통해 숫자를 절반 정도로 줄인다. 세포사멸(유전적으로 예정된 세포 죽음 현상)은 식세포phagocytes가 죽은 세포를 처리한 다음에 세포 수축과 세포핵 분열을 일으키는 과정까지 포함한다.

뉴런은 뇌 기능이 완전하게 특화되기 이전에 이미 목표한 위치에 자리를 잡는다. 기본적으로 이 과정을 세포 이주라고 한다. 예를 들어 피질에 생성된 뉴런은 각각 다른 기능을 하는 6개의 피질 층으로 이주한다. 각 층의 뉴런(역주 : 높은 층에서 낮은 층 순서로 차례를 매김)은 특정 목표를 수행하거나 특정 원천으로부터 정보를 받아들인다. 예를 들어 두 번째 층 뉴런은 피질 내부에서 가까운 거리에 있는 세포와 연결을 형성한다. 세 번째 층 뉴런은 좀 더 멀리 떨어진 피질 층의 세포와 연결을 형성할 뿐 아니라 양 반구를 연결하는 중앙 다리인 뇌량corpus callosum을 통해 반구 간 소통을 가능하게 하기도 한다. 네 번째 층 뉴런은 시상(뇌의 중앙 교차지점)에서 뻗어 나온 신경섬유와 연결을 형성한다. 다섯 번째 층 뉴런은 피질에서부터 편도체 및 소뇌(뇌 후미, 뇌간 근처)와 같은 피질 하부 구조까지 도달한다. 여섯 번째 층 뉴런은 시상까지 도달한다(네 번째 층과 반대). 첫 번째 층 뉴런의 연결 방식은 거의 알려지지 않았다.

세포 이주는 임신 7개월에 마무리된다(Huttenlocher, 1990). 그러나 유전적 결함이 있거나 기형유발물질에 노출될 경우 뉴런은 목표지점까지 제대로 이주하지 못한다(Gressens, 2000). 이러한 현상은 임산부가 알코올과 약물을 포함하는 신경독소에 노출되었을 때 발생할 수 있다.

뉴런이 신경계 내 각자의 영역으로 이주를 마치고 나면 뇌 발달의 다음 단계인 세포 정교화가 이루어진다. 이 단계에서 축삭돌기와 수상돌기는 서로 시냅스를 형성한다. 발달하는 뇌는 필요한 것보다 더 많은 뉴런뿐 아니라 더 많은 시냅스를 생성하기도 한다. 영아나 걸음마기 아동의 뇌는 성인의 뇌보다 훨씬 많은 시냅스가 연결되어 있다. 절정의 순간에는 10만 개에 달하는 시냅스가 가지치기를 통해 사라진다(Kolb, 1995). 생존한 뉴런과 시냅스는 신경다윈주의neural darwinism라는 과정 속 승리자로 볼 수 있으며, 다른 뉴런과의 접촉 빈도를 통해 '적합성'이 결정된다(Edelman, 1993). 상대적으로 고립된 뉴런은 사멸한다.

뇌 반구 특성화

뇌의 처리 방식과 모듈에 대한 전반적인 개요는 부록으로 정리하였다. 그러나 널리 알려진 해부학적 특징 중 한 가지, 즉 뇌는 얼굴과 마찬가지로 좌우 양쪽으로 이루어져 있다는 점을 반드시 기억해야 한다. 자세히 살펴보면 좌반구와 우반구는 약간 다른 모양을 하고 있다. 그리고 그 기능 면에서도 어느 정도 특성화되어 있다. 뇌 반구 특성화는 출생 전에 시작되며, 출생 시점 및 그 이후 일정 기간 동안은 우반구가 유아의 기능을 주로 담당하는 것으로 밝혀졌다. 여러 문헌에서 공통적으로 언급하는 특성화 영역은 표 1.1과 같다. 단, 여성은 대개 남성보다 뇌 반구 특성화가 두드러지지 않으며, 남성의 특성화는 실제보다 과장되었을 가능성을 고려해야 한다.

일반적으로 우반구는 새로운 자극, 좌반구는 일상적인 내용을 처리한다(Goldberg, 2001). 뇌의 음악 처리 방식을 예로 들어보면 다음과 같다. 우반구에서 음악 감상을

표 1.1 뇌 반구 특성화

주영역	세부영역	기능/특징
대뇌피질	우반구	• 새로운 자극 및 부정 정서 처리 • 공간적 배열을 인식하여 '전체 상황' 판단 • 생후 2년 동안 좌반구보다 빠른 성장 • 위축, 소극적, 내성적 특성과 관련
	좌반구	• 반복되는 자극 및 세부 사항 처리 • 언어 습득 • 긍정 정서 및 외현기억 처리 • 세상에 대한 적극적인 개입 유발

처리한다는 것은 과잉 일반화며 현재는 신빙성이 부족한 신념이다. 음악 지식이 풍부하지 않은 사람들은 음악을 새로운 자극으로 받아들이기 때문에 우뇌를 통해 처리하는 반면에 전문 음악가는 대부분 좌뇌를 통해 음악을 처리한다(Bever & Chiarello, 1974). 미국 국립정신보건원의 Alex Martin 연구팀은 혈액 흐름의 패턴을 측정하는 양전자 단층촬영으로 개인이 과제를 습득할 때 발생하는 뇌 변화를 관찰하였다. 그 결과 초기 새로운 정보는 우뇌가 처리하였으며 익숙해진 다음에는 좌뇌를 통해 과제를 처리하는 것으로 나타났다(Martin, Wiggs, & Weisberg, 1997). 음성 및 비음성 정보 모두 이와 동일한 방식으로 처리된다. 뇌손상 때문에 이러한 일반적인 처리 방식이 어려워지더라도 인간은 이를 극복하기 위해 매우 열정적이고 희망적으로 능력을 발휘한다. 예를 들어 우반구가 손상된 아동은 새로운 자극을 처리하는 데 필요한 일부 능력을 회복할 가능성이 높은 편이다. 어린 시기에 입은 손상일수록 중요한 기능을 회복할 가능성은 더욱 높아진다.

출생 후 발달 일반적인 환경 속 정상 뇌의 발달 속도 또한 유전적으로 정해져 있다. 출생 시 아기의 뇌는 성인 뇌 무게의 25%밖에 되지 않는다. 6세 아동의 뇌는 성인 뇌 무게의 90%에 달한다(Kolb & Wishaw, 2003). 이와 같은 아동기 급속한 뇌 성장은 인간을 다른 종과 구별하는 발달 지표에 해당한다. 아동의 뇌에서 가장 빠르게 발달하는 영역은 전두엽 가장 앞쪽의 전전두피질prefrontal cortex을 포함하는 대뇌피질이다. 전전두피질은 오로지 인간만 발휘할 수 있는 인지, 정서, 사회 기능을 촉진한다. 그러나 아동의 두개골 속 이 고성능 '두뇌wetware'는 매우 세심한 관리가 필요하다. 인간의 뇌는 가장 독특한 진화적 이점을 보호하고 육성할 수 있도록 진화를 거듭해 왔다. 그렇기 때문에 인간은 가족과 함께 지내려고 하고 오랜 관계를 맺고자 하며, 유대를 지속하기 위해 성적 및 공격적 의도를 승화할 수 있게 되었다. Brizendine(2007)은 임산부의 신경해부학적 및 생리학적 변화 특성을 기술하였다. 뿐만 아니라 신경해부학적 구조 및 호르몬 수치의 누적 변화, 임산부 및 신생아를 키우는 엄마들이 흔히 겪는 '기억력 감퇴the mommy brain' 현상의 변화 과정을 제시하였다. 사랑은 심리치료가 아닌 다른 영역에서도 중요하게 강조된다. 뇌 발달 관점으로 보면 사랑이란 한 사람의 뇌가 다른 사람의 뇌를 양육하는 방식이라고 볼 수 있다.

경험기대적 발달　경험기대적 발달은 결정적 시기 동안 일어난다. 대다수 발달이론 가들은 민감기sensitive periods라는 용어를 사용하며, 다음의 세 가지 요인으로 이 시기를 정의한다.

1. 신체 조직이나 기능과 관련된 준비
2. 성장발달에 도움이 되는 환경 자극에 대한 아동의 욕구
3. 완벽하지 않은 환경에 대한 아동의 적응력

뇌는 새로운 경험을 통해 발달한다. 민감기에는 이러한 뇌의 특성과 새로운 것을 수행할 수 있는 아동의 능력이 결합된다. 예를 들어 아이들은 대부분 약 12개월 전 후로 첫걸음을 뗀다. 이 시기가 되면 뇌의 청각, 시각, 운동감각적 신경 처리 통합 능 력이 더욱 발달하기 때문에 아기는 엄마의 목소리가 들리는 곳을 쳐다볼 수 있게 된 다. Chugani(1988)는 양전자 단층촬영 기술을 활용하여 생후 첫 1년간 뇌 발달이 '계 통발생적 순서'로 이루어짐을 입증하였다. 즉, 보다 원시적인 영역이 먼저 발달한다. 그 후 피질과 같은 보다 상위 영역이 발달한다. 시각, 청각, 미각, 촉각, 후각이 먼저 발달한 다음에 이러한 감각을 연결하는 모듈과 오감을 통합하여 세상을 탐색하도록 촉진하는 모듈이 발달한다. 안정기지 속 애착 대상과 좋은 관계를 유지한 상태에서 새롭고 다양한 감각 세계를 스스로 탐색하는 것은 매우 흥미로운 일이다.

언어 습득 또한 민감기와 학습 간 상호작용을 통해 이루어진다. 2세 아동이 습득 하는 단어는 보통 50개 정도다. 3세가 되면 어휘량이 급속도로 증가하여 1,000단어 이상을 습득한다(Dunbar, 1996). 민감기 이후에도 언어를 배울 수는 있지만 그 시기 아동만큼 습득 속도가 빠르지는 않다. 12세 이후에 2차 언어를 배울 경우 자연스러 운 억양을 구사하기가 매우 어렵다.

결국 민감기는 성장하는 아동이 새로운 기술을 습득할 수 있는 시기며, 새롭게 학 습한 '어트랙터'를 지원해주는 뇌 신경망이 강화 및 유지될 수 있는 최적의 시기를

표 1.2 중기 아동기 뇌 발달 및 기능 변화

연령	뇌 발달	심리학적 변화
8~12주	• 대상피질의 보조운동영역 내 시냅스 형성 • 추체 신경로의 수초화 • 해마 성장 • 멜라토닌 합성 증가	• 뇌간 반사 억제 : 울음 및 배냇짓 감소 • 재인기억 향상 • 안정적인 24시간 주기 리듬
7~12개월	• 전두엽 성장 촉진 • 해마 내 발달 • 편도체와 피질 연결의 수초화 • 수면 향상	• 작업기억 향상 • 낯선 사람 및 분리에 대한 공포 • 도식적 개념
12~24개월	• 전전두엽의 세 번째 층 성장 • 양 반구 연결 활성화 • 베르니케(발화) 영역 내 수상돌기 신장 • GABA 증가 및 세 번째 층 내 아세틸콜린 활성화 증가	• 언어 • 추론 • 도덕의식 • 자기 인식
2~8세	• 뇌 무게 90% 달성 • 전전두엽 내 시냅스 밀도 최고조 • 포도당 흡수 최고조 • 가지치기 • GABA 밀도 및 글루탐산 수용체 최고조 • 도파민 및 노르에피네프린 수용체 최고조 • 피질 신경로의 수초화 • 우반구에서 좌반구로의 혈류량 변화 • 해마 내 분화 최대치	• 과거와 현재 통합 • 의미 범주 활용 증가 • 서로 다른 범주 간 관련성 인식 능력 • 목표 지향적 행동 증가

출처 : Kagan & Herschkowitz(2005)의 내용 수정

의미한다. 활성화되지 않은 뉴런과 시냅스는 소멸한다. 민감기의 장기간 빈곤이나 학대 경험은 영구적이지는 않지만 뇌에 부정적 영향을 미치기 때문에 그에 따른 행동 문제를 일으킬 수 있다(Black, Jones, Nelson, & Greenough, 1998). 출생 이후부터 8세까지 아동의 기본 심리생물학적 발달 변화는 표 1.2와 같다.

민감기 시점은 매우 다양한 요인으로 결정된다. 앞서 논의한 태아기에 과잉 생성되었던 뉴런의 세포사멸(가지치기)이 민감기 시점에 발생하기도 한다. 자궁 속에서 생성되었던 뉴런 중 절반 정도가 출생 이후 소멸한다. 뉴런을 연결하는 시냅스 또한 엄청나게 감소한다.

신경교세포glial cells는 축삭돌기에 절연체를 공급하여 더욱 효율적인 발화를 촉진한다. 신경교세포(glial은 접착제glue의 그리스어)는 지원과 양분을 제공하고 항상성을 유지하며 신경계 내에서 신호 전송에 참여한다. 인간의 뇌 속 신경교세포와 뉴런의 비율은 대략 10:1 정도다(Society for Neuroscience, 2000). 특별한 역할을 하지 않는 것으로 간주했던 과거와 달리, 최근 들어 신경교세포는 상당한 주목을 받고 있다. 단순히 뉴런을 관리만 하는 것이 아니라 복잡하고 역동적인 방식으로 다양한 역할을 하는 것으로 평가받고 있기 때문이다(Vernadakis, 1996). 뉴런 네트워크에 신경교세포가 결합하여 절연체를 이루면 네트워크의 속도와 효율성이 증가한다. 이는 곧 신경계 내 민감기 출현을 유발한다. 민감기는 뉴런의 성장과 발달을 촉진하는 물질인 신경영양인자(예 : BDNF) 발생 증가와 관련이 있기도 하다. 마지막으로 새로운 시냅스나 너욱 활성화된 시냅스 출현, 뉴런 간 정보를 주고받을 때 필요한 수상돌기 성장 또한 현저한 발달시기와 관련이 있다.

방대한 연구를 통해 초기 애착을 형성하는 생후 첫 1년이 정신건강에 지대한 영향을 미치는 민감기에 해당하는 것으로 밝혀졌다(Wallin, 2007; Beebe & Lachmann, 2000 참조). 여러 모성박탈 연구는 지속 기간과 회복성 간 높은 상관을 제시하였다. 애착의 최대 민감기인 생애 첫 2년 사이에 박탈을 경험하면 회복하는 데 오랜 시간이 걸리며, 추후에 심각한 발달문제를 일으킬 가능성이 더욱 높아진다. 이와 같은 초기 유대감 형성은 인간 발달에 가장 중요한 요인 중 하나다.

경험의존적 학습　오랜 기간 깊게 의존하는 유아의 특성은 뇌 가소성과 결합하여 경험의존적 학습을 촉진한다. 다른 종들은 유전적 특성이 더 강하게 작용하기 때문에 유전적으로 계획된 행동 방식을 취한다. 반면에 인간의 영아는 유일하게 양육에 매우 민감하고 의존적이다. 이러한 경험의존적 상호작용 접촉에 대한 갈망은 인간 본성의 더욱 고정된 측면(민감기, 기질, 유전적 표현)과 역동적으로 상호작용한다. 유전자는 시작점을 제공하고 잠재력을 정의한다. 경험은 발달 과정 동안 아동의 뇌 형성에 점차 중요한 역할을 한다.

수초화myelination 과정을 거쳐 다양한 뇌 영역이 발달하고 성숙한다. 신경교세포를 통해 형성된 수초는 두껍고 지방이 많은 조직이며 축삭돌기를 감싸고 있다. 이 때문에 축삭돌기의 전송력과 효율성이 증가한다. 수초화는 높은 전도율을 위해 전선을 플라스틱으로 감싸는 것과 유사하다. 수초화는 축삭의 수행 속도를 20배 증가시킨다. 이 '백질white matter'은 뇌의 중요한 부분을 형성한다. 수초화는 새로운 기술을 개발하는 뇌 영역에서 발생하고, 민감기에 나타나는 새로운 기술의 폭발적인 증가와 관련 있는 핵심 절차에 해당한다. 수초화는 환경에 대한 뇌의 반응성을 증가시켜 주고 더 많은 경험의존적 학습을 할 수 있도록 돕는다.

아동의 대뇌피질 발달은 비대칭적으로 이루어진다. 대뇌피질로 향하는 혈류를 측

표 1.3 대뇌피질의 주요 영역 및 영역별 기능

주요 영역		위치	기능
전두엽	전전두피질	• 전두엽 가장 앞쪽에 위치 • 전두엽의 운동 및 전운동영역 앞부분	• 심리치료에서 다루는 대부분의 문제(관계, 우울, 불안, OCD, 조현병, ADD)와 관련. 성격 형성에 영향 • 실행 기능 담당 : 복합적인 행동 계획, 내적 목표에 부합하는 사고와 행동 조직화, 상충되는 사고 구분, 섬세하고 도덕적인 판단, 현재 행동에 대한 결과 예측, 사회적 '통제'(부정적 결과를 일으킬 수 있는 충동 억제 능력) 발휘
	안와전두피질	• 안구 뒤쪽에 위치한 전전두피질의 일부	• 성격 및 행동 형성에 영향을 미치는 정서적 의사결정과 정서조절 담당 • 전대상피질, 편도체, 해마에 입력된 정보 통합 • 정서적 문제 발생 시 '하위경로' 방식보다 '고위경로' 방식으로 해결할 수 있도록 조절 • '마음이론 형성'(예 : 타인의 마음 이해와 관련된 인지–정서 모델)에 필수 영역으로 추정
	배외측 전전두피질	• 전두엽 가장 위쪽과 옆쪽	• 작업기억, 주의력, 순차적 정보처리능력
측두엽			• 청각피질과 내측두엽(편도체와 해마) 포함 • 편도체 기능 : 얼굴 표정 인식, 암묵적 정서기억 입력, 시상하부-뇌하수체-부신피질 축 활성화 • 해마 기능 : 외현기억 입력, 경험의 맥락 파악, 정서조절
두정엽			• 시공간 인지, 공감각, 수리적 사고, 움직임 형상화
후두엽			• 일차 시각피질

표 1.4 대뇌피질 외 주요 영역 및 영역별 기능

주요 영역	위치	기능
편도체	양 반구	• 출생과 동시에 기능 • 얼굴 표정 인식에 필수 : 암묵적 정서기억 입력, 충격 및 공포 반응 활성화, 시상하부–뇌하수체–부신피질(HPA) 축 및 교감신경계 활성화
해마	양 반구	• 약 18개월 이후 기능 • 외현적 정서기억 입력, 경험의 맥락 파악, 정서조절 • HPA 억제
전대상피질	변연계 영역과 대뇌피질 사이, 좌반구와 우반구를 연결하는 뇌량 윗부분	• 오류 인식, 정서 형성 및 조절, 보상 기대, 의사결정, 공감 • 순간적 판단에 쓰이는 **방추뉴런** 포함
시상		• 대뇌피질의 '중계소'
뇌하수체		• '항상성'을 조절하는 호르몬 **분비**
시상하부		• 호르몬 생성과 방출을 통해 자율신경계 조절 : 혈압, 심박수, 배고픔, 갈증, 성적 흥분, 수면 패턴 조절
소뇌	뇌 하단부, 뇌간과 변연계 사이	• 신체 움직임 및 균형, 연속적으로 일어나는 복잡한 인지적 과제 조절 및 협응

정한 결과, 생후 첫 3년은 좌반구에 비해 우반구(정서적 경험 및 비언어적 내적 경험과 밀접한 관련)가 빠르게 발달한다(Chiron et al., 1997). 2세 즈음에는 반구의 발달 속도가 변화하기 시작하며, 걸음마기 아동의 언어발달 급성장에 필요한 신경 토대가 형성된다. 3세 무렵에는 좌반구 발달이 본격적으로 진행된다. 대뇌피질과 피질 하부 영역의 주요 기능은 표 1.3과 표 1.4에 제시하였다.

인간의 전전두피질(계획, 사려 깊은 판단, 의사결정에 관여하는 뇌 영역)은 오랜 시간을 거쳐 성숙한다. 전전두피질은 아동기 이후 청소년기 및 20대 초반까지 발달하기 때문에 부모는 오랜 기간 자녀를 양육해야 한다. 몇몇 연구에 따르면 전전두피질은 20세 이후에도 수초화가 일어나는 것으로 추정된다.

신경가소성

뇌는 적절한 정서적 양육과 같은 환경 요인과 협력할 때 경험의존적 발달을 이루어 나간다. 경험의존적 뇌 발달은 특정 민감기에 이루어지기보다는 인생 전반에 걸쳐 나타난다. 아동의 뇌 가소성은 언어 및 무수한 암묵적 문화 규칙과 같은 근본적으로 중요한 기술과 처리 방식을 쓸 수 있도록 한다. 그러나 여러 연구에 따르면 가소성은 모든 발달단계에서 나타나는 인간 뇌의 기본적인 자기조직화 속성 중 하나에 해당한다(Kendall & Squire, 2000). 캐나다 심리학자인 Donald Hebb(1949/1998)은 대표 저서 **행동의 구조**(*The Organization of Behavior*)를 통해 신경가소성의 기저를 이루는 기본 생물학적 절차를 설명했다. Hebb의 핵심 개념은 '함께 활성화된 세포는 서로 연결된다'는 표현으로 새롭게 알려졌다. Hebb은 다음과 같이 기술하였다.

> 가설은 다음과 같다―A세포의 축삭돌기가 B세포와 매우 가까운 거리에 있으면서 지속적이고 반복적으로 B세포를 발화시킬 경우, 한쪽 혹은 양쪽 세포 모두 성장하거나 신진대사 변화를 일으키기 때문에 결국 A세포의 효율성이 증가한다. (1949/1980, p. 62)

한 번 교류한 뉴런들은 다시 교류할 가능성이 높으며 이때 예전보다 적은 에너지를 소모한다. 뉴런 1개에 달린 수상돌기는 자주 접촉하는 주변 뉴런을 향해 뻗어 있기 때문에 뉴런 간 연결이 더욱 효율적으로 이루어진다. 헤비안 학습Hebbian learning은 이 원리를 바탕으로 한다. 인간의 경험과 행동은 어떤 것을 자주 할수록 그것을 다시 할 가능성이 높아진다는 간단하지만 중대한 원리를 따른다. 습관은 구조를 만들어낸다. 그리고 구조는 기억, 기분, 습관적 인지 패턴, 행동의 기초가 된다. 명석하고 교양 있는 성인들이 어린 시절 자신에게 고통을 준 부적절한 부모, 이기적인 부모, 질투심이 많은 부모와 매우 유사한 배우자를 계속 선택하는 이유는 무엇일까? 이는 심리치료자들이 한 번쯤 고민해보는 내용이다. 인간은 반복해 왔던 것들을 다시 하려는 경향이 있다는 Hebb의 원리가 심리치료자의 이러한 궁금증에 실마리를 제공한다. 정답은 인간의 암묵적인 정서적 기억 패턴 속에 숨겨져 있으며 Hebb 법칙을 따른다.

Dante Cicchetti와 John Curtis(2006)는 뇌 발달 관련 연구에서 신경가소성의 중요
성을 다음과 같이 설명하였다.

근대 신경과학 및 관련 학문 분야 내 신경가소성 연구는 광범위한 실증적 방법론을
활용해 왔다. 신경가소성의 바탕이 되는 시냅스와 세포 수준에서 관찰할 수 있는
모든 역동적 과정을 밝히기 위해서다. 신경가소성은 역동적인 신경계의 처리방식
으로서 경험에 대한 일정한 신경화학적, 기능적, 구조적인 중추신경계 변화를 총
괄한다. (p. 26)

시냅스 수식modification과 뉴런의 가지치기는 신경가소성을 뒷받침한다. 뉴런에
서 끊임없이 발생하는 여러 미세작용 또한 마찬가지다(Kolb & Gibb, 2002; Segal,
2003).

학습과 기억의 여러 형태는 신경가소성과 헤비안 학습을 바탕으로 형성된다. 악
기를 연주하기 위해 특정 손가락을 사용하는 연주자는 해당 손가락과 관련된 감각
신경이 더 많이 발달되어 있다(Elbert, Pantev, Wienbruch, Rockstroh, & Taub, 1995;
Pantev, Engelien, Candia, & Elbert, 2001). 점자책을 읽는 시각장애인은 점자책을 읽
지 않는 시각장애인이나 일반인에 비해 그들이 사용하는 손가락과 연관된 피질의 일
부 영역이 더 큰 것으로 나타났다(Pascual-Leone & Torres, 1993). 다양한 연구가 이
루어지면서 영국에서는 택시 기사와 일반인의 뇌 영상을 비교하는 연구가 이루어지
기도 했다. 택시 기사의 뇌는 런던의 시공간적인 지도를 떠올릴 수 있는 능력을 갖
고 있을 것으로 가설을 설정하였다. 연구 결과 택시 기사의 우측 후방 해마가 더 큰
것으로 나타났다. 경력이 오래된 택시 기사일수록 이러한 현상은 더욱 두드러졌다
(Maguire et al., 2000). 3개월 이상 공 3개로 저글링 연습을 한 성인의 뇌를 촬영한 결
과 측두엽 중앙부와 우측 후방 두정엽내고랑의 회백질이 증가한 것으로 나타났다.
이후 3개월 동안 저글링을 거의 하지 않았거나 중단했을 경우 회백질은 다시 감소하
여 기준치에 머물렀다(Draganski et al., 2003).

상기 연구는 성인을 대상으로 이루어졌기 때문에 아동의 신경가소성에 대한 잠

재력은 훨씬 크다고 볼 수 있다. 비록 헤비안 원리가 추측을 통한 결론(예 : 초기 애
착 경험은 뉴런의 활성화를 유발한다)이기는 하지만 뉴런 및 뉴런 간 관계에 대한
몇몇 특성은 새로운 자극에 반응하는 뉴런의 능력을 뒷받침해 준다. 신경 대사neural
metabolism는 안정성뿐만 아니라 신경가소성 또한 지원한다. 신경가소성은 맥락 변화
에 매우 큰 영향을 받는다. 초기 아동기는 시냅스가 매우 풍부하게 형성되는 시기다.
아동의 뇌는 기존의 신경역동을 활성화하는 특정한 경험을 받아들인다. 그리하여 신
경역동적 발달이 더욱 촉진되고, 그 결과 아동은 다양한 행동을 발휘할 수 있게 된다.

제2장

기질과 신경 역동

인류 진화론적 입장에서 보면 영장류에 속하는 모든 포유동물은 공통 특성 (예 : 다섯 손가락, 의사소통능력)을 갖고 있기 때문에 동일한 선조로부터 이 특성traits을 물려받은 것으로 볼 수 있다. 그중에서 '사회적 동물'은 가장 중요한 공통 특성에 해당한다. 영장류는 생존을 위해 서로 의지하며 살아간다. 함께 유대감을 형성하기 위해 복잡한 사회 체계와 사회적 신호를 만들어내기도 한다. 침팬지, 고릴라, 오랑우탄은 서로 간지럼을 태우거나 몸싸움 혹은 잡기놀이를 할 때 사람의 웃음소리와 매우 흡사한 소리를 낸다. 원숭이, 유인원, 인간은 각자 종족 내에서 하나 이상의 대상에게 강렬한 관심을 보인다. 이러한 특성은 여러 마리가 무리를 지어 생활하는 편인 개코원숭이나 짝하고만 무리를 이루는 긴팔원숭이에게도 나타난다.

유대의 진화론적 중요성 및 유대와 뇌의 밀접한 연관성은 분만 과정에 영향을 미쳤다. 두 가지 진화론적 경향 때문에 아기는 신체적이고 신경학적으로 미성숙한 상태로 태어난다. 첫째, 직립보행을 하게 되면서 인간의 골반 구조가 달라졌고 산도의 최대 폭이 줄어들었다. 둘째, 인간에게 태어난 아기의 머리 크기는 상대적으로 다른 동물의 새끼에 비해 큰 편이다. 이 두 가지 상반되는 경향이 절충되어 진화론적으로 아기는 무능력한 상태로 태어난다. 영아의 뇌는 생애 첫 2년 동안 폭발적으로 성장한다. 무력감이 확연하게 드러나는 시기일수록 건강한 아기는 부모의 양육도식을 능숙하게 활성화한다. 신생아는 혼자 걷거나 매달릴 수 없기 때문에 최적의 조건하에서 수 주 동안 24시간 내내 보살핌을 받는다. 이때 수많은 뉴런이 성숙한 뇌의 일부가 되기 위해 생존 경쟁을 벌인다. 다른 동물들은 출생과 동시에 여러 능력을 발휘하는 반면에 영아는 18개월이 되어서야 유사한 능력을 발휘한다.

뇌는 화학작용을 일으켜 출생 후 아기와 엄마가 서로 유대를 형성할 수 있도록 한다. 산모의 프로게스테론progesterone 수치는 초기 3개월 동안 정상 수치의 10배에서 100배까지 증가한다. 에스트로겐estrogen도 증가하여 태아와 태반의 코르티솔cortisol을 포함한 다른 스트레스 호르몬 상승이 억제된다. 산모의 뇌는 임신 동안 미묘하게 변화한 다음 출산 직전에 한 번 더 변화를 일으키는데, 이는 출산 후 애착 형성에 필요한 폭넓은 심리적 기능을 준비하기 위해서다. 엄마의 뇌는 옥시토신oxytocin이 급증하면서 활성화된다. 옥시토신은 자궁수축을 유발하고 새로운 시냅스 형성을 촉진하는 호르몬이다. 모유수유는 옥시토신, 도파민dopamine, 프로락틴prolactin의 급증을 포함한 신경화학적 변화를 강화한다. 다른 포유류 동물에서 이러한 호르몬 급증은 특정 애착능력을 발휘하도록 한다. 예를 들어 어미 양은 뛰어난 후각능력을 발휘하여 냄새로 자신의 새끼 양을 구별해낼 수 있다. Louann Brizendine(2007)은 옥시토신, 에스트로겐, 도파민 상승이 초보 엄마의 뇌, 행동, 주관적 세계에 미치는 복합적 영향을 다음과 같이 기술하였다.

엄마가 냄새로 자신의 아기를 구별해낼 가능성은 90% 정도다. 아기의 울음소리와 몸짓 또한 마찬가지다. 아기 피부와 접촉, 작은 손가락과 발가락 모양, 짧은 울음소리와 숨소리 등 모든 것이 엄마의 뇌에 문신처럼 각인된다. 몇 시간 또는 며칠 내로 엄마는 강력한 보호본능을 발휘하며 모계 공격성을 드러낸다. 작은 아기를 보호하고 양육하려는 엄마의 힘과 의지가 뇌 회로를 완벽하게 장악한다. 엄마는 아기를 보호하기 위해서라면 움직이는 트럭을 멈출 수도 있다고 느낀다. 엄마의 뇌와 현실세계는 변화를 지속한다. 아마도 여성의 삶에서 가장 큰 현실 변화일 것이다. (pp. 102)

신생아는 불수의 반사reflexes 20개 이상을 포함하는 기본 능력을 가지고 태어난다. 뇌간이 조정하는 이러한 단순한 행동 반응은 아동기 특정 시점이 되면 사라지거나 다른 행동으로 대체된다. 자발적 행동을 유도하고 촉진하는 피질이 성장하기 때문이다. 그러나 다양한 반사신경 덕분에 신생아는 엄마와 더욱 친밀해질 수 있다. 젖 찾기 반사와 빨기 반사 덕분에 신생아는 젖꼭지를 찾을 수 있고, 반사적인 잡기와 팔을 뻗치는 반응 덕분에 엄마와 신체 접촉을 유지할 수 있다. 모든 영아는 사람의 얼굴을 쳐다보거나 엄마의 목소리 듣기를 선호한다. 이러한 경향은 반사작용과 밀접한 관련이 있다.

엄마와 아기 사이에 매우 중요한 대인관계 행동(예 : 안아주기, 접촉하기, 보살펴주기, 분리 후 재회 등)에는 신경학적 원인과 결과가 존재한다. 엄마와 아기가 상호작용할 때 두 사람 모두에게 옥시토신, 프로락틴, 엔도르핀, 도파민과 같은 기쁨과 친밀함을 유발하는 신경화학물질이 분비된다. 제1장에서 논의한 것처럼 영아는 유전적으로 환경에 반응할 준비, 환경과의 관계를 통해 변화할 준비를 한 상태에서 삶을 시작한다. 보다 고정된 특성인 '천성'과 보다 유연하며 환경 영향을 받는 특성인 '양육' 간 상호작용은 다양한 조합으로 발생한다. 제2장에서는 천성의 주요인인 기질과 아동기에 나타나는 천성-양육 스펙트럼을 살펴보고자 한다.

고전적 관점

환경의 중요성을 강조하는 행동주의학파의 철학적 근거는 17세기에 영국인 John Locke의 신념을 바탕으로 성립되었다. Locke는 마음을 백지 상태로 간주하였다. 철학과와 심리학과는 이 원칙을 두고 오랜 기간 토론(혹은 비판)을 해 오면서 최소 한 가지 공통 의견을 도출해내었다. 아동은 특별한 성향을 갖지 않은 채 태어난다는 Locke의 주장이 틀렸다는 것이다. 유전자는 행동을 결정하지는 못하지만 어떤 행동이 발생할 가능성을 높여준다. 유전자는 환경과 상호작용하며 환경 요인에 노출되었을 때 발현 여부가 결정된다. 최근 들어 주목받고 있는 '후성적epigenetic' 요인 또한 유전자 발현에 관여한다. 기질은 성격을 결정하는 기본 요인인 생물학적 특성의 집합체다.

Locke는 고대 그리스-로마 시대로 역행하는 타고난 성격 개념에 동의하지 않았다. 고전 이론은 성격을 네 가지 유형으로 상정했다. 첫째, 다혈질sanguine은 혈액이 풍부하기 때문에 긍정적이고 외향적 특성을 지닌다. 둘째, 우울질melancholic은 흑담즙이 풍부하기 때문에 무서워하거나 슬퍼하기 쉽다. 셋째, 담즙질choleric은 황담즙이 풍부하기 때문에 우울하고 짜증스러운 성향을 지닌다. 넷째, 점액질phlegmatic은 과다한 점액 때문에 흥분하는 데 시간이 걸린다.

네 가지 체액humor은 열과 냉, 건과 습이라는 보편적인 양극성 두 가지가 서로 영향을 미치는 것으로 추정하였다(Siegel, 1968). 충동적이고 분별력 없는 아동은 습한 성분을 과도하게 갖고 태어난 것으로 가정했다(Kagan, 1998). 결국 양극성은 우주의 기본 요소인 흙, 물, 불, 공기와 관련이 있었다. 고대 그리스인들은 이 네 가지 물질의 균형이 개인의 정서, 인지, 행동 방식의 표면상 차이를 보이게 하는 내적 상태를 유발한다고 가정했다. 이 이론은 중세와 르네상스 시대의 의료 행위에 영향을 미쳤다. 고대 그리스 시대에 적용되었던 요소를 뉴런의 소통에 필요한 주요 신경전달물질로 대체해보면, 고대의 관점은 지난 40여 년간 유지되고 있는 현대 생물정신의학관점과 매우 흡사하다.

현대 심리학에서의 기질

Carl Jung(1921/1971)은 기질을 기반으로 하여 내향성과 외향성 개념을 정의하였다. 이후 이 용어는 급속하게 심리학 언어로 활용되었으며 대중문화 속으로 흡수되었다. Hans Eysenck(1952)는 요인분석 접근을 바탕으로 임상과 이론 관점에 얽매이지 않는 유형론typology 개발을 시도하였다. Alexander Thomas와 Stella Chess는 관찰 연구(Thomas & Chess, 1977)와 뉴욕 종단 연구(Chess & Thomas, 1990)에서 최초로 기질이라는 용어를 공식적으로 사용하였다.

Thomas와 Chess는 부모 면담을 토대로 기질의 아홉 가지 차원을 제시하였다. 기질 차원은 서로 명확하게 구분되는 것은 아니지만, 타고난 반응성과 자기조절의 일반적인 범주로 활용된다. 내용은 다음과 같다.

1. **활동성 수준** : 영아의 신체 움직임 정도를 나타냄. 활동 시기와 비활동 시기의 비율. 수면 시 관찰되는 행동 특성을 포함.
2. **규칙성** : 수면, 식사, 배설의 예측가능성과 관련. 일정 시간마다 먹는 영아도 있지만 드문드문 먹는 영아도 있음. 출생 직후에 밤중 수면을 하는 영아도 있지만 몇 개월이 걸리는 영아도 있음.
3. **적응성** : 새로운 상황을 다루는 방식과 관련. 변화와 새로운 자극의 수용 혹은 거부. 옷 갈아입기와 같은 새로운 상황을 순조롭게 받아들이는 영아도 있지만 그렇지 않은 영아도 있음.

4. **강렬함** : 자극에 대한 반응의 에너지 수준과 관련.

5. **주요 기분** : 친절하고 즐겁고 행복하게 행동하면서 긍정적 기분을 느끼는지, 불쾌하고 불친절하게 행동하면서 부정적 기분을 느끼는지와 관련.

6. **주의산만성** : 환경 자극이 아동 행동에 미치는 영향과 관련. 다른 장난감을 보여줘도 관심을 보이지 않고 특정 장난감에만 집중하는 아동이 있는 반면, 새로운 장난감을 즉각 얻기 위해 갖고 있던 장난감을 내려놓는 아동도 있음.

7. **집중력과 지속성** : 한 가지 활동을 지속하는 시간 및 주의 지속 시간과 관련. 일정한 행동을 추구하고 집중을 계속할 수 있는 시간의 길이를 말함. 놀이를 중단한 후 다시 시작할 때 갖고 놀던 장난감을 찾지 않고 쉽게 잊어버리는 아동도 있지만 원래 놀이를 다시 하려는 특성이 강한 아동도 있음.

8. **반응역치** : 반응에 필요한 자극의 강도와 관련. 예를 들어 매우 큰 소리를 관여치 않고 잘 수 있는 영아도 있지만 살짝 문 닫는 소리에도 놀라는 영아가 있음.

9. **접근/회피** : 장난감, 음식, 사람과 같은 자극에 대한 최초 반응과 관련. 새로운 장난감을 보여주면 미소를 짓거나 손짓을 하는 영아도 있지만 멀리 밀어내고 모른 척하는 영아도 있음.

Thomas와 Chess(1977)는 상기 차원을 바탕으로 세 가지 기질 범주를 고안하였다.

1. **순한 아이** : 대상에 호감을 갖고 접근하며 규칙적인 패턴을 보인다. 새로운 상황에 잘 적응하며 쾌활한 편이다. 전체에서 40% 해당.

2. **느린 아이** : 대개 수줍음이 많고 내성적이다. 낯선 것을 처음 접할 때 회피 반응을 보이며 때로는 경미한 스트레스 반응을 나타내기도 한다. 변화를 잘 받아들이지 않는다. 전체에서 약 15% 해당.

3. **까다로운 아이** : 성질을 잘 내는 편이며 낯선 것에 잘 다가가지 않고 적응력이 부족하다. 수유, 배설, 수면이 일정하지 않다. 전체에서 약 15% 해당.

Thomas와 Chess의 연구 대상 중 약 2/3는 세 가지 기질 범주에 해당했으며, 나머지

1/3은 어느 범주에도 해당하지 않았다. 여러 연구에서 이러한 성향의 유전적 근거가 밝혀졌다. 예를 들어 생후 3개월 이전부터 첫 1년 동안 일란성 쌍둥이는 이란성 쌍둥이보다 비슷한 활동 수준, 집중력, 수줍음을 보이는 것으로 나타났다(Cherny, Fuler, Corley, Plomin, & DeFries, 1994; Emde et al., 1992; Manke, Saudino, & Grant, 2001).

기질과 관련한 종단연구에 따르면 유아의 기질은 성인이 된 이후에도 지속되는 것으로 나타났다. 예를 들어 3세 때 수줍음이 많은 아이로 평가되었던 뉴질랜드 아동은 18세가 되었을 때 자신을 새로운 도전이나 위험한 상황 직면 시 조심하는 사람이라고 설명했다(Caspi & Silva, 1995). 아이슬란드의 경우 수줍음이 많고 과잉 통제하는 아동은 청소년이 되었을 때에도 또래보다 수줍음을 많이 느끼는 것으로 나타났다(Hart, Hoffman, Edelstein, & Keller, 1997). 이미니 보고를 통해 수줍음이 많고 불쾌감을 많이 느끼는 것으로 평가된 네덜란드 2세 아이들은 5년 후에도 동일한 특성을 보이는 것으로 나타났다(Stams, Juffer, & van IJzendoorn, 2002).

기질과 환경의 상호작용

아동의 기질에 대한 양육자의 반응 방식은 타고난 형질을 조정하는 가장 강력한 변경유전자modifier다. 설문을 통해 18~22세 연구 참여자에게 현재 적응 수준을 평가한 결과, 어린 시절의 '순한' 혹은 '까다로운' 기질 판별은 참여자의 현재 생활 적응과 별다른 연관성이 없는 것으로 나타났다. 그러나 3세 혹은 4세에 '까다로운' 기질 특성으로 분류된 아동은 '순한' 기질의 아동보다 성인이 되었을 때 생활 적응을 어려워하는 것으로 나타났다. 활동성 수준과의 연관성 또한 비슷한 결과를 보였다. 1세 이전에 측정한 기질에 비해 아동기에 측정한 기질이 추후 활동성 수준과 더욱 관련이 있었다. 타고난 요인과 애착 관계 간 상호작용은 12개월 이후 아동의 안정적인 활동성 수준에 영향을 미쳤다(자세한 내용은 Rothbart & Bates, 1998 참조).

이와 같은 일련의 탐색연구는 Hebb 원칙과 유사한 결론을 제시하였다. 즉, 결정적 시기 내 어떤 특성이 유지될 경우 그 특성은 추후 삶에도 지속될 가능성이 더욱 높다. 지속 기간과 시기는 천성(기질)뿐 아니라 양육(보살핌)에도 작용한다. 제1장에서 다룬 루마니아 고아 연구에 대한 논의처럼, 양육은 방임과 학대의 영향으로 발생한 신경역동의 손상을 치유할 수 있다. 2세 이전에 입양된 아동 중 고아원 거주 기간이 6개월 미만인 아동은 양부모의 양육을 통해 더욱 많은 변화를 보였다. 상대적으로 오랫동안 고아원에서 거주한 다음 2세 이후에 입양된 아동은 거의 회복되지 못했다. 기질 요인은 반드시 고정된 것은 아니지만, 초기 아동기 환경은 기질을 더욱 변하지 않는 특성으로 나타나게 한다. 특히 이러한 특성은 청소년기에 두드러진다.

Thomas와 Chess의 뛰어난 업적 이후에도 기질의 정의는 논란과 변화를 거듭하고 있다. 예를 들어 Rothbart와 Posner(2006)는 '까다로운' 기질 개념의 문제점을 몇 가지 지적하였다. 그중에서도 용어 자체의 명확성과 신뢰도 부족을 가장 큰 문제로 꼽았다. 한편, Chess와 Thomas의 기질 변인은 부모가 관계를 통해 자녀의 타고난 특성을 적절하게 바꿔주고자 할 때 겪는 조율의 어려움을 설명해주기도 한다. 예를 들어 부모와 자녀의 활동성 수준이나 강렬함 수준이 서로 다를 경우 아동은 발달에 필요한 최적의 지원을 받기 어려울 수도 있다.

Chess와 Thomas(1990)는 적합도goodness of fit라는 용어를 사용하여 아동의 기질 역동이 가족 체계의 요구나 부모의 기대와 어울리는 정도를 설명하였다. 이론상으로 보면 빈약한 조화는 행동 문제의 원인이 되며 훌륭한 조화는 건강한 발달을 예측해야 한다. 대개 아동은 완벽한 조화보다는 '충분히 좋은good enough' 조화를 통해 건강하게 발달한다. 좌절과 마찬가지로 갈등, 스트레스, 불만족 또한 발달을 자극할 수 있다. Chess와 Thomas(1990)는 아동과 부모 간 적합도 요인이 발달에 가장 큰 영향을 미치는 것으로 보았다.

유전자와 환경의 상호작용 모델을 제안한 Irving Gottesman(1974)은 유전자가 인간 발달의 최대치와 최저치를 나타내는 '반응 범위'를 결정한다고 했다. 유전과 환경의 상호작용은 수동적, 유발적, 능동적으로 발생할 수 있다(Scarr, 1992/1993). 예를 들어 능동적 기질의 아동은 아버지의 축구 시합을 관전하면서 간접적으로 경기에 참여하며 스포츠에 흥미를 느끼게 된다. 그 후 아이는 다른 사람들과 축구를 하려고 할 것이며 이런 모습을 부모에게 칭찬받고자 할 것이다. 능동적 기질을 향한 이 아동의 유전적 성향은 아동의 기질이 지지와 보상을 받을 수 있는 상황을 불러일으키게 했다. 이 성향의 아이들은 성장하면서 자신의 능동적 기질을 표현할 수 있는 다양한 방식을 자유롭게 찾는다. 예를 들면 클럽에 춤을 추러 가기도 한다. 이들은 Scarr의 '적소 찾기niche-picking', 즉 유전적 성향이 능동적 기질과 일치할 수 있는 장소 발견에 열중한다.

기질 연구의 교훈은 무엇인가? 대체로 아동의 경험과 생리 간 상호작용은 역동적이며 양방향으로 발생한다. 예를 들어 케냐의 마사이족 영아 대상 연구(DeVries, 1989)에서 까다로운 기질의 영아가 순한 기질의 영아보다 시간이 지날수록 더 잘 지낼 수 있다는 점을 발견했다. 연구자들은 그 지역 자원이 부족하게 된 이후부터 까다로운 유아가 자신이 원하는 것을 더 많이 충족했을 것으로 추측했다. 다윈주의 관점으로 봤을 때 까다로운 기질은 이 사례에서 유리하게 작용했을 수 있다. 일부 연구자들은 신경계 긴장tone의 변화가 아동의 적응력에 영향을 미치는 것으로 판단했다. 미주신경vagus nerve('vagus'는 방황을 의미)은 뇌신경 12개 중 하나에 해당한다. 미주신경은 뇌간에서 뻗어 나온 유일한 신경으로 목과 가슴을 통과하여 소화관까지 내려간 후 내장의 신경분포를 이룬다. 미주신경에서 뻗어 나온 운동신경섬유는 대부분 자율신경계의 부교감신경으로 작용한다. Fox와 Field(1989)는 미주신경의 긴장상태가 높은 3세 아동이 낮은 아동보다 유치원 적응을 빨리 하는 것으로 밝혀냈다. Katz와 Gottman(1995)의 연구에서도 유사한 결과가 제시되었다. 미주신경 긴장이 낮은 5세 아동은 높은 아동에 비해 부모의 갈등 속에서 적응을 제대로 하지 못했으며, 8세가 되었을 때 더 많은 문제행동을 보이는 것으로 나타났다.

Jerome Kagan은 아동의 기질과 환경 간 관계를 검토하는 과정에서 지나치게 내성적이었던 2세 남아가 청소년이 되었을 때, 민감성이 훨씬 줄어들었다고 보고하였다. 걸음마기 때 민감했던 교감신경계는 13세가 되면서 확연하게 안정되었다. 특정 행동이나 특성을 만들어내는 타고난 생리조차도 오랜 기간 격려와 훈련을 통해 변화될 수 있다. Kagan(1998)은 기질과 발달의 개념화 변화를 다음과 같이 설명했다.

뇌와 행동의 관계를 단일 방향으로 여겼던 과거의 관점은 보다 역동적인 관점으로 바뀌고 있다. 즉 심리상태는 뇌 생리뿐만 아니라 특정 유전자의 활성화 수준과 유전자의 결과물에도 영향을 미친다. 심리상태로 인해 생성되는 당질코르티코이드 및 기타 화학물질들은 뉴런의 수용체 밀도를 조정하는 유전자의 발현과 억제를 유발한다. 그 결과 중추신경계의 반응성이 달라진다. (p. 190)

Kagan의 연구 생명 작용과 행동 간 쌍방향 상호작용은 자기강화 신경역동 현상(또는 '어트랙터')을 일으킨다. 2세 이후에 특정 기질로 평가된 유아는 아동기에도 동일한 특성을 나타내었으며 그 특성의 근원이 되는 신경역동 또한 동일한 것으로 밝혀졌다. Jerome Kagan은 여러 나라의 아동을 표집하여 대단위 기질 연구를 실시하였다. 이 연구를 통해 일부 기질 요인은 시간이 지나더라도 현저하게 지속되는 것으로 나타났다. 내성적으로 평가된 아기는 성장 후 학교에 입학했을 때 수줍음을 많이 느끼고 새로운 자극을 싫어했다. 이 아이들은 놀랄 만한 사건이나 새로운 자극을 접할 때 과잉 각성된다. 이들의 소심하고 부끄러운 특성은 성인기에도 지속되는 편이다 (Kagan & Snidman, 2004). 내성적 특성으로 분류되었던 아기 중 일부를 대상으로 22세가 되었을 때 자기공명영상 촬영을 실시했다. 그 결과 새로운 자극을 접할 때 불안과 공포의 중요한 회로인 편도체가 통제 집단에 비해 과잉 활성화되는 것을 확인할 수 있었다(Schwartz et al., 2003). 반면에 Kagan은 뇌 촬영 결과가 성인의 성격을 예측할 수 있다 하더라도 내성적인 아기의 1/3만 초기 성인기에 접어들었을 때 소심한 특성을 나타냈다고 보고하였다. 표집 아동 대부분은 회피 충동에 굴하지 않고 외부 세계와 소통할 수 있었다. 소중한 관계는 아이들이 원래의 기질을 극복하는 데 가장 큰 도움을 주었다. 기질은 아이들을 억누르기는 했지만 어떤 성인으로 성장할지 미리 확정해주지는 못하였다.

뇌 반구 특성화 다양한 연구를 통해 수줍음이 많은 아동의 우측 전두피질은 좌측 전두피질보다 더욱 활성화되는 것으로 알려졌다. 특정 감정이나 정서는 특정 반구에서 비롯된다는 수많은 증거 기반은 중요한 임상적 의의가 있다. 이에 대해서는 후반부에서 다룰 예정이다.

 좌측 전두엽은 긍정적 감정 및 접근행동 반응과 관련이 있고, 우측 전두엽은 부정적 감정과 회피 행동 반응과 관련이 있다(Davidson et al., 2000). 일시적 감정 반응 및 오랜 기간 지속되는 기분 모두 이와 동일한 방식으로 처리된다. 예를 들어 경쾌하고 '유쾌한' 음악은 좌측 전두엽을 활성화하고, 슬픈 음악은 우측 전두엽을 활성화한다(Schmidt, Trainor, & Santesso, 2003).

뇌전도electroencephalogram를 통해 수줍음이 많은 아동은 우측 전두엽이 좌측 전두엽보다 활성화되는 것을 알 수 있었다(Finman et al., 1989; Fox, Calkins, & Bell, 1994). 적외선 촬영기로 좌 · 우측 이마의 온도를 측정한 결과, 수줍음이 많은 아이들은 일반 양상과 반대 결과를 나타냈다. 즉 외향적인 아동과 성인의 왼쪽 이마는 오른쪽 이마보다 평균 10도 낮은 반면, 내성적인 아동은 외향적인 아동에 비해 오른쪽 이마 온도가 더 높은 편이었다(Kagan, 1994). 그러므로 내성적인 아동은 우반구를 더 많이 쓴다고 볼 수 있다.

다른 연구에서는 손가락 끝의 온도 비대칭을 제시하였다. 21개월 및 4세 6개월 된 내성적 아동과 외향적 아동의 손가락과 이마 온도는 뇌전도 활성화 비대칭과 일치하였다. 기타 연구에서도 내성적 아동의 우반구 활성화 경향을 보여주었다(자세한 내용은 Kagan, 1998 참조). 한편, 오른쪽 이마에 비해 왼쪽 이마 온도가 낮은 2세 남아와 여아는 더 자주 웃었으며 실험실 테스트를 하는 동안 심박수가 더 낮게 나타났다(Kagan, Arcus, Snidman, & Rimm, 1995).

수줍은 기질의 아동은 새로운 상황에 과도한 반응을 보이는 편이며 새로운 자극을 회피하는 경향이 있다. 그리고 타인의 감정 표현에 반응할 때 양쪽 전두엽이 모두 활성화되는 편이다(Dawson, 1994). 새로운 자극을 직면했을 때 불편한 사고와 감정을 지속할지 여부는 편도체 중심의 공포 회로 각성 수준에 따라 결정된다. 어떤 상황에서 유발되는 불안이 아동의 경험치나 기질적 허용치를 넘어가게 되면, 불안을 압도하거나 조절하는 강력한 코르티솔 작용이 잠시 중단된다. 대신 투쟁도피 전략을 사용하여 상황을 즉각 처리하는 데 전력을 기울이려고 할 것이다.

편도체와 전대상피질　타고난 기질의 차이는 편도체amygdala 및 전대상피질anterior cingulate cortex과 관련이 있기도 하다(Kagan & Snidman, 1991). 우측 전두엽에서 알파파의 탈동기화가 증가하면 편도체가 활성화되는 것으로 추정된다(Kapp, Supple, & Whalen, 1994). 편도체의 신경전달물질이 피질 내 공포 감정을 유발하는 신경역동을 자극하기 때문에 상황을 위협적으로 느끼게 된다.

전대상피질은 갈등 감지, 고통 인식, 실수 자각, 정서조절과 관련이 있다. 4세가 되면 편도체와 전대상피질이 더욱 밀접하게 연결되기 때문에 아이들은 공포를 다룰 수 있게 된다. 더 이상 변기를 두려워하지 않고, 악몽에 등장하는 정체 모를 괴물을 무서워하지 않으며, 유치원에서도 사회불안을 느끼지 않는다. 반구 우세성 또한 정서조절에 영향을 미친다. 부정적 감정 및 행동 철회와 관련 있는 우반구가 우세한 영아는 후에 수줍은 기질로 평가되었다(Davidson, 1992).

Rothbart와 Bates(1998)는 다양한 방식이 기질과 적응 간 관계에 직간접적으로 영향을 미친다고 제안하였다. 극단적으로 표현하자면 기질은 정신병리 또는 건강한 적응에 직접적인 영향을 미칠 수 있다. 예를 들어 극도로 수줍은 특성은 사회공포증과 같은 불안장애를 유발할 가능성이 높다. 반대로 순응적인 특성은 추후 삶을 적응적으로 살아갈 수 있도록 한다. 수줍은 성향이나 비관적인 성향은 지속적인 기대, 구조, 지지를 통해 완화될 수 있다. 아동심리치료자는 부모가 자녀에게 이러한 요소를 일관되게 적용하는 것을 얼마나 힘들어하며, 어느 시점에서 자녀와 부모 간 기질 조화가 제대로 되지 않는지를 평가할 수 있어야 한다.

기질을 개선하기

기질의 바탕인 유전자는 변화를 일으키기도 한다. 아동의 뇌는 풍부하거나 결핍된 환경에 민감하게 반응하며, 아동은 애착 대상에게 적응하기 위해 많은 노력을 기울인다. 풍부한 환경 속 새로운 특정 자극은 아동의 뇌신경가소성을 촉진한다. Jerome Kagan(1998)은 다음과 같이 기술하였다.

이러한 발견은 아동의 경험이 초기 기질 성향을 약화시키거나 강화시킬 수 있음을 암시한다. 구체적으로 설명하면 다음과 같다. 과민성과 두려움을 유발하는 생리

특성을 갖고 태어나더라도 일관되고 지지적인 환경 속에서 지속적으로 성장할 경우, 정서 반응성을 조절하는 뇌 회로의 생리적 변화가 일어날 수 있기 때문에 아이는 심리적 스트레스를 거의 느끼지 않게 된다. 초기 유전적 자질이 모든 것을 결정하기보다는 경험을 통해 유전자 표현형은 달라진다. (p. 218)

Kagan(1992)은 수줍음이 많은 아동에게 정서적 경험과 불확실함을 이겨내려고 '도전'하는 모습을 지지해줄 경우 아동의 자신감이 증진될 수 있음을 밝혔다. 아동의 수줍음은 새로운 상황 탐색에 대한 부모(혹은 심리치료자)의 정서적 조율, 격려, 지지를 통해 달라질 수 있다. 모델링과 온화한 격려는 아동이 새로운 경험을 견뎌낼 수 있는 힘을 길러준다(Kagan, 1994).

아동의 기질에 적합한 양육 방식과 전략은 가장 큰 효과를 발휘한다. Kochanska (1994)의 연구 결과는 다음과 같다. 권위를 강조하지 않는 훈육 방식은 두려움이 많고 불안한 자녀에게 매우 효과가 있는 반면에 반대 성향의 자녀에게는 도움이 되지 않았다. 부모와 아동 간 따뜻하고 반응적인 관계는 공포에 취약한 특성을 보완해준다. 부모는 자녀가 부적응적인 기질 특성을 극복할 수 있도록 격려해야 하며, 아동심리치료자는 부모에게 관련 방식을 알려줄 수 있어야 한다. 문제행동을 변화시키려는 목적의 격려가 아닌 무조건적 지지는 부적응 행동을 유발하는 신경역동을 길들인다. 예를 들어 아동의 수줍음을 합리화하거나 회피 혹은 철회를 조장하는 방식은 우측 전두엽의 불균형적 활성화 패턴이 고착되게 한다. Kagan과 Snidman(2004)은 다음과 같이 기술하였다.

부모는 과민한 자녀를 새로운 자극이나 변화로부터 과잉보호하지 않아야 한다. 애정이 많은 부모라 하더라도 과잉보호의 유혹을 견딜 수 있어야 한다. 부모는 과민한 자녀에게 두려운 자극을 점진적으로 노출시켜줘야 한다. 이를 통해 아이는 낯선 상황을 회피하려는 기질 특성을 극복할 수 있다. (p. 27)

자녀의 기분을 상하지 않게 하려는 과도한 양육 방식은 도움이 되지 않는다. 아이가 새로운 친구 교제를 망설일 경우, 부모는 자녀가 새 친구를 만날 때 느끼는 스트레스 조절 방법을 습득할 수 있도록 도와야 한다. 이를 위해 부모는 자녀를 위로해주는 동시에 자녀에게 의욕을 심어줄 수 있어야 한다. 치료자는 부모가 자녀의 회피, 수줍음, 짜증스러운 행동을 줄여주는 데 도움이 되는 격려를 활용하도록 지원할 수 있다. 부모는 아이를 두려운 상황에 노출시키면서도 격려를 적절하게 해줘야 한다. 놀이 시간을 만들어주고 체육이나 스카우트 혹은 동아리 모임과 같은 집단 활동에 참여하게 하면서, 이런 활동으로 새로운 사람들을 만나면서 무엇이 도움이 되었는지를 함께 이야기 나눌 수 있어야 한다. 이와 같은 부모의 노력은 기질 요소의 생물학적 기반을 바꾼다고 볼 수 있다. 반면, 둔감한 자녀를 둔 부모는 규율을 일관되게 적용할 수 있도록 치료자가 지지해줘야 한다. 둔감한 아동 중에서도 특히 남아는 문제 아동으로 보일 가능성이 높다. 실제로 반사회적 특성이 있는 것은 아니지만 다양한 충동을 억제하지 못하기 때문이다. 부모는 이런 특성의 자녀에게 올바른 행동방침을 명확하게 알려준 다음 자녀가 이를 지킬 수 있도록 해야 한다. 이 아이들에게는 일관성 있고 공평하며 확고한 양육이 필요하다. 특히 떼쓰는 행동과 제한을 어기는 행동을 할 때 더욱 중요하다.

Kaiser Permanente Medical Center에서는 자녀의 기질과 부모의 조율 방식 간에 일어날 수 있는 부조화를 다루고자 부모-자녀 집단 프로그램을 개발하였다. 유치원생 자녀와 부모를 위한 기질 기반 행동그룹 치료TOTS Program를 통해 부모는 자녀의 기질 요인에 흔들리지 않고 유연하게 대처하고 표현하는 방법을 배운다(Becking, Wilson, & Reiser, 1999). 이 프로그램의 목표는 조화로운 부모-자녀 관계에 도움이 되는 요인들을 강화하는 것이다.

정서를 주고받기

아동의 뇌에는 생후 첫 몇 년 동안 부모의 정서 상태를 이해하고 모방할 수 있는 능력이 각인hard-wired되어 있다. 아기는 신경학적으로 유대감을 형성할 능력이 있다. 신체 접촉은 초기 상호작용과 유대감 형성에 필수 요인이다(Sapolsky, 1998). 또 다른 중요한 요인 중 하나인 물리적 근접성은 각자의 뇌 속 전기적 활성화를 직접적으로 유발하는 것으로 나타났다(McCraty et al, 1998). 출생과 동시에 아동의 정서는 양육자와 상호작용하기 위한 수단으로 작용한다. 초기의 정서 표현은 신체 상태에 대한 반응, 원시적 사고proto-thoughts, 순간의 정서적 분위기에서부터 애착 관계 상태까지 포함하는 환경적 자극에 대한 반응으로 볼 수 있다.

정서적 조율은 부모가 자녀의 행동을 이해할 수 있는 방식 중 하나에 해당한다. 자녀의 급격한 발달 변화를 지켜보는 것 또한 자녀의 행동 이해에 도움이 된다. 생후 약 4개월이 되면 안와전두피질과 전대상피질에서 방추세포spindle cells가 형성된다. 일반적인 뉴런보다 매우 큰 방추세포는 민첩한 행동 발달을 촉진한다. 달라진 조건 및 인지 부조화에 대한 반응능력 또한 촉진한다. 최종적으로 방추세포는 다양한 뇌 영역을 광범위하게 연결한다. 이 세포 덕분에 인간은 어려운 문제에 초점을 둘 수 있다. 방추세포가 얼마나 풍부하며 어느 영역의 세포와 연결되는지는 아기의 대인관계 경험에 달려 있다. 따뜻하고 사랑스러운 가족 분위기는 강력하고 건강한 연결을 촉진하는 반면에 가족의 스트레스와 빈약한 유대관계는 반대 작용을 한다(Allman, 2001). 초기의 애정 어린 돌봄 또한 다양한 신체 및 뇌 부위에 있는 당질코르티코이드 수용체 성장을 자극하여 스트레스에 대한 아동의 민감성을 낮춰준다(Levine, 2001).

편도체와 애착

편도체는 초기 애착 관계 조절에 주된 역할을 한다. 변연계에 해당하는 편도체는 '두려움을 느끼는 뇌'에서 가장 중요한 부위라고 볼 수 있다. 편도체는 양쪽 대뇌피질 및 자율 반응을 조절하는 다른 영역과 매우 밀접하게 연결되어 있다. 그렇기 때문에 편도체는 입력된 자극들을 빠르고 간단한, 흑백논리, 이분법적 방식의 정서 가치로 드러낸다. 편도체는 외적 자극(예: 청각)뿐만 아니라 내적 자극(예: 소화기관)으로 활성화된다. 편도체는 우반구와 마찬가지로 양육자의 얼굴 표정 및 다양한 정서적 상호작용의 의미 파악에 관여한다. 양육자와의 다양한 정서적 상호작용은 애착 도식 형성에서부터 사회적 충돌에 대한 첫인상 형성에 이르는 모든 것에 중요한 영향을 미친다.

얼굴 표정

저명한 심리학자 Paul Ekman(1993; Ekman & Frieson, 1972)은 얼굴 표정을 정서적 상호작용과 공감 형성에 가장 중요한 요인으로 간주하였다. 모든 문화권의 영아는 다른 무엇보다 사람 얼굴을 가장 우선으로 바라보는 특성을 선천적으로 갖고 태어난다. 갓 태어난 신생아는 입을 벌리고 혀를 내미는 성인의 모습을 보고 그대로 따라할 수 있다. 영아는 출생 후 몇 시간 이내에 얼굴을 쳐다보고 시선을 움직일 수 있도록 준비한다(Goren, Sarty, & Wu, 1975). 생후 2주쯤 되면 낯선 여성보다 엄마의 얼굴을 바라보려고 한다(Carpenter, 1974). 사회적 관계 형성의 고유능력인 미소는 뇌와 매우 깊은 연관이 있기 때문에 영아는 뇌간의 작용만으로 일반 아기들의 주 특징인 배냇짓 반응을 한다(Herschowitz, Kegan, & Zilles, 1997). 매우 어린 영아는 배가 부르거나 REM 수면 상태일 때 그리고 부모의 목소리를 듣거나 부모와 신체접촉이 있을 때 미소를 짓는다.

배냇짓은 일반적으로 생후 2~3개월 정도에 사라진다. 생후 10~20주쯤 된 영아는 사람의 목소리를 듣거나 얼굴을 바라볼 때 사회적 미소, 즉 크게 활짝 웃기 시작한다 (Haviland & Lelwica, 1987). 대략 비슷한 시기쯤 울음이 감소하고, 엄마와 영아가 얼굴을 마주보는 상호작용이 증가하며, 사회적 미소가 더욱 빈번해진다(de Weerth & van Geert, 2002). 사회적 미소는 환경 단서에 반응하는 뇌의 수용력 증대 및 양육자의 행동을 조절하는 영아의 능력 확장을 토대로 발생한다. 사회적 미소의 발달은 모든 문화권에서 나타난다. 예를 들어 나바호Navajo족 부모는 생후 2~3개월쯤 되면 자녀의 사회적 미소를 기다린다. 아기의 첫 번째 자발적인 사회적 미소를 본 사람은 '첫 미소 축하파티'를 주관한다(Chisholm, 1996).

정상 발달 영아는 행복한 표정을 쳐다볼 때 입을 크게 벌리고, 슬픈 표정을 쳐다볼 때에는 입술을 삐쭉 내민다. 인간의 입술 근육은 피부와 직접적으로 연결되어 있다. 그렇기 때문에 인간은 얼굴을 통해 의미심장한 신호들을 드러내고 전달할 수 있는 매우 놀라운 능력을 발휘한다.

Ekman(1993)은 분노, 두려움, 인정과 같은 핵심 정서를 상대에게 전할 때 보이는 얼굴 표정이 모든 문화권과 인간에게 동일하게 나타난다는 점을 입증하였다. 인간은 매우 어릴 때부터 얼굴 표정이라는 보편적 어휘를 사용한다. 선천적 시각장애 아기는 엄마를 향해 미소 짓는다. 모든 성인 양육자는 울부짖는 자녀의 얼굴 표정이 무엇을 의미하는지 알고 있다고 생각한다. 다른 문화권에 거주하는 사람들이라 하더라도 혐오감을 표현할 때 입술 꼬리를 올리는 사람은 아무도 없다. 얼굴 표정으로 드러나는 정서 언어는 문화에 상관없이 동일하며, 발달 차이가 큰 부모와 영아는 얼굴 표정으로 소통할 수 있다. 우반구가 아기의 정서적 생활을 지배하는 시기, 즉 좌반구의 언어 기호 체계가 발달하기 전까지 아기는 얼굴을 통해 의사표현을 한다.

엄마와 영아는 눈으로 얼굴을 쳐다보고, 목소리에 담긴 정서적 음색에 귀 기울이고, 미묘한 후각단서를 활용하여 서로 조율과 정서조절을 이루기 시작한다. 영아는 함께하고 있다는 것을 느끼면서도 한편으로는 독립적인 주체로서 반응해야 한다. 이를 위해 부모가 영아에게 안정기지와 안아주는 환경을 조성해줄 수 있어야 부모-자녀 사이 '정서적 조율'이 가능해진다(Siegel, 1999; Siegel & Hartzell, 2004; Trevarthen, 1993). 이러한 초기 신경생물학적인 사회적 경험 때문에 치료 관계 내에서도 정서적 조율을 할 수 있다. 치료 관계는 아동이 경험한 양육자와의 관계와 비슷하면서도 다른 특성을 갖고 있다.

인간은 개인적 관련성personal relevance이 높은 상황에서 정서를 통해 어떻게 행동할지를 결정한다(Saarni, Mumme, & Campos, 1998). 정서 연구를 수행하는 기능주의 학파에 의하면, 정서는 타인과 특별한 상호작용을 할 때 그 목적과 목표를 두드러지게 한다(Barrett & Campos, 1987). 부모-자녀 상호작용 시 각자 상대의 정서를 인식하고 반응해야 한다. 얼굴 표정에 나타나는 정서를 인식하는 아동의 능력은 단계적으로 발전한다(Baldwin & Moses, 1996; Walker-Andrews, 1997). 생후 6주까지는 얼굴 표정을 인식하지 못한다(Field & Walden, 1982). 6주 이후부터 아기는 점점 사람들의 얼굴을 쳐다보면서 특정인과 다른 사람을 정확하게 구별하며, 얼굴 표정과 목소리 단서를 활용하여 타인의 정서 상태를 파악한다(Caron, Caron, & MacLean, 1988).

타인의 얼굴 표정을 해석하는 기술이 점차 증가하면서 영아의 얼굴 표정 또한 다양하게 나타난다. 생후 3~4개월쯤 된 영아의 경우 갖고 놀던 치발기를 치워버리거나 꼼짝 못하도록 팔을 세게 잡았을 때 슬픔과 분노를 얼굴 표정으로 나타냈다

(Lewis, Alessandri, & Sullivan, 1990). 5~6개월이 되면 타인의 얼굴 표정(행복, 슬픔)을 따라 할 수 있으며, 타인에게 어떤 표정을 더 선호하는지 알려줄 수 있다(Balabon, 1995; Izard et al., 1995).

영아는 7~8개월 사이에 얼굴 표정으로 두려움을 나타낼 수 있으며, 이 시기부터 낯선 사람을 마주할 때 불안을 느끼게 된다(Harwood, Miller, & Vasta, 2008). 모든 아기가 낯선 사람에게 불안을 느끼거나 동일한 수준으로 불안해하는 것은 아니지만, 낯선 사람을 많이 만날수록 아기의 불안은 줄어든다(Gullon & King, 1997). 작업기억이 발달하면 대개 공포 반응, 특히 분리불안이 증가한다. 영아기에는 고차원적인 인지 모듈인 전전두피질이 발달하며, 전전두피질은 편도체와 같은 측두엽과 강력한 연결을 형성한다. 그렇기 때문에 영아는 최근의 과거 경험 속에서 도식을 찾을 수 있게 되고, 작업기억을 통해 현재의 의식 또한 보유할 수 있게 된다(Christoff, Ream, Geddes, & Gabrieli, 2003). 이러한 능력은 기존 사회정서 경험의 동화assimilation와 사회적 정보 평가를 가능하게 하는 반면에 정신적 스트레스를 유발하기도 한다(Kagan & Herschkowitz, 2005).

정서조절 관계

생후 1년 무렵이 되면 아기는 자신의 정서를 조절하기 위해 타인의 정서 표현을 활용하기 시작한다(Feinman, Roberts, Hsiesh, Sawyer, & Swanson, 1992). 아기는 자신의 표현에 대한 양육자의 반응을 매우 중요하게 여기며, 불확실한 상황에 닥쳤을 때 엄마와 아빠가 도와줄 것이라고 기대한다(Beebe & Lachmann, 2002).

아기는 애매모호한 상황을 해석하고 대처하기 위해 자신이 신뢰하는 성인이 드러내는 정서 정보를 활용한다. 이를 사회적 참조라고 부른다. 아기는 사회적 참조를 기반으로 하여 '시각 절벽' 실험과 같은 애매모호한 상황에 반응한다. 실험장면에서 부모는 아기가 낭떠러지 위에 놓인 투명한 유리판을 기어서 지나갈 수 있도록 맞은편에서 지지 반응을 보여준다. 부모의 지지 반응을 본 아기는 편도체의 위험 신호를 무시한 채 시각 절벽을 통과한다. 아기는 부모의 목소리와 얼굴 표정을 통해 낯선 사람에게 접근하여 그들과 소통할지 여부를 결정한다(Baldwin & Moses, 1996). 죄책감, 자부심, 수치심, 난처함과 같은 더욱 복합적인 자의식 정서는 대개 24개월 이후부터 느끼게 된다(Tangey & Fischer, 1995). 복합적인 사회적 정서는 대인관계를 통해 발생하는 편이며, 아동의 자의식 손상 혹은 향상과 관련된 상황에서 발달하기 시작한다. 배변훈련을 할 때 이러한 감정이 가장 많이 발달하는 편이기는 하나 걸음마기 동안 수치심, 자부심, 죄책감과 관련된 경험들을 조금씩 다양하게 겪게 된다. 부모의 훈육 방식 변화는 성공적인 아동상담과 가족치료에 중요한 요인이다. 상담과정 동안 치료자는 부모가 처벌적이고 굴욕적인 훈육 방식을 더 이상 쓰지 않도록 해야 한다. 치료자는 부모가 자녀의 긍정적인 감정을 보다 많이 촉진하며 부적강화를 활용하여 문제행동을 소거할 수 있도록 도와야 한다.

문화에 따라 정서를 표현, 관리, 해석하는 방식은 다르게 나타나며(Harword et al., 2008), 이는 매우 초기 발달시기부터 영향을 미친다. 예를 들어 파푸아뉴기니 칼룰리Kaluli족은 아기를 아무것도 이해하지 못하는 무기력한 존재로 여긴다. 어른들은 이러한 신념 때문에 영아와 상호작용을 하지 않는다. 엄마는 자녀의 욕구에 주의를 기울이면서 자녀의 이름을 부르기는 하지만 자녀의 눈을 세밀하게 살펴보지는 않는다. 누군가의 눈을 자세히 들여다보는 것은 주술과 관련 있는 행동이기 때문에 엄마는 아기를 안을 때 아기가 바깥쪽으로 향하도록 한다(Ochs & Schieffelin, 1984).

케냐 구시Gussi족의 경우, 엄마는 자녀의 강렬한 긍정 및 부정 정서 표현을 억누르는 편이다(Dixon, Tronick, Keeler, & Brazelton, 1981). 캐나다 북부 지역에 거주하는 우트구Utku족 또한 아기가 젖을 떼는 순간부터 분노를 표현하지 못하게 한다(Briggs, 1970). 일본인 역시 부정적 정서를 드러내지 않는다. 일본인 부모는 자녀와 갈등을 겪는 순간에도 정서적 규제를 한다. 침묵이나 관심 철회를 통해 간접적으로 자신의 불쾌함을 표현한다(Azuma, 1996; Miyake, Campos, Bradshaw, & Kagan, 1986). 모든 문화권의 영아는 적절한 정서 표현을 지배하는 정서 표현 규칙을 점차 습득하게 된다(Underwood, Coie, & Herbsman, 1992). 정서적 상호작용에 대한 규칙을 이해하고 타인의 정서적 상호작용을 정확하게 평가할 수 있는 능력은 부모-자녀 애착 관계를 통해 획득하는 수많은 자질 중 하나에 해당한다.

제3장

애착과 주관성

> 보는 것만으로도 많은 것을 알아낼 수 있다.
>
> —Yogi Berra

플라톤은 국가(*Republic*)를 통해 아동의 지위 증진에 관한 도발적인 방안을 내놓
았다. 철학자인 그는 지배 계급의 아이들을 성격 결함이 있는 부모가 양육하
는 대신, 국가가 아이들을 보호하며 철학과 정치를 가르칠 수 있는 최상의 세계를 제
안하였다. 부모들이 격분하자 플라톤은 추첨을 하도록 했으나 추첨을 통해 부모가
얻을 수 있는 이득은 아무것도 없었다. 추첨은 부모가 지배자를 비난하는 대신에 추
첨을 잘못한 자신의 불운을 책망하도록 만들려는 방책일 뿐이었다. 플라톤은 악덕
한 부모 밑에서 학대받으며 불행하게 자라지 않아도 되는 시민들로 구성된 사회의
이득을 구상하고 있었던 것이 분명하다. 그러나 2,000년이 훨씬 지난 후 보호시설에
서 자란 아이들의 실제 적응 양상을 조사한 첫 연구는 충격적인 동향을 발표하였다.
1930년대에 착수한 보호시설 아동에 대한 임상관찰과 연구는 현대 아동심리치료의
기반이 되었다. 이 연구들은 양육자에게 '충분히 좋은good enough' 경험을 받지 못한
아이들의 경우 추후 발달 과정에서 매우 심각한 문제를 겪을 수 있다는 결론을 제시
하였다.

Freud, Klein, Winnicott

정치와 전쟁은 1930년대 아동 정신건강 분야의 성장에 변화를 일으켰다. 유럽의 국
가적 사회주의자들은 정신분석을 '유대인의 과학'으로 치부하여 주류에서 제외하였
고 정신분석 훈련 프로그램을 금지시켰다. 아동 정신분석가들은 대부분 제2차 세계
대전이 일어나기 전에 나치 독일을 피해 영국과 미국으로 망명했다. Sigmund Freud
는 딸 Anna Freud와 함께 1938년 런던으로 망명했으며, 이들의 망명은 아동 정신분
석가들에게 지대한 영향을 미쳤다. 이 분야의 창시자 중 한 사람인 Anna Freud는 영

아의 정신능력과 아동발달에 대한 뚜렷한 관점을 지닌 전통주의자였다. 영국의 정신분석은 이미 자리가 잘 잡혀 있었지만, 영국 아동분석가 중 상당수는 전통적 관점과 중요한 차이가 있는 Freud 부녀의 관점을 지지하였다. 부녀의 망명은 영국 정신분석학회를 불안정하게 했다. 결국 영국 아동훈련연구소는 세 갈래로 분열되어 Anna Freud 학파, Melanie Klein 학파, 독립 학파로 재탄생하였다. 생후 첫 1년간 영아의 정신 상태가 이들 논란의 주요 쟁점이었다.

Melanie Klein은 1920년대에 베를린에서 런던으로 이주했다. 그 전까지 유럽에서는 히틀러의 지위가 막강했고 반유대주의가 일상화되어 있었다. Klein은 Anna Freud와 마찬가지로 아동심리치료에서 놀이를 '대화'로 활용한 초기 심리치료자 중 한 명이다. 그녀는 Freud 부녀가 망명하기 전까지 영아는 사실상 출생 직후부터 자신과 '초기 대상자(예 : 엄마)'를 구별할 수 있는 정신능력을 갖고 있다고 강력히 주장했다. Klein 학파에 따르면 이 능력은 황홀한 결합, 질투에 의한 파멸, 잡아먹기와 같은 유아기적 환상의 바탕이 된다. 영아는 '좋은'과 '나쁜'의 생생한 환상 경험에 영향을 많이 받는다. 이들은 보다 안정적인 현실감을 갖기 위해 고군분투하는데 이때 각성과 좌절에 대한 심리내적 상태는 매우 중요한 영향을 미친다. Klein의 심리학에서 보유하기와 증오로 가득 찬 파괴성 간 투쟁은 심리발달의 핵심인 오이디푸스 콤플렉스를 대체하였다. 그녀는 분석가와 다른 심리치료자들에게 유아기의 중요성을 강조하였다.

Klein은 Anna Freud에게 자신의 입장을 강요하지 않았으며 Anna Freud 또한 Klein 학파에 이의를 제기하기보다는 자신의 연구에 더 집중했다. Anna Freud는 곧바로 1940년 영국 대공습 폭격 피해로 고아가 된 아이들에게 관심을 갖기 시작했다. 수년 동안 매일 아이들을 관찰하면서 초기 트라우마와 대상 상실이 미치는 영향을 파악하였고 이것의 중요성을 다루는 전문가가 되었다. Dorothy Burlington과 함께 헴스테드 보육원을 설립하여 고아들을 보살피면서 심리치료를 병행했다. 이들은 전쟁 속 어린아이들(*Young Children in Wartime*)(Burlington & Freud, 1943a), 전쟁과 아동(*War and Children*)(Burlington & Freud, 1943b), 가족을 잃은 영아(*Infants without Families*)(Freud & Burlington, 1944) 등을 출판하기도 했다. 헴스테드 클리닉은 전 세계에서 가장 중요한 아동심리치료 훈련기관 중 한 곳으로 알려졌다.

　Melanie Klein은 시설보호 아동보다는 자신에게 분석(1975/1921~1945)을 받는 내담 아동의 환상에 더 큰 관심을 갖고 있었다. 그녀는 수많은 예비 분석가들을 치료하고 지도 감독했다. 그중에는 소아과 의사였던 Donald Winnicott(1941/1975a)도 포함되어 있었다. Winnicott은 영아기를 거친 아동의 심리 출현에 열정적인 관심을 가지며 소아과 진료를 지속했다. 그는 Klein과 마찬가지로 매우 어린 영아도 엄마와 자신을 흐릿하게 구분할 수 있다고 믿었다. 그러나 Klein과 달리 정통 Freud 학파처럼 엄마와 아이 사이 관계 관찰에 흥미를 느꼈다. Winnicott(1965/1990)은 '아기와 견줄 수 있는 것은 없다'(예 : 아기는 양육자와 오랫동안 분리되어 생존할 수 없다)는 입장을 가지고 아동기와 뚜렷이 구별되는 아기의 정신 단계를 추적하였다.

　Winnicott의 충분히 좋은 양육good-enough mothering, 안아주는 환경holding environment, 중간 대상transitional object은 아동심리치료자들이 지속적으로 가치 있게 여기는 개념이다. 충분히 좋은 엄마는 임신과 출산 시 느끼는 신체적 고통이나 신생아 양육으로 인한 고단함과 같은 외적 세계의 어려움을 굳건하게 버텨내며, 이 과정에서 체력이 완전히 소진됐을지라도 즐거움을 잃지 않는다. Winnicott이 정의하는 보살핌에는 다양한 요구를 효율적으로 처리하는 것과 강력한 내·외부 스트레스 요인을 적절하게 처리하는 것이 포함된다.

　Winnicott은 아기에 대한 엄마의 정서적 조율attunement을 매우 중요하게 여겼다. 정서적 조율이란 아기의 행복한 성장에 필요한 것을 파악하는 엄마의 직관력을 의미하며, 이는 엄마가 삶의 다양한 요구들을 적절하게 처리할 때 제대로 발휘된다(Winnicott, 1965; Stern, 1985 참조). Winnicott의 관점에서 보면 영아는 보호와 사랑을 매우 강렬하게 원하면서도 이러한 요구를 스스로 충족할 수 있는 능력과 추동을 갖고 있다. 이는 후기 발달심리학자 및 Chess와 Thomas(1990) 같은 기질 연구자의 견해와 일치한다. 보호 및 양육과 자율성 확립 및 실패 사이의 변증법적 균형이 양육의 핵심 과업이다. 충분히 좋은 엄마는 자신의 직감을 통해 이 균형을 적절하게 유지한다.

　완벽은 '충분히 좋은'에 해당하지 않는다. 자녀의 적응을 제대로 돕지 못할 때 충돌

impingement, 즉 불완전한 양육이 발생한다. 충돌의 대부분은 아동이 경미한 스트레스를 반복적으로 경험할 때 발생하는 가벼운 혼란이다. Winnicott의 발달 과정 관점으로 보면, 일반적으로 이러한 충돌은 발달지연이나 장애를 일으키지 않는다. 오히려 이러한 충돌은 객체가 아닌 주체로서 독립하여 기능할 수 있는 능력과 자신의 욕구를 채울 수 있는 능력을 형성하는 데 반드시 필요하다. 부모와 아동은 성장 과정에서 수없이 많은 경미한 충돌을 겪게 된다. 이 과정에서 관계 손상을 개선할 수 있는 능력을 습득하게 되며 이 능력은 성공적인 발달에 필수 역할을 한다.

Winnicott에 의하면, 젖먹이 영아는 엄마의 모유를 통해 단백질뿐만 아니라 심리적 영양분을 흡수한다. 엄마가 아기를 안아주고 먹여주면서 좋은 관계를 형성하면, 이 영양분은 아기의 뇌 속 암묵기억으로 저장된다.

> 아기는 본능적인 욕구와 탐욕스러운 생각을 갖고 있다. 엄마는 젖가슴과 우유를 만들어낼 수 있는 능력이 있으며 배고픈 아기에게 우유를 주고 싶다는 생각을 한다. 이러한 두 현상은 엄마와 아기가 경험을 함께 나눌 때 비로소 동시에 발생한다. (Winnicott, 1975, p. 152; Phillips, 1993에서 인용)

Winnincott(1967/1971)은 반영하기mirroring라는 용어를 통해 자녀의 요구와 감정에 대한 엄마의 조율 과정을 설명하였다. 아기의 미성숙한 뇌에서 일어나는 혼란스럽고 극단적인 경험은 엄마의 완전히 성숙한 뇌로 전달된다. 그 후 엄마는 아기의 혼란스럽고 극단적인 반응을 더욱 통합적이며 정서적으로 섬세한 방식으로 아기에게 돌려준다. Stern(1985)은 자녀의 정서를 그대로 모방하여 명확하게 반영해줄 수 있는 충분히 좋은 부모의 중요성을 강조하였다. 즉 엄마는 "나도 너처럼 화가 나."라고 말하는 것이 아니라 "엄마가 보기에 네가 화가 많이 난 것 같아."라고 반영해줘야 한다. Stern(1985)은 Winnicott처럼 심리치료에서 지지적인 관계를 중요하게 여겼다. 치료자가 아무런 '해석'을 하지 않더라도 지지적인 관계 자체가 치료 효과를 발휘한다.

충분히 좋은 양육은 영아의 욕구를 반영해주며 반영 개입에 대한 아동의 반응을 정확하게 예측한다. 충분이 좋은 부모의 경우 자녀가 원하는 물건을 즉시 알아차리고 건네줌으로써 자녀의 안정 애착을 촉진한다. 부모가 그렇게 하지 못하거나 일부러 자녀가 찾고 있는 것을 모른 척할 때 아동은 가만히 기다리고 있지 않는다. 부모가 아이를 달래줄 때, 아이의 뇌에서는 못마땅하다는 표시로 소리를 지르게 하는 신경 배선이나 자기진정self-calming에 필요한 신경 배선wiring이 활성화되고 강화된다. 좌절과 갈등 상황은 관계 문제 개선 방법을 습득할 수 있는 기회다. 충분히 좋은 양육의 비결은 아동의 요구를 전적으로 채워주는 것이 아니라 이만하면 충분할 때가 언제인지를 이해하는 것이다. 즉 충분한 기다림, 충분한 만족, 충분한 유대, 충분한 분리를 이해하는 것이 비결이다. 경미한 충돌은 성장하는 아동이 세상에 적응하는 데 도움을 준다. 가볍거나 심하지 않은 스트레스는 신경가소성을 촉진하며 스트레스에 긍정적으로 대처할 수 있도록 한다는 가설이 입증되기도 했다(Heuther, 1998). 즉 일시적이면서 심하지 않은 스트레스는 뇌 발달을 촉진한다(DiPietro, 2004).

보살핌을 받아야 하는 영아가 겪는 심각한 충돌은 별개의 문제다. 부모의 심리적 문제나 상황적 문제 때문에 자녀에게 적절한 지지와 조율을 할 수 없거나, 압도적인 스트레스로부터 자녀를 보호해줄 수 없을 만큼의 어떤 이유가 있을 때 심각한 충돌이 발생한다. 심각한 충돌은 신체, 성, 정서 학대로 나타난다. 이는 아동에게 내적 스트레스 조절을 지나치게 요구하는 경험이 되기 때문에 뇌 발달지연에 직접적으로 영향을 미칠 수 있으며 매우 충격적인 암묵기억을 형성하게 한다. 이와 관련된 내용은 제4장에 기술되어 있다.

부모 될 준비를 제대로 하지 못한 부모 그리고 자신의 욕구 때문에 자녀의 욕구에 반응하지 못하는 부모도 있을 것이다. 이런 부모 밑에서 자란 아이들의 경우 자기의식 및 타인에 대한 모델을 일관성 있게 형성하기가 매우 어렵다. 그렇지만 다행스럽게도 이들은 다른 가족 구성원이나 학교 친구와 관계를 맺으며, 변화하는 환경에 적응한다. 친숙한 환경과 새로운 환경이 공존하는 세상을 얼마나 성공적으로 건설할 수 있는지에 따라 훗날의 정신건강이 결정된다. 불가피하게 안정감을 박탈당하면 심리적 스트레스를 매우 심하게 겪게 된다. 과도한 융통성은 견고한 주관성에 필요한 내재화된 기준을 제대로 심어주지 못하기도 한다. Winnicott은 '설정 상황에서의 영아 관찰'(1941/1975a)을 통해 실험대상을 접할 때 안정성과 가소성 사이에서 균형을 유지하는 구성주의자로서의 영아를 기술하였다.

'설정 상황'에서 Winnicott은 테이블 맞은편으로 엄마와 아이를 안내한 다음, 엄마에게 아이를 무릎 위에 앉히라고 요청했다. 맞은편에 있는 엄마와 아이가 편안하게 느낄 수 있도록 해주었으며, 특정 시점에 반짝거리는 주걱이나 설압자 같은 실험 대상을 테이블 가장자리에 올려두었다. 그리고 아이가 주걱을 만지고 싶어 하면 그렇게 할 수 있도록 엄마가 도와줄 것을 요청했다. Winnicott은 아이의 반응을 두 단계로 나누었으며, 각 단계별 Winnicott의 상세한 기록은 다음과 같다.

1단계 : 아기는 주걱에 손을 갖다 댄다. 그러나 그 순간 생각을 해야만 하는 상황을 예상치 못하게 접하게 된다. 아기는 난처해한다. 주걱에 손을 갖다 댄 채 눈을 크게 뜨고 나와 엄마를 쳐다본 다음 기다린다. 혹은 어떨 때에는 관심을 끊어버리고 엄마의 품에 얼굴을 파묻는다. 가능하면 적극적인 위로를 해주지 않도록 상황을 설정한다. 흥미롭게도 주걱에 대한 아기의 관심이 점진적으로 자연스럽게 되살아나는 것을 볼 수 있다.

2단계 : 아기는 '망설이는 시간period of hesitation' 내내 몸을 약간 움츠리고 있다. 아기는 점점 자신의 감정을 표현해도 될 만큼 용감해진다. 그때부터 상황은 꽤 빠르게 진행된다. 첫 번째 단계에서 두 번째 단계로 변화하는 순간은 분명하게 나타난다. 아기는 입을 벌린 채 혀를 내밀며 침을 많이 흘린다. 이런 모습은 주걱을 갖고 싶어 하는 자신의 마음을 받아들였기 때문이다. 입 속으로 집어넣기 전까지 한참 동안 주걱을 씹거나 담배를 피우는 아빠의 모습을 따라 하는 듯한 행동을 한다. 행동의 변화는 두드러진 특징이다. 기대와 침묵 대신 이제는 자신감을 드러낸다. 자유롭게 움직이며 마음껏 주걱을 다룬다.

나는 종종 망설이는 단계 동안 아기가 주걱을 입에 갖다 대는 시도를 하도록 상황을 설정했다. 다양한 방식으로 시도해본 결과, 이 단계에서 아기가 강요 없이 자연스럽게 주걱을 입으로 가져가는 것은 불가능했다. 나는 아기가 망설일 때 주걱을 아기 쪽으로 갖다 놓기도 했는데, 어떤 경우에는 아기가 비명을 지르거나 정신적으로 스트레스를 받으며 경련을 일으키기도 했다.

이제 아기는 주걱을 자기 물건이라고 느끼며 자기표현의 수단으로 사용하는 듯하다. (1941/1975a, pp. 53~54; 강조를 덧붙임)

이 실험에서는 엄마에게 일시가 아닌 지속적으로 충분히 좋은 역할을 하도록 요구한다. 즉 인생은 불완전하기 때문에 충분히 좋은 엄마는 불충분한 상태에서 아이가 불완전한 인생을 받아들일 수 있도록 돕는다. 충분히 좋은 양육은 지나친 거리감을 두거나 너무 과도한 친밀감을 형성하지 않는다. Winnicott은 실험에서 불안이나 완벽주의 성향 때문에 참지 못하고 아이에게 개입하는 엄마를 관찰하였다. 사실상 영아는 엄마가 개입하는 바람에 몇 가지 기회를 얻지 못했다. 자신의 주관성을 잃어버릴 기회를 얻지 못했고, 자기 힘으로 주걱이라는 작은 세상을 움직여보지 못했으며, 주걱을 자기표현의 수단으로 활용할 기회 또한 얻지 못했다. 여기에서 영아에게 필요한 것은 무엇일까? Winnicott의 표현대로 영아가 '자신의 감정을 표현할 수 있을 정도의 용기'를 가지는 것과 자기주도적인 경험 속에서 주관적인 기쁨과 자신감을 갖고 세상을 구축해 나가는 것이 필요하다.

실험 상황에서 엄마가 과도하게 개입할 때 아이는 Winnicott이 말하는 '거짓 자기'를 드러내면서 과도하게 순응하려고 했다. 이때 엄마의 개입은 일시적인 충돌이라고 하기보다는 일상적인 양육 방식이 반영되었을 가능성이 높다. 치료자는 종종 자녀를 위해 세상을 매우 안전한 곳으로 만들려고 노력하거나 자녀에게 어떠한 실망이나 고통을 안겨주지 않으려고 하는 특권층의 부모를 만나기도 한다. 치료자는 부모와 마찬가지로 아동 및 아동의 성장하는 뇌가 안전함과 새로움 사이, 즉 만족과 이룰 수 없는 것에 대한 환상 사이에서 균형을 유지할 수 있도록 도와줘야 한다. 심리치료는 아동의 주관적 세계 창조를 가장 중요하게 여긴다. 치료자는 이를 달성하기 위해 아동이 무엇을 해야 할 것인지를 끊임없이 생각하게 되지만 가끔은 이런 생각을 보류할 필요가 있다.

애착

심리치료의 치료 요소인 해석에 대한 의구심과 엄마와 아기 사이의 공생적 상호작용에 대한 Winnicott의 입장은 매우 큰 관심을 받았다. 한편으로 Winnicott은 젊은 분석가 John Bowlby(1969, 1973)의 별난 행동 때문에 괴로워했다고 한다. Bowlby는 엄마와 영아를 가정이나 그 외 비임상 장면에서 직접 관찰하는 것을 선호하였다. Winnicott은 정신분석이론의 근본 원리와 완전히 동떨어진 Bowlby의 방식을 못마땅하게 여겼으며, 다수의 정신분석 지도층 또한 마찬가지였다. Bowlby는 Yogi Berra처럼 엄마와 아이의 행동을 관찰하는 것만으로 이들의 마음 상태를 적절하게 추론해냈다. 그는 이 과정에서 애착, 분리, 상실에 대한 새로운 이론을 정립하였다(Bowlby, 1969, 1973, 1980).

Winnicott과 마찬가지로 Bowlby 또한 Klein에게 잠시 동안 슈퍼비전을 받았다. Bowlby는 Klein의 유일한 핵심인 아이가 갖는 부모에 대한 환상에 이의를 제기했다. 그는 몇몇 경험을 통해 Anna Freud와 마찬가지로 외부 사건이 아동발달에 매우 큰 영향을 미친다고 여겼다. 제2차 세계대전 이후 Bowlby(1951)는 세계보건기구의 의뢰를 받아 전쟁고아에 대한 관찰을 수행했다. 그는 부모와 떨어져 병원에 입원하거나 시설에 수용된 걸음마기 아이들의 심각한 심리적 문제를 보고하였다.

Bowlby는 1950년대와 1960년대에 런던 블룸즈버리의 타비스톡에서 근무했다. 그는 돌봄과 안전을 위해 양육자와 물리적으로 가까운 거리를 유지하려고 하는 영아들을 관찰하면서 안전지대, 애착 대상, 접근추구 개념을 만들었다. Bowlby의 이러한 이론적 개념은 Mary Ainsworth와 Mary Main의 연구(Ainsworth, Blehar, Waters, & Wall, 1978; Main, 1995)에 기반이 되었다.

영아의 낯선 상황

토론토대학교 심리학자 Ainsworth는 애착 연구 이전에 진단가로서 명성이 높았으며, 로르샤흐 전문가인 Bruno Klopfer와 함께 공동 출판 작업을 하기도 했다. 1950년에 남편과 런던으로 이주한 후 Bowlby와 함께 연구를 수행하며 엄마와 분리된 아동기의 영향을 탐색하였다. 그녀는 엄마와 영아 사이의 '상호작용 패턴'과 영아가 세상을 탐색할 때 엄마를 어떻게 안정기지로 활용하는지를 분석했다.

Ainsworth는 애착 관계가 단계적으로 발달한다는 것을 알게 되었다. 그녀는 남편과 함께 우간다로 이주한 후 자신의 단계이론을 비교문화적으로 타당화하였다. 그후 1960년대 초 메릴랜드 주 볼티모어에서 영아-부모 관계 연구와 연구 자료 산출에 활용하는 전형적인 방법을 고안해냈다. Ainsworth 연구팀은 '영아의 낯선 상황' 실험을 통해 어린 아동이 낯선 사람의 등장에 어떻게 반응하며 잠시 엄마가 없는 순간을 어떻게 다루는지를 관찰하였다. 이 실험은 현재 전 세계적으로 많은 연구에 활용되고 있다. 첫 번째 절차는 집에서 엄마와 아이를 관찰하는 단계다. 만 1세가 되면 엄마와 함께 실험실로 왔으며, 연구자는 아래 다섯 가지 상황에 대한 아이의 반응을 세밀하게 기록하였다.

1. 엄마와 아이는 둘만의 시간을 보낸다.
2. 잠시 후 낯선 사람이 들어온다.
3. 3분 동안 엄마는 자리를 비우고 낯선 사람이 아이와 함께 남는다.
4. 아이만 남겨둔 채 엄마와 낯선 사람 모두 자리를 비운다.
5. 엄마가 돌아온다.

다섯 상황 중에서도 특히 엄마와 분리 및 재회 시 영아의 행동 특성을 기록한다. 아이들 대부분은 엄마가 떠날 때 고통스러워하지만, 엄마가 돌아오면 스스로 진정하기 위해 접근추구 방식을 손쉽게 활용한다. 비임상 집단의 1/2에서 2/3는 이러한 방식으로 행동하는 것으로 나타났다(van Ijzendoorn & Bakerman-Kranenburg, 1997). 3분간 분리 후 영아 대부분은 재회를 통해 쉽게 안정을 되찾았다. 그러나 그 정도는 아니지만 일부 아이들은 엄마가 돌아왔을 때 조금 덜 보살펴줘도 되는 것처럼 행동했다. Ainsworth는 이러한 '재결합 행동'을 바탕으로 특별한 영아기 애착 양식을 개념화하였다. 애착 패턴은 정서 조절 및 타인과의 소통과 관련된 아동의 성격발달에 매우 중요한 역할을 한다(Main, Hesse, & Kaplan, 1985).

Ainsworth 등(1978)은 애착 유형을 안정, 회피, 저항/양가적 이 세 가지 유형으로 구분하였다. Mary Main과 Judith Solomon(1990)은 4번째 유형으로 불안정 혼란 애착을 추가했다. 안정 애착을 형성한 영아는 실험 상황에서 놀잇감을 갖고 놀면서 열정적으로 방을 탐색한다. 엄마가 방을 떠나면 엄마를 찾기도 하고, 두 번째 분리 상황에서는 울기도 한다. 엄마가 다시 돌아오면 반가워 하면서 엄마와 신체 접촉을 하려고 한다. 그렇지만 엄마에게 매달리지는 않는다. 아이는 평온을 되찾은 다음 원래 하던 놀이에 집중한다. 이들의 엄마는 아이를 지지해주며 도움을 주려고 노력한다. 충분히 좋은 양육과 자녀의 비언어적 표시 및 요구에 반응하는 부모의 민감성은 안정 애착을 형성하게 한다(Ainsworth et al., 1978; deWolff & van IJzendoorn, 1997).

안정 애착은 스트레스 정도를 신경화학적으로 나타내는 코르티솔 호르몬이 상승하지 않도록 규제한다. 안정 애착 관계를 맺은 부모는 자녀의 내적 상태를 인식하고 그에 맞는 반응을 보인다(Fonagy & Target, 2006). 조율된 관계 속에서 아동의 결속감과 대인관계 친밀감이 형성된다. 그 결과 스트레스의 생리적 수치를 낮춰주는 자기조절이 향상된다. Daniel Siegel은 다음과 같이 언급하였다. "반복적인 경험은 암묵기억으로 저장되며 이후 정신 모델과 애착 도식에 영향을 미친다. 이러한 경험을 통해 아동은 안정기지에 대한 내적감각을 갖게 된다"(Siegel, 1999, p. 67). 엄마의 애착기술이 강화되면 아이의 스트레스 강인성이 향상하는 것으로 나타났다. 특히 행동상 억제하는 경향이 있는 아이들에게 이러한 특성이 두드러졌다(Cicchetti & Curtis, 2006).

양가적 애착과 회피 애착을 형성한 영아는 여러 가지 문제를 나타낸다. 낯선 상황 실험에서 철회 경향을 보이는 불안정 애착 유형의 걸음마기 아이는 코르티솔 수치가 상승한 것으로 나타났다(Nachmias, Gunnar, Mangelsdorf, Parritz, & Buss, 1996). 불안-양가적 애착 영아는 엄마를 원하지만 쉽게 진정되지 않는다. 엄마는 아이에게 변덕스러운 편이며 아이의 스트레스 때문에 본인도 힘들어한다. 아이 또한 엄마 때문에 힘들어하기도 한다. 불안-저항 애착으로 분류된 영아는 엄마를 다시 만난 이후에도 쉽게 진정이 되지 않기 때문에 양육자를 매우 힘들게 한다. 이 아이들은 화를 내면서 발버둥치기도 하고 손에 잡히는 물건을 집어던지기도 한다. 혹은 단순히 안달하기도 한다. 이들의 엄마는 매우 둔감하며 아이들은 또래에 비해 발달이 느리다. 예를 들어 9개월 된 불안-저항 유형의 아이는 안정 애착이나 회피 애착 유형의 또래보다 베일리 운동 지수가 낮다.

회피 애착 유형의 영아는 엄마가 떠나거나 다시 돌아올 때 울지 않는다. 아이는 엄마를 회피하거나 무시하는 경향이 있다. 즉 이 유형의 아이는 엄마가 떠나거나 돌아왔을 때 겉으로 보기에는 전혀 내색을 하지 않는다. 엄마가 아이를 안으려고 하면 몸을 뒤로 젖히거나 발버둥치려고 한다. 이 아이들은 낯선 상황 실험 시 방에 있는 놀잇감에만 관심을 보인다. 회피 애착 아동은 엄마가 방에 들어왔을 때 엄마를 슬쩍 쳐다보거나 아예 관심을 두지 않는 경향이 있다. 이 아이들은 위로받고 싶지 않은 것처럼 보이며, 엄마는 아이를 제대로 위로해주지 못한다. 회피 애착 유형의 아동은 혼자만의 힘으로 자기조절을 해야 한다. 엄마가 도와줄 수 없기 때문이다. 이 아이들은 추후 자기애적 인격장애나 분열성 인격장애로 발전할 가능성이 매우 높다.

Ainsworth 등(1978)의 연구에서 회피 애착 영아의 부모는 정서적 거리를 두는 편이며 방임하거나 거절하는 행동을 특징적으로 보였다. 후속 연구를 통해 이 부모들은 자녀에게 정서적인 조율을 충분히 하지 못하며 자신의 정서 반응과 일치하지 않는 얼굴 표정을 나타내는 것으로 밝혀졌다(Beebe & Lachmann, 1994). 회피 애착 유형의 아동은 자주 상황을 지배하려고 하며 또래에게 호감을 얻지 못한다(Ogawa et al., 1997). 위험성이 낮은 비임상 집단에 속하는 영아 중 20~30%는 엄마와 회피 애착을 형성하였다(Main, 1995).

저항 혹은 양가적 애착으로 분류된 영아의 부모는 자녀의 요구에 비일관적으로 반응한다. 자신의 마음상태에 따라 자녀를 함부로 대하기 때문에 아이들은 Winnicott이 말한 '거짓 자기'를 형성할 위험성이 높다. 아이들은 엄마가 달래주려고 할 때 일관되지 않게 반응하며 불안해 보이기도 한다. 저항 혹은 양가적 애착 영아는 놀잇감을 탐색하거나 갖고 노는 것에 흥미가 적은 것으로 나타났다. 이들은 엄마에게 집착하며 엄마와 떨어지기 이전부터 고통스러워한다. 엄마가 다시 돌아왔을 때 엄마에게 위로받으려고 하지 않으며 진정되지 않는다. 낯선 상황 실험 시 엄마가 다시 돌아오면 엄마에게 떨어지지 않으려고 하지만 놀이를 다시 할 수 있을 정도의 안정감은 느끼지 못한다. 관찰 영아의 10~15%는 저항 혹은 양가적 애착 유형에 해당하였다 (Ainsworth et al., 1978).

학대받은 영아는 불안정 애착 중에서도 혼란 패턴을 보인다(Rogosch, Cicchetti, Shields, & Toth, 1995). 혼란/혼돈 유형의 부모는 자녀를 위협적이고 무섭게 대하거나 혼란스러운 방식으로 대한다(Main & Solomon, 1990). 낯선 상황 실험에서 엄마와 재회할 때 아이는 '얼어붙은' 듯한 모습을 보이거나 계속 돌아다닌다(Main & Hesse, 1990; Main & Soloman, 1990). 혼란 애착 유형의 약 80%는 부모학대와 관련이 있다. 그뿐 아니라 추후 발달 과정에 나타나는 사회, 인지, 정서 문제와 더욱 깊은 관련이 있다(Ogawa et al., 1997)

도움이 필요한 아이들의 첫 번째 반응은 도와달라고 우는 것이다. 그러나 아무도 도와주지 않으면 더욱 불안해진 아동은 안전감을 느끼기 위해 끔직한 상황에서 벗어나 내면으로 관심을 돌린다. 상황이 지나치게 오랫동안 지속될 경우 아동은 분열 패턴(혹은 어트랙터)을 보이기도 한다(Perry et al., 1995). 혼란/혼돈 애착 영아는 실험실에서 주변과 동떨어진 행동을 하고 상황에 부적절한 반응을 보인다. 양육자와 혼란 애착을 형성한 아이들은 자라면서 받게 되는 내·외적 도움을 신뢰하기보다는 자신의 영아기 자기조절 도식에만 의존하려고 한다.

혈중 코르티솔 수치를 측정하거나 엄마와 아이 간 상호작용 장면을 분석하는 연구도 수행되었다. 이러한 접근 방식은 낯선 상황 실험에서 밝혀진 유형에 해당하는 경험들이 얼마나 지속적으로 발생하는지를 증명해준다. 예를 들어 '무표정' 기법을 활용한 연구에서 엄마는 갑자기 무표정한 얼굴을 보인다. 아이는 엄마의 평소 표정이나 언어적 의사소통을 이끌어내기 위해 적극적으로 노력하지만 엄마는 아무런 반응을 보이지 않는다. 계속 노력하다가 지치면 울면서 안달하거나 시선을 다른 곳으로 돌리고 위축된 모습을 보인다. 엄마가 평소 방식으로 다시 소통하려고 해도 아이의 부정적 기분은 계속 유지되는 경향이 있다. Tronic(1989)은 이러한 현상을 아주 어린 영아도 이전의 경험을 분명히 '회상'할 수 있다는 증거로 해석했다. 3개월 영아는 즉각적인 자극에만 반응하지 않는다. 사건들은 내적으로 표상되어 계속 영향을 미친다(Tronik, 1989, p. 114). 이러한 표상은 무의식적으로 이루어지며 뇌의 암묵기억 체계에 저장된다. 또한 절대로 의식화되지 않는다. 애착 문헌을 통해 알 수 있듯이 아기는 이와 같은 초기 표상으로 여러 가지 '규칙'을 구성한다. 규칙은 아동의 선택에 영향을 미치거나 가장 친밀한 사람을 만날 때 특정 기분을 느끼게 하는 도식이다. Beebe와 Lachmann(2002)은 여러 영아 연구의 결론을 다음과 같이 요약하였다. "영아는 원형prototypes, 즉 패턴과 상호작용에 대한 전반적인 범주나 모델을 갖게 된다. 그리고 이것은 관계의 '규칙'으로 표상된다. 자기조절 방식은 이러한 상호작용 패턴의 원형 내에서 형성된다"(p. 175). 아동심리치료 관점에서 보면 아동의 자기의식은 양육자와의 상호작용뿐 아니라 아동과 애착을 형성할 치료자와의 상호작용에도 내재되어 있다고 볼 수 있다.

문화적 차이

일부 문화권에서는 특정 유형의 애착이 두드러지기도 한다. 예를 들면 독일 북부 지역에서는 회피 애착이 우세하다(Grossman et al., 1981). 일본에서는 양가적 애착과 예민한 영아의 비율이 매우 높다(Miyake et al., 1986; Takahashi, 1990). 이스라엘 키부츠를 대상으로 애착실험을 한 결과, 낯선 사람이 들어올 때 아이들은 매우 당황스러워한다는 분석을 제시하였다(자세한 내용은 Saarni et al., 1998 참조). 테러범의 공격으로부터 지역사회를 보호하기 위해 실시하는 안전대책은 낯선 사람에 대한 일반화된 불신을 조장한다. 영아는 사람들의 정서적 의사소통에 매우 민감하기 때문에 타인의 반응을 내재화한다고 볼 수 있다(Saarni et al., 1998). 이런 현상이 어떻게 발생하는 것일까? Beebe와 Lachmann(2002)은 영아의 뇌에서 발생하는 '교차양상cross-modal matching'의 중요성을 입증하였다. 예를 들어 영아는 출생 후 한 시간 이내에 얼굴 표정을 제어하는 전운동premotor피질의 일부와 시각피질을 결합한다. 즉 영아는 주변 사람의 얼굴 표정을 보고 따라 할 수 있게 된다. 그 후 몇 주 내로 영아의 내적 정서 상태와 영아가 지각한 타인의 핵심 정서 상태를 강력하게 결합할 수 있는 뇌 발달이 이루어진다. Beebe와 Lachmann(2002)은 다음과 같이 설명하였다.

Davidson과 Fox(1982)에 의하면 뇌는 10개월까지 긍정 정서와 부정 정서에 편재화

된 반응을 보인다. 영아에게 여배우가 웃고 있는 장면을 보여주면 뇌에서는 긍정
정서 패턴(좌측 전두엽의 뇌전도 활성화)이 나타났다. 여배우가 울고 있는 장면을
볼 때에는 부정 정서 패턴(우측 전두엽의 뇌전도 활성화)이 나타났다. 그러므로 상
대의 정서 상태를 단순히 인식하는 것만으로도 자신의 정서 상태에 공명을 불러일
으킨다(p. 37).

특정 문화권 내에 있는 영아는 그 문화에서 더욱 보편적으로 여기는 특정 양육 방
식에 적응하며 특정 애착 유형을 형성한다. 예를 들어 독일 북부 지역의 경우 엄마는
집에 있을 때 잠시 아이를 혼자 두거나 마트에 갈 때에도 아이를 혼자 남겨두기도 한
다. 영아는 자신의 애착 대상에게 덜 의존하는 방법을 습득하기 때문에 이러한 분리
노출에 적응한다. 아이들은 엄마가 돌아왔을 때 침묵하고 있거나 아무런 반응을 보
이지 않는다. 낯선 상황 실험에 참여한 영아의 49%는 분리 단계에 대처하기 위해 회
피 전략을 사용하였다.

반면, 일본의 경우 엄마와 영아는 거의 떨어지지 않는다. 보모를 두는 일은 드물며
대신 돌봐준다 하더라도 주로 조부모가 담당한다. 낯선 상황 실험 동안 많은 아이들
은 매우 혼란스러워했고 재회 후에도 진정이 잘 되지 않았다. 흥미롭게도 애착은 기
질 변인보다 더욱 강력한 영향을 미친다. 예를 들면 일본 영아들은 유럽계 미국 영아
들보다 짜증내는 특성이 덜한 것으로 나타났다. 또한 짜증과 관련이 있는 세로토닌
운반 유전자에 대한 대립 유전자가 적은 편이다(Kumakira et al., 1991). 낯선 상황 실
험에서 일본 영아들은 불안을 더욱 심하게 나타냈다. 일관되고 반복적인 경험은 영
아의 기대와 예측 정도에 영향을 미친다. 이러한 기대는 정서적 자기조절에 중요하
게 사용되는 초기 인지 전략이다. 아기는 이러한 기대가 충족되지 않을 때 자기조절
을 하지 못하며, 부모가 자신의 뜻을 받아줄 수 있도록 시도할 것이다.

이상적으로 아이들은 문화적 요구에 상관없이 고각성 상태나 긴장에 직면했을 때
융통성 있게 대처하는 방식을 습득한다. 개인의 성격은 적응능력에 따라 다르게 형
성된다(Sroufe, 1996). 본질적으로 애착이론은 우리에게 초기 관계에서 감정을 느끼
는 방법을 얼마만큼 습득할 수 있는지를 알려준다. 애착 관계를 통해 형성된 이러한

감정을 처리하는 방식을 배울 때 문화가 영향을 미친다는 것 또한 알려준다.

애착, 정서조절, 정신병리

안정 애착을 형성한 아동은 Erik Erikson(1963)이 언급한 '기본 신뢰'를 획득했기 때문에 외부 세계를 탐색할 수 있는 능력을 갖추게 된다. 이들의 안정기지에 대한 암묵적 정신 모델은 직립보행에 필요한 운동도식만큼 무의식적이고 지속적으로 유지된다. 암묵기억에 저장된 이 모델은 추후 타인에게 호감이나 혐오감을 느낄 수 있게 한다. 양가적 애착 유형의 아동은 부모의 비일관적인 양육 방식을 참고 견딘다. 이 아이들의 괴로움은 타인과 관계를 할 때 지배적인 정서로 나타나게 된다. 이들은 다른 사람들에게 정서적 의존을 하려고 하지만 다른 사람의 지지와 이해에 의지하는 매순간 마치 살얼음 위를 걷는 듯한 느낌을 받는다. 이들은 친밀하기는 하지만 미덥지 않은 사람들도 참고 견딘다. 그 사람들이 때에 따라 다르게 자신을 대하기 때문이다. Cozolino(2006)는 애착 도식이란 "다른 사람과 함께 있을 때 긍정 혹은 부정 정서 상태를 나타낼 가능성에 대한 예측을 담고 있다"(p. 183)고 하였다. Siegel(1999)은 이러한 도식 때문에 아동기 이후부터 과거 경험을 일반화하거나 요약할 수 있다고 언급했다.

안정 애착을 형성한 아이들은 관계와 삶에 대한 만족도를 더욱 긍정적으로 경험할 가능성이 높다. 적절한 좌절은 발달을 촉진하기 때문에 충분히 좋은 양육이 최선의 방법이다. 인지발달 심리학자 Jean Piaget는 기존의 발달 구조와 새로운 자극 간 차이를 해결하기 위한 마음 능력을 '조절'이라는 개념으로 설명했다(Piaget, 1951, 1952). 기존의 신경역동 체계와 환경 자극 간 차이는 좌측 전전두피질의 신경망을 활성화한다. 좌측 전전두피질은 의식적인 계획을 담당하며 긍정 정서 경험과 관련 있는 뇌 영역이다. 좌측 전전두피질이 활성화되면 전형적인 우뇌의 처리 결과인 격렬한 기분과 사회적 철회가 억제된다. (우뇌 우세는 초기 아동기 및 이후 시기에 발생하는 기분장애의 특성이기도 하다.)

초기 애착의 질은 아동기 사회적 유능감 발달에 영향을 미친다. 안정 애착을 형성한 영아와 취학 전 아동은 자신감이 높고 공감을 잘하며 또래들에게 인기가 있고 협조적인 특성이 있는 것으로 나타났다(Thompson, 1999; Weinfield, Stroufe, Egeland, & Carlson, 1999). 정서를 조절하는 능력도 다른 유형의 아동에 비해 뛰어났다(Conteras, Kerns, Weiner, Gentzler, & Tomich, 2000). 반면에 불안정 애착 아동은 타인의 행동을 부정적으로 해석하는 경향이 높다(Conteras et al., 2000). 불안정 애착 아동은 친구와 부딪쳤을 때 친구의 행동을 악의가 있는 것으로 해석하지만 안정 애착 아동은 우연하게 발생한 일이라고 해석한다.

메타분석을 활용한 연구(Fox, Kimmerly, & Schafer, 1991)에서는 낯선 상황 실험을 통한 애착 유형이 기질과 관련 있는 정서 특성과 유의한 상관이 있는 것으로 결론 내렸다. 짜증을 많이 내는 아기들은 부모에게 더 많은 스트레스를 일으킨다. 경제적, 사회적 혹은 다른 환경적 스트레스로 힘들어하는 부모는 자녀에게 민감한 반응을 하지 못한다. 이처럼 영아의 짜증과 부모의 중압감이 결합할 경우 서서히 불안정 애착 관계가 형성된다(Vaughn & Bost, 1999).

Sroufe, Egeland, Carlson과 Collins(2005)는 빈곤가정에서 태어난 아동 180명을 대상으로 30년 종단연구를 수행했다. 연구자들은 발달에 영향을 미치는 애착 관계, 기질 유형 등에 주목했다. 그 결과 저항 및 회피 애착 유형은 추후 우울 발생과 상관관계가 있는 것으로 나타났다. 또한 회피 애착은 소외감을 바탕으로 하는 우울을 유발할 수 있으며, 불안 애착의 성인은 내재화된 무력감과 의심 때문에 우울해할 수 있는 것으로 나타났다.

Sroufe 등(2005)에 의하면 타고난 기질 요인은 추후 정신의학적 문제와 아무런 관련이 없는 것으로 나타났다. 기질은 예측 요인이라기보다는 상호작용 변인 중 하나에 해당했다. 이들 연구에서 기질과 불안 애착은 일부 관련이 있는 것으로 나타났다. 짜증irritability 요인에서 낮은 점수를 기록한 영아에게는 모성 돌봄의 민감성이 더욱 중요한 요인이었지만, 짜증이 심한 영아의 경우에는 그 영향이 크게 작용하지 않았다. Sroufe 등(2005)은 기질과 양육의 상호작용을 다음과 같이 요약하였다.

짜증은 낯선 상황 중에서도 특히 분리 시 우는 행동, 재회 시 진정과 놀이 복귀의 어려움을 예측한다. 그러므로 엄마의 민감성은 안정 애착 영아와 불안정 애착 영아를 구별하는 요인이었으며, 기질은 불안정 애착의 유형 및 하위 특성을 예측하는 요인이었다. (p. 112)

기질과 모성행동 관련 변인 간 상호작용은 조바심이나 짜증이 덜한 영아보다 정신적 고통을 많이 받는 영아에게 더욱 중요한 역할을 하는 것으로 나타났다(Mangelsdorf, Gunnar, Vestenbaum, Lang, & Adresas, 1990).

이와 같은 결과는 초기 아동기 경험이 추후 발달 과정에서 겪을 수 있는 심리적 문제에 영향을 미친다는 견해를 강력하게 지지한다. 심각한 상황(예 : 영아의 요구에 맞지 않는 양육 방식)에 오랫동안 노출될수록 변화와 효과 유지가 어려워진다. 이러한 연구는 아동심리치료자의 보편적 견해, 즉 문제를 초기에 발견하여 치료할수록 치료 효과가 좋으며 조기 개입을 통해 추후 문제를 예방할 수 있다는 견해를 강력하게 지지한다.

Sroufe 등(2005)은 아동의 취약성이 뚜렷해지면 그 즉시 부모를 대상으로 조기 개입할 것을 주장한다. 특히 극심한 환경 스트레스나 매우 불안정안 애착 관계와 같은 위험 요인이 있을 경우 즉시 개입해야 한다. Caspi 등(2003)의 종단연구에서는 만 3세 아동 100명의 평가 자료와 이들이 26세가 되었을 때 실시한 자기보고식 평가 결과를 비교하였다. 연구자는 초기 대상의 96%에 해당하는 아이들로부터 후속 자료를 수집했다. 그 결과 관찰자가 평가한 3세 때 자료와 참여자가 직접 평가한 성격검사 결과는 주목할 만한 연관성이 있는 것으로 나타났다. 3세 때 통제하기 힘든 경향이 있었던 아이들은 26세가 되어 자신이 더욱 불안정하고 관계를 잘 맺지 못하며 지나친 스트레스를 겪고 있다고 보고했다. 3세 때 내성적 경향과 회피 수준이 높았던 아이들은 성인으로서 긍정적 정서, 사회적 능력, 성취능력을 제대로 발휘하지 못하는 것으로 나타났다.

초기 애착 형성 이후 매우 중대한 발달과업 두 가지가 이루어진다. 즉 애착 형성 이후 언어가 발달하고 우뇌에서 좌뇌 지배의 변화가 이루어진다. 우뇌가 상황을 인식하고 전후사정을 살피며 그 의미를 평가하는 동안 좌뇌는 우뇌의 내성적이고 부정적인 편견을 완화하는 언어와 사회적 기술을 활성화한다. 그러므로 뇌 발달은 유전적 구조를 바탕으로 하여 초기 애착 관계의 영향을 받아 이루어진다.

성인 애착

Mary Main 등(1995)은 부모의 어린 시절 애착 경험이 자녀를 대하는 방식과 자녀의 타고난 기질 특성에 대한 반응 방식을 매우 강력하게 예측한다고 밝혔다. 이들은 성인 애착 면접 질문지를 활용하여 초기 아동기 경험과 성인기 적응 관계 및 부모의 애착 유형과 자녀의 애착 유형 관계를 평가하였다. 성인애착면접은 구조화된 질문을 통해 부모의 애착 유형을 정확하게 평가하는 도구다.

안정 애착을 형성한 영아의 부모는 자신의 아동기 경험을 상세하게 기억하고 있으며, 정서적으로 섬세하고 사실적인 방식으로 자신의 부모와 아동기 시절을 떠올릴 가능성이 통계적으로 높은 편이다. 그러나 이러한 지적적 이야기의 예측력을 평가할 때 가장 중요한 것은 내러티브의 일관성이다. 좌측 전전두피질과 우측 전전두피질 간 통합의 산물인 일관성은 연구 대상인 부모의 발달사에 드러난 트라우마 경험이나 상실의 발생 정도보다 훨씬 중요하다.

Philip Shaver(1999)의 연구에서 성인 대상자 중 55%는 성인 애착 유형 중 '안정' 애착에 해당하는 것으로 나타났다. 안정 애착 성인은 타인과 쉽게 가까워지며 관계 내에서 편안함을 느낀다. 이들은 배우자가 곤경에 처했을 때 지지해주려고 한다. 또한 자신은 애정과 보살핌을 받을 자격이 있다고 느낀다. 이들은 신뢰와 친밀함을 바탕으로 관계를 맺는 편이다. 성인 대상자의 약 20%는 불안 애착 유형으로 밝혀졌다. 이 집단은 배우자가 진심으로 자신을 사랑하지 않는다며 걱정한다. 자신이 가치가 없다고 느끼며 상대에게 집착하는 경향이 있다. 사랑과 안전에 대해 강박적으로 집착을 하기도 한다. 이들은 버림받을까 봐 걱정하며 질투를 잘하는 편이다. 회피 애착 유형은 불안 애착 유형과 비슷한 비율로 나타났다. 회피 도식을 갖고 있는 사람들은 친밀한 관계 속에서 안정감을 느끼지 못한다. 이들은 배우자를 신뢰하는 데 어려움을 겪는다. 대개 자신의 감정을 언어로 표현하지 못하지만 어떤 경우에는 직접적으로 표현하기도 한다. 이들의 정서 반응은 의식적으로 드러나지 않는 편이며 배우자를 신뢰할 수 없는 사람으로 여긴다.

애착 연구자들은 부모의 애착 도식과 자녀의 애착 도식 간 강력하고 지속적인 관련성을 입증해 왔다(Main et al., 1985). Main은 아동의 초기 애착 경험이 '내적작동모델'에 영향을 미친다는 Bowlby의 견해를 바탕으로 엄마와 영아의 관계를 탐색하기 시작했다. 내적작동모델은 이동할 수 있는 안정기지의 기능을 하며, 아동이 관계와 자발적인 환경 탐색 사이에서 균형을 유지할 수 있도록 해준다(Bowlby, 1969). Main은 안정 애착을 형성한 사람들만 단일 애착 도식을 가질 수 있다는 점을 입증하였다. 모든 사람은 비일관성과 예측불가능으로 고통 받는다. 단일 도식을 지닌 사람은 정서, 인지, 관계 면에서 일생 동안 풍부한 강점을 발휘할 수 있다. Main에 의하면 그 외 사람들은 관계에 대한 기대와 관계를 느끼는 방법에 대한 '복합 모델'을 형성한다. 안정 모델은 편안한 관계와 융통성 있는 탐색 행동을 촉진한다. 이와 달리, 복합 모델은 양육자의 결점에 대한 불일치를 견디도록 한다. 자녀를 변덕스럽게 대하는 자기애적 성향의 부모나 자녀를 사랑하지만 다른 것에 사로잡혀 있는 우울한 부모를 둔 아동은 기복을 상쇄하기 위해 '거짓 자기'를 형성한다.

안정 애착은 광범위한 변인으로 볼 수 있다. 안정 애착을 획득한 사람들도 일부 있고 그렇지 않은 사람도 있다. 대부분은 그 사이에 해당한다. 후자의 두 그룹은 불안정 애착 유형의 특징인 인지나 정서 문제를 갖고 있다. Main은 이들을 불안정 애착 유형으로 간주했다. 게다가 다른 상황에서는 안정적으로 평가받지만 까다로운 자녀를 장기간 양육하면서 그 중압감을 견뎌내지 못하는 부모도 있다. 스트레스로 인해 이들이 사실은 복합 모델에 해당하며 상당히 다른 양육방식을 쓰고 있음을 알 수 있다. 애착 연구자들은 주로 아동의 애착 도식 형성에 영향을 미치는 부모 요인에 관심을 가진다. 그러나 문제 아동을 상담할 때는 아동이 부모에게 미치는 영향 또한 살펴볼 필요가 있다.

상위인지와 자기조절

Main(1991)은 불안정 혹은 불일치한 초기 애착이 복합 모델을 형성한다고 설명하였으며, 이를 바탕으로 상위인지metacognition 개념을 체계화했다. Piaget가 말하는 형식적 조작기에는 마음속 추론을 통해 점점 세련된 사고를 할 수 있게 된다. 상위인지는 형식적 조작기처럼 관계와 정서조절을 다양한 차원으로 다룰 수 있게 한다. 안정 애착을 형성한 사람들은 대개 상위인지를 통해 자신의 마음을 생각해보고 상세하게 탐색할 수 있게 된다. 상위인지 덕분에 자신(혹은 타인)의 사고와 감정에 대한 단순한 표상을 인식할 수 있다. 기분 상태를 즉각 알아차릴 수 있고 그 이유 또한 추측할 수 있다. 상위인지가 부족하면 내 기분이 어떤지 생각하기보다는 어떤 기분에 빠져 있다고 느끼기 쉽다. 상위인지를 하지 못하면 마음의 상태는 정체성을 위협한다(자세한 내용은 Wallin, 2007 참조).

안정 애착이 단일 모델의 영아에게 미치는 영향을 연구한 Main은 영아기 이후 특별한 인지구조 발달을 촉진하는 통합 모델 구축에 큰 업적을 남겼다. 아기는 엄마의 얼굴 표정과 자신에 대한 엄마의 반응을 본능적이고 신경역동적으로 표상한다. 그리고 이 표상은 우연한 상황에서 무슨 일이 일어날지, 어떻게 행동할지, 무엇을 해서는 안 되는지와 같은 예측을 할 수 있도록 한다. 영아는 타인을 통해 자기의식을 형성한다. 엄마를 따라하면서 그렇게 하는 자기 자신을 알게 된다. 아기는 울기 혹은 접촉추구와 같은 행동에 대한 반응 예측을 리드미컬하게 습득한다. 이 과정에서 아기는 무수한 신체 반응과 정서 사건을 자기self라는 배우의 경험으로 여기기 시작한다. 엄마와 아기의 성숙한 상호작용은 변연계와 우뇌피질 간 교차양상 조절을 활성화한다. 이를 통해 자기와 타인에 관한 암묵적인 '규칙'이 최종적으로 만들어진다. 상위인지가 충분하게 발달한 아동은 기질과 같은 타고난 요인에 영향을 받지 않게 된다. 또한 감정을 생각하고 반응의 결과를 예측할 수 있게 된다. 상위인지는 심리학적인 자기조절이 발휘할 수 있는 모든 신경역동을 활용하는 사고 방법이다.

제4장

양육관계에서의
손상과 개선

인간의 위대함은 세계 재창조가 아닌 자신을 재창조하는 것에서 드러난다.

— Mahatma Gandi

아기와 엄마 사이의 조율 경험은 영·유아 발달에 많은 영향을 준다. 조율관계는 훗날 정서를 인식하고 조절하는 능력 발달에 영향을 미친다. 반면 조율 경험이 충분하지 않으면 정서조절의 어려움을 겪을 수 있고 감정 표현 불능증alexithymia을 나타낼 수도 있다. 제3장에서 언급한 바와 같이, 엄마와 영아의 관계가 완전히 일치되어야만 조율이 일어나는 것은 아니다. 사실, '충분히 좋은good enough'에 대한 기준은 약간의 불일치가 최적이라는 의미를 포함하고 있다. 불일치는 아기가 더욱 강력한 자기조절 도식을 형성하도록 하며 아기의 뇌 발달을 촉진한다. 양육자 측면에서 보면 불일치는 관계에서 발생하는 불화를 개선할 수 있는 기회이기도 하다. 불화를 개선하려는 노력은 안정된 부모-자녀 관계를 유지하기 위해 반드시 필요하다. 반영하기mirroring와 마찬가지로 관계 개선 시에도 안정된 부모-자녀 관계를 구축하기 위해 타인의 정서를 정확하게 읽을 수 있는 능력이 기본으로 필요하다. 조율 경험이 부족할 경우 아동은 얼굴 표정과 목소리 톤에서 드러나는 정서 단서를 제대로 읽어낼 수 없다. 다른 사람이 무슨 생각을 하고 있으며 어떤 기분인지를 정확하게 인식하는 데 필요한 아동의 '마음이론theory of mind' 발달을 저해한다.

주요 스트레스 호르몬인 당질코르티코이드의 수치를 하향 조절하는 뇌 체계 관련 연구들은 초기 시기 엄마의 긍정적인 보살핌이 스트레스의 파괴적인 생리학적 영향으로부터 해마를 보호해준다는 결과를 제시하고 있다(Meaney et al., 2001). 해마는 현재의 경험들을 외현기억으로 바꿔주는 '지도 작성자mapper' 역할을 한다. 그렇기 때문에 해마는 아동의 주관적인 경험 저장에 핵심 역할을 한다. 해마는 문지기의 역할을 한다고 볼 수 있다. 즉 뇌의 여러 영역에 저장되어 있는 외현기억 중에서 어떤 것을 받아들일지를 결정한다. 트라우마로 인한 스트레스를 경험하거나 양육자의 돌봄이 부족하면, 해마는 당질코르티코이드(인간의 뇌는 코르티솔)의 영향을 받는다. 당질코르티코이드 생성을 멈추게 하는 방어적인 음성 피드백 체계가 작동하지 않기 때문이다. 당질코르티코이드 수치가 계속 높을 경우 해마의 부피가 감소한다(Bremner et al., 1997). 이러한 결과는 모성 돌봄이 아동의 뇌 발달에 어떠한 영향을 미치는지를 보여준다. 모성 돌봄이 신경역동에 미치는 영향은 매우 다양하게 밝혀졌다.

애착 손상과 뇌

학대받은 아동은 유사한 경험을 다시 겪을 수 있는 상황에 놓일 경우 매우 예민하게 반응한다. 이들은 깜짝 놀라는 반응을 자주 보이는 것으로 나타났다. 즉 자연스러운 얼굴 표정을 볼 때나 심지어 슬픈 표정을 볼 때에도 화가 난 얼굴로 인식하는 경향이 있다. 그리고 학대 경험이 없는 아동에 비해서 뇌의 휴면 상태 활성화가 더욱 강렬한 것으로 나타났다(Pollack, 2001). 이들은 또한 화가 난 듯한 얼굴 표정을 살필 때 더 오래 걸리는 편이다(Pollack & Tolley-Schell, 2003).

연령에 관계없이 모든 사람이 경험하는 애착의 질은 매순간의 특성에 따라 달라진다. 사람들과 함께 있을 때 어떤 사람들은 가끔 혼자만의 생각에 빠져 있기도 한다. 반대로 상대방의 기분이 어떤지 매우 주의 깊게 고려하기도 하고 상대방과 대화를 할 때 자신의 기분이 어떤지 정확하게 인식하기도 한다. 심각한 조율 실패나 몇몇 중대한 사건들은 아동의 정서조절 신경회로 생성에 부정적 영향을 미친다(Schore, 1994). 그러나 부모가 자신의 마음을 다시 들여다보면서 손상된 관계를 '개선'한다면 자녀는 관계 문제를 해결해 나가는 경험을 하게 되며, 이는 곧 신경계의 변화를 불러일으킨다. 부모가 자녀에게 충분한 조율 기회를 제공하지 않았거나 아동의 조율 시도를 무시할 경우 관계 손상이 발생한다. 조율 경험은 독립성과 자제력을 길러준다. 치료자는 부모와 아동에게 이러한 경험이 어떤 느낌인지를 분명하게 설명해 주어야 한다. 또한 상대에게 어떤 느낌을 주게 하는지 이해할 수 있도록 도와주어야 한다. 궁극적으로 치료자는 아동이 정서를 조절하는 방식을 습득하기 위하여 아동의 전전두피질과 피질 하부 영역 간 연결을 통합할 수 있도록 도와준다. 이 과정 동안 부모는 자녀를 이해하는 시간을 갖기도 하고 새로운 양육 방식을 배우기도 한다. 또한 원부모와의 애착 상태와 자신의 정서조절 도식을 탐색해보기도 한다. Mary Main(1991)이 개념화한 상위인지의 향상이 모든 아동심리치료의 목표가 된다고 볼 수 있다.

정서조절은 전두엽 중 안와전두 영역의 핵심 기능이다. 안와전두피질이 손상되면 강한 욕구, 충동, 정서표현을 억제하는 능력이 줄어든다. 안와전두피질이 손상된 사람들은 충동적이며 아무런 제약 없이 정서를 표현한다. 성인의 경우 난폭운전자가 될 수도 있고 가게를 지나가다가 충동적으로 물건을 훔칠 수도 있다. 이 사람들은 자신의 행위가 발각되었을 때에도 체포에 불응하거나 과잉 반응을 보인다. 이들은 대인관계에서 무례한 행동을 할 수 있으며 성적으로 부적절한 행동을 하기도 한다. 또한 허세를 부리거나 이기적으로 행동할 수 있고 반사회적인 성향을 갖고 있을 수도 있다. 안와전두피질이 손상된 사람들은 경찰 및 사법 체계와 잦은 마찰을 일으킨다. 100년 이전 유럽 신경과 의사들은 안와전두피질 손상으로 생겨난 문제들을 거짓정신병증적 증후군pseudopsychopathic syndrome으로 명명하였다. 반항적 품행장애oppositional conduct disorder를 진단받은 일부 사람들의 경우, 안와전두피질의 비전형적 발달이 장애의 기여 요인으로 작용한다.

영아와 부모는 상호작용의 동시성synchrony을 형성하게 되는데, 이는 양쪽 모두가 동시에 함께 하거나 하지 않는 것을 가능하게 해준다(Kaye, 1982). 이와 같은 영아와 부모 사이 동시성은 순차적으로 일어난다. 즉 엄마가 아이를 보면서 미소 짓거나 소리 내면 아이 또한 동일한 반응을 보인다. 영아에게 순서 바꾸기turn taking는 자기와 타인 간 첫 번째 대화에 해당한다(Mayer & Tronik, 1985). 엄마가 아이와 소통할 때 무표정하고 적절하지 않은 톤으로 말을 하거나 정서와 일치하지 않는 비언어적 신호를 보이면, 상호성reciprocity은 방해를 받게 된다. 제3장에서 언급하였던 '무표정still face'에 대한 여러 연구는 엄마가 의도적으로 멍하게 무표정한 얼굴로 아기를 쳐다볼 때 아기의 반응을 매우 상세하게 관찰하였다(Ellworth, Muir, & Hains, 1993; Segal et al., 1995). 연구 초반에는 아기들이 소리를 내거나 가리키거나 부모를 호기심 있게 쳐다보면서 부모의 관심을 끌기 위해 노력하였다. 엄마가 반응을 보이지 않자 아기들은 점점 고통스러운 기색을 드러내면서 짜증을 내다가 결국에는 눈길을 돌렸다. 일반 상황에서 아기가 이러한 경험을 자주 반복할 경우, 아기의 반응은 신경역동적으로 깊숙하게 자리 잡게 되어 마치 타고난 기질 요인처럼 굳어지게 된다.

모성 우울

우울에 대한 유전적 소인을 갖고 태어났다 하더라도 실제로 우울을 겪지 않는 사람들도 있다. 복잡한 환경적 촉발 요인에 노출되었는지에 따라서 우울을 겪을 수도 있고 아닐 수도 있다. 엄마의 기분장애 병력은 가장 강력한 환경 요인 중 하나다. 모성 우울은 출생 전후 아기 모두에게 영향을 미친다. 사례를 통해 살펴보면, 우울한 임신부의 태아는 일반 태아에 비해 기준 심박수가 높은 편이며 진동음향자극vibroacoustic stimulation에 지나치게 민감한 반응을 보였다(Allister, Lester, Carr, & Liu, 2001; Monk et al., 2004). 이러한 조절불능 상태에 있는 태아의 뇌 반응은 우울한 성인의 뇌 패턴과 일치한다.

출산 후 산모의 우울장애는 엄마와 영아 간 조율을 방해한다. Darwin의 생존법칙에 근거하여 아동은 반드시 자신의 부모에게 적응해야 한다. 이는 애착이론의 기본원리 중 하나다. 그러므로 우울한 부모를 둔 아동은 부모가 형성해 놓은 정서적 분위기에 적응하기 위해 최선을 다한다. 아기가 울거나 위로가 필요할 때 혹은 돌봄이 필요할 때, 우울한 엄마는 상황에 지나치게 압도되어 버리기 때문에 반응을 하기 어려울 수도 있다(Meaney, 2001). 실험 상황에서 엄마가 우울한 척 연기를 할 때에도 아기는 일시적으로 고통스러워한다. 엄마가 무표정한 얼굴로 몸의 움직임을 최소화하고 신체적인 접촉도 하지 않으면서 아주 느리고 단조로운 목소리로 이야기를 하면, 아기는 더 많이 울고 몸부림을 치게 된다(Cohen & Tronick, 1982). 우울한 엄마는 아기를 잘 쳐다보지 않는 경향이 있으며, 우울하지 않은 엄마에 비해 화를 많이 내는 편이다. 또한 신경질적이며 온화하지 못한 경향이 있다. 아이와 상호작용할 때에도 우울하지 않은 엄마에 비해 더 많이 힘들어한다. 우울한 엄마는 우는 아기를 달래기 어려워한다. 우울하지 않은 엄마는 아기와 친밀한 상호작용proto-conversation을 하기 위해서 경쾌한 톤의 '엄마말투motherese'로 대화하고 미소 짓는다. 그러나 우울한 엄마는 그럴 만한 에너지가 부족하다.

영아는 엄마의 기분에 대한 반응을 일반화하는 경향이 있는데, 이 반응은 대인관계 정서를 다루는 데 필요한 애착 도식으로 발달한다. 그러므로 우울한 엄마를 둔 아이는 우울하지 않은 성인과 함께 있을 때에도 우울한 행동을 하게 된다(Field et al., 1995). 한 연구에서는 이러한 폭넓은 연구 결과와 상반된 결과를 제시하기도 하였다. 연구에서는 우울한 엄마를 둔 아동이 일상의 유치원 생활에서 다른 아동보다 슬픔, 위축, 소극적인 모습을 크게 드러내지 않는 것으로 나타났다(Pelaez-Nogueras, Field, Cigales, Gonzalez, & Clasky, 1994). 우울한 엄마에게 받은 양육 경험은 여러 요인을 통해 회복되기는 하지만, 보편적으로 모성 우울은 영아에게 다양한 결핍과 발달문제를 일으킨다. 이 문제는 신경생물학적으로 드러나기도 하고 행동으로 나타나기도 한다(Field, 2005). 우울한 엄마를 둔 영아는 보다 많은 반감을 표현하고 무기력하게 보였으며 소리를 거의 내지 않았다. 12개월의 정상 기준과 비교했을 때 심박수가 높았고 미주신경 긴장vagal tone이 감소하였으며 발달지연 양상을 보였다. Gunnar와 Vazquez(2006)는 우울한 엄마와 영아를 대상으로 낯선 상황 실험을 실시하였다. 실험과 함께 영아의 애착 양상 안정성을 예측하는 코르티솔 수치를 측정하였다. 안정 애착은 생후 1년 무렵까지 애착 대상과 함께 있을 때 영아나 걸음마기 아이에게 스트레스 완충작용을 한다. 반면에 둔감하거나 반응이 없는 보살핌 혹은 비일관적인 보살핌은 완충작용을 하지 않는다. 우울한 엄마는 자주 현실을 회피하려고 하기 때문에 '충분히 좋은' 조율에 주의를 기울일 수 없다.

모성 박탈의 영향에 대한 행동과 애착 연구 결과는 아기에게 미치는 우울의 신경역동 및 신경화학적 영향에 관한 연구와 일치한다. 코르티솔 호르몬은 스트레스의 신경역동 표식으로 활용된다. 코르티솔 수치가 상승하면 불안장애와 우울을 유발한다. 코르티솔은 뇌의 여러 영역을 활성화하며 24시간 주기로 분비된다. 코르티솔 방출은 위협에 민감한 편도체가 담당한다. 또한 코르티솔은 일시적인 스트레스를 해소하는 데 효과적인 호르몬이다. 코르티솔 주기는 상대적으로 짧은 시간 내에 절정을 이루거나 안정되어야 한다. 그러나 만성적으로 스트레스를 받게 되면, 코르티솔 수치는 지속적으로 상승하여 기본 수준으로 회복되지 않는다. 코르티솔 수치 상승이 지속될 경우, 해마는 수축하게 되고 편도체가 활성화된다. 해마가 수축하게 되면 새로운 외현기억의 저장에 차질이 생긴다. 편도체가 활성화되면 상승된 코르티솔의 불규칙성이 유지된다. 정상적인 주기에 따르면 코르티솔은 잠에서 깰 수 있도록 아침에 방출되기 시작하여 밤 시각 취침 전까지 점점 줄어든다. 불규칙적인 코르티솔 주기는 불면증의 원인이 될 수 있다.

모성 우울로 인한 코르티솔 주기 변동은 특정 영아의 경우에만 해당할 수도 있다. 그러나 일반적으로 우울한 엄마와 영아의 불규칙한 코르티솔 주기는 상관관계가 높은 것으로 나타났다. 높은 수치의 코르티솔에 대한 보편적인 연구 결과와 달리, 한 연구(Dawson & Ashman, 2000)에서는 아침 시간 3세 아동의 낮은 코르티솔 수치가 생후 1년간 엄마의 우울 정도와 관련이 있다는 결과를 제시하였다. Ashman 연구팀에서는 생후 2년 동안 엄마가 우울할 경우, 아동이 7세가 되었을 때 코르티솔 생산을 가장 잘 예측할 수 있다는 결과를 제시하였다(Ashman, Dawson, Panagiotgides, Yamada, & Wilkinson, 2002). 불규칙한 주기는 일상적인 패턴을 벗어나기도 한다. 생후 1년간 우울한 엄마에게 돌봄을 받았던 청소년들은 아침 시간 코르티솔 수치 상승이 하루 이상 지속되는 것으로 나타났다(Halligan, Herbert, Goodyer, & Murray, 2004).

우울한 엄마의 양육은 영아에게 우울의 다른 신경화학적 특성을 유발하기도 한다. 한 연구에서는 우울한 엄마를 둔 영아가 그렇지 않은 영아에 비해 스트레스 호르몬 수치가 높으며, 도파민과 세로토닌의 수치가 감소했다는 결과를 제시하였다(Field et al., 1998). 이와 같은 신경전달물질의 수치가 낮은 아이들은 자신의 감정을 조절하기 어려워하며, 타인과 동시성synchrony을 맺는 능력에 있어서 발달지연 양상을 보였다(Tronick & Weinberg, 1997).

우울한 엄마를 둔 영아의 신경역동에서 볼 수 있는 비정상은 우울한 아동과 성인의 뇌에서도 나타난다. 뇌의 가장 앞부분에 있는 우측 전두엽의 일부분인 우측 전전두피질의 활성화 수준이 높은 사람은 부정 정서를 더 많이 느끼며 슬픈 사건이나 이야기에 대한 반응이 더 큰 편이다. 반면에 좌측 전전두엽 활성화가 높은 사람은 행복을 더 많이 느끼고 긍정적인 사고를 더 많이 하는 경향이 있다(Hugdahl & Davidson, 2003). 이와 같은 신경역동과 정서조절 경향은 영아에게도 동일하게 나타난다. 우울한 엄마를 둔 아동은 우측 전두엽이 과잉 활성화되어 있고 좌측 전두엽은 저활성화되어 있는 것으로 나타났다. 울거나 슬퍼하는 영아는 우측 전두엽의 뇌전도 활성화가 큰 것으로 나타났다. 행위 지향적인 행동 및 행복과 같은 '접근 정서'를 표현하는 영아들은 좌측 전두엽의 뇌전도 활성화가 더욱 큰 것으로 나타났다(Bell & Fox, 1994). 우울한 엄마를 둔 영아들은 우반구와 좌반구의 통합 처리 과정에서 혼란을 나타내었다(Dawson et al., 1997). 우측 전두엽의 불균형(예 : 우측 전전두피질의 활성화가 더 높은 경우)으로 인해 부정적인 감정을 더욱 자주 느낄 수 있으며, 부정적인 기분을 조절하기 어려울 수 있다. 우측 전전두피질의 활성화 증가는 부정적인 자극에 대한 높은 반응성 및 위축된 행동 성향과도 관련이 있다.

이론적으로 보면 우울한 어머니를 둔 영아는 좌반구 미성숙의 위험성이 있다. 신경계는 예전의 방식대로 하는 경향이 있다는 헤비안 원리를 적용해볼 수 있다. 인간은 예전부터 이미 알고 있거나 했던 방식을 고수하는 경향이 있다. 기쁨을 처리하는 영아의 좌측 전전두피질은 기쁨을 거의 느끼지 않는 우울한 엄마와 상호작용할 때 활성화되지 않는 경향이 있다. 엄마의 우울한 정서와 행동에 의해 우뇌가 불균형하게 자극을 받는 동안 좌뇌는 활성화되지 않은 상태로 유지된다. 우울한 엄마를 둔 영아의 뇌전도 연구에서는 좌뇌 기능의 저하와 우뇌의 활성화 증가 패턴이 나타났다(Field et al., 1995). 모성 우울이 1년 이상 지속되면 영아의 좌뇌 활성화는 장기적인 손상을 받는다(Dawson, 1994).

부끄럼을 많이 타는 아동 또한 좌측 전두엽보다 우측 전두엽이 활성화되어 있다. 반면에 적극적이고 대담한 아동은 반대의 특성을 나타낸다. 발달연구는 애착 경험과 기질 특성이 이러한 전두엽 활성화의 불균형에 영향을 미친다는 결론을 제시하였다(Dawson, 1994; Field, Fox, Pickens, & Nawrocki, 1995). 엄마가 우울한 상태거나 아이와 긍정적 정서 상태를 공유하는 횟수가 적을 때, 엄마와 아이는 대개 위축되어 보이며 두 사람 모두 좌측 전두엽의 활성화가 감소하는 경향이 있다. 우울이 지속될 경우 이러한 뇌 활성화는 생후 1년 이상 나타난다(Dawson, 1994). 예를 들어 우울한 엄마를 둔 유치원생은 우측 전두엽의 뇌전도 불균형이 있었고 공감능력이 부족한 것으로 나타났다(Jones et al., 2000). 얼굴 표정을 인식하는 동안에도 비정상적인 뇌전도가 나타났다(Diego et al., 2004).

Zahn-Waxler 연구팀(Zahn-Waxler & Radke-Yarrow, 1990; Zahn-Waxler, Cole, & Baraett, 1991)은 만성적으로 우울한 어머니를 둔 아동이 엄마와 상호작용할 때 압도되거나 과도한 책임감을 보이는 모습에 주목하였다. 이들 중 일부는 엄마의 불행을 '개선'하기 위해 조숙한precocious 아이로 성장하기도 한다. 여아는 우울한 엄마를 돕기 위해 지나치게 많은 정서적 에너지를 소비하는 경향이 있다. 관계를 조율하려 하고 타인의 행복에 대한 책임감을 느끼게 하는 신경역동적인 성향과 사회화 경향 때문이다(Brizendine, 2007).

아동심리치료자의 핵심 역할은 모성 우울로 인해 생긴 문제를 다루는 것이다. 아버지는 종종 육아에 불참하는 방법을 선택하기도 하지만 어머니는 그럴 수 없기 때문에 우울증을 겪게 된다. 기분장애의 특성에 해당하는 바와 같이 자신의 감정을 조절하는 데 어려움이 있으며 자녀에게 갑작스럽게 화를 내거나 관심을 보이지 않기도 한다. 또래를 탐색하거나 함께 상호작용하는 경험은 아동기 뇌 발달에 긍정적 영향을 미친다. 우울한 엄마를 둔 아이들은 모성 박탈로 인해 또래 탐색과 상호작용에 관심을 두지 않는다. Cicchetti와 Curtis(2006)는 우울한 엄마를 둔 영아에 대한 연구들을 다음과 같이 요약하였다.

> 우울장애 어머니는 자녀에게 긍정적 느낌을 적절하게 주지 못한다. 자녀의 정서조절 능력 또한 촉진해줄 수 없다. 이 때문에 아이들은 행동조절능력과 관련된 문제를 일으키며, 이러한 능력의 기본이 되는 신경생리학적 체계도 영향을 받게 된다. (p. 38)

모성 우울의 영향을 다룬 많은 문헌들이 출판되었다. 연구에서는 치료 초기 단계에 어머니(사실상, 양쪽 부모)의 기분장애 가능성 변별의 중요성을 지적하고 있다. 모성 우울 치료는 아동을 치료하는 것만큼 굉장히 중요하다. 모성 우울을 초기에 발견할 경우 아동 정신건강 문제에 보다 체계적이고 고차원적으로 접근할 수 있다. Field(1997)의 연구에서는 어머니에게 긍정적 정서 유대에 도움이 되는 간단한 영아마사지 기술을 가르쳐주었으며 애착의 방식을 수정하도록 해주었다. 다른 성공적인 프로그램에서는 부모에게 긍정적인 정서를 표현하는 방법, 애정을 주고받는 방법, 자녀를 보살피는 방법을 교육하였다(Cumberland-Li, 2003). 결론적으로 아동심리치료자는 모성 우울 및 이로 인한 여러 문제를 신중하게 고려하여 보다 통합적이고 이해하기 쉬운 행동 건강관리 체계를 지속해야 한다.

스트레스, 발달, 부모 학대

스트레스 또한 모성 우울만큼 아동의 뇌 발달과 심리 발달에 영향을 미친다. 태내기 스트레스는 다양한 의료 문제와 연관되어 있다. 모성 우울로 인해 과잉행동, 과민성, 언어결핍, 낮은 지능과 같은 문제가 발생하는 것으로 알려져 왔다(Hansen et al., 2000). 임신 기간 동안 심각한 스트레스에 노출되면 태아의 신경전달물질 수치가 변화하고, 체내의 중요한 스트레스 반응 체계인 시상하부–뇌하수체–부신 축이 활성화된다(Gunnar & Vazquez, 2006).

임신부의 스트레스는 태아에게 전염되기도 한다. 임신부가 만성적인 스트레스를 겪으면 태아의 코르티솔 수치가 상승하며, 이는 성장하는 뇌에 부정적인 영향을 미친다(Essex, Klein, Eunsuk, & Kalin, 2002). 태내기 코르티솔 수치 상승이 장기화되면 줄기세포를 포함한 새로운 뉴런 생성, 즉 신경발생이 억제된다. 또한 뉴런의 이주 패턴이 불규칙해지고, 뇌의 무게가 감소하여 되돌릴 수 없게 되기도 한다(Edwards & Burnham, 2001). 코르티솔이 높은 수치로 장기화되면 면역 체계가 출생 전에 형성되지 않을 수 있으며 고혈압을 유발할 수도 있다(Maccari et al., 2003). 이러한 태내기 경험을 한 아이는 매우 까다롭고 키우기 힘든 아이가 될 가능성이 높으며, 엄마에게는 환경적인 스트레스 요인이 더욱 늘어난다. Halligan 연구팀은 코르티솔 수치가 높은 청소년들이 일반 청소년에 비해 스트레스 조절에 더 많은 문제를 겪는다는 연구 결과를 제시하였다(Halligan et al., 2004).

스트레스는 성장과 발달에 필요한 뇌의 능력에 영향을 미친다. 뇌 유래 신경영양인자Brain Derived Neurotropic Factor, BDNF는 해마를 포함한 뇌의 일부 영역에서 뉴런 생성 촉진제로서의 역할을 하는 신경펩타이드다. 새로운 해마 뉴런의 생성은 건강한 기억 기능의 발달에 매우 중요하다. 앞서 기술한 바와 같이, 상승한 코르티솔 수치는 해마에 악영향을 미친다. 일부 우울한 사람들의 경우 해마의 부피가 20% 줄어든 것으로 나타났으며 이는 만성적인 코르티솔 노출의 영향으로 추정된다. 한 이론에서는 BDNF의 역할을 다음과 같이 설명한다―BDNF는 해마의 중대한 기능을 강화하는 뉴런을 생성할 뿐 아니라 코르티솔의 부정적 영향으로부터 해마를 보호하는 화학적 방패 같은 물질을 생성하기도 한다. 그러나 스트레스는 BDNF와 메신저-RNA 수치를 낮추기 때문에 이 보호 체계에 문제를 일으킨다.

초기의 스트레스 요인들은 태아와 신생아에게 신경역동적 영향을 미치며, 이후 발달 시기에도 무수한 부정적 영향을 미칠 수 있다. 스트레스를 받고 있는 아동은 새로운 상황에 적응하기 어려워하며 새로운 방식보다는 익숙한 행동 방식을 고수하려고 한다. 이 아이들은 지나친 민감성과 고조된 생리 반응성에 대한 헤비안 원리 에 따라 환경 변화에 대한 반응을 거의 보이지 않는다(Cicchetti & Curtis, 2006). 문제해결을 위해 설계된 이러한 방어 전략과 환경문제 간 부조화로 인해 스트레스를 받고 있는 아동은 그렇지 않은 아동에 비해 훨씬 더 많은 좌절과 부정적 피드백을 경험할 가능성이 높은 편이다. 신체, 정서, 성 학대 이후 내재화된 행동 특성을 보이는 아동들이 여기에 해당한다. 아동기 학대 경험은 좌뇌 활성화를 방해하고 해마의 부피와 발달에도 부정적 영향을 미친다(Bremner et al., 1997). 몇몇 뇌영상 연구에서는 좌뇌와 우뇌 기능의 통합문제에 대해 유사한 결과를 제시하였는데, 그중에서도 남아의 뇌량 크기 감소에 대한 결과 내용이 일치하였다(Teicher, 2003). 어린 시절에 신체 학대나 성 학대를 당한 성인들은 좌뇌 발달이 불완전한 것으로 나타났다(자세한 내용은 Howe, Toth, & Cicchetti, 2006 참조).

뇌량의 우측 옆에 위치하고 있는 대상피질에는 코르티솔 수용체가 많기 때문에 코르티솔의 영향에 민감하게 반응한다. 대상피질과 가장 앞쪽에 위치하고 있는 전대상피질은 목표 지향적 행동을 가능하게 하는 전두엽에 포함된다. 대상cingulate은 효율적인 주의집중을 담당하며 엉뚱하고 충동적인 행동을 억제한다. 그리고 신경역동 치료자가 무엇을 '목표-억제 활동'으로 설정해야 하는지 도움을 준다(Markowitsch,

Vanderkerckhove, Lanfermann, & Russ, 2003; Stuss et al., 2002). 학령전기 아동의 경우 코르티솔 수치 상승은 어려운 과제 수행에 필요한 자제력에 영향을 미치는 것으로 나타났다. 이는 코르티솔과 전대상피질의 상호작용 결과로 추측된다(Gunnar, Tout, deHaan, Pierce, & Stansburg, 1997).

코르티솔은 단순한 '스트레스' 상태에서부터 우울 및 범불안장애까지의 다양한 문제와 관련이 있다. 이같은 문제들은 사실상 시상하부–뇌하수체–부신 축의 정상적인 자기제한self-limiting 순환의 조절장애와 그로 인한 코르티솔 방출 때문에 발생한다. 지속적인 스트레스로 인해 코르티솔이 급증하게 되면 해마를 포함한 여러 뇌 부위의 코르티솔 수용체는 경계할 필요가 없다는 신호를 편도체로 보낸다. 그러나 편도체가 활성화되는 한 이러한 현상은 발생하지 않으며 코르티솔 수치는 높은 상태를 유지한다. 피학대 아동은 일반 아동에 비해 아침에 코르티솔 수치가 높은 것으로 나타났다(Cicchetti & Rogosch, 2001a). 첫 코르티솔 수치와 일일 변동의 다른 패턴은 내재화 및 외현화 반응과 같은 기본 심리학적 방어 방식과 관련이 있다. 결국 이러한 차이는 아동의 학대 경험 여부와 관련이 있다.

아동기 역경은 성인의 신경발생 가능성을 낮추는 것과 관련이 있다(Mirescu, Peters, & Gould, 2004). 외상 후 스트레스 장애 발현에 전대상피질이 중요한 역할을 하는 것으로 보인다. 외상 후 스트레스 장애 환자의 경우 코르티솔 및 다른 스트레스 호르몬의 영향 때문에 정서적인 자극을 처리하는 전대상피질이 비정상적으로 억제된다고 볼 수 있다(Bremner et al., 2004).

Sroufe 등(2005)의 30년간 종단연구에서 일부 형태의 학대가 아동기 우울을 가장 강력하게 예측하는 요인으로 밝혀졌다. 그다음 예측 요인은 모성 우울이었으며 이는 여아에게 더욱 강력한 영향을 미치는 요인으로 나타났다. 모성 우울은 청소년기까지 여아에게만 영향을 미친다(Sroufe et al., 2005). 문장의 복잡성과 풍부한 어휘 사용으로 평가하는 아동의 언어발달은 사회경제적인 상태와 밀접한 관련이 있다(Hoff, 2003). 반면에 Cicchetti 등은 언어발달과 아동학대가 매우 높은 상관이 있음을 발견하였다(Eigsti & Cicchetti, 2004). 뇌는 언어가 발달할 수 있을 만큼의 정서적 안위와 신경화학적 안정을 필요로 하는데, 학대받은 아동은 이 두 가지가 결여되어 있다.

트라우마, 기억, 발달신경과학에 대한 문헌연구를 살펴보면 Howe 등(2006)은 외현기억과 암묵기억은 트라우마 사건에 노출될 경우 중요한 변화가 일어날 수도 있다는 점을 언급하였다. 무엇보다도 학대 피해자들은 거짓 기억의 영향을 받는다. 아동기 신체 및 성 학대와 같은 트라우마 관련 기억은 부모가 가해자일 경우 쉽게 잊히지 않거나 억제된다.

기억에 대한 트라우마의 영향을 다룬 연구들은 매우 흥미로운 의견과 추측을 제시하고 있다. 그러나 트라우마를 겪은 사람들이 그렇지 않은 사람과는 다른 방식의 기억절차를 사용한다는 이론적인 주장을 입증할 만한 실증연구는 아직까지 이루어지지 않았다. (p. 638)

다시 말해, 아동이 이른바 '억압된' 학대의 기억으로부터 흐릿하지만 정서적으로 강렬한 몇몇 장면들의 해석을 통해 무슨 일이 일어났는지를 이야기하는 것은 위험하기도 하고 치료적으로 도움이 되지 않을 수도 있다. 상담소에서 만날 수 있는 학대받은 아동들은 상담자에게 자신의 학대 경험을 꺼내놓고 이야기 나누는 것을 매우 힘들어할 것이다. 그렇다고 해서 아이들이 사건에 대한 기억을 억압했거나 기억을 하지 못하는 것은 아니다. 놀이치료는 아동이 안전하게 경험을 표현할 수 있고, '재구조화'할 수 있도록 해주는 이상적인 접근 방식이다. 치료자는 많은 아동들이 학대 경험 이후에 느낄 수 있는 복종에 대한 갈등, 처벌에 대한 두려움, 지나친 책임감 등을 공감해준다.

성인이 지나치게 공격적으로 대하거나 지나치게 개입(혹은 방임)하는 상황에서 아동이 어떻게 적응했는지를 탐색해야 한다. 아동의 대처 방식은 타인의 정서를 정확하게 인식할 수 있는 능력에 매우 큰 영향을 미친다. 어떤 부모들은 충분히 좋은 양육을 하기에는 주의를 기울이는 방식이나 정서조절 기술이 부족할 수도 있다. 무슨 일이 있어도 자녀에게 성, 신체, 정서 학대를 가하지 않을 것이라고 자신을 스스로 규제하는 능력이 없는 부모들도 있다. 몇몇 전문가들은 방임을 가장 위험한 것으로 여기기도 한다. 부모가 제대로 돌보지 않고 관심을 보여주지 않아서 방임된 아동은 자신과 타인의 다른 정서 상태를 제대로 인식하지 못한다(Pollack & Sinha, 2002). 이들은 상황에 대한 사회적 역동성을 제대로 이해하지 못한다. 또한 방임 경험이 없는 아동에 비해 정서적 상처를 쉽게 받기도 한다. 방임 아동은 지지적이고 성공적인 관계를 유지할 수 있는 능력이 부족하다(Lynch & Cicchetti, 1998). 반면 신체 학대 아동은 자신과 타인이 다른 정서적 상태에 놓여 있을 때 매우 예민하게 상황을 통제하려고 할 수도 있다. 또한 다른 아동에 비해 평소에 화난 얼굴 표정을 더욱 자주 드러내는 경향이 있다. 방임 아동은 늘 슬픈 표정을 짓고 있는 편이다.

우울한 부모나 폭력적인 부모 혹은 방임적인 부모에게 적응하며 살아온 아이의 과거 경험을 치료자가 잘 이해하고 있어야 기본적인 개입 방안을 세울 수 있다. 심리치료는 세 그룹의 아동 모두에게 치유 경험과 학습 경험이 될 수 있는 충분히 좋은 지지적인 환경을 제공할 수 있다. 감정에 대한 이야기를 나눌 수도 있고 관계를 손상시킬 수 있는 지나친 슬픔, 화, 상실과 같은 다양한 요소에 대해 이야기를 나눌 수도 있다. 이러한 대화를 나누면 좌측 전전두피질이 활성화된다. 또한 우뇌의 과잉 활성화가 줄어들고 좌뇌 및 우뇌의 활성화가 균형을 이룬다. 심각한 트라우마가 있는 아동이나 아무런 위협이 없음에도 과잉 경계하는 아동 또한 사회적 기술을 정확하게 인식하는 방법을 습득할 수 있다. 그러나 아동의 세계에는 여러 다양한 요소가 존재하기 때문에, 결국 부모의 협력이 치료 성공에 매우 큰 영향을 미친다.

내러티브를 함께 구성하기

어린 시절에는 부모를 통해 가족에 대한 이야기를 자주 들을 수 있다. 가깝거나 먼 친척 이야기를 듣기도 하고 가치와 규칙에 대한 암묵적 의미를 담고 있는 이야기를 듣기도 한다. 아이들은 부모가 들려주는 이야기를 통해 가족의 구성원으로서 자신을 이해할 수 있는 기회를 갖게 된다. 이러한 내러티브는 부모와 아동 간 상호작용에 핵심 역할을 한다. 해마가 성숙하여 외현기억 체계가 발달하면 아동과 부모는 여러 내러티브를 함께 구성하게 된다. 아동은 종종 이 내러티브에 자신을 주인공으로 설정하기도 한다. 부모는 자녀에게 아기였을 때 이야기를 들려주기도 하고 그때 식구들이 어떻게 자녀를 돌봤는지에 대해 이야기해줌으로써 아이가 자신의 개인사를 구성할 수 있도록 한다. 자신에 대한 이야기를 다양한 버전으로 자주 듣게 되면 아이들은 자신에 대해 이야기하는 방법을 배우게 된다. 이러한 내러티브는 자전적 글이나 에피소드 글처럼 외현기억 체계의 내용에 중요한 부분을 차지한다. 결국 아동의 심리적 기반의 일부가 된다.

내러티브는 언어적인 요소로 개인의 정체성을 구성한다. 또한 아동이 어디에 있으며 어디로 가고 있는지에 대한 일종의 지도를 제공한다. 아이들은 과거의 연속선상에 있는 미래를 향해 성장하기 때문에, 내러티브는 아이들의 정서적 경험을 정리할 수 있는 방식을 제공한다.

아동과 치료자는 아동의 현재 내러티브를 함께 이야기하고 재구성하게 된다. 이는 언어 사용할 수 있고 죄반구의 소식회 특성이 존재하기 때문에 기능하다. 치료자는 아동이 부적응적인 내러티브에 직면하여 이를 새롭고 적응적인 내러티브로 구성할 수 있도록 한다. 아동의 현재 내러티브가 적대적이고 거부적인 세계를 배경으로 하고 있는 경우를 예로 들어보면 다음과 같다. 아이는 이야기 속 자신을 다른 사람들이 멀리하고 따돌리는 대상이며 학교 생활에 적응하지 못하는 사람으로 설정하였다. 이러한 이야기 설정을 통해 자신의 오래된 내러티브를 정당화하고 그것과 관련된 신경회로망을 되살린다. 치료자는 이 아동이 자신의 이야기를 보다 긍정적으로 만들 수 있도록 도와주어야 하는데, 이때 포카혼타스(역주 : 1700년대 영국의 아메리카 개척 시대에 있었던 백인 개척자와 인디언 추장 딸과의 사랑 이야기를 모티프로 한 애니메이션 영화)의 여주인공처럼 생존자의 이미지를 강조할 수도 있다. 또한 좌절은 여정의 일부로서 피할 수 없기 때문에 이를 견디는 데 도움이 되는 새로운 내러티브를 아동이 활용할 수 있도록 격려해준다.

아이들은 세상을 이해하려고 노력하고 현실적인 목표를 설정하기 위해 애를 쓴다. 이 과정에서 새로운 내러티브는 아동이 정서에 어떻게 반응해야 하는지를 재조직할 수 있도록 해준다. 내러티브는 과거를 시간의 흐름에 따라 차례대로 정리하는 방식을 제공한다. 그렇기 때문에 아동과 타인을 연결해주며 사회적 맥락 이해를 촉진한다. 일부 내용에는 자전적 기억이 포함되기도 한다. 자전적 기억은 아이들에게 그들이 지금까지 계속 사랑스럽고 가치 있는 사람이라는 것을 말해준다. 치료 과정 중에 기억들을 회상할 때마다 아이들을 지지해주는 신경역동이 재가동한다. 즉 뇌 속 뉴런들이 더욱 튼튼하게 연결된다. 기억은 이야기를 하는 동안 바뀔 수도 있다. 현재의 기분과 맥락이 반영되기 때문이다. 치료를 위해 이러한 방식으로 뇌의 여러 뉴런을 활용하면 기억들은 보다 복잡해지고 오랫동안 지속된다.

내러티브는 아이들이 미래에 어떻게 행동해야 하고 현재의 정서적인 경험을 어떻게 조절해야 하는지를 정리할 수 있도록 한다(Siegel, 1999). 새롭게 만들어낸 과거 이야기를 듣고 반복해서 말하는 과정을 통해 치료자와 아동은 초기 아동기의 몇몇 뚜렷한 순간을 되찾기도 한다. 마치 "너를 처음 봤을 때 이런 느낌이었어."라고 말하는 것과 같이 부모가 아동의 미소나 얼굴 표정을 따라 한다거나 아동에게 이러한 표정을 보여주었던 순간들을 떠올리게 된다.

이러한 내러티브 방식은 의사결정과 의사소통에 영향을 미치는 행동 및 의사소통 패턴으로 이해할 수 있다(Baddeley, 1994). Siegel(1999)은 아이들이 외현기억과 암묵기억을 모두 활용하여 세상을 탐험할 때 내러티브를 어떻게 사용하는지에 대해 다음과 같이 설명하였다.

내러티브는 하나의 체계에서 생겨난 표상이 어떻게 다른 것과 밀접한 관계를 가질 수 있는지를 나타낸다. 그러므로 암묵기억에 대한 정신 모델은 외현적이고 자전적인 기억의 세부 사항들이 인생 이야기 속에 어떠한 주제로 표현될지를 정하는 데 도움이 된다. 정신 모델은 직접적으로 관찰할 수 있는 것은 아니지만 내러티브를 통해 그 내용이 드러난다. 그렇기 때문에 적어도 마음의 결과물을 감추고 있는 그림자를 살펴볼 수 있게 된다. (p. 63)

아동은 성장하면서 무수한 사건을 경험하게 된다. 여러 경험은 다양한 내용의 내러티브를 만들어낸다. 경험의 맥락은 계속해서 변하게 되고 하나가 아닌 여러 내러티브가 경험의 바탕이 된다. 아동은 다양한 사람들과 지속적으로 상호작용한다. 이러한 상호작용의 맥락과 아동의 기대는 아동이 사용하는 내러티브에 영향을 미친다.

끊임없이 변화하는 사회적 맥락 속에서 아동은 내러티브를 통해 자신을 기억한다. 유동적이며 변화무쌍한 사회적 경험들을 하게 된다는 의미다.

내러티브 함께 구성하기는 아동 심리 치료 과정의 일부다. 치료자는 또래에 대한 아동의 비관적인 사고경향을 지지하는 것이 아니라, 아동이 건설적인 내러티브에 새로운 사회적 경험을 통합할 수 있도록 도와야 한다. 치료자는 기억이 되살아날 때마다 수정될 수 있다는 사실을 활용할 수 있다. 시냅스 단계에서 기억 되살리기는 뉴런 간 시냅스 연결을 변화하게 한다. 다른 단계에서는 안정감을 제공하는 지지적인 환경이 주어지면 기억이 되살아난다. 그리고 새로운 내러티브는 기억을 묘사하고 재해석하는 데 활용하며 기억을 바꾸어 놓는다. 본질적으로 기억은 현재 시점에서 다시 만들어진다.

언어는 새로운 내러티브를 토대로 하는 달라진 신경역동 패턴을 통합할 때 필수 도구다. 긍정적이고 적응적인 내러티브를 위해 사용하는 언어는 뇌의 변화를 일으킨다. 원래 내러티브는 부모, 또래, 문화 맥락과의 상호작용으로 형성된 자기 이야기 self-story다. 이와 같은 내러티브가 아동과 청소년에게 긍정적 영향을 미치지 못할 경우, 치료자는 아이들이 내러티브를 재구성할 수 있도록 도와야 한다. 관련된 신경회로망이 아이들의 불안, 우울, 기타 심리학적 문제를 최소화해주기 때문이다.

인지치료자는 비합리적인 부정적 사고 및 부정적 자기진술이 심리에 파괴적인 영향을 미치는 것으로 개념화한다(Beck, 1976; Ellis, 1962/1996). 내러티브는 어느 한쪽 뇌 반구에만 의존하지 않는다. 좌뇌에 지나치게 영향을 받은 내러티브는 맥락이 없고 일관적이지 않다. 우뇌에만 의존한 내러티브는 언어 표현이 풍부하지 않으며 이해하기 어렵다. 아동은 자신의 세계와 그 세계에서 자신이 어디에 위치하고 있는지를 어떤 방식으로 설명하는가? 이는 아동의 정서적 경험에 지대한 영향을 미친다.

치료 과정에서 활용하는 내러티브는 정신건강에 심리 및 신경역동 기반을 제공한다. 자전적 내러티브는 외적 세계와 내적 세계를 조직화하는 방식으로 감정, 사고, 감각, 행동 모두를 포함한다(Cozolino, 2002). 헤비안 학습법을 다른 측면으로 보면 다음과 같다―우리가 무언가 새로운 것을 하고, 생각하고, 느끼고, 읽고, 이야기할 때마다 우리의 신경역동은 계속 변화한다. 치료에서는 이러한 원리를 내담자의 신경역동 수정에 활용한다. 이를 위해 내러티브 리모델링 과정을 거친다. 아동이 종종 우울하다고 말하거나 친구가 적은 것에 대해 집착할 때가 있다. 아이는 다른 친구들에 비해 자신이 불행하다고 믿으며 모두가 자신을 꺼린다고 생각한다. 치료자는 내담자가 사실은 부끄러움이 많다는 신념을 기반으로 하는 새로운 내러티브를 만들어내기 위해 몇 가지 간단한 주제를 리모델링할 수 있다. 치료자는 아동에게 부끄러움이란 생겼다가 사라지는 감정과 같은 것이라고 설명해줄 수 있다. 나의 집에 들어와서 놀다가 가라고 초대할 수 있는 이웃집 고양이와 같은 것이라고도 이야기해줄 수 있다. 아동은 부끄러움과 정체성이 별개라는 것을 알게 된다. 부끄러움은 어떤 것을 할 수 있게 하는 원동력이 되기도 한다는 사실 또한 받아들이게 된다. 이를 통해 아동의 신경역동은 변화하게 될 것이다. 연습, 도전, 치료자의 지지와 인내를 통해 아동의 지지 체계가 구축될 것이다. 새로운 내러티브는 뇌 신경망을 연결하고 통합하게 된다.

새로운 내러티브는 낙관성, 희망, 끈기, 긍정적 자기 인식과 같은 주제들을 포함해야 한다. 좋은 유머는 역경에 직면했을 때 탄력회복성을 촉진할 수 있다. 신경회로의 발달을 돕는 이러한 특성들을 포함하고 있는 내러티브는 긍정적인 정서를 위한 기초 상태default mode, 어트랙터가 된다. 부정적인 정서 상태를 회복하는 능력은 탄력회복성의 매우 중요한 측면이다. 대뇌의 비대칭과 기분 상태에 대한 연구의 개척자인 Richard Davidson(2000)은 다음과 같은 제안을 하였다. 역경에 처했을 때 긍정적인 기분 상태와 행복을 일관적으로 유지하는 사람들은 다른 사람들에 비해 회복력이 우수하며 좌측 전두엽이 활성화되는 경향이 있다. 이들은 역경에 부딪혔을 때 이러한 신경심리학적인 기초 상태로 빠르게 회복하는 편이다. 내러티브는 내담자가 이와 같은 변화를 할 수 있도록 한다. 내재된 기억의 유연성을 고려해볼 때 우반구에 치중된 부정적인 기억들은 오래된 내러티브들을 만들어낸다. 오래된 내러티브들은 리모델링을 통해 보다 미묘하며 신경역동적으로 통합된 버전과 균형을 이루게 된다. 치료자는 아동의 가족들이 보다 긍정적인 귀인편향을 가지고 새로운 내러티브를 만들어내도록 도울 수 있다.

인간의 뇌는 이야기에 대해 끊임없는 욕구를 가지고 있는 듯하다. 할리우드와 발리우드, 소설, 스포츠 사건, TV 드라마의 인기가 이를 증명한다고 볼 수 있다. 좋은 이야기는 사람들에게 인기가 있다. 부모가 사망했을 때 사별을 경험한 아동이 부딪히게 되는 딜레마 중 하나는 아이의 많은 이야기들이 부모와 함께 사라진다는 것이다. 과거를 공유하고 함께 창조할 수 있는 사람이 아무도 없기 때문이다. 공동으로 구성한 내러티브는 과거의 가장 중요한 인물과 요소들을 보존하고 있다. 또한 치료에서는 거의 대부분 아동이 한 수준이나 다른 수준으로 내러티브를 변화할 수 있도록 돕는다. 그렇기 때문에 치료는 늘 감정을 불러일으키는데, 그 감정은 종종 아동 내담자와 가족들에게 강렬한 것일 수도 있다. 이어서 이와 같은 중요한 반응을 치료적으로 활용하는 방법에 대해 살펴보고자 한다.

정서 조절하기

대상관계이론에 따르면 영아의 내적 삶은 아기가 자신과 엄마를 구별할 수 있는 능력에서 생겨난다. '나'와 '내가 아닌' 것에 대한 원시감각을 고려해보면, 아기는 환상을 가지도록 설정되어 있다. 양육자와 반복적인 상호작용을 통해 형성한 정서, 환상, 내적 표상은 도식이론가들이 정의하는 '대상'과 관련이 있다. 영아기에는 기분이 '좋은' 대상과 '나쁜' 대상을 매우 뚜렷하게 구분한다. '좋은' 가슴은 젖을 주기 때문에 포만감과 관련이 있으며, 영아는 좋은 가슴을 매우 좋아한다. '나쁜' 가슴은 배고플 때 젖 주지 않기 때문에, 영아는 불쾌함을 느껴 소리를 지르고 나쁜 가슴을 미워한다 (Klein, 1975). 이와 같은 정서는 가슴과 같은 부분 대상에서부터 엄마와 같은 전체 대상으로 확대된다. 아동의 신경역동이 다양한 감각적 인상과 결합하기 때문이다. 그리고 피질이 뇌의 전 영역에서 입력된 다양한 자극을 통합할 수 있기 때문이다. 젖을 다 빨아먹으려고 하는 영아나 젖을 완강히 거부하는 영아는 엄마에게도 유사한 감정을 느낀다. 나쁜 대상에게 가졌던 화가 진정된 다음에는 대상으로부터 거절당하거나 비난받을까 봐 두려워하게 된다. 이러한 초기 경험들은 추후에 상호참조로 활용되거나 더욱 현실에 기반을 둔 경험으로 변화하지만 초기 경험의 자율성이나 정서적 힘은 그대로 유지된다(Mitchell & Black, 1995). 정신역동치료자들은 초기 관계의 정서적이고 주관적인 측면을 개념화한다. 이를 통해 내담자가 종종 어린 시절 방식대로 행동하려는 이유를 이해할 수 있다고 본다. 충분히 좋은 양육은 아동의 주관적인 자아가 경험한 각기 다른 정서적 경험들을 하나의 관계로 합칠 수 있도록 도와준다. Winnicott은 '무자비한' 아기를 견뎌줄 수 있는 엄마의 중요성을 언급하였다. 엄마가 견뎌주게 되면 영아는 엄마가 자신과 분리되어 있다는 것을 알게 되고, 그간 자신의 감정과 생각은 진짜가 아니라는 것을 알게 된다. 이러한 좋은 경험은 아동이 스스로 진정하고 안정을 되찾을 수 있도록 하며, 스스로 살아남을 수 있다는 것을 느낄 수 있도록 한다. 아동이 불안정하거나 스트레스를 받고 있을 때, 나쁜 자기대상과 마주하고 있을 때, 엄마의 끈기와 공감적 기술은 안아주는 환경을 제공한다. 이를 통해 아동은 자신의 감정을 자신의 일부로 천천히 받아들이게 된다. 그리고 내재화된 충분히 좋은 엄마를 마음에 품은 상태에서 위험을 무릅쓰고 세상을 헤쳐 나간다.

이러한 정서 길들이기 과정에서 도움이 필요하거나 중요한 무엇이 잘못되고 있을 때 치료자의 역할이 필요하다. 아동이 내재화된 두려움과 분노를 지속적으로 표출하고 있을 때도 마찬가지다. Alan Schore(1994, 2003)는 아동의 정서조절을 촉진하는 데 있어서 치료자의 필요성에 대해 다방면으로 집필하였다. 그는 '조절 곤란한' 신경계가 정신병리의 기저라고 주장한다. 치료자는 아동에게 긍정적 정서와 부정적 정서 수준의 내성을 키울 수 있는 경험을 제공한다. 이를 통해 아동은 정서를 재조절하게 된다.

특별한 접근 방식이 치료에 도움이 되기도 한다. 예를 들면 행동치료자는 아동이 자신의 정서를 조절할 수 있도록 하기 위해 공포증과 같은 불안 유발 상황으로의 점진적인 노출을 활용한다. Joseph Wolpe(1958)는 자신의 저서인 **상호 억제에 의한 심리치료**(*Psychotherapy by Reciprocal Inhibition*)를 통해 체계적 둔감화의 활용을 널리 알렸다. 그는 내담자가 두려운 자극에 노출되었을 때 스트레스를 관리할 수 있는 이완운동을 제안하였다. 또한 내담자가 두려움을 이겨낼 수 있도록 치료자가 지지하고 격려해줄 것을 제안하였다.

치료자는 부모가 아동의 탐험을 격려해주고 아동의 사회적 세계 확장을 촉진해 줄 수 있는 방법을 찾을 수 있도록 도와줘야 한다. 애착 연구가 남긴 교훈에 대해 부모와 함께 이야기를 나누는 것도 도움이 된다. 대부분의 부모들은 성인기 애착양식의 지속성과 정서조절 패턴을 다룬 연구의 의미를 어렵지 않게 이해한다. 부모는 양육 방식이나 코칭 기술을 새롭게 습득한다. 자녀가 불가피하게 느끼는 좌절과 자녀의 상처 입은 감정을 다루는 방식 또한 모델링한다. 이를 통해 부모는 자녀 양육을 수월하게 받아들이고 더 큰 만족을 느끼게 된다. 치료자는 부모에게 자신이 아이의 심각한 문제를 전혀 다루지 않고 단순히 아이와 함께 놀기만 하는 사람이 아니라는 것을 알려줘야 한다. 충분히 좋은 엄마처럼 좋은 치료자는 아동이 세상을 다루는 부적응적인 방식을 스스로 변화시킬 수 있도록 한다. 이 과정에서 아이들은 대개 강렬한 불안을 느끼게 된다. 그렇기 때문에 변화를 위한 위험 감수를 주저하기도 한다. 이때 치료자는 나쁜 대상에 대한 감정과 불안을 아동이 받아들일 수 있도록 온화하게 지지해주어야 한다.

정서조절은 적응과 개인 연속성 유지를 촉진하는 코르티솔 순환이 필요하며 이 순환을 구성하는 데 도움이 되기도 한다(Cozolino, 2002; Schore, 1994). 이러한 조절은 정서와 정보를 통합한다. 아동은 강렬한 정서를 받아들일 수 있는 방법을 배우게 된다. 또한 스트레스 이후 느낄 수 있는 최종적인 안정감과 역경 극복에 따른 보람을 예측해 볼 수 있게 된다. 치료자와 아동은 이와 같은 예측 상황을 구성하기 위해 여러 매체를 활용할 수 있다. 사람 모형 2개를 활용하여 상황을 설정하는 것과 같은 지극히 전통적인 방식을 활용할 수 있다. 일반적인 게임도구를 활용할 수도 있는데, 모노폴리 게임의 경우 재산 거래와 흥정을 통해 위기 상황을 예상하고 대처해 볼 수 있다.

전두엽에 해당하는 안구 뒤쪽에 위치한 안와전두피질은 아동심리치료자가 중요하게 여겨야 할 뇌 영역이다. 고도로 처리된 정보와 정서가 가득 담긴 정보가 이 영역에 모이기 때문이다. 게다가 안와전두피질은 변연계에서 전달된 경험의 정서적인 의미를 포함하는 다량의 정보를 신경역동적으로 처리하는 역할을 한다(Schoenbaum Chiba, & Gallagher, 2003a). 안와전두피질은 갈등 상황에 처했을 때 행동을 조절하게 하는 중요한 역할을 하기도 한다. 예를 들면 아동의 가치관과 의욕을 방해하는 상황이나 변화가 필요한 상황에서 안와전두피질이 중요한 역할을 한다(Schoenbaum, Setlow, Nugent, Saddoris, & Gallagher, 2003b). 결국 안와전두피질은 경험을 통해 어떠한 감정을 느껴야 하는지뿐만 아니라 수행, 감지된 갈등 상황, 실수까지 검토하고 모니터한다(Carter et al., 2000).

제3장에서 다룬 애착양식은 정서조절 도식에 해당한다. 도식의 개념은 정신역동
및 인지심리학과 관련이 있다. 경험은 뇌를 변화시키며 내적으로 표상되기 때문에
영아는 반복적인 경험을 통해 도식을 형성한다. 도식은 시작, 중간, 끝이 있는 상호
작용에 기반을 둔다. 그렇기 때문에 시간과 순서는 대부분의 도식에서 중요한 요소
다(Beebe & Lachmann, 2002). 도식을 통해 아동은 새로운 정보를 신속하게 이해할
수 있다. 입력된 자극을 처리할 수 있는 체계화된 기초 정보를 제공해주기 때문이다.
정서는 여러 다른 신경역동 체계가 작동할 수 있도록 한다. 그렇기 때문에 도식의 정
보는 기분에 따라 매우 달라진다. 애착양식은 우리가 특정한 방식으로 새로운 상황
에 반응을 보일 수 있도록 한다. 애착양식은 우리가 생각하고, 기억하고, 느끼는 방
식을 결정짓는다. 심지어 어떤 것에 대해 생각해보지 않고도 행동하도록 한다(자세
한 내용은 Wallin, 2007을 참조하라. 애착의 규칙 설정과 관련된 흥미로운 논의를 다
루고 있다). 처음부터 유대관계와 정서는 서로 밀접하게 결합되어 있으며, 애착 도식
은 관계 내에서 작용하는 것과 같은 방식으로 정서를 조절한다. 이러한 관점에서 보
면, 도식은 정신역동이론의 방어기제와 유사하다. 도식은 Piaget의 동화assimilation처럼
현존하는 도식의 균형을 지나치게 깨뜨리지 않는 선에서 새로운 경험을 받아들일 수
있도록 한다(Piaget & Inhelder, 1969).

아동은 다양한 도식을 갖게 되고 동시에 무의식적으로 이를 적용한다. 도식은 아
동에게 행동에 대한 피드백을 제공하고 아동이 경험을 통해 배울 수 있도록 한다. 경
험이 현존하는 도식과 맞지 않아서 쉽게 동화되지 못할 수도 있다. 이 경우 아동은
부정하거나 강력하게 주장을 내세우면서 어떻게 해서든 경험을 거부하기도 한다. 혹
은 경험이 자신의 인지와 정서를 조절하는 규칙을 바꿀 수 있도록 함으로써 경험을
받아들이려고 노력할 수도 있다. 동화와 조절은 자기 체계self system까지 파급효과를
미친다. 성숙한 아동의 뇌는 다차원적인 병렬 채널을 유지할 수 있기 때문에 위협적
인 상황과 달라진 사회적 상황을 처리할 수 있게 된다. 즉 자신의 방식으로 어느 정
도 처리하면서도 안전한 '기지home base'와 동떨어지지 않는 방식으로 처리할 수 있다.

이러한 정서조절 도식의 구성은 아동의 정체성 기반이 지속하여 발달한다는 의미

로 고려할 수 있다. 자기self는 고정된 구조가 아니다. 그보다는 적응적인 변화를 받아들이면서도 주체의식과 지속성을 유지하는 자기조직화 과정을 거친다(Arden, 1996). 유연한 방어 체계와 인지 구조 덕분에 아동은 새로운 내러티브를 인지하고 활용할 수 있게 된다.

　Piaget의 인지발달 패러다임과 정서적 요소의 통합을 다룬 대상관계 패러다임은 상호보완적이다. 두 이론 모두 건강한 발달을 이루려면 유연성flexibility이 필요하다는 점을 강조한다. 유연성이란 자기의 다양한 경험에 대한 개방성과 환경 자극에 적응할 수 있는 능력을 의미한다. 세 번째 관점인 체계이론에서는 아동이 다양한 맥락 속에서 성장한다는 점을 강조한다. 아동은 독특한 방식을 가진 가족의 구성원이 됨으로써 가족 내에서 자신의 정체성을 정의하는 방식을 배우게 된다. 가족치료자는 가족구성원들의 자율성 증진을 돕는다. 자율성이 발달하면 경직된 체계로 될 수 있는 요소들을 보다 유연하게 처리할 수 있다. 구성원들은 각자 자율성과 상호의존성을 조화롭게 키워 나간다(Bowen, 1978). 애착이론가들은 이 과정이 가족 일부 혹은 모든 구성원의 안정된 애착양식을 강화한다고 설명하였다.

　성인과 마찬가지로 아동 또한 지속적으로 정서 및 인지도식의 유지와 개선 과정을 거친다. 아동은 정서조절을 제어하는 규칙을 변화시킨다. 정서 재평가 과정을 통해 정서를 조절하는 능력을 키울 수 있다(Ochsner, 2006). 느낀 정서를 명명화naming하는 과정이 편도체를 진정시키기도 한다(Harira, Bookheimer, & Mazziotta, 2000). 이 과정은 전전두엽을 활성화하고 편도체의 과잉 반응 경향에 제동을 건다. 전두엽 활성화 측면에서 보면, 치료자와 대화를 나누고 감정에 이름을 붙이고 내러티브를 만들기 위해서는 우반구의 정서처리 과정과 좌반구의 언어 및 긍정 정서 능력이 통합되어야 한다.

　치료자는 전이관계 내에서 아동이 자신의 감정을 조절할 수 있도록 훈련하고 지지한다. 정서를 조절함으로써 안와전두피질의 교감신경계(활성화 특성)와 부교감신경계(이완 특성) 통제 방식이 강화된다. 아동은 스스로 부교감신경을 활성화하여 교감신경의 각성을 제어할 수 있다는 자신감을 점점 크게 느끼면서도, 교감신경계의 각성을 통해 치료 동맹 내에서 '안전한 비상상황safe emergency'을 경험(예 : 치료자와 함께 있을 때 불안정감을 깊이 느껴보기)한다. 이 과정은 보통 놀이로 이루어진다. 아동은 놀이시간을 자신과 치료자가 함께 통제할 수 있다는 것을 알아야 한다. 이를 위해 치료자는 여러 미묘한 방식을 활용하여 놀이를 촉진한다.

교감신경의 각성 노출을 거치지 않은 채 부교감신경의 억제만 단순하게 촉진하는 치료자는 아동 내담자의 변화를 이끌어낼 수 없다. 공포치료의 노출 기법 효과 연구(Zuercher-White, 1998)와 강박장애의 노출-반응-예방 기법 효과 연구(Kaiser-Permanente, 2001b)는 인지행동치료 연구 분야에 위대한 업적을 남겼다. 그중에는 교감신경계와 부교감신경계가 적절히 균형을 이룰 때 오래 지속하는 변화가 발생한다는 결론이 포함되어 있다. 아동이 치료자의 조율로 안정감을 느끼고 치료 동맹이나 내러티브 내에서 치료자와 함께 '안전한 비상상황'을 공유할 때, 건강한 정서조절을 이끄는 신경역동이 활성화된다.

치료 목표는 신경역동의 하부 체계 작용을 통합하여 이들이 효과적으로 조절될 수 있도록 하는 것이다. Freud의 개념인 무의식의 의식화가 이와 유사한 측면을 갖고 있다. 그러나 통찰만으로는 변화가 일어나기 어렵다. 우울 및 불안과 같은 특정 장애를 치료할 때, 치료자는 반드시 증거 기반 상담의 범위 내에서 아동이 정서를 조절할 수 있도록 도와주어야 한다. 책 후반부에 관련 내용이 제시되어 있다.

치료 관계 내에서 애착 관계의 다양한 양상을 그대로 경험한다. 역할 모델링, 공감, 양방향 조절, 내러티브 공동 구성하기, 안정적인 관계 내에서 정서조절 기술을 활용하고 검토하기가 포함된다. 충분히 좋은 양육을 받으면 유연성과 안정성을 발휘할 수 있는 능력, 즉 자기조직화 능력이 발달한다(Arden, 1996). 충분히 좋은 부모-자녀 관계를 경험하지 못한 아동은 유연하지 못하며 불규칙한 정서와 경직된 특성을 보인다. 또한 심각한 심리 문제를 겪기도 한다. 그러나 보호시설에서 매우 심각하게 방치되더라도 많은 아동들은 과거 신경역동의 영향을 개선하기 위해 좋은 관계를 활용할 수 있는 능력을 보유하고 있다. 트라우마에 노출된 경험이 없는 아동이나 이들의 부모는 교사, 치료자, 다른 성인들과 맺은 좋은 관계 활용 방법을 대부분 '충분하게' 알고 있다. 이러한 관계는 아동의 뇌 구조 형성에 영향을 미친다.

마음이론

타인과 효과적으로 의사소통하려면 정서조절이 반드시 필요하다. 그러므로 정서조절이란 다른 사람이 무엇을 생각하고 느끼는지에 대한 명확한 정신 모델을 적절하게 설정할 수 있는 능력을 의미한다. 이 모델링은 마음이론theory of mind, ToM으로 알려져 있다. 마음이론은 자신 및 타인에게 의지, 욕구, 환상, 지식과 같은 정신 상태를 부여할 수 있는 능력이다. 기존의 정의에 따르면, ToM은 타인의 행동에 원인이 될 수 있는 정신 상태를 이해할 수 있으며 타인의 행동을 설명하고 예측할 때 활용된다 (Premack, & Woodruff, 1978). 이러한 능력은 보다 근원적인 통찰의 존재를 암시한다. 즉 마음이 표상을 생성한다는 인식과 타인의 정신적 표상 이해에 반드시 현실이 반영되는 것은 아니며 이러한 인식과 이해는 개인마다 각기 다를 수 있다(Courtin, 2000; Courtin & Melot, 2005).

ToM은 초기 아동기 발달의 결과다. 자아중심적인 인지는 4세가 되면서 새로운 능력으로 발달한다. 마음이론의 최종 성과에 필요한 가장 기초적인 원리를 균형 있게 고려할 수 있게 된다. 즉 다른 사람들은 나와 분리된 존재이며 그들은 나와 다른 방식으로 생각하고 바라본다는 것을 이해할 수 있다(Piaget, 1951, 1952). 대부분은 4세 이전에 공감능력을 형성한다. 아이들은 삶을 통해 공감기술을 축적하게 될 것이며, 여기에는 점진적으로 높은 수준의 인지 복잡성과 심리 복잡성이 더해진다(Rochat, 2002).

연구자들은 종species과 두뇌 크기의 차이를 설명하기 위해 실험을 진행하였다. 여러 동물들을 거울 앞에 세워 놓고 동물들이 자신을 인식할 수 있는지 여부를 판단하였다. 개는 거울에 비친 자신의 모습을 보고 소리 내어 짖었는데, 마치 자신의 영역을 침범하려는 다른 개를 보는 듯했다. 유인원과 소수의 원숭이 종만이 자신을 인식할 수 있었다(Gallup, 1997). 연구자들은 진화된 전전두엽이 자기 인식 능력을 가진 종을 구분한다고 판단하였다.

ToM 기술은 사회적 세계를 보다 성공적으로 탐색하는 데 있어서 중요한 역할을 한다. ToM의 중요성을 아동이 이해할 수 있도록 설명해주어야 한다. 예를 들어 사회적으로 서툰 아이들이 사회적 지지 체계를 갖추지 못한 채로 힘들게 생활하고 있다는 점을 강조할 수 있다. 이 아이들은 사회적으로 고립되어 있으며 공감 관계를 제대로 경험해본 적이 거의 없다.

양전자 방출 단층 촬영과 기능적 자기공명영상을 활용한 연구에서는 ToM 능력이 전전두피질의 내측 및 외측 하부 영역에 의한 것인지를 밝히고자 일반인의 뇌를 촬영하였다. 외적 현실과 반대되는 내적 정신 상태에 초점을 둔 주제를 이야기할 때 전전두피질의 내측 및 외측 하부 영역이 활성화되었다(Firth & Firth, 1999).

ToM 결핍과 자폐스펙트럼장애

애착 경험은 반영기술과 ToM 발달에 영향을 미친다(Fonagy & Target, 2006). 우반구와 우반구의 신경회로망이 집중 발달하는 시기의 애착 경험은 타인의 마음을 이해하는 능력에 영향을 미친다(Siegel, 1999). 아이들은 보다 복잡한 관계를 다루는 세계로 점점 나아가기 시작한다. 이때 아이들은 자신이 갖고 있는 도식을 활용하여 새로운 경험을 받아들인다. 또한 시간이 흐르면서 ToM 기술을 습득하게 된다. 그렇지 못한 아이들은 다른 사람들을 마치 사물 대하듯이 받아들인다.

일반적으로 자폐장애나 아스퍼거장애 아동은 ToM 기술을 갖고 있지 않다. ToM은 거울신경세포mirror neurons라고 불리는 특정 뉴런에 의해 형성된다(Rizzolatti, Fadiga, & Gallese, 2001; Rizzolatti, Fadiga, Gallese, & Fogassi, 1996). 자폐나 아스퍼거장애가 아닌 아이들은 거울신경세포가 좌우하는 공감능력을 발휘한다. 자폐증 십대 청소년과 일반 십대 청소년을 대상으로 기능적 자기공명영상을 활용하여 연구를 수행한 결과, 얼굴 표정을 읽어내고 따라 할 때 자폐 청소년의 경우 전전두피질의 거울신경세포 움직임이 결핍된 것으로 나타났다.

눈 맞춤 회피는 자폐증 진단 시 가장 우선으로 검토하는 증상이다. 자폐증으로 진단받은 사람들의 경우 누군가를 쳐다볼 때 얼굴을 읽어내는 뇌 영역의 활성화가 떨어진다는 연구 결과가 제시된 바 있다. 얼굴을 쳐다볼 때 뇌 방추 영역fusiform area의 활성화가 감소하는 사람들이 자폐 성향을 더욱 많이 갖고 있는 것으로 나타났다. 흥미롭게도 자폐 성향 아동의 경우 사람이 아닌 그들이 흥미롭게 여기는 대상이나 단순한 패턴을 쳐다볼 때 이 영역이 활성화되는 것으로 나타났다. 자폐 성향의 사람들은 타인의 눈을 쳐다볼 때 편도체가 과잉 활성화된다. 이들은 재빨리 타인의 입술이나 턱으로 시선을 옮긴다. 일반 사람들은 얼굴을 쳐다볼 때 '사회적 뇌'라고 통틀어 칭하는 네트워크를 활용한다. 사람의 오른쪽 얼굴 사진을 쳐다볼 때도 동일한 네트워크를 사용한다. 사진을 거꾸로 쳐다볼 때는 대상을 식별하는 것과 관련된 신경역동 체계를 사용한다. 자폐 성향이 있는 사람들은 대상이나 사람 얼굴을 바라볼 때 이 '대상' 체계를 사용한다(Pierce & Courchesne, 2000). 자폐스펙트럼장애의 여러 특성은 ToM 발달과 관련이 있다. 자폐 환자들은 사회적 관계를 다룰 때 공감능력 mentalizing이 심각하게 결핍된 것으로 알려져 있다(Fletcher et al., 1995). 아스퍼거 환자들은 좌측 전두엽을 통해 ToM 과제를 수행하는 것으로 알려져 있다(Happé et al., 1996).

아이들 대부분은 18세까지 ToM 발달을 나타내는 행동을 하게 된다. 다음에 제시된 세 가지는 매우 평범한 아이들이 흔히 나타내는 행동인 반면에 자폐스펙트럼장애 아이들은 거의 하지 않는 행동이다.

1. **가리키기** : 상대의 주의attention를 사물로 향하게 하기
2. **응시하기** : 성인과 동일한 방식으로 바라보기
3. **가장놀이** : 다른 대상의 상징적 의미를 활용하여 대상을 표현하기

자폐스펙트럼장애 아이들의 발달 과정에서는 위 세 가지 행동이 나타나지 않는다(Baron-Cohen, Allen, & Gillberg, 1992). 그렇다고 해서 이러한 능력의 출현 여부로 장애를 확실하게 진단할 수 있는 것은 아니다. 이러한 행동을 할 수 있는 아동 중에서도 추후에 자폐스펙트럼장애를 진단받는 경우가 있기 때문이다(Baird et al., 2001). 이 경우 2세 이후 하나 이상의 유전가가 활성화되어 정상 발달을 저해하는 뇌 상태를 유발할 가능성이 있다(Kagan & Herschowitz, 2005). 자폐 진단범주에는 다음 내용이 포함된다.

1. 사회적 상호작용의 심각한 결손
2. 언어를 포함한 소통의 심각한 결손
3. 제한되고 반복적인 관심과 활동, 단조로운 행동 방식

자폐 및 아스퍼거장애와 다른 아동기 정신장애를 구분할 때, 자폐증은 위 세 가지 영역 모두에서 심각한 기능장애를 갖고 있어야 진단을 내릴 수 있다.

아스퍼거장애 아동은 사회적 소통을 할 때 공감능력이 결핍된 것으로 나타났다. 이들은 비록 완전하지는 않지만 자신이 깊게 열중하고 있거나 해박한 지식을 갖고 있는 주제에 대해서는 의사소통을 할 수 있다(Aronowitz et al., 1997). 전반적으로 아스퍼거장애는 자폐증보다는 덜 심각한 특성을 갖고 있는 것으로 의견이 일치하고 있다. 두 장애 모두 얼굴 표정, 특히 공포 반응을 읽어내지 못하는 것으로 나타났다(Pelphrey et al., 2002).

자폐 및 아스퍼거 아동에게 상대의 눈을 쳐다보라고 하거나 상대가 무엇을 생각하고 있는지 맞춰보라고 하면 이들의 편도체가 과잉 활성화된다. 그렇기 때문에 일부 연구자들은 자폐증의 편도체 이론을 비판하기도 한다(Baron-Cohen, 2000). 다른 여러 장애에서도 자폐스펙트럼장애와 동일한 특성을 나타내었다. 변연계 영역과 대상 피질에서의 대사저하증이 있으며(Haznedar et al., 2000), 뇌량의 크기가 줄어들었다(Egaas, Courchesne, & Saitoh, 1995). 즉 피질과 변연계 영역에서 뉴런이 비정상적으로 성장하거나 가지치기를 하기도 한다(Courchesne, Carper, & Ashoomoff, 2003). 자기공명영상 분석으로 사춘기 이전 자폐 아동과 통제 집단의 특성을 비교해본 결과, 자폐 아동의 상전두이랑superior frontal sulcus에서 비정상적인 패턴이 관찰되었다(Levitt et al., 2003). 상전두이랑은 작업기억, 언어, 정서, 응시와 관련된 영역이다. 일부 자폐 환자들의 뉴런은 크기가 작고 수상돌기가 짧았으며, 전전두엽과 측두복합체의 기둥에서 비정상적인 구조가 발견되었다(Casanova, Buxhoeveden, Switala, & Roy, 2002).

의사소통을 할 때는 비언어적 단서뿐만 아니라 타인의 목소리 톤과 운율에도 동시에 주의를 기울여야 한다. 감정신호 인지 불능증dyssemia은 이러한 의사소통에 어려움이 있는 사람들의 증상을 가리키는 용어다. 이들은 친밀한 관계를 맺기 어려워하

기 때문에 다른 사람들과 함께 어울리지 못한다(Nowicki & Duke, 2002). 자폐와 아스퍼거장애가 있는 사람들도 동일한 영역에서 심각한 결핍을 보이지만, 결핍의 원인이 신경학적인 기능장애라는 점에서 차이가 있다. Stephen Nowicki에 의하면, 감정신호 인지 불능증의 85%는 비언어적인 표시를 읽어내거나 반응하는 방법을 배우지 못했기 때문에 장애를 일으킨다(Goleman, 2006, p. 92에서 인용). 사회적 고립이나 감정표현 불능증alexithymia 때문에 가족이나 또래와 적절한 상호작용을 연습할 기회가 부족했던 점이 주요 원인으로 꼽히고 있다. 그러나 이 아이들 중 약 10%는 트라우마 때문에 반드시 익혀야 하는 사회적 학습을 놓치기도 한다. 감정신호 인지 불능증이 있는 사람들 중 신경학적 장애를 진단받은 경우는 5%에 불과하다.

사회적 기술의 발달은 잠복기와 청소년기 동안 더욱 가속화되고 중요한 의미를 가진다. 또래 관계는 최적의 빌딩 성취에 가장 중요한 자용을 한다. 사회적 기술, ToM, 정서조절, 자아정체감은 다음 장에서 다룰 청소년의 정상 발달 경로에서 매우 중요한 역할을 한다.

제5장

청소년기 발달

자신을 '외톨이', '위험을 즐기는 사람'으로 표현하던 16세 소년을 상담한 적이 있다. 아이는 자신이 열 살 때 물에 대한 공포가 있었지만 결국에는 수영을 배웠다고 하면서 그때의 순간을 나에게 이야기해주었다. "발이 바닥에 닿지 않았어요. 제 키보다 수심이 깊은 곳이었어요. 그런데 오히려 더 안전했어요···." 수심이 깊은 곳에 들어가는 것만으로도 아이는 불안을 느꼈다. 불안은 사라지는 것이 아니었다. 두려운 마음은 여전했지만 수영을 할 수 있기 때문에 자기 자신을 물에 맡길 수 있었던 것이다.

— Adam Phillips

청소년기는 대체로 사춘기와 성인기 사이에 비교적 짧게 지나가는 것으로 여겨져 왔다. 그러나 포스트모던 서구 사회에 접어들면서 청소년기는 20세 초반까지 연장되었다. 그럼에도 불구하고 청소년들은 성인이 되기 전까지 전쟁에 나가는 일과 같은 여러 과업을 수행해야 한다.

질풍노도의 시기라 불리는 청소년기는 20세기 미국의 청소년 하위문화에 영향을 미친 영화와 록 음악을 통해 그 이미지가 두드러졌다. 이러한 전형적 특성은 Stanley Hall과 Anna Freud의 학문적 기여를 통해 더욱 확고해졌다. Anna Freud는 청소년기를 원초아와 자아의 세력 사이에서 내적 불화와 심리내적 불균형을 경험하는 시기라고 주장하였다. 이와 같은 정신분석적 관점에서 보면, 청소년들은 정체성을 형성하기 위하여 반동형성, 대치, 철회 등의 방어기제를 사용하면서 부모와 갈등을 일으킨다.

최근 들어 청소년의 불화를 이전과 달리 더욱 균형적인 관점으로 바라보고 있다. 청소년기는 성인기 적응을 주요 목표로 하는 생물학적, 인지적, 정서적, 사회적 재편성 기간이다(Susman & Rogel, 2004). 일반 청소년들은 대부분 정신분석적 접근 방식으로 이해하기 어렵다. 이 시기는 다차원적인 특성이 있기 때문에 현대 연구자와 이론가들은 이 시기 젊은 청소년들을 구별하는 심리, 생물, 사회 영역들의 복합적인 상호작용을 강조하는 역동 모델을 활용한다. 가족, 친구, 학교, 이웃은 청소년들에게 모두 다른 방식으로 적응할 것을 요구한다. 십대의 자아의식과 자아조직의 변화를 요구하기도 하고 환경에 대한 신경가소성의 적응을 요구하기도 한다.

Erikson(1963)은 최초로 청소년기의 정체감 형성 과정에서 나타나는 발달적 위기를 다루었다. 이 기간 동안 사람들은 대부분 가능성 있는 역할들을 탐색하게 된다. 타인과 상호작용하는 어떤 역할에 최종적으로 적응할 때까지 청소년들은 성인기로 전환하기 위한 정체성 형성을 지속한다(Baumeister & Muraven, 1996). 과거에 경험한 모든 사건을 포함하는 내재화된 내러티브를 통해 청소년의 정체성 일부가 형성된다. 미래를 내다볼 수 있는 이 내러티브는 과거와 현재를 연결한다. 내러티브는 도덕적이고 이상주의적인 주제를 포함하고 있으며 청소년에게 일체감과 목적의식을 전달한다(McAdams, 1999).

청소년기를 뜻하는 영어 단어 adolescence는 '성장하다'라는 의미인 라틴어 adol-esco에서 유래했다. 그 뜻은 아동도 아니고 성인도 아니라는 사실을 포함하고 있지만, 청소년은 아동일 때도 있고 성인이 되기를 요구받을 때도 있다. 나이 많은 청소년들은 오토바이를 운전하기도 하고 형제를 돌보기도 한다. 아이를 가지는 일도 드물지 않게 발생한다. 그들은 여러 가지 요구를 받지만 마음대로 행동하여 자주 신뢰를 잃는다.

많은 청소년들은 부모로부터 독립하기 위해 큰 고통을 겪는다. 한 청소년 내담자의 아버지는 상담자에게 "아이가 확실하게 알고 있는 것은 오로지 단 하나뿐인 것 같다는 생각이 가끔 들어요. 아버지인 나와는 다르다는 거죠. 아이는 그것을 증명하려고 매우 극단적으로 행동해요."라고 말했다.

일부 청소년들은 충동적인 결정을 내리는 경향이 있으며 어른 같이 행동하라는 지시에 과잉 반응을 보이기도 한다. 이와 같은 이유로 청소년기는 정서적 혼란으로 가득하며 위험한 행동을 감행하는 발달 시기로 간주하고 있다. 청소년을 군인으로 모집하는 이유는 신체 능력뿐만 아니라 그 무엇도 두려워하지 않고 위험을 기꺼이 무릅쓰려고 하는 특성이 있기 때문이다.

호르몬, 성장, 성

사춘기는 아동기에서 새로움을 창조할 수 있는 시기로 전환하는 발달적 과도기에 해당한다. 이 시기에는 다양한 신체 변화가 일어나기도 한다. 성장호르몬이 많이 분비되며 부신adrenals에서 성호르몬인 안드로겐androgen 분비가 가속화되기도 한다. 이 호르몬은 난소의 에스트로겐estrogen 생산과 고환의 테스토스테론testosterone 생산을 촉진한다. 초기 청소년기가 되면 남녀 모두 2차 성징이 나타난다. 이때는 자기중심성, 또래에 대한 관심, 사회적 평가에 대한 역량을 매우 민감하게 고려하는 심리사회적인 적응이 필요한 시기다. 남자 청소년에 비해 여자 청소년이 이러한 변화를 1~2년 먼저 경험한다.

13세 남아와 여아를 나란히 세워보면 놀라운 차이를 발견할 수 있다. 남아는 아직 아동의 신체 모습이 남아 있는 반면에 남아보다 약 15cm 더 큰 여아는 거의 성인에 가까운 모습을 하고 있다. 신장 및 체중의 변화와 성에 따른 신체 변화가 일어나면서 성에 대한 관심이 급증한다. 조숙한 여아는 주목을 많이 받는다. 놀림이나 괴롭힘의 대상이 될 수도 있다. 자존감, 정서조절, 정체감 형성을 위한 민감한 시기에 종종 일관적인 관심을 받지 못하기도 한다. 급격한 성장으로 청소년의 몸무게는 성인 몸무게의 50%에 달한다. 남성은 후두, 윤상갑상근 연골, 후두근이 발달하면서 대략 14세쯤 변성기를 맞이한다. 성인 남성의 목소리는 보통 15세 이후에 결정된다.

부신피질기adrenarche 동안 증가하기 시작하는 디하이드로에피안드로스테론dehydro-epiandrosterone, DHEA과 디하이드로에피안드로스테론 설페이트dehydroepiandrosterone sulfate, DHEAS같은 부신 안드로겐adrenal androgen의 농도 변화가 문제행동 증가와 관련이 있는 것으로 알려져 있다. 예를 들면 부정적인 인생 경험을 많이 한 여아 중 DHEAS의 농도가 낮은 아이들은 부정적 경험을 거의 하지 않은 또래 여아에 비해 더욱 공격적일 수 있다. 부신 안드로겐 농도가 높으면서 음모 조기 발생증premature adrenarche이 있는 여아는 정상 발달 여아에 비해 불안을 더 많이 느끼는 것으로 보고되었다. 즉 DHEA의 농도 상승은 여아의 주요우울장애 진단 중 첫 에피소드의 발현을 예측한다(Susman & Rogel, 2004). 여성의 급격한 호르몬 증가는 주요우울장애 발현과 관련이 있다. 후기 청소년기와 성인기에는 호르몬 수치가 일정하게 유지되는 편이며 모든 여아가 우울증에 걸리는 것은 아니다. 연구자들은 이러한 점을 고려하여 관련된 다른 중재 변인을 연구 결과로 제시하기도 하였다(Angold, Worthman, & Costello, 2003; 자세한 내용은 Graber, 2004 참조).

조숙한 청소년과 관련된 이슈가 많은 주목을 받고 있다. 이들이 심리 문제를 불균형하게 경험하고 있기 때문이다. 조숙한 여아는 일반 여아에 비해 행동화하는 경향이 더욱 높은 것으로 알려져 있다. 이들은 나이 많은 남아들과 오랜 시간을 보내고 성관계를 빨리 갖는 경향이 있다. 또한 정상 혹은 늦된 여아에 비해 일반적으로 부정적인 감정을 보다 많이 느끼며 우울과 같은 내재화 장애를 겪을 가능성이 높다(자세한 내용은 Susman & Rogel, 2004 참조).

조숙한 남아는 반사회적 행동과 약물남용의 위험률이 더욱 높은 것으로 알려져 있다. 전반적으로 조숙한 남아와 여아는 비행 청소년 친구를 더 많이 접한다. 모든 청소년들은 사춘기를 거치면서 자기self와 신체 이미지를 형성해 나간다. 일반적으로 조숙한 여아는 자신의 외모, 신체 이미지, 신체적 특성을 마음에 들어 하지 않는 것으로 알려져 있다. 섹슈얼리티에 대한 문화적 태도의 중요성과 또래 평가를 중요하게 여기는 점 등을 감안한다면, 성인이 될 때까지의 기간은 각 민족마다 다를 수 있다. 히스패닉계 여아는 다른 여아와 동일하게 성장할 경우 신체 이미지에 대한 만족도가 매우 높은 것으로 나타났다. 아프리카계 미국인 남아와 여아는 발달이 늦될 경우에 만족감이 현저하게 낮은 것으로 나타났다. 발달이 늦된 아시아계 미국인 남아와 여아는 다른 그룹의 청소년에 비해 자신의 신체 이미지에 대한 불만족도가 비교적 낮은 것으로 나타났다(자세한 내용은 Susman & Rogel, 2004 참조).

행동 패턴을 조절하는 수면 또한 사춘기와 초기 청소년기가 되면 신경역동 변화를 겪는다. 급속한 성장과 함께 수면의 3단계 및 4단계non-REM 변화가 일어난다. REM 수면의 변화는 사춘기 및 성호르몬과 관련이 있다(Dahl, Tubnick, al-Shabbout, & Ryan, 1997). 청소년들은 24시간 주기리듬circadian rhythms이 달라지기 때문에 밤늦게까지 깨어 있고 아침에 일찍 일어나는 것을 어려워한다(Carskadon, 1999). 이와 같은 변화가 일어나는 동안 가정과 학교의 일정을 따라가느라 잠을 충분히 자지 못할 때 기분, 동기, 주의력 문제를 호소할 수 있다. 많은 청소년들은 주말에 밀린 잠을 보충하는데, 이는 원숙한 24시간 주기 리듬의 발달을 방해한다.

성별과 뇌

양 반구의 비대칭적 발달은 남성에 비해 여성에게는 크게 두드러지지 않는다. 이러한 성별 차이는 진화론적 조상의 두개골 화석에서 발견되었다시피 아주 오래된 특성이다. 대뇌피질 두께 또한 차이가 있다. 남성의 우측 전두엽은 좌측 전두엽보다 두꺼운 반면에 여성은 뚜렷하게 차이나지 않는다. 이러한 성별 차이는 일부 다른 포유류의 뇌에서도 발견되었다(Glick, Meibach, Cox, & Maayani, 1979; Glick, Ross, & Hough, 1982). 다시 말해 여성은 양 반구의 특정 기능이 보다 균형적으로 이루어지고 있으며 두 영역의 통합도 우수하다고 볼 수 있다. 여성의 측두엽 두 층에는 뉴런이 고도로 밀집되어 있기도 하다. 이 영역은 청각계로 입력된 자극을 받아들이는 것과 관련이 있으며 수준 높은 언어기술을 지원하는 것으로 추정된다(Witelson, Glezer, & Kigar, 1995).

남성은 여성에 비해 양쪽 전두엽의 기능 차이가 더욱 큰 편이다. Goldberg와 그의 동료들은 이러한 차이로 발생하는 심리행동적 특성을 검토할 수 있는 검사를 개발하였다. 한 연구에서는 남녀 간 의사결정 방식의 차이를 제시하였다(Goldberg, 2001). 남성의 경우 **맥락 의존적 결정**을 내린다. 즉 남성은 선택을 할 때 기존의 선호도에 따라 주제의 안정성 맥락을 고려한다. 반면에 여성은 **맥락 독립적 결정**을 한다. 즉 여성은 특정 상황을 기준으로 결정을 내리기 때문에 전형적인 남성에 비해 예측 불가능한 결정을 하게 된다. 전두엽 손상에 대한 반응 또한 남녀 차이가 있다. 우측 전두엽이 손상된 남성은 터무니없을 정도로 맥락 의존적 의사결정 방식을 취한다. 반면에 좌측 전두엽이 손상된 남성은 극도의 맥락 독립적 의사결정 방식을 사용한다(Goldberg, 2001). 이와 같은 연구들은 남성의 의사결정 과정에 우측 전두엽과 좌측 전두엽의 기여도가 매우 다르다는 결론을 내렸다.

우측 전두엽 손상을 입은 여성에게는 이러한 패턴이 나타나지 않는다. 어느 한쪽이라도 손상을 입게 되면 맥락 의존적 행동이 증가한다. 이들은 맥락 독립적 행동을 하는 일반 여성들과 비교했을 때 신경학적인 차이가 있다. (우리가 알고 있는 여성 신경과학자들은 일반 남성이 두뇌가 손상된 여성처럼 행동한다는 언급으로 위 연구들을 요약한다.) 맥락 의존적 결정을 하는 오른손잡이 남성의 뇌는 과제를 하는 동안 좌측 전전두피질이 활성화된다. 일반적으로 여성의 뇌는 불균형이 크게 나타나지 않는다. 맥락 독립적 의사결정을 하는 오른손잡이 여성은 양쪽 전전두피질이 활성화된다. 맥락 의존적 의사결정을 하는 여성은 양쪽 후두피질이 활성화된다.

전전두피질의 발달

저명한 신경해부학자인 Hughlings Jackson(1884/1932)은 진화와 소멸의 법칙을 소개하였다. Jackson에 의하면 계통발생학적으로 가장 늦게 생성된 뇌 영역은 뇌 질환에 가장 우선하여 취약한 특성을 띤다. 전두엽은 뉴런 간 연결이 매우 풍부하게 이루어져 있기 때문에 신경학적 손상에 매우 취약한 편이다(Goldberg, 2001). 이러한 취약성 때문에 전두엽기능장애라고 해서 전두엽 병변이 꼭 있어야 하는 것은 아니다. 전두엽기능장애는 광범위하게 분산된 병변의 결과로 발생할 수 있다. 한 예로 전두엽의 대뇌혈류가 중단되면 이 영역의 바깥쪽으로 종양이 발생한다(Lilja, Hagstdius, Risberg, Salford, & Smith, 1992).

청소년기에는 뇌 발달이 매우 급격하게 일어난다. 뇌는 6세 이전에 95%가 발달하지만 초기 청소년기가 되었을 때 두 번째로 급격하게 성장한다. 가장 중요한 수초화 myelination가 전전두피질에서 발생한다. 전전두피질 영역 중에서도 특히 배외측 전전두피질dorsolateral prefrontal cortex은 청소년기 전두엽 발달이 가장 왕성하게 일어나는 곳이며, 이 과정을 거쳐 작업기억과 의사결정기술이 향상된다. 전전두피질 수초화는 20세 초반까지 지속되며 청소년의 사회적 능력과 관심의 변화에 따라 일정하게 이루어진다(Nelson, Leibenluft, McClure, & Pine, 2005). 다음에 제시된 주요 세 가지 신경학적 발달 변화가 십대 시기에 발생한다.

1. 전전두피질의 중요한 발달
2. 뇌 영역 간 연결 향상 : 백질의 증가

3. 시냅스의 가지치기 증가 : 사용하지 않거나 불필요한 뉴런 감소

청소년기는 아동기보다 새롭고 고차원적인 인지발달 과정이 일어나는 시기며 이를 통해 전전두피질이 발달한다. 안와전두피질orbitofrontal cortex은 가치와 정서 정보를 바탕으로 의사결정을 할 수 있도록 한다. 배외측 전전두피질은 의사결정에 필요한 다양한 뇌 영역을 선별할 수 있기 때문에 여러 가지 많은 정보들이 주어졌을 때 판단을 내릴 수 있도록 돕는다. 복측ventral피질과 전대상피질anterior cingulate cortex은 상반되는 선택들을 자세히 검토할 때 활성화되며 마치 오류검색 시스템처럼 작동한다(Krawczyk, 2002). 배외측 전전두피질은 미래 목표 설정과 관련있는 인지를 처리한다. 상반되는 정서 상태가 발생하면 배외측 전전두피질은 정보를 입력하기 위해 복내측 전전두피질ventromedial PFC(안와전두피질의 일부분)을 선택한다.

복내측 전전두피질은 사회적 맥락 내에서 일어나는 정서적 충동과 현실적인 요구 사이에서 중재자 역할을 한다. 이 책의 시리즈인 성인 뇌 기반 심리치료(*Brain-Based Therapy with Adult*)와 부록에 이 영역의 중요성을 설명하는 유명한 피니어스 게이지 Phineas Gage 사례가 제시되어 있다. 게이지는 왼쪽 복내측 전전두피질에 심각한 손상을 입은 후 정서적 충동을 억제할 수 없게 되었다. 사고 이후 그의 성격과 생활 방식은 완전히 달라졌다. 안와전두피질의 건강한 발달은 정서조절 발달에 매우 중요하다. 안와전두피질이 발달한 다음에 배외측 전전두피질이 발달한다(Thompson et al., 2000). 인간의 뇌 발달을 진화론적 관점에서 보면 배외측 전전두피질은 가장 최근에 형성된 뇌 영역이다(Fuster, 2000).

청소년은 주어진 사회적 상황 속에서 장기 계획 세우기, 가치 우선순위 정하기, 사회적 기준에 맞는 행동 선택하기와 같은 기술을 습득해야 한다. 이를 위해 반드시 배외측 전전두피질의 역할이 필요하다. 배외측 전전두피질은 안와전두피질과 함께 경험, 자기 평가, 정서조절을 조합하는 역할을 한다(자세한 내용은 Keating, 2004 참조).

기능적 자기공명 영상 연구 결과, 성인에 비해 청소년의 배외측 전전두피질 활동성이 높은 것으로 나타났다(Luna et al., 2002). 기술이 급격히 발달하기 위해서는 이를 뒷받침해주는 가장 중요한 신경역동 모듈이 더욱 활발하게 기능해야 하기 때문인

것으로 추정된다. 기술을 잘 습득하면 신경역동 처리 과정은 보다 효율적이고 효과적으로 이루어진다. 미네소타대학교의 Monica Luciana(2006)는 전전두피질의 다른 부분을 다음과 같이 기술하였다.

결과 패턴을 종합하여 살펴보면… (중략) 각 전전두피질 영역의 기능은 서로 다른 속도로 성숙한다. 배외측 영역은 정보처리 과정에서 가장 높은 수준의 실행 제어를 담당하며, 복내측 이후에 성숙하는 영역이다. (2006, p. 315)

수초화로 불리기도 하는 백질의 증가는 청소년기 뇌 발달에서 두 번째로 중요한 변화다. 이때 지방으로 구성된 핍돌기세포oligodendroglia cells가 뉴런의 축삭돌기를 감싸게된다. 수초화는 전기 전도율을 높여주는 전선의 플라스틱이나 고무 피복처럼 뉴런의 전도율을 높여준다. 수초화는 다발성 경화증 같은 탈수초성 질환을 앓고 있는 사람들을 통해 매우 중요하게 부각되기 시작하였다. 전두엽과 같은 피질 영역에서 수초를 형성하는 핍돌기세포가 증가하면 청소년을 특징짓는 주요 심리적 변화가 일어난다. 이같은 새로운 변화 발생은 처리 효율성이 높아졌기 때문이다(Spear, 2000). 그 덕분에 청소년은 사회적 정체감 형성하기, 가족으로부터 독립하기, 개인 신념 체계 형성하기에 박차를 가한다.

시냅스의 가지치기는 불필요한 것들을 잘라내어 청소년의 뇌가 보다 효율적으로 작동할 수 있도록 한다. 이 경험 의존적인 과정은 쓸모 있는 시냅스의 연결을 더욱 튼튼하게 하고 다듬어주어 발달하도록 돕는다. 이러한 맥락적 변화는 청소년 뇌의 유연성과 신경가소성을 촉진한다. 풍부한 시냅스 형성과 가지치기가 일어나는 영아기와 청소년기 동안 이같은 맥락적 변화는 적응적이며 경험 의존적이다(Lewis, 1999).

앞서 언급한 Adam Phillips의 내담자 같은 십대들은 자신을 독립된 개체로 신뢰할 수 있는 방법을 습득해야 한다(Phillips, 1993). 이러한 즐거운 과정을 거치면서 청소년들은 부적절한 계획을 세우기도 하고 위험한 상황에 스스로 빠져들기도 한다. 십대들은 경험을 통해 뭔가가 잘못될 수 있다는 개념을 습득해야 한다. 순조롭지 못했던 상황에 대한 일화기억은 전전두피질과 전대상피질의 새로운 가지치기를 촉진하여 문제 해결을 활성화한다. 배외측 전전두피질에서 수초화가 더욱 두껍게 이루어지면 보다 계획적이고 분석적인 사고 과정을 할 수 있게 된다. 안와전두피질이 보다 효율적으로 작동하기 때문에 상황의 핵심 정서를 찾을 수 있는 청소년의 능력이 일부 발달한다. 상황에 대한 자신의 정서 반응성을 조절하는 능력 또한 발달한다(Keating, 2004).

심리적 발달

중기 아동기에서 청소년기로 접어들게 되면 인지와 정서조절기술이 빠르게 발달한다. 예를 들어 청소년이 되면 연역 추론을 할 수 있는 새로운 능력이 생긴다. 초기 청소년기(11~12세)가 되면 후기 아동기에 비해 문제 해결을 위한 물리적인 단서의 필요성이 줄어든다. 젊은 십대들은 논리와 내적 가설 검증만으로도 문제를 해결하거나 일어날 일을 예측할 수 있다(Morris & Sloutsky, 2001). 그렇다고 해서 아동이 논리적으로 사고하지 못하거나 단일 발달 경로가 있다는 것은 아니다. 청소년이 되면 아동에 비해 자연의 이치를 더욱 깊게 사고할 수 있는 능력을 발휘한다(Keating, 2004).

일반적으로 십대가 되면 인지 처리의 효율성, 작업기억, 높은 수준의 추론이 활발하게 이루어진다. 전전두피질에 기반을 둔 이와 같은 능력은 개념 형성과 조작을 위한 새로운 능력 발달에 반드시 필요하다. 친구 관계와 학교 생활에서 인지적 유연성의 전형적인 특징인, 아이디어들을 연결하고 그것을 새로운 내용에 적용해보는 시도가 급격히 증가한다. 확산적 사고와 반영적 사고는 뇌의 새로운 교차양상 통합을 필요로 한다. 무엇보다 청소년은 급격히 발달한 공감능력과 함께 정서와 아이디어에 대해 생각할 수 있는 상위인지를 발휘할 수 있어야 한다(Fonagy & Target, 2006). 이 시기에는 경험의 의미와 개인의 정체성이 어느 정도 분리되기도 한다. 초등학교 때 수학을 어려워했던 아이는 청소년이 되어 "나는 수학에 재주가 별로 없어"라고 말하게 된다. 이 장의 서두에 소개했던 16세 소년처럼, 청소년은 과거를 되돌아볼 수 있고 그때의 기억을 회상할 수 있게 된다. 이와 동시에 지금은 그때를 어떻게 생각하고 있는지에 대한 새로운 관점도 유지하게 된다. 만족과 좌절의 순간에 느꼈던 부모에 대한 감정은 보다 지속적인 아버지와 어머니의 이미지를 형성한다.

청소년 시기에는 상위인지가 완전히 발달하지 않기 때문에 어른들은 청소년의 의사결정능력을 신뢰하지 않기도 한다. 연구자들은 수년 동안 청소년의 약물남용, 위험한 성관계, 거리에서의 질주 등과 같은 행동의 원인이 빈약한 인지기술 때문인 것으로 결론을 내려 왔다. 그러나 최근에는 청소년이 위험하다는 것을 알고 있으면서도 이러한 행동을 지속한다는 사실을 뒷받침해주는 다양한 증거가 제시되고 있다. 청소년의 행동은 그들의 정서 및 선호도와 매우 밀접한 관련이 있다(Steinberg et al., 2006). 또한 성인에 비해 자신이 좋아하는 일이거나 함께하는 친구가 좋아한다는 이유로 어떤 행동을 하려는 특성이 두드러진다. 청소년은 대체로 성인의 감독에서 벗어나 자신의 행동을 관리하고 정서를 조절하는 방법을 습득한다.

청소년이 되면 부모와 또래로부터 받는 요구가 많아진다. 이와 동시에 청소년의 정서적 경험과 충동적 특성이 강렬해진다. 유아기 애착 형성 이후로 '사회적 뇌'는 내적 및 환경 압력에 영향을 받지 않는다. 사실 십대들의 새로운 여러 신경발달 기술은 초기 애착의 영향을 지속적으로 받는다. 안정 애착을 형성한 십대는 불안정 애착 십대에 비해 청소년 집단생활의 복잡한 특성을 보다 잘 헤쳐 나갈 수 있다. 그들은 토론을 더욱 즐기며 긍정적인 방식으로 다른 사람에게 주의를 기울이는 편이다. 또한 유능한 중재자며 한층 설득력 있게 자신의 의견을 주장하는 편이다(Sroufe et al., 2005).

청소년의 애착 도식은 여러 발달에 영향을 미친다. 특히 친밀감과 신뢰감 이슈 발달에 중요한 작용을 한다. 어린 시절에 혼란 애착을 경험한 남성은 주변으로부터 충분한 지지를 받지 못할 경우 큰 문제를 일으킨다(Sroufe et al., 2005). 청소년기 다양한 정신병리 양상은 가족, 학교, 또래의 기대로 인한 오랜 스트레스하에서 정서와 행동을 제대로 조절하지 못할 때 나타날 수 있다(Steinberg et al., 2006). Robert Kegan(1994)은 부모가 십대 아들 매튜에게 어떤 기대를 하고 있는지에 대해 다음과 같이 기술하였다.

아이는 점점 청년이 되어 가고 있다. 청년처럼 이야기하면서 많은 자유를 요구한다. 부모는 자녀를 어린아이가 아닌 성인 남자로 이해하기 위해 이전과는 다른 관계 측면으로 자녀를 대할 수 있어야 한다고 생각한다. 즉 행동을 조절하지 못하고 끊임없이 부모와 힘겨루기를 하려는, 반사회적이고 이기적인 자녀를 이제는 더 이상 규제하지 않아야 한다고 생각한다. 부모는 아들에게 자신의 걱정거리를 알리는 정도로만 관계를 유지하고자 한다. 이것만으로도 서로 신뢰와 배려를 공유한다는 느낌을 받을 수 있으리라 기대한다. (p. 24, 고딕체 문장 덧붙임)

발달과 사회적 변화

청소년은 성인기로의 전환과 동시에 변화하는 사회에 적응을 해야 한다. 현대 청소년의 경우 '천성', 즉 비교적 고정된 생물학적 요인까지도 변화하고 있다. 예전에 비해 사춘기의 발생시기가 빨라지면서 아동기에 사춘기가 시작된다. 2차 성징으로 조숙한 모습을 갖춘 사춘기 아동은 이성관계와 성행위를 일찍 접하기도 한다.

급속한 사회 변화는 십대 자녀의 가치관과 행동을 감독하려고 하는 부모에게 큰 갈등을 초래한다. 아동에게 정서조절, 계획 설정, 만족지연과 같은 신경역동적 능력을 지나치게 요구하기도 한다. 게다가 청소년은 '성 상품화'를 알리는 대중매체에 매일 노출되고 있다. 성적으로 자극적인 이미지와 권위에 도전하는 주제를 다룬 노래 가사는 잠정적으로 가족의 갈등을 유발한다. 현대문화의 이러한 특성 때문에 '전통적인 가족관' 정책을 중요시하는 현상이 발생하였다. 이처럼 사회를 바라보는 입장의 차이가 존재하기 때문에 현대 청소년들이 의지할 만한 외적 자원은 더욱 줄어들었다.

사회적 맥락 내에서 끊임없는 발달 변화가 일어나는 청소년기는 특정 심리 문제가 출현하는 시기이기도 하다. Steinberg와 그의 동료들(2006)은 청소년 정신병리 관련 연구를 종합하여 다음의 네 가지 주요 결론을 제시하였다.

1. 청소년 정신병리 중 특정 유형의 유병률이 눈에 띄게 증가하고 있다. 우울, 섭식장애, 사회불안, 정신증, 약물남용 등이 대표적이다.
2. 이와 같은 문제의 출현 양상이 변화하고 있다. 예를 들어 우울의 경우 무력감을 보다 중요한 핵심 증상으로 여기고 있다.

3. 정신병리에서 성별 차이 양상이 새롭게 부각되고 있다. 예를 들면 사춘기 이전의 경우 남아와 여아의 우울 발생률은 비슷하지만, 사춘기 중기까지 여아의 우울 발생률은 남아에 비해 2배 정도 상승한다.

4. 유병률이 변화하고 있다. 주요우울장애는 5배 증가하였으며 이러한 양상은 여자 청소년에게 더욱 두드러진다(Angold, Costello, & Worthman, 1998). 지난 30년 동안 청소년의 자살은 걱정스러울 정도로 증가했다.

청소년 상담자에게는 이와 같은 결론이 그리 놀라운 사실이 아닐 수도 있다. 섭식장애, 자해 행동(칼로 긋기, 불로 지지기, 자살 성향 포함), 성범죄 피해, 과음 및 약물남용, 급성 우울과 같은 문제들이 예전에는 드물었지만 요즘 임상 장면에서는 흔히 접하게 된다. 많은 청소년은 부모로부터 독립을 시도하려고 하며, 동시에 다양한 자기self를 유지하기 위해 위험한 행동을 시도하기도 한다. 이들을 안전하게 지켜줄 수 있는 사회적 안정망은 부족한 편이다. 십대들의 새로운 자기에 대한 다양한 모습은 부모 및 상담자와의 관계에서 독립적인 정체성을 추구하려는 시도로 드러나기도 한다(Harter, Bresnick, Bouchey, & Whitsell, 1997). 상담자는 융통성 있고 적응적인 방식으로 십대들을 보듬어줄 수 있는 환경을 유지해야 한다. 이는 청소년의 가족과 사회적 관계의 안정성이 최대치에 이를 때까지 필요하다.

사회적 기술, 또래 관계, 정서조절 기술은 서로 연결되어 있다. 교사, 치료자, 부모는 따돌림이나 또래 관계 부족을 주의 깊게 살펴야 한다(Rubin, Bukowski, & Parker, 1998). 학업성취 또한 청소년의 정신병리 예측에 중요한 요인이다. 일부 학교 체계와 지역단체는 애착, 학교 생활, 인지발달, 정서조절 간 관련성을 파악한 이후 십대들이 학교와 긍정적 유대를 형성하는 데 도움이 되는 프로그램을 개발하였다. 그 예로, Seattle Social Development Project는 초등학교 학생들에게 다차원적인 개입을 제공하였다. 이 프로그램에 참여한 학생들은 고등학교에 진학했을 때 통제집단에 비해 학교와 더욱 긍정적인 유대를 형성하였으며 심리사회적 위험률이 낮은 것으로 나타났다(Hawkins, Smith, Hill, Kosterman, & Abbott, 2003).

실제로 트라우마를 겪은 것만큼 학교폭력이나 따돌림도 청소년의 내재화 문제 발병을 부추긴다. 친밀한 또래 관계는 완충작용을 한다. 사회적으로 유능한 십대는 또래집단의 상호작용에서 발생하는 문제들을 더욱 잘 이겨낼 수 있다(자세한 내용은 Graber, 2004 참조). 청소년기에 친밀한 관계를 형성하고 활용할 수 있는 능력은 초기 애착의 안정성을 통해 발달한다. 또래 관계는 십대에게 가장 중요한 요인이지만, 복잡한 관계를 성공적으로 조절하는 데 있어서 부모는 지속적으로 큰 영향을 미친다.

양육

청소년 양육은 '애착'의 세 가지 역할 중 가장 마지막에 해당한다고 볼 수 있다. 어린 아동과 마찬가지로 청소년 또한 충분히 좋은 양육이 필요하다. 그러나 십대 자녀의 부모는 후기 아동기 자녀를 둔 부모와는 다른 방식으로 자녀를 다루어야 한다. 청소년들은 걸음마기 아이들처럼 사랑, 공감, 제한 설정이 필요하다. 이때 단호함과 융통성의 조화가 십대의 자기조직화를 촉진한다. Anthony Wolfe(2002)의 유명 저서인 *Get Out of My Life, But First Could You Drive Me and Cheryl to the Mall?*에는 십대 자녀를 둔 부모가 맞닥뜨리게 되는 모순된 요구들이 잘 요약되어 있다.

양육은 청소년의 인생 경험에 핵심 역할을 한다. Diana Baumrind(1978, 1991)는 부모 양육 방식의 유형을 다음과 같이 구분하였으며 30년 이상 연구를 지속하였다.

- 독재적인
- 허용적인
  - 관대한
  - 무관심한
- 권위 있는

독재적인 유형의 부모는 전형적으로 엄격하고 단호하며 거칠고 처벌적인 양육자다. 이 유형의 부모는 자신의 바람과 의견을 자녀의 의사와 상관없이 일방적으로 강요한다. 복종만을 기대하며 그 외에는 아무것도 수용하지 않는다. 이 유형과 극단적인 양상을 보이는 허용적인 부모는 자녀에게 어떠한 요구도 하지 않으며 자신 또한 마음대로 행동한다. 자유방임적인 허용적 부모는 관대한 유형과 무관심한 유형으로 다시 구분된다. 관대한 유형의 부모는 매우 지지적이며 자녀의 독립성을 긍정적으로 격려하는 것처럼 보일 수도 있다. 치료자는 이러한 양육 방식이 불안정한 아동에게 부정적인 심리 결과를 유발한다고 본다. 무관심하거나 방임적인 부모는 자녀를 지지 하지도 않고 통제하지도 않는다. 이들은 기본적으로 자녀와 거리를 둔다. 아이들은 종종 사회적으로 회피적인 특성을 나타내거나 낮은 자존감 문제를 드러내기도 한다.

권위 있는 부모는 온정적이고 지지적이면서도 동시에 권위를 유지한다. 명확한 규칙과 기대를 설정한다. 적절하게 행동을 보상하고 부적절한 행동에 대해서는 책임 을 부여한다. 이들은 융통성 있게 자녀를 대하며 서로 의견을 주고받는 것을 즐긴다. 갈등 상황에서 자녀의 입장을 존중해주며 추론을 권장한다. 이와 같은 부모의 양육 방식은 십대의 친사회적 행동, 독립성, 책임감, 창의성 발달을 촉진한다.

권위 있는 부모는 보편적 발달에 긍정적인 역할을 하는 것으로 나타났다. 반면에 독재적인 부모와 허용적인 부모는 대체로 발달에 부정적인 영향을 미치는 것으로 나 타났다. 가족 간 온정이 깊지 않거나 적대감 수준이 높은 경우 청소년의 정신병리 위 험성은 악화된다(Steinberg et al., 2006). 권위 있는 양육 방식은 최근까지 귀납적 방 식으로 표현되었다. 자녀가 감정 상태의 원인을 적극적으로 찾을 수 있도록 개입하 기 때문이다. 귀납적인 방식은 공감의 발달과 도덕성 증가를 촉진한다. 이 양육 방식 은 안정 애착의 관계 특성과 유사하다. 둘 다 공감, 효과적인 정서조절, 안정감, 세상 에 대한 호기심을 촉진하며 이와 관련된 전전두엽의 회로망이 개인의 성격 특성을 만들어낸다.

권위 있고 귀납적인 양육 방식은 자녀의 욕구를 채워주면서도 한편으로는 자녀에게 연령에 적합한 수준의 자기조절능력을 요구한다. 독재적인 부모는 자녀의 욕구와 발 달적으로 적절한 유능감 수준을 무시하며 정서조절 발달을 방해한다. Baumrind(1991) 는 각 유형별 부모의 자녀들을 초등학생 때부터 청소년기까지 추적하였다. 관대한 부모 밑에서 자란 청소년들은 책임감이 없고 미성숙하며 또래에게 동조되는 경향을 나타내었다. 무관심한 부모 밑에서 자란 청소년들은 충동적이고 부적절한 성 행동

가능성이 높았으며 술을 빨리 접하는 경향이 있었다. 독재적인 부모와 방임적인 부모는 아동이나 청소년 자녀의 학교 생활에 긍정적인 영향을 거의 미치지 않았다. 권위 있는/귀납적인 방식을 사용하는 부모가 자녀의 학교 생활에 관여할 때 자녀의 학교 수행 결과는 긍정적으로 나타났다.

Baumrind(1991)는 권위 있는 부모의 자녀들이 다른 유형의 부모 밑에서 자란 자녀에 비해 보다 많은 긍정적인 경험을 한다고 결론 내렸다. 반응적이면서도 확고한 부모는 유능한 아들의 성장에 특히 중요하였다. 독재적인 부모는 학업성취 수준이 낮은 아들, 인지나 사회적 유능감이 낮은 아들에게 부정적인 영향을 미치는 것으로 나타났다. 이 남아들은 주도성, 자신감, 리더십 기술이 부족하였다. 또 다른 연구에서는 과잉통제하는 부모가 자녀의 행동과 감정을 억제하고 더욱 악화시키는 것으로 나타났다(Wood, McLeod, Sigman, Hwang, & Chu, 2003). 자녀의 활동을 조정하려고 하고 어려움을 자녀 대신 해결해줌으로써 자녀의 두려움을 보상하거나 격려해주는 방식 또한 모순된 결과를 초래한다(Rubin, Burgess, Kennedy, & Steward, 2003). 어려움을 회피하려는 아동을 도와주는 방식은 아동의 불안을 교묘하게 불러일으킨다.

부모의 거절적인 특성이나 부족한 온정 표현이 아동기 불안장애 발생과 관련이 있다는 연구가 시행되기도 했다(자세한 내용은 Wood et al., 2003 참조). 애정 철회 혹은 죄책감 유발을 통해 청소년 자녀의 감정을 무시하거나 극단적으로 통제하려는 부모는 자녀의 우울, 섭식장애, 정체감 혼란과 같은 내재화 장애 발달을 부추기는 경향이 있다. 자녀의 주관적인 외로움과 자기효능감을 떨어뜨리기도 한다(Barber, 2002). 게다가 독재적인 부모 밑에서 자란 청소년은 다른 청소년에 비해 수동적이고 의존적이며 창의력이 부족하고 사회적으로 능숙하지 않다. 또한 외현화 행동 특성을 나타내는 경향이 있다. 런던 남자 청소년 400명을 대상으로 비행의 발달경로에 대한 종단연구를 실시한 케임브리지 연구에서는 독재적인 부모 요인이 폭행에 대한 유죄 판결을 예측한다고 제시하였다. 이는 과잉행동성과 빈약한 주의집중 다음으로 높은 예측 요인이었다(Farringtion, 1994).

독재적이거나 방임적인 양육 방식의 신경역동 결과는 일반적으로 유사한 특성을 보인다. 전전두피질에서는 계획을 설정하고 정서를 조절하기 위하여 이전보다 향상된 회로망을 생성한다. 이때 유전적인 가능성과 환경 자극이 상호작용을 해야 하는데, 이 유형의 부모 밑에서 자란 아이들은 환경 자극에 노출되는 기회를 갖지 못한다. 독재적인 부모 밑에서 자란 아이들은 자신의 주관적인 정서 경험을 무의식 속으로 눌러버리며 정서 표현을 억압하는 방식을 습득한다. 혹은 반항적이거나 가성독립적인 특성을 드러내기도 한다. 앞서 언급한 바와 같이, 방임형 부모의 자녀들은 발달을 위한 안정기지 유지에 집착하는 경향이 있다. 부모의 방임에 외현적인 방식으로 반응하는 아이들은 적대적 반항장애와 품행장애 가능성이 높으며, 두 장애 모두 코르티솔의 낮은 수치와 관련이 있다(Kruesi et al., 1989; Pajer, Gardner, Rubin, Perel, & Neal, 2001). 단, 연구 대상은 높은 공존 불안을 갖고 있지 않아야 했다. 불안 수준이 높은 경우에는 코르티솔 수치가 대개 증가하기 때문이다. 이와 같은 결과는 품행문제 아동을 대상으로 한 여러 연구를 통해 반복적으로 나타났다. 내재화된 방식으로 대처하는 불안정 애착 아동의 경우 기본 코르티솔 수치가 상승하였다(Ashman et al., 2002; Fox, Howe, & Perez-Edgar, 2006). 이른 시기에 품행장애나 반사회적 성격장애를 갖게 된 아이들의 경우, 우측 측두엽과 우측 전전두엽의 크기가 다른 아이들에 비해 작은 것으로 나타났다(Kruesi, Casanova, Mannhein, & Johnson-Bilder, 2004).

아버지 역할은 자녀의 사회적 기술 발달에 중요한 작용을 한다(Isley, O'Neil, & Parke, 1996). 반응적이고 참여적인 아버지를 둔 3학년 학생이 그렇지 않은 아버지를 둔 학생에 비해 더 많은 인기를 얻는다는 연구(Henggler, Edwards, Cohen, & Summerville, 1992)가 이루어진 바 있다. 자녀에게 부정적인 방식으로 반응하는 아버지들은 자녀를 대할 때 사회적으로 서툴기도 하고 이타적 특성을 거의 드러내지 않는 경향이 있다. 더욱 회피적이고 공격적으로 자녀를 대하는 편이다. 아버지는 자녀에게 정서조절 방식을 가르쳐주는 중요한 역할을 하며, 이는 자녀의 또래 수용도에 영향을 미친다(Parke & Buriel, 1998). Gottman, Katz와 Hooven(1996)은 대립적인 부모의 정서조절 전략이 아동에게 미치는 영향을 살펴보기 위하여 종단 분석을 실시하였다. 자녀의 슬픔과 분노를 수용해주고 지지와 도움을 제공하는 아버지를 둔 5세 아동은 8세가 되었을 때 사회적 유능감이 높고 학업성취가 우수했다. 이 유형에 해당하는 남아는 분노조절을 더욱 능숙하게 할 수 있으며 전반적으로 공격적인 특성이 낮은 편이었다. 교사는 이 유형에 해당하는 여아를 보다 유능하다고 평가하였으며 이들은 우수한 학업성취 수준을 나타냈다.

아동과 청소년의 정서조절 기술은 가족의 정서표현 방식 및 자신의 정서 반응성에 대한 이해와 관련이 있다. 십대들은 자신의 좌측 전전두피질을 통해 느끼는 정서를 명명화하는 방식을 배우게 되고, 이것에 영향을 미치는 것이 무엇인지를 이해하게 된다. 이후 가족 구성원, 특히 부모는 시범을 통해 감정을 조절하거나 표현하는 방식을 가르쳐준다. 정서를 건설적으로 조절할 수 있는 십대들의 새로운 능력은 부모가 이들을 얼마나 건설적으로 지지해주고 수용해주는지와 관련이 있다(Parke & Buriel, 1998). 만약 부모가 정서와 관련된 대화를 주고받는 것에 대해 기쁨을 표현한다면, 십대는 자신과 타인의 기분을 보다 잘 이해하게 될 것이다. 예를 들어 Cassidy와 그의 동료들(1992)은 또래 수용도가 높은 아동일수록 자신의 기분 인식, 기분 명명화, 원인 설명을 더 잘하는 경향이 있다는 결론을 제시하였다. 또한 이 아이들은 자신이 기분을 표현하면 부모가 적절하게 반응해줄 것이라고 예상하였다.

가족 내 긍정적 정서가 크게 자리 잡고 있을 경우 또래로부터 많은 인기를 얻는 경향이 있다. 부모의 부정적인 정서는 낮은 또래 수용도와 관련이 있다(Isley et al., 1996; 자세한 내용은 Parke & Buriel, 1998 참조). 헤비안 가소성이 이 현상을 지지한다고 볼 수 있다. 뉴런은 함께 점화될수록 다시 점화될 가능성이 높아진다. 부모가 자녀의 긍정적인 정서 표현을 촉진해주면 아동과 십대 자녀의 뇌는 긍정적인 정서 경험의 순환을 구축한다. 긍정 기분이 기본 모드로 형성되며, 이러한 정서적인 톤은 아동과 청소년이 더욱 탄력적이고 풍부한 사회성을 기를 수 있도록 한다.

양육 방식의 변화는 신경발달을 유발하기 때문에 치료자는 부모에게 귀납적 양육 방식을 권장할 수 있어야 한다. 여러 사람들의 참여가 현실적으로 필요한지에 대한 판단은 임상가의 몫이다. 신경성 식욕부진증 및 경계선 성격장애와 같은 임상 증상이 있을 경우 부모의 참여뿐만 아니라 의사, 영양사, 교사 등의 참여가 필요하다. 반면에 경력이 풍부한 대부분의 임상가들은 부모의 도움 없이 초기 성인기에 성공적으로 진입하고 있는 청소년 내담자를 상담한 경험이 있을 것이다. 이러한 십대들은 치료자, 교사, 삼촌 등과 같은 건강한 성인들과 애착을 맺는 것이 매우 중요하다. 치료자는 십대를 상담할 때 가족 체계를 활용하는 것보다 개별치료가 더욱 효과적이라는 판단을 할 수도 있다. 그러나 십대와 형성하는 치료 관계에 여러 귀납적인 양육 특성이 포함되어야 한다. 즉 치료자는 반드시 치료 지침을 마련해야 하며 왜 그렇게 하는지를 십대에게 설명해줘야 한다. 내담자와 함께 긍정적 경험을 쌓아야 하며, 집과 외부 세계에서 일어나는 일들에 대해 청소년 내담자가 어떻게 느끼고 있는지도 충분히 이야기 나눌 수 있어야 한다. 청소년 내담자들이 느끼는 치료에 대한 감정은 회기를 거듭하면서 달라지기도 한다. 어떠한 부정적인 감정이라도 그것을 표현할 때 환영해주어야 한다. 관계에서 발생한 문제를 개선하는 경험은 근본적인 애착 양식을 성공적으로 바꿀 수 있도록 해주며, 앞서 소개한 Phillips의 내담 청소년처럼 자신감을 갖게 해주기도 한다. 신경과학 및 증기 기반 상담에서의 적극적, 공감적, 권위 있는 치료 접근은 최적의 치료 성과를 만들어낸다.

가능하다면 부모와 협력적인 치료 관계를 유지하는 것이 도움이 된다. 치료자는 비공유환경nonshared environments의 개념을 소개해주어야 한다. 예를 들어 한 공간에 머물러 있고 여러 가지를 공유하고 있더라도 사람들은 각자 특별한 경험을 하게 되는데 가족들도 마찬가지라고 알려줄 수 있다. 행동유전학 연구에서는 형제나 자매들이 가족 내에서 매우 다른 경험을 할 수 있다는 결론을 제시하였다. 유전적으로 동일한 일란성 쌍둥이조차도 둘 중 한 사람만 심리장애를 갖고 있을 수 있다. 보이지 않는 유전자 외적 요인과 환경의 차이가 존재하기 때문이다. 연구자들은 이러한 현상을 반복적으로 밝혀냈다(Loehlin, Neiderhiser, & Reiss, 2005; Reiss, Neiderhiser, Hetherington, & Plomin, 2000). 형제 및 자매들은 가족과 상호작용 시 각각 다르게 반응하고 해석한다. 공유하지 않는 환경의 영향은 모성 우울 및 낮은 사회경제적 상태와 같은 가족 내 문제가 있을 경우 더욱 강력하게 작용한다(Ashbury, Dunn, Pike, & Plomin, 2003).

가족치료자는 상담의 기본 가설에 공유하지 않는 환경을 포함시킨다. 또한 '환자로 지목된 사람' 혹은 '마스코트'와 같은 차별화된 역할을 설정하기도 한다. 치료자는 초대 손님이 되어 가족 각자가 어떻게 바라보고 있으며, 이러한 각자의 관점이 가족 내에서 어떻게 쓰이고 있는지를 알아낼 수 있다. 결국 치료자는 가족 체계가 개인에게 어떠한 영향을 주고 있는지 짚어주고, 가족 체계의 헤비안 역동 가속도를 조정한다. 현재의 규칙과 그것의 결과를 명확히 하며, 각 개인의 정서적 반응 방식을 탐색하고 확인하는 과정을 거친다. 이를 통해 가족은 십대 자녀에게 안아주는 환경을 든든하게 만들어줄 수 있게 된다.

제6장

BASE를 활용한 심리치료

인간은 지지와 도전이 적절하게 조화된 경험을 지속할 때 최적의 성장을 이루어 낸다.

— Robert Kegan

이 장에서는 아동 뇌 기반 심리치료의 네 가지 주요 요소를 다루고자 한다. 뇌 기반 심리치료는 조율과 공감에 대한 신경역동이론, 치료 계획을 세우기 위한 체계적인 접근(진단에 근거), 치료 관계와 증거기반 방식을 통합하는 임상 전략 체계를 포함한다. BASE는 이 모델의 기본 차원을 나타내는 용어이며 그 의미는 다음과 같다.

- 뇌Brain — 의식과 행동의 신경역동 기반
- 조율Attunement — 치료 동맹의 수준
- 체계System — 심리학적 이론 및 진단 체계
- 증거기반 상담Evidence-base practice — 연구를 통한 효과 입증

BASE 개념은 아동과 청소년의 심리치료 계획과 수행에 필요한 복합적인 사고와 전략을 뒷받침한다. 제7~9장에서는 이 도식을 임상 사례에 적용해보고 심리학적 문제에 대한 증거 기반 접근 방식을 설명하는 데 활용하였다.

뇌의 특성 'B'

제2장에서 언급한 바와 같이, 신생아는 다양한 반사신경과 유대를 형성할 수 있는 적절한 능력을 갖고 태어난다. 엄마는 자신의 일부인 자녀와 상호작용할 수 있도록 생물학적으로 준비되어 있다. 이런 엄마와 상호작용을 하는 동안 아이의 뇌에서는 더욱 고차원의 대상관계기술이 발달한다. 신생아는 출생 후 48~72시간 이내에 엄마

의 목소리를 구분하는 방법을 습득한다(Fifer & Moon, 1994). 반사적인 미소는 생후 2~3개월이 되었을 때 더욱 의미 있는 사회적 미소로 변화한다. 이러한 대뇌 변연계 및 피질의 반응은 아기와 최초 양육자 간 **상호작용**에 해당하는 애착 양식을 설명하는 근거가 된다. 애착은 심리치료와 마찬가지로 두 사람이 함께 창조해 나가는 것이다.

공감의 신경역동

한 세기 동안 심리치료에서는 인간의 정신상태를 생물학적 기능과 분리되는 영역인 것처럼 이론화하였으며, 신경과학에서는 정신세계의 실재를 완전히 간과하는 듯한 난해한 신경학적 내용을 다룬 연구들을 수행하였다. 그러나 최근 10년 동안에는 심리치료자와 신경과학자가 동일한 언어를 구사할 수 있게 된 것으로 보인다. 뇌영상 기술의 발달 덕분이기도 하고 뇌 발달과 심리치료 관계의 중요성이 부각되었기 때문이기도 하다. 신경과학자와 임상가 모두 관계(예 : 심리치료)가 뇌에 미치는 영향을 이해할 수 있다. 가장 큰 공통 관심사는 공감이다. 공감이란 상대가 무기력하거나 사랑에 빠져 있을 때 그 사람의 감정을 느낄 수 있는 능력을 의미한다.

거울신경세포　거울신경세포mirror neurons의 발견은 최근 신경과학의 획기적인 업적에 해당한다. 주로 공감 경험과 관련된 연구들이 이루어지고 있다(Rizzolatti, Fadiga, & Gallese, 2001; Rizzolatti, Fadiga, Gallese, & Fogassi, 1996). 이 특별한 세포는 짧은꼬리원숭이의 전두엽 피질에서 최초로 발견된 이후 유인원과 인간의 전두엽에서도 발견되었다. 세포의 독특한 특성을 반영하여 거울신경세포로 명명하였다. 인간이 목표지향 행동을 하거나 관련된 누군가를 관찰할 때 이 세포가 활성화된다. 즉 정서 혹은 계획에 의해 동기화된 의도적인 행동이 이 세포의 활성화를 일으킨다. Iacoboni(2005)는 대뇌피질의 거울신경세포를 다음과 같이 이론화하였다 — 거울신경세포는 타인의 의도에 대한 해석을 대뇌의 섬엽insula으로 전달한다. 그 후 이 정보는 편도체로 전달되어 신체로 감정을 표현한다.

　원숭이의 경우 거울신경세포는 F5로 알려진 전두엽 영역에서 발견되었다. 이 영역은 인간의 뇌에서 언어구사능력의 핵심 역할을 하는 브로카 영역과 유사하다. 일반적인 진화 역사상 초창기에는 거울신경계가 손을 사용하는 의사소통 시 일어나는 뇌 반응의 일부였을 수 있다(Rizzolatti & Arbib, 1998). 우리 선조들은 이러한 몸짓 형태의 공통 조어gestural proto-language 이점을 발견하여 널리 사용하였고, 이후 보다 발전된 형태인 소리에 기반을 둔 의사소통 체계를 사용하였다. 전두엽 발달이 가속화되면서 선조들은 타인의 목표 지향 행동을 모방할 수 있게 되었다(Gallese, 2001). 선조들이 활용한 거울신경세포와 모방하는 행동은 발성을 상징적 의미의 수단으로 사용하는 데 필요한 신경계 기반의 일부가 되었다(Arbib, 2002). 현대의 뇌는 타인의 말소리를 들을 때 혀 근육을 컨트롤하는 뉴런을 활성화한다.

거울신경세포는 전운동 피질premotor cortex, 후두정엽posterior parietal lobe, 상측두고랑posterior parietal lobe, 섬엽에서 발견되었다. 이 영역들은 누군가 하품하는 것을 볼 때 자동으로 따라 하는 행동부터 타인의 감정을 주관적으로 동일시하는 것까지 영향을 미치는 영역으로 추정된다. 이러한 경험이 반복적으로 일어나면 기저를 이루고 있는 순환이 강화되고 뇌의 전반적인 구조가 변화하게 된다. 거울신경세포는 영아가 양육자와 상호작용하는 능력과 양육자를 모방하고 양육자의 의도를 이해하는 능력을 촉진한다. 아동이 엄마의 슬픔에 민감하게 반응하고 우울한 엄마의 자녀가 우울증에 걸리는 이유 또한 거울신경세포를 통해 이해할 수 있다. 거울신경세포를 발견한 연구팀의 책임 연구원인 이탈리아 뇌신경과학자 Giacomo Rizzolatti는 다음과 같이 언급하였다. "거울신경세포가 있기 때문에 개념적 추론이 아닌 직접 흉내를 통해 타인의 마음을 이해할 수 있다. 즉 타인의 마음을 생각thinking해보는 것이 아니라 느껴feeling볼 수 있는 것이다."(Goleman, 2006에서 인용). 거울신경세포는 치료적인 뇌therapeutic brain를 구성하는 필수 요소로 볼 수 있다.

치료적인 뇌 거울신경세포와 같은 특수한 세포가 갖고 있는 공감의 잠재성은 치료적인 뇌의 한 부분에 불과하다. 전두엽 또한 인지 기능과 정서조절 기능을 지원한다. 제5장에서 언급한 것처럼, 성장하는 아동과 청소년은 타인의 행동을 이해하고 예측할 때 경험 의존적인 인지 구조를 활용한다. 이러한 구조는 공감능력metalizing, 상위인지metacognition, 마음이론ToM으로 불린다. 정상 아동은 이러한 능력이 4세까지 발달한다. 아동이 ToM을 위해 사용하는 신경 영역은 미래 계획을 세울 때 활성화되는 영역과 동일하다(Ramnani & Miall, 2004). 전두엽, 편도체, 섬엽, 전측 대상회가 여기에 포함된다(Siegal & Varley, 2002; 자세한 내용은 Cozolino, 2006 참조). 우측 안와전두피질은 정신 상태를 해석하는 것과 관련이 있으며, 좌측 안와전두피질은 이러한 상태의 원인을 전문적으로 다룬다(Sabbagh, 2004). Damasio(2003)에 의하면 공감은 우반구의 체감각과 관련이 있으며, 이 영역은 통합적인 신체 지도와 관련이 있기도 하다. 뇌의 이 영역이 손상을 입으면 타인을 공감할 수 없게 된다. 일반적으로 다음의 세 가지 주요 영역이 ToM 과정에 참여한다(Frith & Frith, 1999).

1. 내측 전전두피질 : 자아 관련 의식 수준
2. 상측두고랑 : 목표 및 성취
3. 하부 전전두피질 : 행동 및 목표

심각한 뇌손상이나 불안정 애착 경험 때문에 아동 뇌의 어떤 핵심 영역이 손상되면 ToM이 제대로 발달하지 못한다. 연구를 통해 이 영역의 중요성이 입증되었다. 태아의 안와전두피질의 비정상적 발달은 ToM 결핍과 관련이 있으며, ToM 결핍은 자폐 아동의 사회적 평가 관련 문제의 근본 원인이 되기도 한다(Baron-Cohen, 1995).

전두엽은 애착 관계 내에서 복잡한 상호작용을 할 수 있도록 구성되어 있으며, 아동과 치료 작업을 할 때에도 꼭 필요한 뇌 영역이다. 아동은 성장하면서 부모와 상호작용을 통해 분노가 위험한 본능이라는 것을 알게 된다. 분노를 표출하는 사람은 쫓겨날 수도 있고 꼼짝 못할 수도 있다는 것 또한 알게 된다. 이러한 경험을 통해 분노를 절대 표현해서는 안 된다는 교훈을 얻게 된다. 혹은 분노가 선한 마음을 통해 완전히 바뀔 수 있다는 교훈을 얻기도 한다. 변화의 바탕은 부모-자녀 간 혹은 아동-치료자 간 상호작용을 통해 형성된다. 타인의 정서 경험을 공유할 수 있는 뇌의 역할이 필요하다. 즉 무슨 감정을 느끼고, 왜 그런 감정을 느끼며, 무엇이 타인을 자극하는지에 대해 생각할 수 있어야 한다.

안와전두피질은 이러한 과정 통합에 반드시 필요한 영역이다. 안와전두피질 활동성을 측정한 연구에서는 전두엽의 이 영역이 활성화될 때 인간은 따뜻함과 사랑을 느낀다고 설명한다. 기능적 자기공명 영상 연구를 통해 자녀 사진을 보고 있을 때는 어머니의 안와전두피질이 활성화되지만 타인의 사진을 쳐다볼 때는 활성화되지 않는 것으로 밝혀졌다. 안와전두피질 활성화 수준이 높아질수록 강렬한 감정을 느끼는 것으로 나타났다. 안와전두피질은 따뜻한 감정을 느끼게 하는 뇌의 다른 영역을 모두 관할한다(Nitschke et al., 2003).

안와전두피질은 편도체를 포함한 몇몇 피질 하부 구조와 매우 밀접하게 연결되어 있다. 그렇기 때문에 안와전두피질은 무의식적인 동기와 정서에 영향을 미친다(Fuster, 1997). 안와전두피질은 정서 경험의 바탕이 되는 신경역동 정보를 전달하기도 하고, 정보를 받는 일종의 수신기 역할을 하기도 한다. 의식과 무의식의 정서 경험을 통합하는 아동의 능력이 발달함에 따라 안와전두피질의 계획능력 또한 발달하게 된다. 이러한 네트워크는 아동과 십대가 목표달성을 매우 갈망할 수 있도록 한다. 한 예로, 어린이 야구단 아이들은 A레벨 팀에 선출되는 것을 목표로 열심히 운동한다. 이때 B레벨 팀에 선출되더라도 자신의 기분을 조절하려고 한다. 충동적 감정은 장기 계획에 방해가 되기 때문에 이를 억제하는 능력이 반드시 필요하다. 이러한 모든 기능 때문에 안와전두피질은 치료적 뇌에서 핵심 역할을 한다. 전두엽 영역에서 일어나는 신경가소성의 유연성 증진은 뇌 기반 심리치료의 목표 중 하나다. 조절기술이 강화되면 안와전두피질은 편도체를 포함한 피질 하부 영역의 활성화를 보다 효율적으로 억제할 수 있다. 안와전두피질이 피질 하부의 불안 모듈 반응성을 보다 잘 통제할 수 있을 때 아이들은 두려움을 이겨낼 수 있게 된다. 또한 위험 부담을 감수하고 보다 나은 결정을 할 수 있게 된다.

F1에 해당하지 않는 안와전두피질과 24영역으로 언급되는 전대상피질은 타인에 대한 정서적 반응과 관련 있는 것으로 알려져 있다. 그중에서도 순간적인 공감 반응과 관련이 깊다. 예를 들어 성인은 아기 울음소리를 들으면 본능적으로 반응한다. 몇몇 연구자들은 이와 같은 네트워크가 사랑을 느끼게 하는 신경의 기저 중 일부인 것으로 판단한다. 왜냐하면 우리가 매력적인 사람을 발견했을 때나 아름다운 그림을 보고 있을 때 이 네트워크가 활성화되기 때문이다(Bartels & Zeki, 2000).

방추세포 안와전두피질의 F1과 전대상피질의 24영역은 특별한 뉴런인 방추세포 spindle cell가 두 번째로 많이 존재하는 곳이다. 방추세포는 다른 포유류에 비해 인간의 뇌에 풍부하게 존재한다. 인간은 가장 가까운 종족인 침팬지보다 1,000배나 많은 방추세포를 갖고 있다. 방추세포는 다양한 정보를 독특한 방식으로 빠르게 효율적으로 연결한다(Nimchinsky, Vogt, Morrison, & Hof, 1995; Nimchinsky et al., 1999). 많은 이론가들은 인간의 순간적인 판단 능력이 방추세포 때문이라는 결론을 내렸다. 방추세포의 한쪽 끝에는 뉴런 구근bulb의 4배 크기에 달하는 커다란 구근이 있으며, 다른 한쪽은 막대기 같이 길게 늘어져 있다. 이러한 특성 때문에 빠른 속도로 전달이 가능하며 순간적인 판단을 빠르게 내릴 수 있다. 중심 위치에 자리하고 있고 세포들끼리 풍부하게 연결되어 있기 때문에 사회적 관계와 정서 경험에 방추세포가 중요한 역할을 한다. 방추세포는 도파민dopamine, 세로토닌serotonin, 바소프레신vasopressin을 위한 시냅스 수용체를 풍부하게 갖고 있다. 이 신경화학물질들은 기분과 관련된 새로운 심리학적 경험을 할 수 있게 한다.

대상피질에서 방추세포가 다량 발견되었으며, 이 방추세포는 대상피질과 안와전두피질을 지속적으로 연결한다(Allman, 2001). 이 세포들이 인지와 정서를 신경역동적으로 연결해주기 때문에 인간은 지속적 주의집중과 자기통제를 유지할 수 있다. 또한 정서적으로 동요되는 상황에 놓였을 때 빠르게 대처할 수 있는 행동의 융통성을 제공해주면서도 복잡한 문제를 해결할 수 있도록 해준다(Allman, 2001, 2005). 방추세포는 출생 후에 형성되며 어떤 경험을 하느냐에 따라 성장하고 발달한다. 방임, 학대, 트라우마는 방추세포 발달에 부정적인 영향을 미치는 것으로 보이며 대상피질의 능력 결핍을 불러일으킬 수도 있다(자세한 내용은 Cozolino, 2006 참조). 심리치료에서는 아동과 치료자가 함께 감정을 불러일으키는 경험을 내러티브로 구성한다. 이 과정을 위해 뇌의 여러 영역이 반응을 하게 되는데, 방추세포가 그중 하나에 포함된다.

전대상피질은 정서적 고통과 신체 고통을 알려주는 경보장치 역할을 하며(Eisenberger & Lieberman, 2004), 곧 일어날 거절 표시에 매우 민감하게 반응한다(Lieberman & Eisenberger, 2005). 전대상피질은 초기 애착, 사회적 유대, 심리치료와 같은 중요한 사회적 상호작용을 할 때 활성화된다. 전대상피질이 손상되면 공감능력이 감소하며 모성행동 또한 줄어든다(Brothers et al., 1996). 자신 및 자신이 사랑하는 사람이 고통스러워하거나 사회적 조롱을 당할 때 전대상피질이 활성화된다(Botvinick et al., 2005). 대상피질의 후방부는 자전적 기억 및 정서적인 처리와 관련 있는 것으로 알려져 있다(Critchley et al., 2003). 심리치료에서는 내러티브 형태의 자전적 기억을 다룬다.

뇌의 핵심 영역인 양쪽 측두엽과 뒤쪽 두정엽 사이에 **섬엽**이 있다. 섬엽은 피질 하부 영역과 대뇌피질을 연결한다. 섬엽은 신체, 편도체, 다른 뇌 영역으로부터 받은 정보를 안와전두피질 내 정서조절 네트워크로 보낸다. 반영적 해석을 통해 섬엽-안와전두피질 처리 과정은 생생한 정서 경험을 완전히 다른 의미로 처리한다. 타인의 경험을 공감할 때 섬엽은 신체 내부의 감각 반응을 불러일으키는데, 이러한 공감은 타인의 경험에 대한 피질의 순수한 판단을 조정한다. 하향처리회로와 상향처리회로가 결합하면 더욱 정확하게 공감할 수 있게 된다(Carr, Iacoboni, Dubeau, Mazziotta, & Lenzi, 2003). 뛰어난 심리치료자는 이와 같은 뇌 처리 효율성이 매우 우수하다고 볼 수 있다.

얼굴 표정 미소, 찡그림, 두려운 표정 등은 안와전두피질, 전대상피질, 섬엽-안와전두피질 네트워크 상호작용을 포함한 중요한 신경역동을 활성화한다. 얼굴 표정을 통해 많은 정보를 얻을 수 있다. 눈꺼풀의 움직임이나 위치 및 안구의 흰자(공막)는 중요한 정보를 빠르게 무의식적으로 전달한다. 한 연구에서는 다양한 눈 사진을 활용하여 실험을 진행하였다. 각 사진은 행복하거나 두려울 때 등의 감정 상태에 따라 동공의 비율이 다른 눈 모양을 담고 있었다. 매우 빠른 속도로 보여줬기 때문에 참여자들은 사진을 의식적으로 인식할 수는 없었으나, 이들의 편도체는 두려운 눈을 봤을 때 유의한 수준으로 활성화되었다(Whalen, Kagan, & Cook, 2004).

타인의 얼굴 표정에 드러나는 감정을 파악할 때는 우뇌가 좌뇌에 비해 뛰어난 능력을 발휘한다(Ahern et al., 1991). 우뇌 손상을 입은 환자들은 얼굴 표정을 통해 정서를 인식하는 것이 불가능하고 정서 표현의 수단인 보디랭귀지를 인식할 수 없다

(Blonder, Bowers, & Heilman, 1991). 우뇌는 좌뇌에 비해 타인의 얼굴 표정 인식과 자신의 몸짓, 자세, 미세한 움직임 등을 뛰어나게 인식한다. 좌뇌를 사용하여 다른 사람과 언어로 소통하고 있을 때에도 우뇌는 비언어적 의사소통에 정확하게 반응한다. 감정 표현 불능증 환자는 얼굴 표정 정보를 특이한 방식으로 처리한다. 이들은 우뇌보다 좌뇌를 사용하며, 정상인에 비해 내측전두부medial frontal region와 대상회cingulate gyrus가 제대로 활성화되지 않는다(Berthoz, Armony, Blair, & Dolan, 2002).

우뇌는 상황의 핵심을 파악하며 심리치료에서 일어나는 정확하고 언어적인 처리과정을 매우 중요하게 체크한다. 아동과 청소년 심리치료에서는 두 가지를 염두에둘 필요가 있다. 첫째, 영아기에는 좌뇌보다 우뇌가 보다 빠르게 발달한다. 둘째, 비언어적 의사소통은 내담자가 말을 하기 이전 시기preverbal years에 어떠한 정서 경험을했는지를 파악할 수 있는 가장 좋은 단서다.

방추상회fusiform gyrus, 상측두구superior temporal sulcus, 편도체 또한 얼굴 표정으로 정서적 의사소통을 할 때 중요하게 작용하는 신경역동 네트워크다(Gauthier et al., 2000; Puce, Allison, Gore, & McCarthy, 1995). 편도체가 손상되면 사회적 판단을 제대로 할 수 없으며 얼굴 표정을 제대로 인식할 수 없다. 특히 상대의 언어 표현과 비언어적 메시지가 일치하지 않을 경우 진실성 파악에 매우 큰 어려움을 겪을 수 있다(Whalen et al., 2004). 편도체가 빠르고 간단하게 평가한 후 상대가 친한 사이인지 낯선 사람인지에 따라 피질의 여러 영역이 활성화되기 시작한다. 흥미롭게도 인간의 이러한 반응 방식은 얼굴 정면을 바라볼 때만 활성화된다. 사람의 옆모습 그림을 보여주었을 때는 이러한 반응이 일어나지 않았다(Kilts, Egan, Gideon, Ely, & Hoffman, 2003). 그 대신 대상을 구분하는 것과 관련된 체계가 활성화되었다(Aguirre et al., 1999). 자폐 성향의 사람은 대상 중심 체계를 사용하여 대상과 사람을 시각적으로 동일하게 처리한다.

샌프란시스코 캘리포니아대학교 심리학자 Paul Ekman(1993)은 얼굴 표정 연구를 선구적으로 수행하였다. 기본 얼굴 표정은 여러 문화권에서 동일하게 받아들인다(Ekman & Frieson, 1972). Ekman은 정서적 의사소통을 위한 네트워크 중 하나가 활성화되면 다른 요소들 또한 활성화된다는 것을 발견하였다. 얼굴에 정서 표현을 드러내는 것만으로도 그 표정을 나타내는 정서 경험과 동일한 피드백이 발생한다. 예를 들어 아동에게 찡그린 표정을 지어보라고 하면 슬픈 기분이 든다고 하며, 미소를 지어보라고 했을 때는 행복한 기분이 든다고 말한다. 얼굴 오른쪽 근육이 수축되면 좌뇌가 활성화되어 더욱 긍정적인 감정이 생겨날 가능성이 높다. 반대로 왼쪽 편이 수축하면 우뇌가 활성화되면서 부정적인 감정을 느끼게 된다(Schiff et al., 1992). 또한 정서적 톤이 드러나는 얼굴 표정을 쳐다보는 것만으로 정서적인 영향을 받기도 한다. 찡그린 얼굴 표정보다 미소 짓는 얼굴을 쳐다볼 때 더욱 긍정적인 기분을 느낀다(Larsen, Kasimatis, & Frey, 1992). 아동이 행복한 표정을 선호하는 것은 당연하다고 볼 수 있다(Leppanen & Hietanen, 2003).

긍정 정서와 상위인지 형성하기

치료자는 아동과 십대 내담자의 얼굴 표정을 읽어내고, 아이들은 치료자의 표정에 영향을 받기도 한다. 아이들은 부모나 친구와 함께 있을 때처럼 거울신경세포를 사용하여 무의식적으로 치료자의 얼굴을 모방한다. 치료과정에서 긍정 상태를 보다 자주 경험하는 아동일수록 일상에서도 긍정 기분을 더욱 자주 느끼게 된다. 뇌가 휴식을 취하면 내측 전전두피질의 배측dorsal과 복측ventral, 두정엽내고랑intraparietal sulcus의 일부분은 활성화되지 않는다(Mitchell et al., 2002). 비활성 회로idling circuits는 아동이 치료자와 상호작용할 때나 치료자가 상호작용하기 위해 어떤 노력을 하고 있는지 생각하고 있을 때 매우 활성화된다. Iacoboni 등(2004)에 의하면, 이러한 신경계는 관계에 집중하고 있을 때 활성화되는 체계에 해당한다. 아동의 뇌는 애착 관계뿐만 아니라 대인관계 상호작용에도 매우 민감하게 반응한다. 치료자는 이러한 민감성을 활용할 수 있다. 또한 아동이 신경계를 재배선하여 ToM, 유연성, 긍정 기분, 탄력성을 증진하도록 촉진할 수 있다.

조율 'A'

치료 관계는 모든 심리치료에서 가장 중요한 요소다. 치료 관계를 통해 앞서 다루었던 신경역동 요소 간 상호작용이 일어나기도 하고, 초기 양육자와 관계에서 경험한 것들을 재경험하기도 한다. Winnicott(1965)은 조율의 정의에 대한 기초 마련에 큰 역할을 했다. 치료자는 반드시 내담자의 언어와 행동을 이해하기 위해 노력해야 한다. 조율은 이보다 확장된 개념이라고 볼 수 있다. Winnicott학파, Stern(1985)의 후속 연구, Beebe와 Lachmann(1994, 2002), 그 외 영아를 대상으로 한 임상연구자들은 다음과 같이 언급하였다. 조율은 서로 연결되어 있다는 실재감을 가질 수 있도록 해준다. 또한 분리를 가능하게 해주며 온전하게 함께하고 있다는 느낌을 제공한다. Stern을 비롯한 영아를 대상으로 연구한 학자들은 조율 경험이 영아기와 아동기 동안 반복적으로 일어날 수 있다고 보았다. 또한 이러한 경험을 통해 아동은 자기self를 탐색하고, 반복되는 정서 경험으로 만들어진 보편적 규칙들을 이해할 수 있게 된다고 판단했다.

아동과 청소년 내담자들은 다양한 요인으로 혼란 애착이나 회피 애착을 형성한다. 치료자는 이들이 불안정한 애착 때문에 겪고 있는 어려움을 극복할 수 있도록 도와준다. 치료 관계가 유지되고 친밀한 유대가 형성될 때까지는 '재양육'과 같은 상황이 일어날 수 있다. 이는 아동이 치료자를 통해 부정 감정과 긍정 감정을 모두 적절하게 경험하게 된다는 의미이기도 하다. Winnicott이 반복적으로 주장한 바와 같이 부정 감정, 화난 감정, 싫어하는 감정을 표현할 수 있을 때 아동은 불안정 애착의 영향에서 벗어나게 된다. 충분히 좋은good-enough 치료자는 이러한 감정들을 과거 아동이 경험한 방식과는 다른 방식으로 견뎌주기 때문에 불안정 애착으로 인한 아동의 문제를 개선할 수 있다.

Beebe와 Lachmann(2002)은 '쌍방향 조절'이라는 용어를 사용한 바 있다. 이는 영아와 양육자 간 복잡한 상호작용 패턴을 의미하며, 최초의 조율 반응으로 볼 수 있다.

혐오스러운 상호작용뿐만 아니라 긍정적인 상호작용 또한 쌍방향으로 생겨날 수 있다. 한 사람의 행동 방식은 다른 사람의 행동 방식을 통해 예측할 수 있다. 다시 말해, 상대의 행동이 자신의 행동과 관련되어 있는지 여부를 서로가 감지할 수 있다는 의미이다. 상대가 자신의 행동에 집중하고 있고 서로 조화롭게 소통하고 있다는 것을 감지하게 되면, 무조건적인 관계implicit relatedness의 가장 기본 층이 형성된다. 이러한 감지는 대체로 무의식적으로 일어난다. 그러나 특정한 조건하에서 알아차릴 수도 있다. 쌍방향 조정bidirectional coordination 개념은 공동구성co-construction이라는 용어로 정의내릴 수 있다. 즉 모든 상호작용은 두 사람의 공동구성을 통해 발생한다. (2002, p. 210~211)

사례

관계 내에서 발생하는 조율 혹은 '쌍방향 조정'은 아동 심리치료 과정 동안 변화와 발달을 거듭한다. 이는 의식적으로 일어날 수도 있고 무의식적으로 일어날 수도 있다. 8세 남아 에디의 사례를 통해 살펴보고자 한다. 에디는 분노조절 문제가 있었고 여동생을 고의적으로 괴롭혀 왔다. 이 때문에 아이의 어머니와 양아버지가 상담을 의뢰했다. 에디는 욕설을 심하게 퍼부었고 많은 물건들을 망가뜨렸다. 공격성과 관련된 충동 증상이 있었다. 오랫동안 샤워를 하면서 뜨거운 물을 모두 써버리기도 했으며 시뻘겋게 될 정도로 손을 지나치게 자주 씻기도 했다. 에디는 매우 영리했지만 자신보다 똑똑하지 않은 사람들을 무시하는 경향이 있었다.

에디의 첫 상담 회기는 상담자가 자신의 상담실에 새로운 덮개를 씌운 의자를 갖다 놓은 지 이틀째 되던 날 이루어졌다. 에디는 상담실 안으로 쏜살같이 달려 들어와 주변을 살피더니 상담자에게 숨바꼭질을 하자고 했다. 에디는 천을 씌워 놓은 의자 앞에 털썩 주저앉아 머리 위로 의자를 들어올렸다. 의자에 숨은 것이었다. 아이는 의자에 숨어 있으면서 천을 뜯어냈다. 아이의 모습은 보이지 않았지만 의자 안에서 웃음소리가 흘러나왔다.

이후 회기가 계속 진행되면서 에디는 상담실과 놀잇감을 장악했다. 때로는 사무실 직원들도 마음대로 하려고 했다. 상담자는 아이에게 제한설정을 할 때도 있었고, 전형적인 아동상담 방식인 반영 기법을 쓰기도 했다. 두 가지 상황은 반복해서 일어났다. 상담자는 에디와 치료 동맹을 형성해 나갔고, 행동으로 의사를 표현하려는 에디의 습관적인 방식(보통의 여덟 살 아이들보다 과장되게 행동함)은 일부 줄어들었다. 에디는 언어로 의사표현을 하기 시작했다. 가끔 스포츠 아나운서처럼 어색한 말투로 이야기하기는 했지만 일어나고 있는 상황에 적합한 표현을 사용하였다.

다음 난관은 치료 관계에서 발생하는 불화를 다루는 것이었다. 둘 사이에 발생한 불화를 어떻게 느끼며 이를 어떻게 개선할지에 대해 이야기를 나누면서 관계를 확고히 하는 작업이 필요했다. 불화 개선rupture repair은 성인상담에서 성공 요인으로 여겨지고 있다(Safran & Muran, 2003). 오히려 아동을 상담할 때 훨씬 더 중요한 역할을 한다. 상담 시간 중에 아무런 활동도 하지 않을 때가 있는데, 이때 아동의 정서와 방어에 대한 상담자의 조율이 더 많이 필요할 수 있다. 에디와 함께하는 회기 동안 이와 같은 상황이 여러 번 있었으며 그중 하나를 소개하고자 한다.

에디는 종이 고리를 만든 다음 상담실 벽장 손잡이에 고리를 묶었다. 한쪽 끝을 상담자에게 주며 줄넘기를 할 수 있게 줄을 돌려달라고 했다. 에디는 두세 번 종이 줄 안쪽으로 뛰어 들어갔다. 아이는 뛰어넘다가 줄을 끊어버렸다. 상담자와 아이는 함께 줄을 다시 연결하였다. 잠시 동안 게임을 다시 진행했으나 에디는 일부러 고리를 다시 끊어버렸다.

상담자 "에디야~ 뭔가 기분이 안 좋아 보인다. 그런데 나한테 그걸 말로 이야기하는 게 어려운 것 같구나."

에디 "선생님 바보!"라고 말하며 미소를 지었다.

둘은 반복해서 줄을 다시 연결했다. 에디는 상담자에게 계속 다른 높이나 다른 속도로 줄을 돌리라고 하면서 이것저것을 요구하였다. 그러다가 뒹굴면서 줄을 끊어버렸다. 아이는 일어서면서 욕을 했고 줄을 계속 끊었다. 그리고 그것을 상담자에게 던지려고 했다.

상담자 "선생님한테 그걸 던질 수는 없어. 그만. 뭔가 네 기분이 상한 것 같아. 이 줄도 마음에 안 들어 하는 것 같아. 가끔 네 기분이 언짢아질 때 너한테 아주 많은 일들이 일어나는 것 같구나. 그래서 선생님은 네 기분이 어떤지 이해하기 정말 어려워. 너도 너의 기분을 잘 모르고 있는 것 같아. 너의 기분에 대해서 함께 이야기를 해보자. 어떤 마음 때문인지 그 이유를 찾을 수 있으면 좋겠다."

에디는 상담자가 화날 만큼 줄로 세게 때렸다.

상담자 "멈추라고 말했지? 더 이상 너를 그냥 놔두면 안 되겠어."
에디 "죄송해요."하면서 불안한 듯 웃으며 몇 발자국 물러섰다.
상담자 "에디야 네가 계속 그러니까 선생님은 화가 났었어. 아마 너도 내가 화났다는 걸 알고 있을 거야. 내가 어떻게 할지 걱정하는 것 같구나. 우리 진정하고 이것에 대해서 이야기를 나눠보자."

아이는 미소를 지으며 상담자 쪽으로 다가오는 듯했지만 제자리에 머물러 있었다. 조심스럽게 상담자를 바라보았다.

상담자 "선생님이 아직도 너한테 화가 나 있는지 확인하려고 하는구나. 이제는 괜찮아. 그런데 좀 전에는 내가 너의 기분을 이해하는 것도 잘 안 됐었고 너를 도와주는 것도 힘들게 느껴졌어. 선생님 말 이해하니?"

상담자는 스포츠 중계방송처럼 무슨 일이 일어나고 있는지를 언급해주는 것 외에도, 자신의 불편한 마음을 적절하게 다스리는 방법과 이를 안전하게 표현하는 방법에 대해 모델링해주었다. 우반구와 대뇌 변연계에 입력된 경험이 좌측 전두엽으로 옮겨지면 더욱 긍정적인 언어 표현을 할 수 있게 된다. 그렇기 때문에 상담자는 감정에 이름을 붙이고, 행동을 해석할 때 어떤 단어를 사용하여 표현해야 하는지를 에디에게 보여주었다. 얼굴 표정은 상호작용할 때 중요한 역할을 한다. 에디는 상담자와 대화를 나누는 동안 상담자의 얼굴 표정을 세밀히 살폈다. 대화를 이어 나가기 위해 상담자의 표현 방식을 따라 하기도 했다.

이후 에디는 상담자의 일상생활에 관심을 보이기도 했다. 여름이 끝날 무렵 휴가를 갈 계획이라고 이야기해주었더니 만약에 키우고 있는 애완동물이 있으면 자신이 돌봐주겠다고 말했다. 상담자는 실제로 나이 많고 성질을 잘 내는 앵무새들을 키우고 있다고 말했다. 에디는 앵무새에 관심을 보이더니 이것저것 물어보았다. 한 회기 동안 아이는 앵무새를 그렸다. 여름에 이웃이 짧은 휴가를 떠났을 때 자신이 잔디에 물을 주고 애완동물을 돌봐준 적이 있다고 했다. 아이는 상담자의 휴가에 대해 계속해서 물어봤고 늙은 앵무새를 돌볼 수 있게 해달라고 진지하게 부탁했다. 상담 시간 동안 서로 의견을 주고받으면서 대화를 지속해 나갔다. 파괴적인 특성 때문에 일어날 수 있는 공격적 행동, 테스트하는 행동, 불안에 대해서도 이야기를 나누었다.

상담자는 대화의 일단락이 마무리될 때쯤 아이에게 그 일을 맡기기에는 자신의 마음이 편안하지 않을 것 같다고 이야기하였다. 에디는 평소답지 않게 아무 말도 하지 않고 힌참을 있었다. 아이는 상담자를 진지하게 바라보면서 고개를 끄덕였다. 거절을 받아들인 것이다. 대화를 나누면서 공격적 판타지를 조율해 왔기 때문에, 아이는 상담자에게 공격적인 행동을 하지 않았다. 상담자는 에디의 공격적 판타지를 통해 아이가 무엇을 걱정하고 있는지 이해할 수 있었다. 그 이후부터 에디는 어린 시절 학대 받았던 기억들을 꺼내놓기 시작했고, 상담자와 함께 오랫동안 이야기를 나눌 수 있었다.

조율과 상위인지

아동과 조율하기 위해서는 치료자의 사고 및 정서가 아동의 사고 및 정서와 일관적이고 무의식적으로 상호작용해야 한다. 치료자는 아동이 처한 상황(상담을 받으러 오는 것과 관련된 감정도 포함)을 이해해주고 공감해준다. 치료자는 정서적인 부분에 초점을 두어 아동이나 십대의 기분을 그대로 느껴본 다음에 "나는 이렇게 너를 이해하고 있어."와 같은 방식으로 다시 대화를 주고받는다(Preston & deWaal, 2002). 관계 내에서 일어나는 전이 역동에 세심한 주의를 기울이면 아동이나 십대의 무의식적이고 습관적인 관계 패턴을 추론할 수 있다. 두 번째로 치료자는 아동이 다른 사람들과 함께 있을 때 습관적으로 보이는 패턴과 치료 관계에서 발생하는 상황들이 다르다는 점을 지적할 수도 있다. 의식적인 수준에서 치료자는 아동의 과거 경험과 신념이 현재의 경험과 어느 정도 일치 혹은 불일치하는지를 아동이 이해할 수 있도록 한다. 또한 변화가 적용된 새로운 내러티브를 만들 수 있도록 도와야 한다.

조율은 아동과 치료자 사이에 일어나는 무의식적인 과정을 전두엽으로 보낸다. 그리고 두 사람의 뇌에 존재하는 공감과 관련된 신경망을 작동하게 한다. 이 신경망에는 마음이론의 기저가 되는 거울신경세포 및 방추세포부터 인지와 정서를 처리하는 피질 영역이 포함된다. 치료의 목표는 애착문제를 개선하는 것이다. 아동의 기질적인 반응에는 애착 경험에 대한 암묵기억이 담겨 있다. 암묵기억은 말로 표현하기는 어렵지만 다양한 상황에서 행동을 통해 드러난다. 치료자는 그 어떤 예리하고 간결한 해석 기법으로도 이러한 도식을 쉽게 바꿀 수 없음을 곧 알게 된다. 오랜 시간 지속하여 공감해주고 온화하게 격려해주었을 때 비로소 도식의 변화가 일어난다. 그렇게 되면 아이는 어떤 관계 경험이 자신의 불안정한 표상을 형성하였고, 불안정한 표상이 어떤 영향을 미치고 있는지 탐색할 수 있게 된다. 자신과 타인에 대한 새로운 표상은 결국 이전의 오래된 표상이 이와 같은 상호작용을 통해 변형된 것이다.

일부 아동은 조율 형성에 큰 어려움을 겪기도 한다. 성학대 피해 아동과 청소년은 지나치게 개방적이면서 애정을 갈구할 수도 있고, 이와 반대로 매우 경계하면서 방어적으로 치료자를 대하기도 한다. 온정과 공감이 부족한 치료자나 학대 기록을 제대로 살펴보지 않은 치료자는 아동에게 심한 모욕감이나 수치심을 줄 수 있고 아동의 불안정 애착 도식을 더욱 강화할 수도 있다. 일부 치료자는 외부 기관에 아동학대를 신고하는 것을 두려워하기도 한다. 혹은 성 이슈에 대해 이야기 나누는 것을 불편하게 느끼기도 한다.

아이들과 조율 상태를 유지하기 위해서는 공유하는 관심사, 서로에 대한 긍정 감정, 적절한 신체언어가 수반되어야 한다. 상담 회기 동안 일어나고 있는 일에 대한 치료자의 느낌을 공유하는 것도 필요하다. 또한 관계에서 발생하는 불화를 개선할 수 있는 기회를 기다리는 것도 포함된다. 이때 치료자는 아동의 감정에 전적으로 집중하고 그 감정을 다룰 수 있도록 노력한다. 비언어적인 의사소통은 언어와 동시에 이루어진다. 이 두 가지가 자연스럽게 어우러질 때 긍정 감정이 증가한다(Bernieri & Rosenthal, 1991 reported in Goleman 2006). 대화를 나누는 두 사람이 호흡 리듬을 자연스럽게 맞추면 라포 형성이 훨씬 수월해진다(McFarland, 2001). 신체로 드러나는 이러한 조율 반응을 공유할 때 공감이 증가한다.

체계 'S'

치료 관계를 맺고 있는 두 사람은 복잡계를 형성한다. 개인의 뉴런이 위계적으로 조직화된 두뇌 모듈에 포함되는 것과 마찬가지로, 두 사람은 각각 다른 체계(실재 및 개념적 체계 모두 포함)에 순차적으로 소속되어 있다. 어린 내담자를 대상으로 심리치료를 진행하거나 개념화할 때는 치료자가 이러한 몇 가지 체계를 명확하게 알고 있어야 한다. 겉으로 드러나지는 않지만 치료 과정에 영향을 미치는 체계들도 존재한다.

가족 체계

아동이나 청소년을 평가할 때 가족 체계 평가를 반드시 포함해야 한다. 치료자는 가족 구성원 간 상호작용 방식이 어떤지, 가족 내에서 정서는 어떻게 다루어지고 있는지를 반드시 세심하게 관찰해야 한다. 아동이 부모와 형제를 대하는 방식에서도 발달 정보를 얻을 수 있다. 특히 가족의 분위기와 부모의 정서적 특성이 중요하다. 엄마가 우울할 경우 자녀는 불안정 애착 유형이거나 우울증에 걸릴 가능성이 있기 때문에 치료자는 부모의 특성을 잘 살펴보아야 한다.

 부모는 자신의 애착 유형을 바탕으로 자녀를 양육하기 때문에, 12세 이하의 아동을 상담할 때는 거의 대부분 부모면담을 동반한다. 대부분 아동은 자발적으로 치료를 받으러 오지 않으며, 초기 동맹은 보통 부모와 형성하게 된다. 임상적으로 우울하거나 불안한 부모에게는 개인치료를 권장하기도 한다. 자녀의 행복에 도움이 된다는 측면에서 부모에게 개인치료를 권장하면 부모가 편안하게 받아들일 수 있다. 아동심리치료자는 부모가 느끼는 양육의 어려움을 공감해주어야 한다. 자녀가 치료를 받아야 한다는 사실에 대해 좌절감을 갖지 않도록 도와주기도 한다. 또한 평소에 즐겼던 일(예 : 신앙생활, 운동)을 다시 시작해볼 수 있도록 격려해주기도 한다. 이와 같은 치료자의 노력은 부모에게 매우 큰 힘이 된다. 치료자는 치료 성과에 대해 충분히 이야기를 나누어야 하고 부모에게 아동의 긍정적인 특성을 알려주기도 해야 한다. 또한 가족들이 즐거워하며 함께할 수 있는 활동을 계획해보도록 지지해주어야 한다. 함께하는 활동을 통해 가족 체계가 더욱 긍정적인 정서 영역으로 변화할 수 있기 때문이다.

사회적 체계

치료자와 내담자 사이에 형성된 사회적 체계는 잘 드러나지 않을 수 있다. 그러나 아동 및 가족의 체계와 치료과정에 매우 중요한 역할을 한다. 모든 아이들이 발달에 꼭 필요한 경제 자원, 교육 자원, 공공 안전, 그리고 기타 필수 자원을 골고루 갖고 있지는 않다. 소수민족이거나 피부색이 다르다는 이유로 인종차별을 겪을 수도 있다. 종교 요인이 정상 발달에 중요한 영향을 미치기도 한다. 트라우마로부터 아동을 지켜주는 보호 요인은 인종, 종교, 민족마다 다양하다. 그러나 아동이나 청소년은 성인에 비해 훨씬 더 쉽게 노출된다. 가족 및 사회 내 보호 요인은 비인격적인 행위로부터 아동을 제대로 보호해주지 못한다. 그렇기 때문에 아동은 일반적으로 생각하는 것보다 훨씬 더 많은 트라우마를 겪는다. 체계적인 치료 접근에서는 질문을 편안하게 받아들일 수 있을 정도로 라포가 형성되었을 때 아동과 부모가 트라우마를 경험한 적이 있는지 확인해보는 과정을 거친다.

트라우마 사건에 노출된 아동 대부분은 오랫동안 그 사건의 영향을 받는다. Felitti 연구팀(1998)은 Kaiser Permanente에서 의학적 평가를 받은 경험이 있는 성인 13,000명을 대상으로 조사연구를 진행한 바 있다. 참여자들은 성 학대 경험, 부모의 신체학대 목격과 같은 '아동기 부정적 사건'에 대해 개별적으로 응답하였다. 연구자들은 이 사건의 발생률과 이후 발달시기 동안 발생한 정신의학적 및 의료적인 건강문제를 대조하였다. 인구통계학적 변인을 통제한 상태에서 초기 트라우마와 후기 정신의학 및 의료적 병리의 명확한 관련성을 밝혀내고자 하였다. 예상 밖의 놀라운 결과가 제시되었다. 과반수가 최소 한 번은 트라우마를 경험한 적이 있으며, 1/4은 사건을 두 가지 이상 경험한 것으로 나타났다. 네 가지 이상을 경험한 연구 대상은 경험이 없는 연구 대상에 비해 알코올중독, 약물남용, 우울, 자살시도 위험률이 4~12배 높은 것으로 나타났다. 아동기에 부모의 폭력을 목격한 대상자들은 허혈성 심장 질환 발생률이 4배 증가하였다(Felitti et al., 1998).

아동상담과 가족치료는 정신행동과 의료적 병리의 세대 간 전이 패턴을 개선하거나 예방하는 데 도움을 줄 수 있다. 그러나 대부분 단일 심리치료만으로는 충분한 도움이 되지 않는다. 그렇기 때문에 치료자는 필요한 다른 자원을 반드시 찾아봐야 하며, 가족이 그 자원을 얻을 수 있는 방법 또한 체계적으로 검토해야 한다. 의료적, 교육적, 사회적 서비스 접근은 다양한 사회적 하위 체계로 존재한다. 아동기 부정적 사건을 연구한 Felitti는 치료자가 내담자에게 필요한 서비스를 최대한으로 연계해주는 방식이 무엇보다도 가장 중요하다고 언급했다. 부정적 사건의 발생률을 고려해볼때, 평가 과정에서 자원들을 검토하고 부모 및 보호체계와 협력히는 것이 반드시 필요하다. 이는 적합한 개입 방식 설정에 도움이 된다.

아동의 연령이나 발달 수준을 고려하여 일부 초기 평가는 개별 아동면담으로 실시하는 것도 좋은 방법이다. 개별면담은 아동의 애착 도식을 예측할 수 있게 해주며 치료 계획 설정에 유용한 정보를 제공해준다. '낯선' 상황을 아동이 어떻게 받아들이는지, 개별면담 후 재회 시 부모와 아동은 어떻게 반응하는지 등을 관찰할 수 있다. 분리 상황 때문에 부모-아동, 치료자-아동 관계에 문제가 생길 수도 있다. 관계 문제를 개선하기 위하여 어떤 치료가 가장 적합한지를 의논할 수 있는 좋은 기회로 활용해야 한다. 불화를 개선하는 과정에서 중요한 정서조절 기술을 습득하게 되고 뇌 변화가 발생한다.

아동심리치료자는 가족에게 치료 원리를 설명해주어야 하며, 치료 과정 중에 필요한 각자의 역할에 대해서도 이해할 수 있도록 해야 한다. 저자가 근무하는 기관에서는 부모, 치료자, 아동 외에도 다른 몇몇 사람들이 치료 과정에 협력한다. 일상적으로 아동심리치료자는 다양한 자원을 통해 정보를 수집한다. 소아과 의사나 다른 전문의가 참여하기도 하고 학교에 근무하는 상담사, 교사, 심리치료 교육전문가와 협력하기도 한다. 치료를 위해 가까운 친척이 참여할 수도 있다.

진단 체계

치료자에 따라 치료 목표 달성을 위한 계획 설정과 목표 충족 방식은 다를 수 있다. 심리치료 성과를 다룬 문헌들은 치료 계획을 세울 때 진단이 반드시 유용하게 쓰이지는 않는다는 견해를 밝히고 있다(Lambert & Barley, 2002). 그러나 치료자와 정신건강 분야 전문가들이 정신과 전문의와 협력해야 하거나 내담자가 제3자 배상에 연루되어 보험회사와 협력해야 할 때 DSM은 유용한 필수 도구다. Greenspan(1996, pp. 17~22)은 진단을 보다 유용하게 활용하고자 다음의 종합 원칙을 제안하였다.

1. 관련된 모든 사람들과 협력하기
2. 통합 발달 모델 사용하기
3. 다양한 정보 자원 활용하기
4. 부모와 적극적으로 상호작용하기
5. 아동의 발달사를 세심하게 검토하기
6. 아동의 경험 세계와 기능 및 인지 능력 이해하기
7. 아동의 현재 능력과 강점 파악하기
8. 아동의 발달에 가장 주목해야 할 요인 검토하기

Kaiser Permanente에서는 표준화된 평가 기록지를 활용하여 다음과 같은 요인들을 평가한다.

1. 정보 및 의뢰자료 출처
2. 현재 문제
   - 기분 :
   - 행동 :
   - 가족 외 대인관계 :
   - 학업 :
   - 자기-조절 :

- 기타 :

3. 심리사회적 발달사

- 가족 구조(형제관계 등) :

- 임신 시 :

- 기질 :

- 애착 특성 :

- 초기 발달 과정상 특이사항 :

- 트라우마, 건강 :

- 학교 생활 :

- 주호소 양상 :

4. 내담자의 과거 정신의학 치료 기록

- 외래 진료 :

- 입원 치료 :

5. 가족사/인상

- 친어머니 :

- 친아버지 :

- 형제 :

6. 과거 의료 기록

7. 약물 복용 기록

- 임신 기간 :

- 일일 음주량 및 약물 복용량 :

- 기타 사항 :

8. 정신 상태 평가

- 외모(차림새, 머리 크기, 멍자국 등) :

- 행동(에너지, 정서, 운동 속도 혹은 편재화) :

- 품행/얼굴 표정/태도 :

- 언어 표현(일치성, 불규칙성) :

- 기분(불안, 우울, 고조된 상태) :
- 정서 :
- 사고 과정(집중하는, 핵심에서 벗어나는, 체계적이지 않은) :
- 사고 내용(집착하는, 병적인, 괴상한) :
- 주의력(주의산만한, 혼란한) :
- 충동조절(억제하는, 충동적인) :
- 통찰(반영적인, ToM) :
- 판단(예 : 인과관계 파악 시 예리한 논리감각) :

9. 자해
   - 손목 긋기나 화상 입히기 :
   - 자살 시도 :
   - 현재 생각 :
   - 계획 :
   - 가족력 :
   - 또래의 자해 경험 :
   - 접근성(가정 내 총기 보유) :
   - 다른 위험 요인 : _____
   - 위험에 대한 전반적인 평가 : _____

10. DSM 진단 :   I :   II :   III :

11. 치료 목표
    - 부모 :
    - 아동/청소년 :
    - 뇌 기반 :

12. 치료 계획
    - 치료자 기대 :
    - 부모 기대 :
    - 아동 기대 :

- 기타 전문가/서비스 :
- 교육 서비스 :

일부 아동과 청소년은 체계적인 접근 마지막 단계에서 약물 평가를 고려해야 한다. OCD, ADHD, 우울 치료 시 주로 사용하는 약물은 제7~9장에 자세히 설명되어 있다. 현재로서는 모든 아동심리치료자는 소아정신과 전문의나 소아과 전문의와 협력하고 있다는 점을 반드시 언급해야 한다. 십대와 청소년 대상 약물 처방은 여전히 많은 기술을 필요로 한다. 항우울제가 뇌에서 어떤 작용을 하는지에 대해 서서히 알려지고 있으며, 성장하는 뇌에 미치는 영향은 보다 특별한 관심을 받고 있다. 이러한 약물의 장기적인 효과를 입증할 만한 명백한 증거는 존재하지 않는다. 그러나 경험이 풍부한 임상가들은 모든 것을 감안할 때 항우울제가 주요우울증 치료에 효과가 있으며, 몇몇 사례의 경우에는 필수라는 결론을 내리고 있다(Raeburn, 2007).

개념적 체계

일관적인 진단 체계가 등장한 이후 치료자들은 사례 개념화와 치료 계획을 세우기 위해 심리학적 틀과 개념적 체계를 사용하고 있다. 뇌 기반 접근 방식은 유용한 종합 체계다. 긍정적 방식으로 뇌에 영향을 미치는 뇌 기반 접근 방식의 힘은 발달치료, 인지치료, 표현치료, 정신역동치료, 인지행동치료 효과에 영향을 미친다. 그렇기 때문에 뇌 기반 접근은 유용한 종합 체계라고 볼 수 있다. 모든 심리치료 방식이 뇌의 변화를 통해서만 효과를 나타내는 것은 아니다. 예를 들면 십대들은 자신에게 많은 제약을 두려는 부모를 치료자가 함께 비난해주길 원하는데 이러한 상황은 청소년 상담에서 흔히 발생한다. 청소년과 치료적 조율(완전히 일치된 느낌)을 형성한다고 해서 청소년 내담자의 신경역동, 인지, 정서 변화가 일어나는 것은 아닐 수도 있다.

효과적인 치료는 기분, 인지, 정서조절의 강력한 신경역동 어트랙터를 중단할 수 있어야 한다. 치료자는 한 가지 방식으로 다음의 원리를 적용해볼 수 있다—치료자는 규칙이 현실적으로 꽤 합리적인 것 같다고 지적하거나, 합리적인 규칙이라면 내담자에게 매우 큰 걱정이 될 수도 있다는 점을 언급한다. 로저리안 방식("그러니까

너는 …라고 생각하는구나.")처럼 내담자의 관점을 반영해주는 것이 도움이 된다. 청소년은 다양한 각도로 상황을 바라볼 수 있기 때문에, 이들에게 잠시 동안 부모의 관점에서 생각해보도록 요청하는 것도 좋은 방법이다. 부모님의 기분은 어떨까? 부모님이 그렇게 말하고 행동한 이유는 무엇일까? '전이'를 활용하는 방식 또한 도움이 된다. 자신의 관점을 지지하지 않는 치료자의 감정에 초점을 둘 수도 있고, 이 때문에 치료 관계의 불화를 개선해야 하는 상황에 초점을 둘 수도 있다. 어떠한 상황에서도 청소년이 부모를 비난할 때 치료자가 적극적으로 가담하거나 침묵을 유지하는 방식은 바람직하지 않다.

치료자는 아이들을 상담할 때 여러 방면으로 생각할 수 있어야 한다. 예를 들어 아동상담 시 치료자는 아동의 놀이에 적극적으로 참여하게 되는데, 이때 치료자는 거울신경세포와 전전두피질을 사용하여 아동이 놀잇감들을 어떻게 바라보고 있고, 정서조절의 어떤 주제와 패턴 때문에 행동이 일어나고 있는지를 파악할 수 있어야 한다. 일부 상호작용은 언어로 이루어지지만 대부분은 아동과 치료자의 얼굴 표정, 목소리 톤, 신체언어를 통해 이루어진다. 좌측 전두엽이 무엇을 말해야 하는지 생각하는 동안, 우측 전두엽은 비언어적 의사소통을 인식한다. 상징적이고 비언어적인 중요한 요소를 포함한 활동은 언어화될 수 있다. 그렇기 때문에 뇌의 통합적인 좌우 및 상하 처리 방식을 활용하는 꿈작업처럼 양쪽 뇌를 모두 활용하여 놀이를 관찰해야 한다. 또한 치료자는 항상 일반 성인과는 다른 방식으로 아동을 대한다. 신경망은 반복되는 갈등과 관련된 사고와 감정에 영향을 미친다. 이러한 신경망은 치료 관계 내에서 변화를 일으킨다. 이때 치료자는 모델링 역할을 하기도 하고, 새로운 내러티브를 공동구성하기도 하며, 내담자가 위기에서 벗어나 위험 감수를 시작(중단)할 수 있도록 한다.

제2장에서 언급한 바와 같이, 적절한 스트레스는 신경가소성과 새로운 학습을 촉진한다. 반면에 극단적인 스트레스와 트라우마는 뇌손상을 유발하거나 분열을 일으킬 수 있다. 심리치료의 역할은 이질적인 상태와 자기표상을 통합함으로써 지속적인 성장과 유지를 촉진하는 것이다(Cozolino, 2002; Grigsby & Stevens, 2000). 치료 목표는 아동의 기능 수준에 맞게 설정한다. 안정된 애착상태 지속, 내재된 정서 반응의

언어화, 새롭고 건강한 특성을 촉진하는 신경가소성 신뢰가 치료 목표에 포함된다. 충분히 좋은 치료자는 보다 많은 긍정적 전이를 끌어내며, 치료 관계에서 일어나는 불화를 훨씬 능숙하게 다룬다. 회피 애착 아동의 부모는 무관심하며, 혼란 애착 아동의 부모는 비일관적이다. 충분히 좋은 치료자가 된다는 것은 치료자에게도 있을 수 있는 이들 부모와 공통된 특성을 최소화하려고 끊임없이 노력하는 것을 의미한다. 일련의 체계적인 방식은 치료자가 진심을 다하여 아동에게 지속적으로 맞추어 줄 수 있도록 해준다. 그렇다고 해서 치료자가 항상 아동이 원하는 대로 해야 한다는 의미는 아니다. 치료자가 이해하고 있는 아동의 가장 큰 관심사 안에 머물러 있다는 의미다.

증거 기반 'E'

증거 기반 치료는 미국심리학회(1995)의 경험적 검증 기준을 충족하는 치료 접근을 가리키는 용어다. 심리치료 현장에서 증거 기반 치료는 'best practices'로 알려져 있으며, 진단받은 내담자를 대상으로 하는 단회 상담부터 장기 집단상담까지 다양한 형태로 이루어지고 있다. 저자들이 근무하는 곳은 증거 기반 치료를 주로 적용하고 있다. Kaiser Permanente의 Best Practices 연구팀은 북부 캘리포니아에 위치한 정신과 25곳과 약물의존 주간 치료 프로그램 5곳에 속해 있는 300만 회원들을 대상으로 어떤 치료 방식이 효과가 있었는지를 조사하였다. 과학적인 증거가 상담의 가이드라인을 보증하지는 않지만, 합의된 전문 방식을 이해하는 데 도움이 되는 임상 권고와 임상 자원들이 출판되고 있다. 아동기 ADHD, 청소년기 우울, 청소년기 섭식장애, 아동기 강박장애, 사회불안장애를 다룬 문헌에서는 증거 기반 치료 방식을 하나의 치료 접근법으로 소개하고 있다(Kaiser Permanente, 2001a, 2001b, 2003, 2004, 2005, 2008).

저자 중 한 명인 Linford는 Best Practices 프로그램을 이끌고 있으며, 다른 한 명인 Arden은 정규 과정에서 증거 기반 치료 문헌을 사용하는 심리학 전공 박사후 레지던트 프로그램과 심리학, 사회사업, 결혼 및 가족치료 인턴 훈련 프로그램을 관리하고 있다.

　방대한 문헌에서 다양한 심리 문제에 도움이 되는 증거 기반 치료를 다루고 있기는 하지만, 이 책에서는 모든 증거 기반 치료를 검토하기보다는 몇몇 방식을 선정하여 살펴보고자 한다. 그 이유는 두 가지로 설명할 수 있다. 첫째, 이 책과 성인 뇌 기반 심리치료의 목적은 뇌 기능에 대한 이해를 기반으로 하는 새로운 치료 방식의 효과를 탐색하는 것이다. 이러한 접근방식이 심리학적 문제(향정신성 약물을 복용하는 사례) 치료에 효과가 있다는 발견은 결코 우연에 의한 것이 아니다. 합의된 연구에서 얻어진 결과물이라고 볼 수 있다. 놀랍게도 이 연구 결과물은 치료 대상의 뇌 반응 탐색 과정을 대부분 병행하지 않았다. 저자는 이 책을 통해 신경과학과 심리치료 연구 및 임상 간 격차를 줄이고자 노력하였다.

　둘째, 아동상담과 관련이 있는 증거 기반 치료의 논의를 제한하는 또 다른 이유는 다음과 같다. 뇌에 대한 이해는 효과적인 치료 요소의 기준을 변화시킨다. 신경과학은 기법이 치료 핵심의 일부일 뿐이라는 사실을 명확히 하는 데 도움이 된다. 예를 들어 치료 성과를 결정할 때 내담자라는 사람이 방법보다 더욱 중요하며, 치료자라는 사람은 치료에 적용하는 특별한 기법 못지않게 중요하다. 다양한 요인이 효과적인 치료에 영향을 미치며, BASE는 성공적인 치료와 관련이 있는 요소들을 대부분 포함하고 있다. 이어지는 장에서는 아동심리치료 장면에서 가장 흔하게 접할 수 있는 ADHD, 우울, 불안에 국한하여 증거 기반 치료를 소개할 예정이며 각 장애별로 뇌 기반 접근 방식을 적용하고자 한다. ADHD, 우울, 불안은 현재 아동 정신건강 서비스에서 가장 많은 부분을 차지하고 있다.

제7장

주의집중과 자기조절 장애

톰의 엄마는 매우 골치 아픈 표정을 지으며 말했다. "네가 어떻게 되든지 더 이상 신경쓰고 싶지 않아. 그냥 네가 실패하더라도 내버려두고, 한 번 더 생각해보라는 말도 안 하고 싶어."

톰은 시무룩하게 말했다. "나도 그래요."

—E.M. Hallowell & J.J. Ratey

주의력결핍장애attention-deficit disorder, ADD 혹은 과잉행동을 동반한 ADD는 아동기에 가장 흔히 진단되는 심리장애다. 진단에 대한 논란의 여지가 없는 것은 아니다. 일부에서는 주의력결핍 진단을 상표처럼 쉽게 여기기도 하는데, 이러한 흐름 중 하나로 1980년대 이후부터 ADD를 과잉진단하고 있다(Barkley, 1997a). 아이들에게 각성제를 처방하는 것 때문에 의사들은 비난을 받기도 했다. 반면, 오프라 윈프리 쇼에서 ADD를 방송한 이후 Kaiser Permanente Medical Center(저자의 근무지)에는 ADD 진단을 받으려고 내원하는 사람들이 급증했다. ADD 분야에서 유명한 Bay Area의 한 정신과 전문의는 *San Francisco Chronicle*(역주 : 샌프란시스코에서 발행되는 일간지)에 ADD 선별문항이 포함된 광고를 게재하였는데, 그 문항은 과학이라고 하기보다는 점성술에 더 가까웠다. 거의 모든 사람이 문항을 별다른 의심 없이 받아들였다.

진단을 받으려고 하는 사람들의 체크리스트 점수는 왜 그들이 목표 성취에 필수인 초점주의력focused attention을 발휘할 수 없는지를 설명해준다. 부모는 이 체크리스트를 통해 자녀가 매번 지시를 잊어버리고 '처음 듣는 것처럼' 행동하는 이유나 숙제를 끝마치지 못하는 이유를 찾으려고 한다. 몇몇 부모는 자녀의 ADD 진단을 확인하여 개인의 책임부담을 덜어내려는 듯하다.

사실 ADD는 가볍게 진단되어서는 안 되는 심각한 장애다. 지난 40년 동안 ADD/ADHD와 관련된 광범위한 증상은 과잉행동 아동 증후군, 운동과잉증, 과잉운동장애, 미세뇌기능장애, 아동기 과잉운동장애와 같은 여러 용어로 소개되어 왔다. 일련의 증상들은 만성적으로 여겨지고 있으며 치료 해결책이 존재하지 않는다. 이 장애는 신경해부학 및 신경생리학적 요인과 관련된 유전적 일치율이 높은 것으로 나타났다. 뇌 기반 관점으로 보면 ADD라는 용어는 잘못 붙여진 것으로 볼 수 있다. ADD는 주의집중뿐만 아니라 두뇌의 실행 기능 장애이기 때문이다. 이 장애는 관계, 충동 조절, 작업기억, 판단에 악영향을 미친다. 개인의 심리발달이 유전 구조와 환경에 대한 반응 간 상호작용을 통해 이루어진다고 할 경우, ADD는 환경보다는 유전 구조에 매우 큰 영향을 받는 장애다.

진단

이 장애는 충동형과 산만형으로 나뉜다. 아이들 대부분은 두 가지 특성을 모두 갖고 있다. 두 가지 특성을 모두 조금씩 나타낼 수도 있고, 하나에 비해 다른 하나의 특성이 두드러질 수도 있다. 혹은 두 가지 특성을 모두 강하게 드러내기도 한다. 산만한 증상을 갖고 있는 아이들은 대부분 한 가지에 집중하는 것을 어려워한다. 주변 자극에 쉽게 이끌리고 세부적인 것을 잘 놓치거나 실수를 자주 하기도 한다. 숙제처럼 즐거움이 없는 일을 할 때는 금방 지루해한다. 반대로 좋아하는 것을 할 때는 지속적으로 집중을 하기도 한다. ADD/ADHD 아이들은 과제를 시작하고 완수하는 데 필요한 지속적인 주의집중sustained attention과 연관된 신경망을 유지하기 어려워한다.

정신장애 진단 및 통계 편람Diagnostic and Statistical Manual of Mental Disorders, DSM에서는 ADD의 주의집중 문제와 관련된 추가적인 행동 증상을 아래와 같이 제시하고 있다.

- 상대의 말을 귀 기울여 듣지 않는 것처럼 보인다.
- 종종 지시를 따르지 않고 과제를 끝마치지 못한다.
- 늘 과제나 활동을 조직화하는 데 어려움이 있다.
- 늘 지속적인 정신 노력이 필요한 활동을 회피한다.
- 물건을 잃어버린다.
- 외부 소음에 산만해진다.

- 일정하게 해 오던 일과를 잊어버리기도 한다.

부모는 이 진단 내용을 읽고 ADD를 확신한 후 자녀를 병원에 데려오기도 한다. 경험적으로는 ADD로 진단받은 아이들의 1/3 이상이 오진단에 해당한다. 아동의 ADD 평가 시 유용한 임상적 경험 법칙 중 하나는 ADD를 우선하여 배제하는 것이다. 다른 원인에 의한 자기조절 문제를 갖고 있는 아이들을 ADD로 오진단하는 경우가 꽤 많은 편이다. 전반적 발달장애와 착란적 음성증상을 보이는 정신증 아동 또한 주의집중과 자기조절 문제를 가지고 있다. 그러나 ADD 아동은 이들과 달리 내적 자극보다 외적 자극에 더 많이 반응한다. ADD 아동은 조절능력이 제 기능을 하지 못하기 때문에 환경 자극에 지나치게 영향을 받는다. 일차 진단 질문은 다음과 같다ー자기조절문제가 **반응적**reactive인가(이 경우에는 ADD 진단을 하지 않는다) 아니면 **신경역동적**인가?

부주의형 ADD 아동은 또래들이 쉽게 수행할 수 있는 발달과업을 수행할 수 없기 때문에 슬퍼하고 부끄러워한다. 초기 애착 형성 기간이 지난 후, 특히 걸음마기가 되면 ADD 아동은 부모와 많은 갈등을 겪는다. 이 시기가 되면 부모는 자녀가 자기조절능력을 발휘할 수 있을 거라고 기대하기 때문이다. 임상가는 ADD/ADHD 진단 시 부주의뿐만 아니라 **충동성** 수준이 어느 정도인지 살펴야 한다. 충동 성향의 아동은 자신의 행동이 어떤 결과를 가져올지 생각하지 않은 채 성급하게 행동하고 반응한다. 앞서 언급한 대로 조절능력은 대뇌피질 신경망(특히 전전두피질)이 관할하며, 이 영역은 아동기를 거쳐 성인이 될 때까지 지속적으로 발달한다. 그렇기 때문에 임상가는 계획 설정, 예측, 목적 지향 행동을 평가할 때 연령에 적합한 규준을 제대로 적용할 수 있어야 한다. 품행문제가 있는 아이들은 자신이 하던 방식으로 반응한다. 왜냐하면 초기 부모-자녀 관계의 애착문제와 과잉통제하거나 비일관적인 양육으로 인해 공감능력이 제대로 발달하지 않았으며, 타인에게 관심 받고 인정받는 것을 신경 쓰지 않게 되었기 때문이다. 그러나 부모양육문제는 ADD의 유발 요인에 해당하지 않는다.

ADD 아이들의 충동성은 말을 하거나(말을 하고 있는 동안에도 여러 생각을 멈추지 못함), 대근육 행동(쳐다보지 않고 거리로 뛰쳐나가기), 행동 선택(때리기, 새치기) 시 드러난다. ADD의 원인과 영향에 대한 정의만으로 자기조절을 위한 실행과정을 이해하거나 치료 계획을 세우는 것은 쉽지 않다. 한 꼬마 소녀는 그룹에서 아이들로부터 "네 차례가 될 때까지 기다려."라는 말을 반복적으로 들었지만, 아이의 실행기능 영역과 사회성 영역 뇌의 신경조직망은 경험학습을 제대로 수용하지 않았다. 다른 한 아이의 어머니는 "아들에게 같은 것을 몇 번씩 반복해서 말해야 해요! 매번 한 번도 말한 적이 없었던 것처럼 … 대략 천 번은 말했을 거예요. 그런데도 여전히 처음 말하는 것 같아요."라고 말했다. DSM에서도 충동 성향의 아동과 청소년은 상대가 질문을 끝마치기도 전에 불쑥 대답을 해버리며 습관적으로 다른 사람을 방해하거나 끼어드는 경향이 있다고 설명한다.

ADD/ADHD 아동의 충동적 특성은 전두엽 기능 중 조절 체계의 비정상적 발달이 원인이 되기도 한다. 제6장에서 언급한 바와 같이, 이 체계는 시간이 흐르면서 점점 발달하며 아동의 경험 내용에 따라 새롭게 형성되기도 한다. '기질적으로 까다로운 면'을 갖고 있는 유아의 경우 성장하면서 ADD/ADHD 특성을 드러낼 수 있다. ADD/ADHD 아동은 소음이나 기타 자극에 과민하기 때문에 유아기에 불규칙한 식습관과 수면 문제를 더 많이 경험하기도 한다.

성장하면서 ADD/ADHD의 모든 증상을 드러내는 아이들은 걸음마기가 되었을 때 양육자와 힘겨루기를 심하게 한다. 다른 아이들보다 많이 울고 심하게 떼쓰기 때문에 '미운 두 살'이 되기 쉽다. ADD 가능성이 높은 걸음마기의 한 유아는 부모의 침실 창가에서 바깥의 커다란 오크나무로 뛰어내렸다. 그 뒤 아이는 땅으로 내려와 반 블록 정도를 걸어갔다. 순식간에 일어났기 때문에 엄마는 아들이 집 밖으로 나갔다는 것을 인식하지 못했으며 붙잡을 수도 없었다. ADD 아동은 종종 유치원을 다니기 어려워한다. 일반적으로 교사나 다른 학부모는 이 아이들을 주의산만하고 사회성이 부족하며 충동적이고 다루기 어려운 아이로 평가한다. 이 아이들 때문에 종종 담당교사가 그만두기도 하고, 아이들은 유치원에서 쫓겨나기도 한다. 아이들은 양육자를 매우 지치게 만들기도 한다. 학령기 아동은 충동성 때문에 가족 이외의 다른 사회적 영역에서도 문제를 일으킨다. ADD 아동은 교실에서 과도한 지도를 받을 수밖에 없다. 싸움에 휘말리기도 하고 '아기'처럼 미숙하게 행동하기도 한다. 또래들로부터 '승패를 깨끗이 인정하지 못하는 아이'라는 평가를 받을 때도 있다. 충동성과 자기조절문제는 청소년기가 되면서 더욱 문제시된다. 충동성 때문에 음주와 약물 복용, 성 허용성과 공격성, 권위자와 갈등(대립) 문제를 흔히 일으킨다.

부주의와 충동성 외에 세 번째 요인인 과잉행동 증상도 반드시 평가해야 한다('주위집중'과 마찬가지로 발달 규준 맥락 내에서 평가). 1분 이상 의자에 가만히 앉아 있을 수 없으며, 손과 발을 끊임없이 움직이는 것과 같은 과도한 움직임, 속사포 같은 말투 등이 과잉행동 증상에 포함된다. 한 ADD 소년은 과잉행동과 관련된 심리적 경험을 다음과 같이 표현하였다. "뇌가 작동하기도 전에 말을 먼저 내뱉어 버렸어요." 과잉행동형 아이들은 종종 동시에 여러 가지 활동을 시작하여 유지하려고 한다. DSM에는 과잉행동형 아동과 청소년의 주된 행동 특성이 제시되어 있다. 잠복기에 장소를 구별하지 않고 산만하게 뛰거나 뛰어오른다. 조용히 놀지 못하고 방과 후 활동에도 참여하기 어려워한다. 거듭 강조하자면, 이러한 이슈들은 학습된 행동이나 품행문제로 보기보다 신경역동 관점으로 이해해야 한다. 자기조절 기능이 손상되었기 때문에 행동을 조절하지 못한다는 맥락으로 이해하는 것이 좋다.

ADHD 증상이 있는 아이들은 태내기 때에도 특이한 움직임을 보인다. 출생 후에는 신체를 움직일 수 있게 되면서 아기 침대에서 기어 나오려고 하고 부모가 막기 전에 재빠르게 계단을 기어 올라가기도 한다. 걸을 수 있는 시기가 되면 뛰려고 시도한다. 소근육 발달이 늦어지기도 한다. 후기 아동기가 되면 또래에 비해 지저분하기도 하고 여전히 착석을 어려워한다. 교사는 "저는 대니를 자기 자리에 앉힐 수가 없어요."라고 말하며 지도하기 어려워한다. 그러나 현실적 문제는 아이들이 자기 스스로 조절(통제)하는 데 어려움이 있다는 것이다. 이 장의 후반부에 다루겠지만 이러한 특성은 아이들의 관계, 특히 초기 부모-자녀 관계에 심각한 영향을 미친다.

아동기 때 ADHD로 진단받은 많은 아동은 성장하면서(나이가 들어 가면서) 증상이 개선되기도 한다. 그러나 60%는 성인이 되어도 여전히 동일한 증상을 나타낸다(Kessler et al., 2005). 이 기준에 의하면 ADHD는 만성적인 장애로 볼 수 있겠으나 한편으로는 ADHD 성인도 성공적이고 만족스러운 삶을 살고 있다. 신경가소성을 통해 활동 수준이 억제되고 조정될 수 있다는 사실을 뒷받침해주는 증거라고 볼 수 있다. 충동성은 어느 정도 줄어들 수 있으며, 주의집중은 구조적 환경과 훈련을 통해 보완할 수 있다.

유병률과 공존율

전체 아동의 3~10% 정도는 ADHD 진단을 받는다. ADHD 유병률은 남아가 여아에 비해 4~9배 정도 높은 것으로 추정된다(American Psychiatric Association Task Force on *DSM-IV*, 2000). 여아는 남아에 비해 과잉행동이나 충동성을 많이 드러내지 않기 때문에 제대로 진단을 받지 못하기도 한다. 여자의 뇌는 남자의 뇌에 비해 편재화 경향이 낮은 편이며, 이 때문에 ADHD의 신경역동이 일부 상쇄되는 것으로 보인다. ADD의 약 1/3은 불안장애를 동반하며, 불안장애 아동 5명 중 1명 정도는 ADHD 양상을 보인다(Kaiser Permanente, 2004). 청소년기 이후부터는 ADD로 고통 받는 사람들이 약물남용 인구의 과반수를 차지한다. 아동기에 ADHD 진단을 받은 아동 중 최대 25% 정도는 성장 이후 양극성 장애 진단을 받는다. 이는 실제 현상일 수도 있지만 ADD를 정확하게 진단하기 어렵다는 의미이기도 하다. 양극성 장애의 충동적이고 부주의한 증상은 ADHD 증상과 유사하다. 그러나 ADHD 아동의 증상이 좀 더 안정적이고 지속적이다. 양극성 장애의 경우 기분 변화의 주기가 두드러지는 특성이 있기는 하지만, 아동은 이를 뚜렷하게 나타내지 않을 수도 있다.

4명의 ADD 중 3명쯤은 살아가면서 우울증을 동시에 진단받기도 한다. 이러한 결과는 실제 공존율을 나타내는 것일 수도 있고, ADD가 사회적 적응과 성취에 어려움을 가진다는 사실을 보여주는 것이기도 하다. ADD 아동 대부분은 이 장애로 인해 만성적으로 스트레스를 느낀다(앞서 논의한 코르티솔의 신경역동 결과). 그리고 정서조절의 어려움은 관계 형성에 부정적인 영향을 미친다. 무기력함, 짜증스러움, 부주의와 같은 아동기 우울 증상은 ADD 증상과 유사하기도 하다. 강박장애 및 학습장애와 공존율 또한 높은 편이다. 학습장애는 ADD의 일부 측면과 중복되기도 한다. 즉 두 장애집단 모두 평균 혹은 우수한 지적기능을 갖고 있기는 하지만 뇌 기반

결핍으로 인해 정보 수용과 처리 방식에 문제를 나타낸다. 반항성장애와의 공존율은 65%이며, 뚜렛장애와의 공존율은 50% 정도다(Kaiser Permanente, 2004). 이와 같은 극단적으로 높은 공존율은 진단 오류로 부풀려진 결과일 수도 있다.

　　Anastopolous 등(2006)은 ADD가 반항성장애나 품행장애와 공존율이 높은 이유를 다음과 같이 설명하였다. 이들은 모두 자기조절 도식을 내재화하는 데 어려움이 있으며, 자기조절능력을 키우는 데 필요한 가족과 사회 체계를 갖고 있지 않다. ADHD 효과에 대한 메타분석 연구(Corwin et al., 2004; Lee, Mulsow, & Reifman, 2003)는 다음과 같은 흥미로운 결과를 제시하였다. ADHD 자체는 품행장애나 반항성장애와 연관된 청소년의 위험선호 경향을 중재하는 역할을 한다. 즉 ADD와 같은 자기조절문제를 경험한다는 것은 아동의 취약성이 다양한 방식으로 드러난다는 것이고, 이를 극복하기 위한 시도 또한 증가한다는 의미다. 스트레스 요인에 노출된 ADD 아동은 그렇지 않은 아동보다 품행장애, 반항성장애, 반사회적 행동, 주요우울증을 동반할 가능성이 더욱 높다. 이 같은 결과는 취약한 아동 양육에 부모의 노력이 얼마나 중요한지를 의미하는 간접 증거라고 볼 수 있다(Barkley, 2003). ADHD 청소년은 능력에 비해 좋은 성적을 내지 못한다. 유급이나 정학을 받기도 하며 따돌림이나 위험한 행동에 휘말리기도 한다. 수면 패턴이 불규칙하고 정확한 시간개념이 부족하여 생활 관리를 제대로 하지 못한다(자세한 내용은 Corwin et al., 2004 참조).

평가

앞서 설명한 것처럼 ADHD의 많은 증상 특성이 다른 장애의 증상과 유사하며 공존율 또한 높은 편이다. 청소년의 경우 감별진단이 특히 중요하다. ADHD 증상과 ADHD로 인해 생기는 문제를 다른 장애로 진단하는 경우가 종종 있기 때문이다. 청소년기 ADHD의 공존율(40~60%)이 높기 때문에 임상가, 특히 의사는 ADHD 증상을 평가하고 치료하기보다는 ADHD와 동반된 장애를 진단하고 치료하는 데 초점을 두기도 한다. 우울, 파괴적 행동장애, 불안, 학습장애가 가장 흔한 공존 문제다. ADHD 증상으로 인한 문제의 다양성과 심각성을 제대로 판별하려면 다면적인 평가가 중요하다. 즉 가정, 사회, 학교 등 다양한 장면에서 아동이나 청소년의 정서와 행동 기능을 평가해야 한다는 의미다. 치료자는 치료 시작 전 반드시 의사의 신체검사 및 병력 검토 여부를 부모에게 확인받아야 한다. 발작, 갑상선 문제, 중추신경계장애, 체내 납 축적, 철분 부족, 약물치료 부작용과 같은 질병(의료적 문제)은 행동 문제의 원인에서 반드시 제외해야 한다. 청각 및 시각 테스트도 평가에 포함해야 한다.

잠복기와 청소년기 이전 아동

치료자는 아동의 ADHD를 평가할 때 일반적으로 부모면담부터 시작한다. 다음은 청소년기 이전 아동을 ADHD로 진단하려고 할 때 유용하게 쓸 수 있는 감별 질문이다(Kaiser Permanente, 2004).

1. 자녀는 지시를 제대로 따르지 않고 학교 숙제와 같은 해야 할 일을 끝마치기 어려워합니까?
2. 자녀는 일과 혹은 시간을 계획하는 데 어려움이 있습니까? 잘 잊어버리거나 다른 사람의 말을 경청하는 데 어려움이 있습니까?
3. 자녀는 소음이나 대화 소리 혹은 혼자만의 생각(예 : 백일몽) 때문에 쉽게 주의가 산만해집니까?
4. 자녀는 얌전히 있어야 하는 장소에서 지나치게 뛰어다니거나 기어 올라갈 때가 있습니까?
5. 자녀는 종종 생각하기 전에 행동하거나 자신의 차례를 기다리기 어려워합니까? 나중에 후회할지도 모르는 어떤 말을 불쑥 해버릴 때가 있습니까? 혹은 서두르다가 부주의한 실수를 할 때가 있습니까?

Kaiser의 ADHD Best Practices는 이 시기 아동을 평가할 때 개별 치료실보다는 그룹 내에서 평가할 것을 권장하고 있다. 아동과 부모를 따로 만나는 방식에 비해 훨씬 자연스러운 장면에서 아동을 관찰할 수 있다. 이 방식은 아동의 행동에 대한 중요한 정보를 편견 없이 얻을 수 있는 장점이 있다. Kaiser 프로그램에서는 표준화된 양식을 개발하기도 했다. 교사의 의견을 수집할 수 있는 양식, 부모에게 발달사를 수집할 수 있는 양식, 표준화된 점수를 통해 아동의 치료 전후 기능을 평가하는 양식(부모 보고형 아동 행동 평가리스트인 CBCL 및 교사 보고형 TRF; Kaiser Permanente, 2004)이 있다.

청소년

12세 이후 아동에게 ADHD 진단을 잘못 내리는 경우가 종종 있다. 청소년기 이전 아동과 비교했을 때 다소 다른 증상을 나타내기 때문이다. 게다가 발달, 기분, 행동, 약물남용과의 상호작용이 청소년의 ADHD 진단을 더욱 어렵게 만든다. 아래의 내용을 반드시 명심해야 한다.

- 청소년기가 되면 과잉행동은 줄어들지만 내적 불안정은 증가한다.
- 부주의는 연령에 따라 증가하지는 않는다. 그러나 청소년기가 되면 주변으로부터 여러 요구가 늘어난다. 그 예로 학업적인 기대치가 높아진다. 또한 과제 집중, 일과 계획, 시간 관리와 같은 기술이 매우 많이 필요하다. 부모와의 갈등이 더욱 잦아지기도 한다.
- 부주의형 ADHD는 초기 아동기에는 문제시되지 않다가 청소년기가 되어 뚜렷하게 드러나기도 한다.
- 청소년은 ADHD 증상을 보고하지 않거나 최소화하는 경향이 있다. 적절한 평가를 내리기 위해 교사의 의견이나 정보를 반드시 얻어야 한다.
- ADHD 여자 청소년은 남자 청소년에 비해 파괴적 행동을 적게 드러내는 반면에 주의력과 조직화의 어려움을 더 많이 호소한다. 여자 청소년은 의도하지 않은 임신이나 우울증 문제를 많이 일으킨다(Corwin, Kanitkar, Schwebach & Muslow, 2004).

원인론과 신경역동

신경화학적, 신경해부학적, 신경생리학적 문제는 아동의 ADHD 증상에 기저를 이룬다. 유전학 또한 이 장애를 설명하기에 매우 유용한 분야다. ADD의 유전계수는 .67이다(최대 1.0). 아동이 ADD일 경우, 부모 중 한 명에게 동일 증상이 있을 확률은 55%다(Robin, 2007). 몇몇 연구에서는 여러 가지 중 한 가지 신경경로 손상이 증상의 원인일 수 있음을 제시하였다.

Barkely(1997, 2003)는 행동조절을 담당하는 뇌의 실행 기능 영역이 근본적으로 손상되었기 때문에 ADHD의 부주의, 충동성, 과잉행동 증상이 나타난다고 본다. Barkley의 설명에 의하면, ADD는 네 가지 핵심 실행 기능 중 두 가지에 영향을 미친다.

1. 정서, 동기, 각성과 관련된 자기조절
2. 작업기억의 내용을 적절한 행동 반응 패턴과 연결할 수 있고, 이를 새로운 반응으로 재결합할 수 있는 능력

Barkley는 ADD/ADHD 아동이 환경 자극에 적절한 반응을 하지 못하는 이유를 위에 언급한 실행 기능의 손상 때문이라고 보았다.

ADD 아동은 가정과 학교에서 복잡한 정서조절이나 지속적인 인지적 주의집중이 필요한 과정에 직면할 때 불리해진다. Anastopoulos, Rhoads와 Farley(2006)는 다음과 같이 설명하였다. 이 아이들은 과도한 기준을 요구하는 대인관계 환경에 놓이게 되는데, 이러한 환경에 민감하게 반응해야 하는 것과 여러 가지 제한을 받아들이는 것을 어려워한다. 이때 혼란스러운 양육, 부모의 특이한 성격, 가족의 스트레스 요인, 아동의 반항, 사회적 공격은 촉발 요인으로 작용할 수 있다.

주의집중은 손전등의 역할을 한다. 심리적이고 지각적인 과정을 명확하게 하기 위해 내면을 비추기도 하고, 전념하고 싶어 하는 외부 세계의 세부 사항을 강조하기 위해 주변을 비추기도 하기 때문이다. Goldberg(2001)는 전전두피질이 손전등의 빛줄기를 지휘하는 뇌 영역이라고 언급하였다. 그는 전전두피질, 복측 뇌간ventral brain stem, 후부피질posterior cortex이 고리처럼 연결되어 서로 지속적으로 영향을 주는 과정을 설명하였다. 이 고리의 어떤 영역이 상호 조절을 하지 못하면 자기조절이 어려워지고 ADD를 유발할 수 있다.

ADD 아동의 뇌영상 연구에서는 이 장애의 신경역동 특성을 거듭하여 밝히고 있다. 이 연구들은 전전두피질, 기저핵 영역, 후두부에 위치한 소뇌와의 연관성을 제시하고 있다(자세한 내용은 Giedd, Shaw, Wallace, Gogtay, & Lenroot, 2006 참조). ADHD 진단을 받은 사람들은 일괄적으로 우측 전두엽이 작은 것으로 나타났다. 주의 각성 체계는 우측 전두엽 및 두정엽과 관련이 있으며, 각성을 조절하는 경고신호는 노르에피네프린이 관여하는 것으로 추정된다(Marrocco & Davidson, 1998). ADHD 증상이 있는 아동은 우측 전두엽, 대상회, 기저핵에 결손이 있는 것으로 나타났으며, 이 영역이 손상된 사람들의 행동 특성은 ADHD의 전형적인 증상과 일치하였다(Casey et al., 1997).

다른 영상 연구에서는 ADD 아동의 뇌에서 비정형 반구 부피를 발견하였고(Hynd, Semrud-Clikeman, Lorys, Novey, & Eliopulos, 1990), 일반 아동에 비해 뇌량이 작다(Hynd et al., 1991)는 결과도 밝혀졌다. 이러한 결과는 좌뇌 반구와 우뇌 반구 기능의 통합문제를 제시하고 있다. 또한 이와 같은 신경해부학적 차이는 아동기부터 성인기에 이르기까지 일관적으로 나타난다(Wender, Reinherr, Wood, & Ward, 1985). 상기 연구 결과는 아동과 성인 내담자에게 적용하고 있는 뇌 기반 프로세스 이론을 뒷받침해준다. 동일한 약물치료가 전 연령대의 내담자에게 유용하다는 사실 또한 뇌 기반 이론을 뒷받침해준다.

ADHD 아동과 청소년은 다른 아동에 비해 우측 전전두피질, 우측 앞쪽 백질, 우측 미상핵, 뇌량 앞쪽 부분부피가 작은 것으로 나타났다(Giedd, Blumenthal, Molloy, & Castellanos, 2001; Rubia et al., 1999). 쌍생아 연구(Castellanos et al., 2003)는 ADHD 일란성 쌍둥이의 경우 다른 일란성 쌍둥이에 비해 미상caudate이 작다는 결과를 제시하였다.

몇몇 연구자들은 이 장애의 유전적 기여도 연구를 시행하였다. 그 결과 ADD/ADHD 특성을 지닌 형제들과 관련 있는 대립 유전자alleles인 D4 도파민 수용체 1~2

개를 밝혀냈다(Madras, Miller, & Fischman, 2002). 메틸페니데이트methylphenidate(상품 명 : 리탈린Ritalin)는 도파민 수송 분자를 차단함으로써 시냅스 틈synaptic cleft에서 도파 민의 재흡수를 억제한다(Roman et al., 2002).

작업기억

작업기억은 새로운 지각적 자극이나 관심 있는 인지적 내용을 약 30초 동안 의식적으로 기억하는 기능을 설명할 때 사용하는 용어다. 작업기억의 내용은 짧은 순간에 장기기억으로 변화되기도 하고 소멸되기도 한다(보다 상세한 내용은 부록 참조). 배외측 전전두피질은 작업기억에 결정적인 역할을 하며, 작업기억을 지원하는 도파민 수용체를 풍부하게 보유하고 있다. 도파민은 일정한 대뇌피질 세포들이 다량의 정보에 주의를 기울일 수 있도록 한다. 또한 불필요한 자극 대신 적극적인 목표에 주의를 기울이도록 한다. 도파민은 당면한 과제와 관련 있는 정보와 경험을 보유하는 작업기억 체계에 중요한 신경해부학적 요소다. Barkley(1997)는 작업기억의 두 가지 하위 기능이 ADHD의 원인을 파악하는 데 중요한 역할을 한다고 판단했다. 첫 번째는 비언어적 작업기억이다. 이는 반응을 결정하는 동안 마음속으로 정보를 보유하도록 한다. 두 번째는 언어적 작업기억이다. 이는 사람들과 나누는 대화나 자기가 하는 말의 내용을 기억하도록 한다. Barkely는 ADHD 아동의 경우 이 두 가지 체계 모두 결함이 있는 것으로 봤다. 이 이론을 뒷받침하는 몇몇 뇌영상 연구가 진행되었다. ADHD 환자의 뇌는 작업기억 기능과 관련 있는 우측 전전두피질의 부피가 작으며 (Casey et al., 1997), 리탈린 및 기타 중추신경자극제 또한 뇌의 이 영역에 존재하는 수용체에 작용을 한다(Arnstein, 1998).

주의집중과 관계

ADD/ADHD 아동보다 주의조절능력이 좋은 아동은 더욱 긍정적이고 공감적이며 사회적으로 유능하고 양심적이다(Eisenberg, Fabes, Guthrie, & Reiser, 2000; Kochanska, Murray, & Harlan, 2000). 만족지연능력이 있는 유치원생은 청소년기가 되면 유능한 대처 기술을 발휘할 수 있다(Shoda, Mischel, & Peake, 1990). 이들은 30

세가 되면 거절에 유능하게 대처할 수 있는 능력을 발휘한다(Ayduk et al., 2000). 청소년기에 경험하는 긍정적인 또래 관계는 ADHD 아이들에게 보호 요인으로 작용한다. 또래들로부터 받는 긍정적인 평가는 우수한 학업성취와 약물남용에 강력한 영향을 미친다(Lambert, 1998). Derryberry와 Tucker(2006)는 높은 주의집중력을 발휘하는 학생들이 대처, 계획, 긍정적 평가를 할 때 더욱 복합적이고 효율적인 전략을 사용한다는 연구 결과를 제시하였다. 반면에 주의집중력이 낮은 아이들은 부인, 이탈, 분노폭발과 같은 비교적 단순하고 비효율적인 전략을 사용하는 경향이 있는 것으로 나타났다.

자기조절과 긍정적 존중을 다룬 여러 연구들은 ADHD 아동이 주변 사람들, 특히 부모를 힘들게 할 수 있다고 보고한다. ADHD 자녀를 양육하는 부모는 일반 자녀를 둔 부모보다 더 많은 어려움을 호소한다. 그리하여 이 아이들을 양육하는 과정에서 부모 자신의 애착 도식에 존재하는 어떠한 결함들이 반복하여 빠르게 드러나게 된다. 불안정 애착 유형의 부모는 자녀를 회피하는 패턴에 빠지는 경향이 있는데, 그중에서 양가적 도식을 갖고 있는 부모는 공격적이고 부정적으로 자녀를 다루게 된다. 혼란한 애착 유형의 부모는 신체 학대를 더 많이 하거나 가정생활을 유지하는 동안 주요 정신의학 문제를 겪을 수도 있다. 이러한 모든 요소는 효과적인 정서조절 신경역동 어트랙터와 안정적인 자기이미지 형성에 문제가 있는 ADD/ADHD 아동에게 부정적 영향을 미친다.

ADD/ADHD 치료

다른 질병분류학적 범주와 마찬가지로 ADD 또한 1970년대에 변화를 거쳤다. 정신장애의 진단 및 통계편람 3판(American Psychiatric Association, 1980)이 출간되면서 ADD에 대한 관심이 급증하였다. 이 장애의 명확한 준거가 개발되면서 증상을 완화할 수 있는 구체적인 방법을 다룬 연구가 다수 이루어졌다. 양극성 장애나 정신증과 마찬가지로 ADD 또한 약물치료가 효과적인 치료에 반드시 필요하다는 결론이 제시되었다. 1980년대에는 이 장애와 관련된 연구가 2,000편 이상 이루어졌다.

정신약리학적 치료

약물치료는 ADHD의 주요 증상을 개선할 수 있는 가장 효과적인 치료 방법 중 하나다. 만약 아동과 부모가 의사의 약물 처방을 잘 따른다면 약물치료를 통해 증상이 크게 호전될 수도 있다. 리탈린과 같은 중추신경자극제, 알파차단제, 비교적 최신 약물인 아토목세틴atomoxetine(상품명 : 스트라테라Strattera)이 ADHD 치료에 승인되어 사용 중이다. 중추신경자극제는 가장 효과적인 치료 약물이긴 하지만 가장 많은 문제를 일으킬 수도 있다는 점을 여러 연구에서 제시하고 있다(Kaiser Permanente, 2004).

중추신경자극제 ADHD 아동과 청소년에게 주로 처방하는 중추신경자극제 stimulants는 메틸페니데이트 제제methylphenidates, 애더럴Adderall, 덱스트로암페타민 dextroamphetamine이다. ADHD 증상의 70~80% 정도는 이 약물을 통해 호전된다. 만약 이 성분 중 한 유형이 효과가 없다면, 다른 두 가지 성분 중 한 유형이 효과가 있을 가능성이 꽤 높다. ADHD 증상을 치료할 때 부주의, 주의산만, 충동성, 과잉행동과 같은 표적 증상 감소에 대한 중추신경자극제의 효과성은 90% 정도다(Elia, 1991). 확실하지는 않지만 이 약물들은 공격성 감소, 또래 관계 향상, 학업수행 능력 향상, 자존감 향상에도 효과가 있다. 중추신경자극제는 뇌 활동, 특히 선조체striatum의 활동 (Vaidya et al., 1998)과 도파민으로 활성화되는 작업기억 회로를 바꾸는 역할을 한다. 이 결과는 여러 양전자 단층촬영 연구 결과와 일치한다(Volkow et al., 1998).

ADHD 증상에 가장 많은 영향을 주는 약물인 중추신경자극제는 전문적인 관리가 필요하다. 이 약물은 쉽게 남용되기도 하는데, ADHD 환자가 아닌 일반인들이 남용하기도 한다. 이 증상이 없는 사람은 중추신경자극제를 복용하더라도 증상이 있는 사람만큼 각성 충격jolt을 경험하지는 않는다. 그러나 가족 구성원(부모 포함)과 친구들이 환자 대신 약을 먹으려고 시도하는 경우가 빈번하게 일어나고 있다. 이 종류의 약물은 암거래되기도 한다. 의사는 약의 과다 복용을 명확히 확인하기 위해 재처방시 반드시 추적 관찰을 해야 한다. 자극제는 ADHD로 고통 받고 있는 사람들에게 틱, 식욕 감퇴, 불면증, 과민함을 포함하는 불쾌한 부작용을 일으킬 수도 있다(Kaiser Permanente, 2004). ADHD 환자 대부분은 약물치료를 통해 증상 호전을 보인다. 한편으로 이들은 에너지, 신경과민, 불면증, 과민함이 늘어났다고 보고한다.

이와 같은 고려사항과 더불어 중추신경자극제가 신경계 발달에 미치는 영향에 대한 장기 연구는 충분하지 않기 때문에, 치료자는 아동이나 십대에게 이 성분의 약물치료 방침 적용을 반드시 이해하고 있어야 한다. 진단이 정확한지 체크하고 확실한 효과가 있는 경우에만 이 성분의 약물을 사용하도록 제한해야 한다. 이를 위해 부모, 교사, 아동이나 청소년을 알고 있는 다른 성인에게 약물연구drug study 참여를 요청하는 것도 좋은 방법이다. 이 실험은 다음과 같은 절차로 이루어진다. 1주차에는 아동에게 저용량을 투여하고, 2주차에는 약물을 중단하며, 3주차에는 1주차보다 고용량으로 약물을 투여한다. 교사는 아동이 먹고 있는 약의 용량을 알지 못하는 상태에서 매주 ADHD 증상 정도를 기록한다. 그 후 부모는 교사의 채점 결과를 의사에게 전달하여 지속적인 약물치료가 필요한지를 다시 의논한다.

항우울제　삼환계 항우울제tricyclic antidepressants는 ADD/ADHD의 2차 약물치료로 가장 흔하게 연구 및 처방하고 있다. 이 성분은 부주의보다 충동성과 과잉행동 증상 개선에 더 효과가 있다. 삼환계 항우울제는 중추신경자극제 성분 약물에 큰 부작용을 보이는 아동에게 특히 유용하다. 복용 후 ADHD 증상이 줄어들기까지 1주 이상의 시간이 걸린다. 이미프라민imipramine, 데시프라민desipramine, 노르트립틸린nortriptyline을 가장 많이 처방한다.

복용자의 5~10%는 이 약물을 실질적으로 대사하지 못해 혈중독성수치가 상승할 수 있다는 점을 유의해야 한다(Kaiser Permanente, 2004). 약물 반응과 부작용을 평가하기 위해 복용 직후 혈중농도를 측정하고 4~6주 간격으로 약물을 재검토한다. 삼환계 약물 중에서도 주로 데시프라민은 일부 사례에서 부정맥으로 인한 심장사가 보고되고 있다(Gutgesell et al., 1999). 그러나 가장 큰 위험 요소는 의도적이거나 우발적인 과다 복용이다. 자살가능성이 조금이라도 보일 경우에는 삼환계 항우울제를 처방하지 않는 것이 가장 좋다.

기타 약물　'혼합' 항우울제에 속하는 부프로피온bupropion(상품명 : 웰부트린Wellbutrin),

알파차단제에 속하는 클로니딘clonidine과 구안파신guanfacine 또한 ADD 증상 개선에 사용되고 있다. 특히 극심한 과잉행동 증상을 보이는 아동에게 주로 처방한다. 앞서 언급한 아토목세틴은 가장 최근에 출시된 신약이다. 이 약물은 새로운 약물범주인 선택적 노르에피네프린 재흡수 억제제에 해당한다. 노르에피네프린의 낮은 수치와 ADHD의 관련성을 밝히고자 하는 연구가 지속되고 있다. 이러한 신경역동 근거들이 약물치료의 가치를 설명해준다고 볼 수 있다. 일부 연구는 아토목세틴이 ADHD 증상을 개선한다고 검증하였다(Michelson, 2002). 아이들에게 나타나는 주요 부작용으로는 식욕 감퇴, 체중 감소, 졸림, 위장장애, 두통, 과민함 등이 있다. 이러한 문제는 보통 몇 주 후에 개선된다. 이 약물은 선택적 세로토닌 재흡수 억제제나 천식 치료에 사용되는 알부테롤albuterol과 상호작용할 수 있기 때문에 주의해야 한다. 아토목세딘은 중추신경자극제에 비해 증상 개선 효과가 낮은 편이다. 이 때문에 Kaiser Permanente(2004)에서는 중추신경자극제 투여가 불가능한 사례에 한하여 2차 약물로 아토목세틴을 처방한다.

다양한 방식의 치료

여러 연구에서 심리치료, 일반적으로 정신역동치료는 ADHD에 효과가 없다는 결론을 제시해 왔다. 인지행동치료의 성과를 검증한 연구 결과 또한 일관되지 않다. ADHD 치료 방식의 효과에 관한 논문 47편을 검토한 문헌연구는 다음과 같은 결론을 제시하였다—행동치료적 부모 양육 훈련과 청소년의 행동 중재는 효과가 있었으나 인지적 중재는 효과가 없는 것으로 나타났다(Pelham, Wheeler, & Chronis, 1998). 심리사회적 접근 중에서 가족치료와 학급 내 중재는 효과가 있었으며 유용한 방식으로 밝혀졌다(Smith, Waschbusch, Willoughby, & Evans, 2000).

　1990년대에는 ADD/ADHD와 관련된 획기적인 연구가 진행되었다. MTAMultimodal Treatment Study with ADHD 연구는 약물치료와 행동치료를 병행할 때 증상 개선 효과가 가장 높다는 결론을 제시하였다. 단독 약물치료 방식은 두 번째로 효과가 높았으며, 가장 효과가 높은 행동치료 병행 방식과 그리 큰 차이를 나타내지는 않았다(Arnold et al., 1997; MTA Cooperative Group, 1999). 행동치료 방식에는 부모 훈련, 아동 대상

여름 학교, 학교 기반 중재 등이 포함되었다. 통합치료 효과의 해석을 둘러싼 논란은 지속되고 있다(Conners et al., 2001).

종합병원에서 ADHD 아동을 치료할 때 얻을 수 있는 장점은 장애의 다양한 특성에 적합한 여러 치료 방식을 적용해볼 수 있다는 점이다. Kaiser Permanente에서의 ADHD 아동에 대한 접근 방식은 다음과 같다. 청소년기 이전 아동이 ADHD 진단을 받게 되면, 정신약리학적 치료를 시작하기 위해 아동과 가족을 소아과로 의뢰한다. 동시에 부모와 아이들은 부모의 양육행동 기술 증진에 초점을 둔 집단치료 프로그램에도 참여한다. ADHD 아동은 자기조절능력에 결함이 있기 때문에 이와 관련된 기술을 습득해야 한다. 치료에서는 기술 습득에 매우 중요한 영향을 미치는 환경 요소 개선을 중점으로 다룬다. 아이들이 사회성 집단에 참여하는 동안 부모 또한 ADHD 부모 지지 집단에 참여한다. 아이들은 갈등과 화를 다룰 수 있는 기술을 습득한다. 그리고 부모는 소아과가 공동으로 참여하는 의료 그룹 내에서 자녀를 관찰하게 된다.

피츠버그에 위치한 서부정신의학연구소 소속 William Pelham 연구팀(1998)은 ADHD의 복잡한 특성에 효과가 있는 복합치료 프로그램을 개발하였다. 캘리포니아 대학교 어바인캠퍼스 소속 James Swanson, Linda Pfiffner, Keith McBurnett과 Dennis Cantell 또한 유사 프로그램을 개발하였다. 이 프로그램은 부모 훈련, 교실 내 행동수정 기법 적용, 사회기술 훈련, 정신약리학적 치료를 포함하고 있다.

개인상담기관에서 근무하는 임상가들은 ADHD 치료 경험이 있는 행동치료자나 소아정신과 의사와 반드시 협력관계를 유지해야 한다. ADD/ADHD 아동을 치료할 때 병원 세팅에서 얻을 수 있는 장점이 있기는 하지만 사설 상담소에서는 부모가 지지받을 수 있는 다양한 기회를 더 많이 얻을 수 있다. 이러한 지지는 ADHD 아이들을 치료할 때 핵심 역할을 한다. 게다가 사설 기관 상담자는 교사와 더 많이 소통하기도 한다. 부모 및 교사와 협력적인 관계를 유지함으로써 가정과 학교에서 일관적인 방식으로 아이를 지도하도록 도울 수 있다.

부모상담과 가족치료

종단연구를 통해 ADHD 자녀를 둔 가족이 그렇지 않은 가족에 비해 불안정하며 이혼율이 높은 것으로 드러났다(Kaiser Permanente, 2004). ADHD는 부모에게 매우 큰 부담을 주기 때문에, 그로 인해 정도의 차이는 있겠지만 부모의 안정 애착 도식이 불안정 애착으로 변화하게 된다. 그러므로 사실상 ADHD 자녀를 둔 모든 부모는 치료자와 지지적인 관계 형성을 통해 도움을 받을 수 있다. 상담비 지불에 대한 경제적 여유가 있는 부모일 경우, 부모의 개인상담이 아동의 증상 개선에 도움이 된다. 치료자는 부모가 가지고 있는 능력을 보다 효율적인 방식으로 발휘하여 자녀를 양육할 수 있도록 도와주기 때문이다.

　부모 혹은 가족과 치료 관계를 제대로 형성하려면 우선 무엇을 어려워하며 이를 해결하기 위해 어떠한 노력을 하고 있는지 알고 있어야 한다. 치료 동맹이 형성되면 치료자는 가족에게 이 장애의 신경학적 원인과 유전적 근원을 설명한다. 또한 이러한 원인이 부모와 또래 관계 유지에 미치는 영향에 대해서도 알려준다. ADHD 아동은 소극적으로 행동하거나 불안과 우울 증상을 경험할 수 있고 부모를 회피하려는 특성을 보일 수 있다는 점을 설명해주기도 한다. 이때 치료자는 어떠한 요인이 아동의 정서 문제를 일으키는지 중립적인 입장에서 알려줄 수 있어야 한다. 치료자는 치료를 통해 증상이 어느 정도 호전될 수 있는 있으나 소멸되지 않는다는 것을 부모가 받아들일 수 있도록 해야 한다. 그러면서도 변화와 개선에 대한 희망을 갖는 것이 얼마나 중요한지를 지속적으로 알려주어야 한다.

　신경학적 발달에 대한 지식과 행동치료 효과에 기반을 둔 치료는 부모의 이해를 돕는 데 적절한 방식이다. 치료자가 부모와 지지적인 관계를 유지하면서 아동의 증상 개선에 도움이 되는 실질적인 방법을 부모에게 알려주는 것 또한 도움이 된다. 신경역동 장애로 인해 경험하는 정서적 어려움, 주의력 문제, 사회성 문제를 개선하려면 부모의 역할이 중요하다는 점을 이야기 나눌 수 있어야 한다. 뇌 기반 치료는 이런 내용을 다루는 부모면담의 이론적 토대가 된다. 치료자는 자녀의 충동적이고 산만한 특성이 매우 크기 때문에 부모가 다루기 쉽지 않다는 점을 설명해주면서 부모의 어려움을 공감해줄 수 있어야 한다. 또한 아이가 성장하는 동안 부모는 지속하여 적절한 행동을 가르쳐주어야 하고, 아이가 조율할 수 있도록 돕는 것 또한 부모에게 얼마나 어려운 일인지를 공감해줄 수 있어야 한다.

부모 대부분은 다른 부모도 자신처럼 자녀를 위협적으로 다루고 엄하게 비난하는 습관이 있다는 것을 발견하고 나서 안도하기도 한다. 잘못된 양육 방식이 ADHD의 원인이 아니라는 것을 알게 되면서 더욱 안도하기도 한다. 이러한 메시지는 가족의 역동을 바꿀 수 있다. 부모는 여태껏 반복했던 자녀와의 부정적인 상호작용 방식을 개선할 수 있으며 이를 통해 아동의 증상이 호전된다는 것을 깨닫게 된다.

부모와 면담(토론)하는 시간에는 뇌에 기반을 둔 행동 수행과 주의집중 및 정서 조절 수행을 증진하는 방법을 핵심으로 다룬다. 치료자는 부모가 일반적인 양육 방식을 얼마나 알고 있으며 이를 제대로 실천하고 있는지 반드시 평가해야 한다. 요구 및 지시와 관련하여 다음과 같은 내용을 확인해야 한다―부모는 자녀에게 너무 많은 지시를 하고 있지 않은가? 제한을 명확하게 하고 있는가? 부주의 문제가 있는 자녀에게 잊어버리지 않을 정도로 간단명료하게 지시하고 설명하는가? 주변이 비교적 산만하지 않으며 서로가 마주보고 있을 때 요구나 지시를 하는가? 부모는 자녀가 확실하게 이해할 때까지 중요한 지시나 설명을 반복해서 말해주는가? 마지막으로 합리적이고 일관적인 활동 스케줄이 가족의 암묵기억 리듬 속에 포함되어 있는가?

Kaiser ADHD 가이드라인(2004)에는 "아이들에게 자전거 타는 방법이나 수영을 가르치는 방법과 동일한 방식으로 조직화 및 문제 해결 기술을 가르쳐야 한다."고 제시되어 있다. 다시 말해 이 기술을 습득하려면 오랜 시간이 걸리며 야단을 친다고 해서 해결되지 않는다는 뜻이다. 부모가 이러한 기술과 좋은 관계를 유지하는 데 필요한 기술을 지지적인 태도(소리치지 않기, 비난하지 않기, 당황하지 않기, 놀리지 않기, 모욕하지 않기)로 끈기 있게 가르쳐 줄 때 아이들은 가장 잘 배우게 된다. 기본 양육기술이 부족한 부모는 ADD 자녀 양육을 더욱 힘들어할 수 있기 때문에 추가 훈련 프로그램에 참여하여 기술을 익혀야 한다. 부모교육 프로그램은 ADHD에 대한 이해 및 자녀의 행동관리 관련 서적을 부모에게 읽으라고 권한 후 이와 관련된 교육을 실시하는데, 이 프로그램을 통해 부모의 양육기술 향상을 기대할 수 있다

(Weinberg, 1999). 부모의 스트레스 수준을 낮추는 것뿐만 아니라 ADHD 자녀의 반항적 행동을 줄여줄 수도 있다(Danforth, 1998).

ADD/ADHD 아동 치료 시 필요한 보조 요인이나 가족 요인을 검토할 때, 치료자와 가족은 아동의 문제행동을 유발하는 정서적 혹은 상황적인 계기가 있는지 살펴봐야 한다. 정적 관심의 방식을 다시 시도해보는 것이 중요하다. 이 방식은 많은 가족들이 그동안 시도해 왔으나 효과를 볼 수 없었다. 더욱 강압적인 방식으로 훈육할 때만 아동을 통제할 수 있었기 때문이다.

ADD 자녀를 둔 부모는 아이로 인해 상처받기도 하고 자주 실망하거나 자녀를 창피스럽다고 느낀다. 또한 아이 때문에 당황스러운 경우도 흔하게 경험한다. 전문적 도움을 받기 이전까지 대부분의 상호작용은 부정적이기 때문에 부모는 최대한 아이와 미주치지 않으려고 한다. 혹은 비판적, 방어적, 통제적인 방식으로 상호작용할 것이다. 긍정적 상호작용의 재도입을 지지하기 위한 한 가지 방법으로 '부적강화'의 개념을 함께 의논해볼 수 있다.

The Parent Management Training 접근은 단계적 사회기술 훈련의 방식을 포함하고 있으며 전문 연구를 통해 개발된 중재 방식이다(Kazdin, 1997). 이 접근의 핵심은 부모가 자신 및 자녀의 행동을 수정하고 새로운 방식을 활용할 수 있도록 훈련하는 것이다. 부모는 공격성과 같은 부적절한 행동을 구별하는 방법과 이러한 부적절한 행동을 친사회적인 대인관계 기술로 전환할 수 있는 방식을 배운다. 이 프로그램은 특히 ADHD와 품행장애 아동에게 효과가 있다(Kazdin & Weisz, 1998).

간혹 부적강화를 처벌과 같은 뜻으로 혼동하기도 하지만 실제로는 완전히 다른 개념이다. 부정적인 결과를 막는 방법을 익히는 것과 관련이 있다. 아침 시간에 30분 일찍 출근하면 교통 체증을 피할 수 있음을 알게 되는 것(그리고 이후부터 제 시간에 집을 나서기 위해 행동을 바꾸는 것)은 내재화된 부적강화의 예시에 해당한다. ADHD 자녀를 양육하다 보면 아이와 부모 모두 부적강화 전문가가 되는 경향이 있다. 부모는 자녀가 원하는 방식대로 하도록 내버려두다 보면 힘겨루기를 피할 수 있다는 것을 알게 된다. 아이들은 떼를 쓰면 부모가 자기를 가만히 내버려 둔다는 것을 알게 된다. 부적강화 전문가들 간의 이러한 대립은 아이의 성장하는 뇌에 ADD를 대표하는 행동 도식을 더욱 강력하게 강화한다.

부모상담 시 치료자는 부모가 패턴을 인식하게 하고, 부모에게 실행가능한 대안을 제공해야 한다. Anastopoulos 연구팀(2006)은 소홀히 여겼던 부모-자녀 관계를 되살리는 데 도움이 될 만한 부모 양육 기술(예 : 정적강화)을 제안하였다. Beck 학파에 의하면 사실상 부모는 자녀가 순응하지 않는 것(어트랙터의 역할)에 대해서만 선택적으로 주의를 기울이고 지적하며, 자녀가 순응(소멸)할 때는 당연하다고 생각하고 무시해버린다. 다시 말해 ADHD는 신경역동 어트랙터에 의한 자기조절 장애이기 때문에 치료 변화가 쉽지는 않지만, 다른 아동과 마찬가지로 ADHD 아동 또한 심리치료의 상호 교류 과정을 통해 개선할 수 있는 성격 특성을 지니고 있다. Anastopoulos 연구팀은 치료자가 부모와 함께 다음과 같은 내용을 다룰 것을 제안하였다. 자녀가 어떤 행동(단, 위험성이 높은 행동은 제외)을 하더라도 일체 훈육하지 않을 수 있는 시간대를 부모가 정할 수 있도록 한다. 이 시간 동안 부모는 자녀가 바람직한 행동을 했을 때 그 행동을 반영해줄 수 있어야 한다. '정적 관심'은 두 가지 측면에서 효과가 있다. 첫째, 자녀의 바람직한 행동이 지속적으로 유지된다. 둘째, 자녀의 충동적인 특성과 계획대로 하지 않으려고 하는 특성에만 주의를 기울이고 지적하는 부모의 습관을 줄일 수 있게 된다. 이 접근은 인지행동치료 관점에서 보면 "내 아이는 내가 지시하는 것은 절대로 하지 않을 것이다."와 같은 부모의 핵심 신념을 반박한다.

구체적이고 즉각적이며 일관성 있는 방식으로 칭찬을 하게 되면 더욱 큰 효과를 얻을 수 있다. ADHD 아동의 경우 일반 수준의 정서적 지지로는 주의를 유지하기 어렵기 때문에 정적 보상 체계를 활용해야 한다. 매우 구체적인 보상이 있어야 아이들의 주의를 끌 수 있는데, 이때 전전두피질과 복측 뇌간이 관여한다. 반복적으로 보상받은 행동은 새로운 어트랙터가 되어 이 회로를 계속 만들어낸다.

치료자는 정적 관심을 적용하기 위해 부모에게 두 가지 목록을 작성하도록 요청한다. 첫째는 자녀가 가장 즐거워하는 혜택이나 활동에 대한 목록이고, 둘째는 아동의 행동 향상에 대한 목표(예 : 집안일 완수, 아침 제 시간에 등교 준비하기 등)를 기록한 목록이다. 부모는 자녀가 하기 싫어하거나 회피하던 과제를 이전에 비해 잘 받아들일 수 있게 하는 것과 부주의 때문에 끝마치지 못했던 과제를 완성하게 하는 것을 목표로 세운다. 부모는 치료자의 도움을 받아 과제의 우선 순위를 정하고, 과제의 중요성과 난이도를 고려하여 차등적으로 점수나 금액을 부과한다. 그다음에는 부모가 제시한 혜택이나 다른 정적 강화물의 등급을 매기고 돈의 액수(점수)를 배정한다.

Anastopoulos 연구팀은 잠복기 아동이나 초기 청소년기 아동의 경우, 혜택이나 다른 정적강화물을 획득하기 위해 모아야 하는 화폐로 포커칩 사용을 권장한다. 나이 많은 아이들은 '잔액'을 종이에 기록하거나 수표기입장을 쓰도록 할 수도 있다. 토큰경제는 처음 일정 기간 동안 정적강화를 위해서만 활용한다. 처벌을 위해서는 쓰지 않도록 해야 한다. 이 방식이 수정 보완 과정을 거쳐 적용되고 나면, 자녀가 지시를 따르지 않을 때의 부모 훈육 방식을 점차 적용하도록 한다(Anastopoulos et al., 2006).

서서히 부모는 자녀에게 적용하는 정적 관심을 더욱 일반적으로 사용할 수 있어야 하며, 이를 위해 치료자는 부모를 지지해주어야 한다. 이 접근은 행동주의 개념 및 안전함과 일관적인 기대의 이점을 다룬 애착 관련 문헌에서 강조하는 개념과 동일한 방식이다. 부모는 반드시 자녀의 혼자놀이independent play와 같은 안정된 애착행동에 주의를 기울이고 충분히 보상해줄 수 있어야 한다. 이는 부모가 실제로 자녀에게 고마운 마음을 느끼고 자녀에 대한 애틋한 마음을 가질 때에만 효과가 있다. 자녀를 회피하거나 무시하기 위해 교묘한 방식으로 제공하는 보상(칭찬)은 도움이 되지 않는다. 아이들은 그 차이를 쉽게 알아차리고 반응할 것이다. 엄마가 다른 부모와 놀이시간 약속을 잡기 위해 통화하는 동안 자녀가 기다려줄 때, 정적강화와 부적강화를 사용하여 자녀의 행동을 지속하게 할 수 있다. 부모는 정적 관심의 원리를 이해하게 되면서 애착 관계의 근본적인 측면을 떠올리게 된다. 인간은 진화를 거치면서 부모의 다양한 감정을 인식할 수 있으며 그 감정에 적응할 수 있게 되었다.

학교와 협력하기

학교 내 전문가와 소통하는 것 또한 ADHD 아동의 치료에 도움이 된다. 다른 아이들이 불공평을 느끼지 않는 범위에서 ADHD 아동을 가르친다는 것은 매우 어려운 일이다. 특히 학급 정원 30명 중 3명 정도는 ADHD이기 때문에 지도가 수월하지 않다. 교사는 치료자로부터 주의집중과 충동조절의 어려움이 있는 아이들을 도울 수 있는 최선의 방법을 얻고 싶어 한다. 주의집중과 자기조절기술은 아래와 같은 방식으로 지도할 수 있다.

- 과제를 작은 요소로 나누기
- 시간을 조직화하는 전략 가르치기
- 규칙적인 일과와 구조화된 환경 조성하기
- 모양, 색깔, 질감을 포함한 다양한 감각자극을 활용하여 조직화 기술을 습득할 수 있도록 돕기
- 집중에 방해되는 요소 최소화하기
- 좌절하더라도 포기하지 않고 과제를 지속할 수 있도록 지지해주기

이와 같은 교육적인 지침은 여러 문헌에서 폭넓게 언급되어 왔다(Harwood et al., 2008). 교사는 일정 기간 동안 상기 지침을 지속 수행하여 아동의 실행기술 증진을 촉진할 수 있다. 부모와 양육자는 자녀의 법적 권리(예 : 개별화교육계획을 받을 수 있는 권리)와 학교 및 지역사회 연계 방법을 숙지하고 있어야 한다. 이때 치료자는 부모가 이 과정을 제대로 거칠 수 있도록 지지해주어야 한다.

예후

치료를 받지 않은 ADHD 아동의 장기 예후는 다음과 같다. ADD 아동은 영아기 시기부터 자기조절과 관련된 문제로 갈등을 겪는다. 일반 아동에 비해 개인문제 혹은 대인관계 문제를 많이 경험하며 반사회적 행동과 약물남용 가능성 또한 높은 편이다. 품행장애와 같은 더욱 심각한 장애를 동반하기도 한다. ADHD는 양성 병변benign condition에 해당하지 않는다. 아동기에 진단받은 많은 사람들이 성인기에 동일한 증상

을 호소하며, 이들의 일부는 자신과 동일한 증상을 지닌 자녀를 양육하느라 매우 힘들어하기도 한다. 그러나 Kaiser 가이드라인에서는 다음과 같은 결론을 제시하고 있다. "치료, 개인 변인, 생태학적 및 가족의 특성과 같은 요소들 간 긴밀한 상호작용을 통해 예후는 충분히 변할 수 있다는 연구가 지속되고 있다"(Kaiser Permanente, 2004, p. 8). 부모, 교사, 의사, 치료자, 다른 의미 있는 성인들이 협력할 때 아동은 더욱 적응적인 생활을 할 수 있게 된다.

사례 : BASE 적용

체구가 작은 남자아이 카일(12세)은 평가를 위해 정신과에 의뢰되었다. 카일은 숙제를 제때 하지 않았고 시험 성적 또한 낮아 유급이 되었다. 학교에서는 개별화교육계획을 실시했으며 이후 약물치료를 권상하였다. 본 기관에서는 약물지료 평가 이전에 선별평가 과정을 거친다. 카일은 정신과 의뢰 전 아동가족팀을 방문하여 선별평가를 받았으며, 심리학 석사를 마친 인턴 바버라가 카일의 평가를 담당하였다.

면담은 부모의 불만으로 시작되었다. 부모는 카일의 학교 성적과 집에서의 태도에 진저리가 난다고 했다. 카일이 학교에서 하는 것이라고는 친구들과 수다 떨기가 전부인 것 같다고 하였다. 부모가 여러 번 주의를 줬지만 숙제를 써오거나 기억해 오지 않았고 숙제가 없다며 거짓말을 할 때도 있었다. 숙제를 하더라도 대충하거나 끝까지 하지 못했다. 부모는 노력하지 않는 카일을 이해할 수 없어 했다. 카일의 엄마는 "우리 아이는 너무 정신이 없어요." 그리고 "얘 때문에 미칠 것 같아요. 아이에게 뭔가를 알려주려고 하거나 잘못된 것을 고쳐주려고 할 때마다 정말 골치 아파요."라고 말했다.

숙제나 집안일 때문에 가족 간 갈등이 생기기도 한다. 아이는 자기 방에서 컴퓨터 게임에만 매달린다. 그럴 때 부모가 강아지 산책과 같은 일들을 시키면 "금방 할게요."라고 말만 할 뿐이다. 소리 지르거나 싸우지 않고 마무리하는 일은 거의 없었다. 카일의 아빠 또한 "정말 마음에 안 들어요!"라고 호소했다. "아이는 우리가 말을 하면 빈정거려요. 우리 보고 멍청이라고 하기도 해요. 무례함이 얼굴에 확연하게 드러나요. 아! 그리고 남동생을 끊임없이 괴롭혀요." 동생의 물건을 가져가거나 욕을 하기도 했다. 갑자기 때리기도 하고 꼬집기도 했다. 부모는 카일이 끊임없이 동생 약을 올린다고 하면서, 아이가 스스로 행동을 멈출 수 없는 것처럼 보인다고 입을 모았다.

면담 초기에는 아빠와 엄마가 서로 동일한 의견을 보였으나 시간이 지나면서 약간 다른 의견을 내놓기도 하였다. 아빠는 카일에게 외출을 자주 허락하지만 엄마는 불만스러워했다. 엄마는 불만을 내색하지 않고 참고 있다가 아이가 외출하고 난 후 남편에게 혼내달라고 요구했다. 남편은 아내가 너무 엄격하다고 생각했다. 남편은 "사실 나도 학교에서 잘 지내지 못했어요." 그리고 "아내는 나에 비하면 정말 체계적인 사람이죠. 그러나 그것 때문에 정말 초조해해요."라고 말했다.

카일은 에너지가 넘쳤기 때문에 잠시도 가만히 있지 못하고 충동적으로 행동했다. 그러나 5학년까지는 학교에서 잘 지냈다. 6학년이 되면서 변하기 시작했다. 점점 공부를 제대로 하지 않았고 더욱 부산해졌다. 컴퓨터 게임에만 몰두해서 부모와 갈등을 일으키기도 했다. 그 당시 아이를 가르쳤던 교사 중 한 명은 카일이 부주의한 것 같다며, ADHD 평가를 받아본 적이 있는지 물어보기도 했다고 한다.

그날 늦게 바버라는 자신의 슈퍼바이저 게일에게 아이가 약물치료 평가를 빨리 받아볼 수 있는지 자문을 구했다. 게일은 BASE 관점을 적용하여 함께 생각해보자는 제안을 하였다. 두 사람은 진단적 질문을 활용하여 함께 논의하기 시작했다. 뇌의 어느 영역이 ADHD와 연관이 있는지에 대한 관점을 기본으로 진행했다. "현재 견해로는 진단명 자체가 아이의 특성을 모두 포함하고 있지 않은 것 같네요."라고 말했다. "부주의는 그림의 일부분일 뿐이죠. 카일에 대해 알 수 있는 정보들을 살펴보죠. 수업시간에 부주의해요. 숙제를 받아 적을 때 제대로 집중하지 않고 시험 준비 또한 제대로 하지 않아요. 그러나 카일은 예전에는 이러한 일들을 잘 해내곤 했어요. 카일에 대한 기대치가 높아진 것 같아요. 더 이상 그것을 극복할 수 없었을 뿐이에요. 게다가 충동성 또한 만만치 않아요. 무언가를 생각하기 전에 카일의 손은 이미 남동생을 괴롭히고 있거나 부모에게 해서는 안 되는 말을 내뱉어버려요.

이처럼 부모에게 말하는 방식이나 남동생을 괴롭히는 행동을 고려했을 때 아이는 전형적인 ADHD인 듯해요. 주의력결핍보다 더 큰 문제군요. 그런데 이와 같은 다양한 과잉행동에 대해서는 고려하지 않고 있었네요. 모두 자기조절과 관련된 문제죠. 이는 전두엽의 기능이에요. 이것이 원인일 가능성이 꽤 높아요. 몇 가지 평가를 해봅시다!"

바버라는 부모에게 CBCL을 체크하도록 했다. 부모면담을 통해 추정한 것과 마찬가지로 CBCL 결과에서도 ADHD가 드러났다. 카일과 두 번째 개별면담을 했다. 가족면담 때보다는 시무룩한 모습이나 방어적인 모습이 덜해 보였다. 부모님이 자신에게 소리를 많이 질렀다며 불평했다. 그리고 자신은 더 많은 용돈이 필요하다고 했다. 학교에서 자신을 괴롭히고 멍청이라고 놀린 한 아이에 대해 털어놓기도 했다. 그저께 다른 아이들 무리 앞에서 그 남자아이가 자신을 괴롭혔고 주변 아이들 모두 자신을 비웃었다고 했다. 카일은 무기력하고 비참해 보였다.

바버라는 학교 선생님 두 분과 통화를 했다. 한 분은 카일에게 화가 난 듯했는데, 부모가 말한 것처럼 카일이 '미성숙하게 행동'하기 때문이다. 그 선생님은 "예전에도 이런 아이를 본 적이 있어요. 카일은 고등학교 졸업이 어려울 거예요."라고 단념하였다. 다른 선생님 한 분은 ADHD 아동을 여러 명 접해본 듯했다. 그 선생님은 부모가 마침내 자신의 피드백에 대한 조치를 하게 되어서 마음이 놓인다고 했다. '자녀를 포기한 것처럼 보이는' 부모들의 이야기도 잠깐 나누었다.

바버라는 우선 신경역동 관점에서 이를 고려하고 내담자와 조율을 설정하려고 시도하였다. 그 이후에 소아정신과 의사에게 약물평가를 의뢰했다. 의사는 카일과 가족들을 만났고 바버라의 사례 기록을 검토하였다. 그 후 리탈린을 처방하였으며 가족에게 2주 후 다시 내원할 것을 제안하였다.

다음 슈퍼비전 회기에서 바버라는 카일을 포함한 가족 구성원과 더욱 긴밀한 치료 협력관계 형성이 필요하다는 것을 느꼈다고 말했다. 이에 대해 게일은 "매우 좋은 생각인 것 같네요. 그리고 약을 복용하게 되면 아이들은 다양한 변화를 경험하게 되죠. 좀 더 나은 조건을 가지고 생활할 수 있게 되는 거예요. 그리고 선생님은 카일의 변화를 돕기 위해 낙관적 생각을 활용하는 것이 좋겠어요."라고 응답했다.

바버라는 카일과 개별면담을 지속했다. 따돌림과 관련된 걱정을 털어놓으면 대처할 수 있는 전략들을 함께 세웠다. 학교에서 선생님이 내주는 숙제를 빠뜨리지 않고 챙길 수 있는 전략에 대해서도 함께 이야기를 나누었다. 그중에서 카일은 다이어리 기능이 있는 휴대전화를 갖고 싶어 했다. 바버라는 부모에게 이를 제안해보겠다고 하였다. 그러나 부모님이 휴대전화 같은 것을 사준 다음에는 그만큼의 변화를 카일에게 요구할 수도 있음을 언급하였다. 그 말을 들은 카일은 갑자기 울기 시작했다. 카일은 자신이 얼마나 형편없는지에 대해서 이야기했다. "아, 정말 싫어요! 그렇지만 나를 싫어하는 사람들을 비난하지는 않겠어요!"

바버라는 게일에게 가족면담의 핵심은 카일이 아니라 부부생활이었다고 말했다. 아빠는 아들뿐만 아니라 아내에게도 언어폭력을 쓰는 듯했다. "정말 갑작스러웠어요! 어머님은 카일이 집에 들어오자마자 자기 방으로 들어가 문을 닫아 버리더라도 비난하지 않는다고 말씀하셨어요. 어머님은 자신도 그렇게 할 수만 있으면 좋겠다고 하셨어요."

슈퍼바이저 게일은 바버라에게 아버지가 분노조절 프로그램에 참여하는 것이 좋겠다고 조언했다. 아버지의 분노조절 훈련이 카일의 감정조절과 냉랭한 집안 분위기 개선에 도움이 되기 때문이다. 또한 아이는 불안정한 집안 분위기에서 벗어나기 위해 방에 숨어 있어야만 했다고 생각하지 않아야 한다. 바버라는 부모를 만나 훈육 방식에 대해 이야기를 나누었다. 체계적이고 일관적인 요구를 설정하고 자녀가 이를 수행했을 때 보상을 줄 수 있도록 했다. 부모가 잘못해서 생긴 문제가 아니라 카일이 특별한 도움을 필요로 하는 아이기 때문에 문제가 발생한다는 것도 설명해주었다. 뇌기능상 여러 가지를 조직화하는 데 어려움이 있고, 충분히 생각한 다음에 말을 하거나 행동하는 것 또한 어렵다고 하였다. 그렇기 때문에 더욱 구조화된 환경과 명확한 제한설정이 아이에게 필요하다고 조언했다. 부모는 카일의 행동 변화를 위해 '점수 제도'를 사용해보기로 했다. '매일 숙제할 내용 챙겨오기, 숙제 끝마치기, 제때 제출하기'를 목표행동으로 정했다. 이를 완수할 때마다 점수를 받게 되며, 모은 점수를 가지고 새로운 컴퓨터 게임을 할 수 있도록 했다. 엄마는 매주 교사의 도움을 받아 체크하는 일을 해보겠다고 말했다. 바버라는 우선 부모가 정적 보상을 수행해보도록 했다. 어느 정도 안정적인 수행이 가능하게 되면 아이가 불복종할 경우 부정적 결과를 제시하는 방식에 대해 논의할 예정이다.

그동안에 바버라는 카일과 조율하기 위해 매우 노력했다. ADD 아이들을 위한 지지그룹에 카일이 참여하도록 하였다. 이 그룹을 통해 카일은 또래 아이들이 주의집중 기술을 확장하기 위해 어떻게 공부하는지를 알게 되었다. 자존감 또한 높아졌다. 카일은 장애를 갖고 있는 것이지 갑자기 패배자가 된 것은 아니다. 이곳에서 카일은 다른 아이들도 자신과 동일한 어려움을 겪고 있다는 것을 알게 되었다.

리탈린을 복용하면서 카일에게 여러 가지 변화가 급속도로 일어났다. 숙제를 잘 챙기게 되면서 문제가 줄어들었고 성적이 올라가기 시작했다. 학교에서 놀림받는 일도 생기지 않았다. 3년 만에 처음으로 친구의 생일파티에 초대를 받았다. 이후 바버라는 학교의 다음 개별화교육계획 모임에 참석했다. 담당 아이를 격려하기도 했고 치료 계획에 대한 궁금증을 해결해주기도 했다. 그녀는 치료에 필요한 가족과 학교 간 협력관계를 구축할 수 있었다.

카일의 자존감은 점점 상승했고 성적은 수용가능한 범위에서 유지되었다. 갑자기 아빠는 자신이 얼마나 행복한지를 이야기하기 시작했다. 아들과 관계가 좋아졌기 때문이다. 또 이런 방식을 예전부터 썼어야 했다고 말했다. 아빠는 아이와 동일한 문제를 많이 갖고 있는 것 같다며 혹시 자신이 성인ADHD가 아닌지 궁금해했다.

한동안 모두가 예전보다 안정된 기분을 많이 느끼고 있었다. 하지만 바버라는 가족들에게 이 문제가 완전히 해결된 것은 아님을 명확하게 설명했다. 그동안 일어난 변화들은 지속적으로 유지될 가능성이 높으며 앞으로 가끔씩 다시 조율해야 하는 상황이 올 수도 있다.

제8장

아동과 청소년의 불안

> 인간의 뇌 원리를 토대로 보면 진화는 인간의 행복보다는 생명 유지에 더 큰 이득
> 을 제공한 것으로 보인다.
>
> —Lou Cozolino

불안장애는 ADHD 다음으로 아동과 청소년이 가장 흔히 겪는 심리장애다. 18세 이하 인구의 불안장애 발병률은 4~19% 정도로 추정된다(Costello & Angold, 1995; Ford, Goodman, & Meltzer, 2003). 대개 불안장애는 우울과 같은 다른 장애를 동반한다. 불안장애를 겪은 아동은 이후 성장 과정 동안 우울과 같은 다른 장애나 불안 발병 위험률이 높은 편이다. 아동과 청소년기에 주로 발생하는 불안장애는 다음과 같다.

- **범불안장애** : 범불안장애 청소년은 미래, 건강, 가족, 친구, 안전과 관련된 걱정을 지나치게 많이 한다.
- **분리불안장애** : 불리불안장애 아동은 집 혹은 부모와 떨어지는 것을 매우 두려워한다. 학교에 입학하면서부터 부모의 건강이나 안전을 걱정한다. 부모와 떨어져 자는 것을 매우 어려워할 수 있다. 두통이나 복통과 같은 신체 증상을 호소하면서 등원을 거부하기도 한다.
- **공황장애** : 공황장애는 청소년기에 가장 많이 발병한다. 공황장애 청소년은 심박수 증가, 호흡 곤란, 가슴 통증 등과 같은 신체 증상을 동반한 반복적인 에피소드나 극도의 공포와 같은 '발작attacks'을 갑작스럽게 경험한다. 이러한 증상들로 인해 죽거나 미칠 수도 있다는 두려움을 느낀다.
- **사회불안장애** : 사회불안장애의 발병률 또한 청소년기에 가장 높다. 사회불안장애 청소년은 사회적 상황에 놓여 있을 때 매우 두려워하거나 불안정한 모습을 보인다. 이들은 다른 사람들에게 부정적인 평가를 받을까봐 두려워한다. 성격 결함(예 : 어리석음)과 관련된 걱정이나 창피한 일을 당할지도 모른다는 두

러움이 내재되어 있다.

● **특정공포증** : 특정공포증은 특정한 어떤 대상(예 : 거미)이나 상황(예 : 높은 곳
에 서 있기)에 대한 극심한 두려움을 포함한다. 공포증이 있는 아동이나 청소년
은 이러한 대상과 상황을 피하는 경향이 있다.

타고난 요인

기질

과도한 행동억제능력은 부끄러움, 위축, 정서적 억제와 같은 특성traits으로 나타나며,
이는 불안장애와 우울을 유발하는 위험 요인으로 작용한다. 특히 불안민감성은 청소
년기 공황장애를 유발하는 위험 요인이다(Kaiser Permanente, 2001a). 불안민감성은
불안의 신체 증상(예 : 호흡 곤란, 심박수 증가, 신체 떨림)이 매우 부정적인 심리적/
신체적 결과를 초래할 것이라고 믿는 성향이다.

불안민감성과 공황장애의 관련성에 대한 장기 연구가 이루어지기도 했다. 불안
민감성이 있는 유럽계 미국인, 아시아계 미국인, 아프리카계 미국인, 중남미계 미
국인에게 공황장애 발병 경향이 있는 것으로 나타났다(Hayward, Killen, Kraemer,
& Taylor, 2000). 4인종 중 유럽계 미국인 청소년의 공황 증상이 가장 심각했으며,
중남미계나 아시아계 청소년은 다른 인종에 비해 전반적으로 불안민감성이 높았다
(Weems, Hayward, Killen, & Taylor, 2002).

Rorhbart와 Posner(2006)는 강렬한 접근 성향이 어떤 아이들에게는 긍정적 기분
의 원동력이지만 다른 아이들에게는 충동성을 유발할 수 있음을 지적하였다. 영아기
에 접근 성향이 높았던 7세 아동은 일어날 일을 긍정적으로 예상하며, 화/좌절 및 공
격성을 동반한 충동 특성을 나타냈다. 주의조절을 어려워하는 경향도 있었다. 접근
행동을 할 때 매우 큰 즐거움을 느끼는 편이었다. 반면에 초기 아동기 시기 공포 표
현은 접근 행동 및 억제 행동과 비교적 관련성이 낮았다. 이 아이들은 안정감을 느
끼기 위해 과도하게 감정을 통제하거나 회피 행동을 보인다. 접근 성향은 '가속 페
달', 억제성향은 '브레이크' 역할을 하며 가속화 경향이 클수록 행동 억제는 어려워

질 수 있다(Rothbart & Derryberry, 2002). 이 두 가지 특성 간 균형은 건강한 발달의 핵심 요소다. 적절한 수준의 공포는 상반된 특성 두 가지를 조절한다. Rothbart와 Posner(2006)는 다음과 같이 언급하였다.

공포는 외현화 행동 문제 발달을 억제하기도 하고 양심 발달을 촉진하기도 한다.
(p. 477)

기질적 억제 성향은 추후 불안장애 발병과 관련이 있기도 하다. 이와 관련하여 Kagan, Snidman, Zentner와 Peterson(1999)은 4개월 된 영아 그룹을 추적 관찰하였다. 영아에게 새로운 자극을 주었을 때, 운동 활동성과 부정적인 정서 반응의 최대치와 최저치를 측정했다. 반응 수준이 높았던 영아의 경우 7세가 되었을 때 불안 증상을 더욱 많이 갖고 있는 것으로 평가되었다. Goodwin, Fergusson과 Horwood(2004) 또한 불안/회피 행동('내재화 행동')을 보이는 8세 아동은 성장하면서 우울을 겪을 수 있다는 연구 결과를 제시하였다.

신경역동 요인

범불안장애 아동의 경우 또래 아동에 비해 편도체가 큰 편이다(DeBellis et al., 2000). 불안이 높은 8~11세 여아를 대상으로 뇌파 검사를 실시했더니 통제 집단 아동에 비해 우측 전두엽 비대칭이 큰 편이며 주로 우뇌를 많이 사용하는 것으로 나타났다(Baving, Laucht, & Schmidt, 2002).

부끄러움, 신중함, 정서적 억제와 같은 억제 성향은 교감신경계의 높은 각성과 관련이 있다. 과잉 활성화된 편도체와 결합할 경우, 아동은 불안에 대한 신경역동 잠재성을 가지게 된다. 신경역동 잠재성은 매우 많은 환경적 지지가 있지 않는 한 달라지기 어렵다. 이러한 기질과 생리학적 특성을 지닌 아동은 코르티솔 수치가 높은 편이며, 높은 코르티솔 수치는 성장에 문제를 일으키기도 한다. 코르티솔 수치는 일일 주기diurnal cycle로 변화되는데, 아침에 가장 높았다가 하루 동안 점점 줄어든다. Essex 연구팀(2002)은 코르티솔 수치가 늦은 오후에 더 높게 유지될 때 1~2년 후 행동 문제

표 8.1 강박장애, 사회불안장애, 달리 분류되지 않는 불안장애의 신경역동

장애명	뇌 영역	비정상	기능에 미치는 영향
강박장애	기저핵	부피 증가	전전두피질의 자극을 여과하거나 억제하는 역할 감소
	안와전두피질과 전측대상회	담창구 억제로 시상이 활성화	전두엽 활성이 증가하여 지나치게 생각을 많이 하게 됨
사회불안장애	우측 전두엽	이례적으로 각성이 늦게 되고, 각성 이후에는 오랫동안 계속 상승	불안정과 각성 경험
달리 분류되지 않는 불안장애	편도체	부피 증가	대뇌피질이 제어를 더 많이 해야 하는 과잉 각성 상태 유지
	우측 전두엽	뇌전도 비대칭	감정조절 실패

를 일으킬 가능성이 있다고 제시하였다. 유사한 맥락으로 Goodyer, Herbert, Tamplin 과 Altham(2000)은 코르티솔이 급상승할 경우 몇 개월 이내에 우울증에 걸릴 수 있다는 연구 결과를 제시하였다. 표 8.1은 강박장애, 사회불안장애, 달리 분류되지 않는 불안장애의 신경역동을 나타낸다.

사례 : BASE 적용

사라(15세)는 가슴이 너무 두근거려서 마치 심장마비에 걸릴 것 같다며 학교 보건실을 급히 찾아왔다. 보건교사가 사라의 심장소리를 확인하였으나 부정맥 증상은 아니었다. 심박수는 130으로 상승하였고 사라는 땀을 뻘뻘 흘렸다. 온몸을 떨면서 숨을 제대로 쉬지도 못한 채, 보건교사에게 자신이 죽을까봐 무섭다고 했다. 진찰대에 앉으려는 순간 벌떡 일어나더니 초조하게 서성거리기 시작했다. 보건교사는 학교상담사와 의논한 끝에 사라가 공황 발작을 일으킨 것으로 판단하였다. 사라에게 이를 알렸지만 받아들이지 않았으며 아이는 '진짜 의사'의 진찰을 받겠다고 했다.

사라의 부모는 아이를 데리고 응급실로 갔다. 의사는 진찰 후 아이와 부모에게 학교선생님의 추측대로 공황장애 증상이라고 말했다. 아이는 심장마비가 아닌 공

황 상태를 겪은 것이다. 의사는 공황 증상 때문에 응급실을 찾는 사람들이 종종 있다는 것을 가족에게 알렸다. 실제 느끼는 증상이지만 그것 때문에 죽지는 않는다는 것 또한 알려주었다. 의사는 아이와 부모를 정신과로 의뢰하였고 부모는 마지못해 당일 진료에 동의했다.

인턴 사회사업가가 정신과 접수면담을 진행했다. 사라는 지속적으로 다이어트를 하고 있었기 때문에 가능하면 적게 먹고 다이어트 콜라를 마셨다고 했다. 또한 자신이 늘 예민한 편이라고 했다. 학교에서 남자아이들에게 데이트 신청을 받는 여자아이들은 날씬하고 매력적으로 생겨서 마치 모델 같다며 걱정을 했다. 인턴인 안나는 사라에게 또 다른 걱정거리가 있는지 물어보았다. 자신의 성적에 대해서도 걱정을 했고 오빠가 가고 싶어 하는 대학에 입학할 수 있을지도 걱정이 된다고 했다. 강아지 나이가 많은 것도 걱정이며 아버지가 매우 스트레스를 받고 담배를 피우는 것 또한 걱정이 된다고 했다.

사라의 부모는 딸이 진정할 수 있도록 약 처방을 요청했다. 부모는 인턴이 매우 어리고 의사가 아니었기 때문에 내키지 않았다. 약을 처방하기 위해서는 슈퍼바이저와 협의가 필요할 수 있다는 인턴의 말에도 불편해했다. 안나는 응급사례라고 판단하여 슈퍼바이저 마거릿에게 특별면담을 요청하였다. 안나는 사라가 섭식장애인지 상의하고 싶었으며 응급 약물 처방 예약 승인을 받고자 했다. 안나는 거식증과 폭식증 증상을 검토해봤으나 사라에게 해당하는 증상을 전혀 찾을 수 없었다고 보고했다. 마거릿은 안나에게 다음 회기 때 아이의 섭식장애 증상들을 주의 깊게 살펴볼 것을 제안했다.

마거릿은 미소 지으며 안나에게 진정하라고 말했다. "아마 아이의 불안이 선생님에게도 전달되었을 거예요. 그런 상황은 진단을 하는 데 매우 유용해요. 만약 선생님이 그렇게 생각한다면 지금 실제로 급한 것은 무엇일까요? 심장문제에 대해 의학적 검사를 받았지만 이상소견은 없었어요. 아이는 자신의 불안을 선생님에게 옮긴 것뿐이에요. 그러니까 사라는 심장이 아닌 생각하는 두뇌의 문제를 갖고 있는 거죠."

안나는 약간 편안해졌으며 마거릿의 제안에 따라 합리적인 치료 계획을 세우기 위해 BASE를 활용하기로 했다. 마거릿은 "제 눈에 분명하게 보이는 두 가지 요소가 있어요. 하나는 아이의 기질적 특성이에요. 아이가 항상 불안해했다고 했으니까요. 그리고 다른 하나는 카페인 음료를 마신다는 점이에요. 우선 아이와 함께 아이의 기질과 식습관에 대한 이야기를 나눠보면 좋을 것 같아요. 신경화학적 균형이 깨져 있고 지나치게 초조해하고 있어요. 보다 균형 잡힌 식습관이 필요하겠어요. 그래야 신경전달물질이 균형 상태로 회복될 수 있겠어요." 하고 소견을 밝혔다. 이것이 먼저 해결되지 않으면 다음 치료 단계는 더디게 진행될 수도 있었다.

마거릿과 안나는 아이의 상태에 영향을 미칠 수 있는 신경역동 요소들을 고려한 다음에 BASE의 두 번째 요소인 동맹에 대해 의논하였다. 안나는 "솔직하게 말하면 부모님에 대해 아는 것이 별로 없어요. 두 분은 전혀 도움이 되지 않았어요. 아이보다 더 불안한 듯 보였어요. 그리고 저를 전혀 신뢰하지 않았어요."라고 말했다. 마거릿은 역전이를 강조하였다. 그녀는 불안을 일으키는 인지적 절차가 투쟁 혹은 도피에만 국한되어 있으며, 우리의 뇌는 불안의 사회적 전파를 무조건 받아들인다고 설명하였다. 안나가 부모를 도와서 이 위기를 극복하게 되면, 부모에 대한 부정적인 인식은 사라질 것이다. 아동상담은 부모의 협조 없이 진행을 제대로 할 수 없다. 이 사례 또한 마찬가지다.

접수 기록지를 살펴본 마거릿은 아버지가 변호사, 어머니는 공인회계사라는 점을 주목하였다. "두 분 모두 고학력자네요. 아마도 이분들은 전문적인 정보를 더 원할 듯해요. 그러니 의사나 심리치료자를 선호할 수도 있겠죠. 이 문제는 우리가 해결할 수 있어요." 두 사람은 치료 과정에 부모의 참여를 증진할 수 있는 방법을 함께 의논하였다. 마거릿은 사라에게 Prochaska의 변화단계모델 활용을 제안하면서, 아이의 부모가 초기 단계 중 어디에 머물러 있는지 생각해보라고 했다. 초기 단계는 아무런 동기가 없으며 어떠한 변화도 받아들이지 않으려는 전숙고precontemplative 단계와 불확실한 동기를 갖고 있으며 의사결정을 하기 위해 많은 정보를 찾게 되는 숙고contemplative 단계로 나뉜다(Prochaska & Norcross, 2002). "저는 두 분이 무슨 생각을 하고 있는지 전혀 모르겠어요."라는 안나의 말에 마거릿은 "지금은 두 분 모두 매우 불안해하고 있어요. 이것만으로도 충분히 알 것 같아요." 라고 하였다. "전숙고 단계에서 한 단계 올라갈 수 있도록 선생님이 도와야 해요. 그리고 두 분은 약물에만 기대하기보다는 두 분의 역할 또한 치료에 필요하다는 것을 고려해야 해요. 딸 문제를 직시하지 않으려는 것도 아셔야 해요. 이 세 가지를 목표로 설정하면 되겠네요."

마거릿은 안나에게 Kaiser의 panic practice guideline을 포함한 공황장애 관련 책 몇 권을 주었다. 구글로 공황장애를 검색해보는 것 또한 제안했다. 안나는 비전문가가 쉽게 이해할 수 있는 확실하고 정확한 정보를 갖고 있어야 했다. 부모님과 사라는 장애의 개념과 치료의 필요성을 이해해야 했다. 다음으로 마거릿과 안나는 공황장애 치료 경험이 있고 항불안제 처방 외에 다른 치료 방식을 병행하는 정신과 의사에게 부모를 의뢰하기로 했다. 두 사람은 의사가 인턴 안나의 치료 계획을 지지해주고 탄탄한 동맹을 맺는 데 도움을 줄 것으로 예상했다.

안나는 희망, 공감, 책임을 포함하는 안아주는 환경을 통해 부모와 조율을 이루어야 했다. 안나는 다음 면담에서 부모의 바람대로 진료를 연계해주었으며 증거 기반에 입각한 치료 계획을 알려주었다. 치료 계획에 포함된 심리교육을 통해 뇌 발달, 현재 영양 패턴의 문제점, 회피 행동을 줄이고 불안한 감각을 편안하게 받아들여야 하는 이유를 살펴볼 것이라고 했다. 사라는 치료를 승낙했고 그런 아이의 모습에 안나는 매우 기뻐했다. 사라는 자신에게 찾아올 또 다른 '발작'을 선생님이 막아줄 것이라는 확신이 들었다며 호감을 보였다.

사라는 자신이 생각하는 불안의 신체 증상 의미를 재구성해보기로 했다. 불안이 높은 사람들은 편도체의 조건화된 공포 반응이 지나치기 때문에, 자신의 사고를 명확하게 정리하고 이를 보다 현실적인 사고로 바꿀 수 있도록 도와주는 과정(인지행동치료의 '인지적 재구성')이 중요하다. 이 과정은 공포자극 노출 단계 이전에 이루어진다. 자동적 사고와 가슴에 사무치는 생각hot thoughts 그리고 대안적 사고를 명료화하고 해석하는 기법이 인지적 재구성에 기본으로 포함되며 모든 기법은 상당히 유용하게 쓰인다. 노출 단계 이후에는 예전과 다른 방식으로 자극을 받아들여야 하는데, 이때 인지적 재구성이 새로운 방식의 토대가 된다. 인지적 재구성은 변동이 심한 작업기억의 내용을 대뇌피질이 제대로 처리할 수 있도록 한다. 극심한 공포에 대한 신경역동 어트랙터가 강렬한 사람의 경우, 새로운 경험은 무의식적인 과정과 작업기억을 통해 뇌에 전달되는 그 즉시 두려움을 전제로 하는 정서에 의해 왜곡되는 것으로 보인다.

사라와 안나는 실질적인 신체 반응을 유발하는 훈련을 해보면서 공포감각에 대한 이야기를 나누었다. 이 한 가지 주제만으로 뇌에 대한 이야기를 하였으나 사라는 그 의미를 충분히 이해했다. 안나는 사라에게 숨이 가빠질 정도로 빠르게 호흡하라고 한 뒤 어지러울 때까지 의자에서 앉았다 일어나기를 반복하라고 하였다. 사라는 신체감각을 말로 표현하였고, 안나는 이런 반응의 원인을 상기해주었다. 의자에 앉으라고 한 다음에 어지러울 때까지 의자를 돌렸다. 잠시 후 어떤 느낌인지 이야기를 나누었다. 사무실 밖으로 나와 건물 계단으로 이동한 다음, 안나는 사라에게 계단 오르고 내리기를 4회 반복하라고 하였다. 숨 쉬기가 힘들어지고 심박수가 빨라질 때까지 계속했다. 노출 반복은 중요하다. 반복을 통해 새로운 신경망과 새로운 체계 어트랙터가 형성되기 때문이다. 이러한 훈련은 사라가 신체감각을 예전처럼 과도하게 받아들이지 않고 버틸 수 있는 방법을 익히는 데 도움이 되었으며, 신체감각에 대한 예전의 해석 방식을 보편적인 감각으로 교체해주었다. 신경역동 측면으로 보자면, 두 사람은 사라의 편도체 반응을 줄이기 위해 협력했다. 이를 통해 편도체 활동을 조정하는 좌뇌의 역할이 강화되었다.

안나는 여러 연구(Barlow, Craske, Cerny, & Klosko, 1989; Craske, Meadows, & Barlow, 1994)에서 밝혀진 바와 같이 인지적 재구성 단계를 먼저 시작한 다음에 자극감응훈련 기법을 적용하였기 때문에 효과를 볼 수 있었다. 재구성과 자극감응훈련 병행은 내담자가 노출에서 발생하는 인지에 이의를 제기하는 데 도움이 된다(Zuercher-White, 1997). 내담자는 심리교육을 통해 이 과정의 유용성을 이해해야 한다. 극심한 공포는 신체 내부감각에 대한 **공포증**으로 여겨지기도 한다. 자극감응훈런은 내담자가 이러한 감각을 익숙하게 받아들일 수 있도록 해준다. 이 기법은 집단 내에서도 활용할 수 있다. 각자 새로운 기술을 시도해보고 성공적으로 수행한 집단 구성원들을 관찰할 수 있기 때문이다.

강박장애

강박장애는 강박적 사고와 강박적 행동을 특징으로 한다. 강박적 사고는 반복적이고 지속적인 생각, 사고, 심상, 충동 등을 말하며, 강박적 사고에 대한 신체적 혹은 정신적인 활동을 강박적 행동이라고 한다. 많은 내담자는 강박적 사고를 유발할 수 있는 자극이나 상황을 회피하려고 한다. 강박장애 아동과 청소년은 대체로 불안, 긴장감, 죄책감, 짜증, 좌절감을 느낀다. 이들에게 직접 물어보더라도 대부분은 강박적 사고나 행동 외에 다른 위협적인 요소를 발견할 수 없다. 남자 청소년은 성sexual과 대칭symmetry에 대한 강박적 사고를 많이 하는 반면에 여자 청소년은 공격적인 강박적 사고를 많이 한다는 몇몇 연구가 보고되기도 했다(자세한 내용은 Bessette, 2004 참조). 많은 강박장애 환자는 상동증적 행동의식을 반복해야만 편안하고 안정적인 느낌을 되찾을 수 있다고 생각하며, 나름의 의식 절차를 완수했을 때 안도감을 느낀다. 강박적 사고는 자신도 모르게 자동적으로 일어나는 반면에 강박적 행동은 보다 의식적으로 일어나는데 여기에는 매우 엄격하고 특이한 방식이 존재하기도 한다.

진단

의식행동rituals을 한다고 해서 반드시 강박장애에 해당하는 것은 아니다. 이를테면 집에 혼자 있기 때문에 문이 잠겨 있는지 여러 번 확인하는 청소년이나 잠자리에 들기 전에 항상 옷장 문을 조금 열어두는 여자 청소년은 강박장애에 해당하지 않는다. 이 진단을 위해서는 강박적 사고나 행동과 관련된 스트레스 상황이 하루에 한 시간 혹은 그 이상 지속되거나 일상적인 일 내지 기능에 심각한 지장을 초래해야 한다.

강박장애는 매우 여러 가지 증상으로 나타나기는 하지만 아동과 청소년에게 흔히 나타날 수 있는 강박적 사고와 행동은 다음과 같다.

- **오염** : 먼지, 세균, 유독성 물질에 오염될지도 모른다는 강박적인 두려움. 두려움을 일으키는 물질을 피하려 하고 닿았을 때 씻는 행동을 반복한다.
- **건강염려증** : 병에 걸릴지도 모른다는 강박적인 두려움. 의료적 점검을 반복한다.
- **병적인 의심** : 해야 할 일을 잊어버려서 끔찍한 일을 겪을지도 모른다는 강박적인 걱정. 이 때문에 강박적 행동으로 끊임없이 확인을 한다. 예를 들어 열린 문을 통해 살인자가 들어오는 것을 막기 위해 문을 계속 확인한다.
- **재난에 대한 공포** : 상상의 재난에 대한 강박적인 공포. 일련의 순서로 정리하거나 정해진 장소에 물건을 두는 것과 같은 강박적 행동을 동반한다.
- **공격적이거나 성적인 상상** : 생생하고 위협적인 공격행동이나 성적 행동을 하는 것에 대한 두려움 혹은 공격적이고 성적인 본능과 관련된 거슬리는 사고. 이와 관련된 강박 행동으로 반복적인 고백, 반복적인 확인 요청, 위험을 일으킬 수 있는 도구(예 : 칼) 회피, 마음속으로 숫자 세기, 기도하기 등이 있다.
- **강박적 지연** : 수를 세거나 정리를 하느라 매우 극단적으로 느리게 행동한다.

발생률과 발병 시기

강박장애 발병 가능성이 가장 높은 시기는 중기 아동기와 초기 청소년기다. 첫 발병 시기는 남자 청소년이 빠르지만(평균 9세), 전반적으로 여자 청소년(평균적인 첫 발병 시기는 13세)의 비율이 높은 편이다. 전체 강박장애 인구의 80%가 아동기와 청소년기에 첫 발병한 것으로 추정된다(Geller et al., 2001 ; Kaiser Permanente, 2001b). 아동기에 발병한 강박장애와 청소년기에 발병한 강박장애는 차이점이 있다. 일찍 발병할수록 가족력이 있고 틱이나 뚜렛장애를 동반할 가능성이 높다. 아동기 발병은 여성보다 남성의 비율이 높지만(Geller, 1998), 강박장애는 여성에게 더 많이 발병한다(Kaiser Permanente, 2001b).

공존율

강박장애 청소년 4명 중 3명 정도는 최소 하나의 공존질환을 갖고 있으며 주로 틱장애, 뚜렛장애, 주의력결핍 과잉행동장애를 동반한다(Geller et al., 2002). 틱장애, 뚜렛장애, 강박장애는 매우 연관성이 높은 편이다. 강박장애 인구의 20~30% 정도는 틱장애를 갖고 있거나 과거에 틱장애를 앓은 경험이 있다. 뚜렛장애의 35~50%는 강박장애를 동반한다. 뚜렛장애는 소리내기, 눈 깜박거리기, 단어나 몸짓 반복 증상을 나타낸다. 이러한 증상은 신체감각을 통해 유발되며 불안보다 유발 정도가 높은 편이다. 그러나 뚜렛 증상은 강박장애의 의식행동을 자주 동반하기도 한다(Kaiser Permanente, 2001b).

그 외에 아동과 청소년의 강박장애에 주로 동반되는 장애는 다음과 같다.

- 다른 불안장애
- 우울장애
- 주의력결핍장애
- 파괴적 행동장애
- 학습장애
- 발달지연

강박장애 아동은 종종 계획된 과제를 수행할 때 실행 기능 결함과 함께 신경심리학적 결함을 보인다. 강박장애 진단을 받은 아이들은 다양한 어려움을 갖고 있다. 맞춤법이나 계산 실수가 잦고 글을 쓸 때 문장 표현력이 부족하기도 하다. 처리속도와 효율성 또한 떨어지는 편이다(Kaiser Permanente, 2011b).

평가

임상 장면에서 강박적 특성이 있는 아동이나 청소년을 만나는 일은 드물다. 그렇기 때문에 아동상담자나 가족치료자 대부분은 강박장애가 꽤 흔한 장애라는 사실을 믿기 어려워한다. 미국 전체 인구 중 400~600만 명 정도가 강박장애인 것으로 추정되는데, 천식이나 당뇨병만큼 흔한 질병으로 볼 수 있을 정도다(Nymberg & van Noppen, 1994). 경력이 풍부한 정신과 의사도 강박장애 진단을 종종 놓칠 때가 있다. 높은 공존율이 원인일 수도 있고 아이들이 증상에 대해 이야기하는 것을 꺼리기 때문일 수도 있다. 십대 아이들은 대체로 자신의 증상을 드러내지 않으려고 한다. 정신건강에 이상이 있는 것으로 생각하기 때문에 증상을 두려워하며 이야기하는 것을 부끄러워한다. Kaiser Permanente(2001b)에서는 불안 증상이 있는 아동을 평가할 때 다음과 같은 강박장애 탐색 질문 활용을 권장한다.

- 혹시 멈추고 싶은데 그럴 수 없는 생각을 하거나 어떤 행동을 하기도 하니?
- 다른 사람들에게는 하찮을 수 있지만 너는 쉽게 떨쳐버릴 수 없는 걱정을 할 때가 있니?
- 꼭 필요하지 않고 어쩌면 바보같이 보일 수도 있지만 규칙적으로 하는 일이나 행동이 있니? 혹은 이상하다고 생각하면서도 어떻게든 하게 되는 행동이 있니?

상담장면에서 강박장애 증상을 평가할 때는 더욱 일반적인 정신건강 평가의 맥락으로 접근하는 것이 좋다. 치료자는 아동의 발달사, 약물남용, 의학적 건강 상태, 처방받은 약물과 관련되어 나타나는 문제들을 반드시 물어봐야 한다. 아동의 기질, 가족력, 공존 증상(예 : 틱, 다른 불안장애 유형, 우울, ADHD) 또한 고려해야 한다. 강박장애는 가벼운 증상이나 다른 형태로 나타날 수 있다. 즉 강박장애 때문에 시간이나 정신 에너지를 제대로 사용하지 못하거나 스트레스에 취약할 수 있다.

이러한 탐색적 방식으로 예방과 개입을 강구하는 과정이 가족들에게 큰 도움이 된다. 정보처리상의 편파적 경향성이나 마술적 사고가 때로는 장애를 밝히는 데 실마리가 된다. 첫 증상이 나타난 후 부모가 이를 인식하기까지 4~6개월 정도 걸리는 편이다. 다음과 같은 탐색 질문을 통해 더욱 세밀하게 자녀에 대한 기억을 떠올리고 점검할 수 있다.

- 자녀가 어떤 것을 일정한 순서대로 정리하려고 할 때가 있습니까?

● 자녀가 다른 아이들에 비해 지나치게 씻는다고 생각하십니까?

평가 과정 시 심리교육 방식을 추가하여 문제를 다르게 이해하고 있는 가족 구성원을 도울 수 있다. 도덕적 결함이나 성격문제가 증상의 원인이 아니라는 점을 이해해야 한다. 증상을 새롭게 이해하면 가족은 안심하고 치료 개입 시기를 설정할 수 있다. 공황장애 치료와 마찬가지로 인지적 재구성은 노출을 통해 일어나는 것들을 이전과 다른 방식으로 처리할 수 있도록 한다.

아동용 Yale-Brown 강박 증상 척도는 6~17세 아동의 강박장애를 측정할 수 있는 유용한 도구다(Goodman et al., 1989a, 1989b; March & Mulle, 1998). 이 측정 도구는 증상 체크리스트를 포함하고 있으며 강박적 사고와 행동에 소요하는 시간을 평가한다. 또한 증상에 대한 아동의 고통, 저항, 의식적인 통제 등과 같은 다른 요인들의 심각성을 함께 평가할 수 있다. 첫 번째 평가 면담이 끝난 다음에 이 측정 도구로 평가를 하고, 두 번째 면담은 결과를 함께 의논하는 시간으로 활용할 수 있다(Kaiser Permanente, 2001b).

원인론과 신경역동

강박장애 유발 요인으로 신경해부학적, 신경화학적 신경전달물질, 유전적 이상이 거론되고 있다. 환자들은 지속적으로 실행 기능, 시공간 능력, 비언어적 암기와 관련된 어려움을 호소한다. 영상 연구를 통해 전두엽-선조체-시상-대뇌피질 네트워크의 역기능을 일으키는 순환 이상이 밝혀진 바 있다. 이와 같은 신경전달물질의 이상은 선택적 세로토닌 재흡수 억제제 복용과 행동치료를 통해 정상으로 회복된다(Kaiser Permanente, 2001b). 뇌에 가해진 외상, 독소, 감염 등이 장애의 첫 발병 요인으로 밝혀지기도 했다(예 : 무도병Sydenham's chorea). 다양한 요인이 이 장애의 원인으로 알려져 있다.

Giedd 연구팀(2006)이 수행한 강박장애의 뇌 기반 특성에 대한 신경과학적 연구는 다음과 같은 결론을 제시하였다.

대다수 이론가는 강박장애가 피질 선조체-시상 회로corticostriatal-thalamic circuitry의 불안정 때문에 발생한다고 주장한다. 특히 기저핵이 전두엽 피질 영역에서 받은 정보를 걸러 내거나 억제하지 못하기 때문이다. 따라서 안와전두피질과 전측대상회가 '과도한' 정보를 미상과 측좌핵으로 보내고, 그런 다음에 이 정보는 담창구에 제약을 가한다. 이렇게 되면 시상이 개방되고, 시상은 이 과도한 자극을 전두엽 피질 영역으로 전달하면서 순환이 완성된다. (p. 163)

다른 정신의학적 장애(예 : 우울)와 마찬가지로, 발전하고 있는 신경과학적 관점으로 보면 활성화와 억제 신경역동 모듈 사이의 조절 불능이 강박장애 증상을 유발한다(Grigsby & Stevens, 2000). 과도한 흥분이나 부적절한 억제가 원인이 되기도 한다. Saxena 등(1999)은 양전자 방사 단층 촬영법 기술을 활용하여 파록세틴paroxetine(상품명 : 팍실Paxil) 투여에 따른 강박장애 치료 성과를 연구하였다. 그 결과 파록세틴은 과잉 활성화된 안와전두와 미상 대사항진caudate hypermetabolism을 일부 정상으로 돌려놓는 것으로 밝혀졌다. 약물은 제동을 걸 수 있도록 해주며 신경역동의 평형상태를 되찾아준다. 이 장애의 신경역동 요소를 이해하게 되면, 증상에 대한 기존의 잘못된 생각을 개선할 수 있으며 치료(특히 노출-반응-예방 요소)의 필요성을 이해할 수 있게 된다.

연쇄구균 감염에 따른 소아 면역 신경정신 장애pediatric autoimmune neuropsychiatric disorders associated with streptococcal infections, PANDAS를 앓은 아이들이 갑작스럽게 강박장애 증상을 보이기도 한다. PANDAS의 경우, 감염을 예방하는 항연쇄구균성 항체가 연쇄구균이 아닌 기저핵에 있는 뉴런을 공격하기 때문에 강박장애 증상을 나타낸다. 최근 강박장애 발생률과 아동기 PANDAS 간 상관을 밝히는 연구들이 시행되었다. 이로 인해 PANDAS가 강박장애의 원인이 될 수 있는 유전적 잠재성을 발현시킬 수도 있다는 비교적 간단한 이론이 더욱 주목받고 있다. PANDAS를 앓은 아동 54명을 대상으로 한 연구에서 전체의 26%는 강박장애를 진단받은 일촌이 최소 한 명 있었으며, 11%는 부모가 강박성 성격장애인 것으로 나타났다. 하와이에 거주하고 있는 청소년 600명을 대상으로 한 연구에서 하와이 토착민인 십대의 강박장애 발병률이 다른 인종 집단에 비해 2배 높은 것으로 나타났다. 이 집단은 PANDAS와 관련 있는 류마티스성 열의 발생률 또한 높은 것으로 나타났다(Lougee, Perlmutter, Nicholson, Garvey, & Swedo, 2001). 이 연구 결과를 근거로 몇몇 연구자들은 강박장애의 전반적인 다른 증상들이 자가면역질환 때문에 생길 수도 있음을 언급(Bessett, 2004)하였으나 현재는 추측에 의한 가정일 뿐이다. 강박장애 아동 대부분은 연쇄구균성 감염을 앓지 않았다. 그러나 PANDAS는 강박장애를 유발하는 기저핵의 역할을 재차 강조한다. 여러 다른 종species의 뇌에서 기저핵과 유사한 구조를 가진 영역은 운동제어를 조절하는 기능을 한다. 그러나 안와전두피질과 같은 체계의 진화론적 변화는 뇌 전체의 조직 변화를 일으켰다. 지금까지 기저핵은 인지, 정서조절, 학습에 관여하는 것으로 추정하고 있다.

가족역동과 성격 요인

치료자로서 저자들은 강박장애의 심리학적 특성과 가족 체계 요인에 초점을 두어 설명하고자 한다. 강박장애를 유발할 수 있는 선행 사건으로는 엄격한 훈육 방식, 종교적 믿음에 반하는 사고 등이 있다. 또한 자신의 형제가 죽어버렸으면 좋겠다는 생각을 한 적이 있었는데 우연의 일치로 형제가 사망한 것과 같은 중대한 사건도 선행 사건에 해당한다. 강박장애 아동은 매우 의존적이고 가족에게 밀착되어 있는 경우가 많다. 밀착된 부모-자녀 관계로 인한 심각한 가족 갈등은 아동기 강박장애와 관련이 있다(Freeman et al., 2003).

강박장애의 인지적 위험 요소에는 과도한 위험 지각과 누군가의 상황 통제에 대한 과대평가가 포함된다. 강박장애 사람들은 불확실한 상황을 견디기 힘들어하는 경향이 있다. 외향적, 친절함, 융통성 있는 대처 방식, 균형적인 귀인 방식, 자아 강도, 긍정적 자기개념, 치료에 대한 개방성, 통찰력 등과 같은 성격 특성은 보호 요인으로 작용한다(Bessette, 2004). 강박장애 증상 유지와 관련 있는 인지적 요소는 다음과 같다.

- 아이들은 자신이 위험을 일으키거나 예방할 수 있는 권한이 있다고 느낀다.
- 아이들은 생각이 실제 행동으로도 나타날 것이라고 확신을 한다.

- 아이들은 사고 혹은 충동적 생각이 사람의 실제 성격을 반영한다는 신념을 갖고 있다.

강박장애 치료

아동과 가족의 치료는 본인의 희망사항과 '가장 심각한 증상' 목록을 바탕으로 계획을 세운다. 확고한 치료 동맹 형성에 도움이 되기 때문이다. 목록에는 자녀를 관리하기, 강박장애로 인한 스트레스 및 가족 갈등 대처하기, 아동의 치료를 지지하고 함께 참여하기 등이 포함된다. 인지행동치료와 약물치료(특히 선택적 세로토닌 재흡수 억제제)는 성인, 청소년, 아동의 강박장애 치료에 특별한 효과가 있는 것으로 나타났다 (O'Connor et al., 2006). 만성적인 장애로 추정되지만 심리학적 접근과 향정신성 약물을 사용하여 강박적인 사고와 행동 증상을 줄일 수 있다. 선택적 세로토닌 재흡수 억제제 투여 혹은 인지행동치료 개입의 효과성을 측정한 연구(Baxter et al., 1992)에서는 양전자 단층촬영을 활용하여 처치 후 대뇌 포도당 대사가 정상 수준으로 이루어지는 것을 확인했다.

인지행동치료   여러 장애 치료에 있어서 다른 방식에 비해 한 가지 치료 방식의 효과를 지지하는 연구 결과는 일관적이지 않지만(Norcross, 2002), 강박장애의 경우는 다르다. 인지행동치료는 불안을 관리하는 뇌 영역과 인식 및 검토를 담당하는 뇌 영역 간 체계적인 반응을 재조절하는 데 도움을 주기 때문에 효과가 있다. 다른 장애와 마찬가지로 강박장애를 위한 인지행동치료 또한 심리교육부터 시작한다. 치료자는 부모와 청소년 내담자에게 치료의 필요성을 알려주기 위해 뇌 기반 용어를 활용하여 강박장애의 신경역동 특성을 설명해준다. 어린 내담자와 대화를 할 때는 간단한 표현이나 은유를 사용할 수 있는데, '불청객'인 본능적인 사고나 감정에 의해 일어나는 '뇌의 자물쇠' 및 '잘못된 알람'과 같은 표현을 쓰기도 한다. 때때로 이 장애를 비난하거나 보잘것없다는 의미가 담겨진 용어를 사용하기도 한다. 이는 증상 관련 이야기를 겉으로 표현할 수 있게 하는 효과가 있기도 하고, 이상한 행동으로 여기거나 수치스러운 것으로 생각하기보다는 해결해야 하고 물리쳐야 하는 것으로 여길 수 있도록 하는 데 도움이 된다.

부모와 십대 후반 청소년에게는 강박장애를 생물심리사회적 요인 혹은 스트레스 관리 문제로 설명하는 것이 가장 좋다(Bessette, 2004). 이 모델은 유전 요인 때문에 뇌가 어떤 사건이나 경험에 대한 반응으로 강박적 사고와 행동을 지시한다고 본다. 기저핵과 전전두피질의 역기능적 회로가 활성화되면서 신경계의 '어트랙터'로 작용한다. 주변을 계속 윙윙거리며 음식에 앉으려는 벌에 주의를 기울이는 것과 같은 적당한 각성 상태는 이러한 신경계 반응을 가속화한다. 보통의 사람들에게는 아주 사소한 짜증 정도의 자극이 강박장애로 고통 받는 사람들에게는 아주 끔찍한 감염의 시작으로 여겨진다. 강박적 사고 때문에 불안이 더욱 증가하게 되는데, 사건에 대한 기억이 강화되기 때문이다. 이후 이들은 처한 상황을 벗어나고 다시는 그 일을 겪지 않기 위해 의례적인 강박 행동을 하기도 한다. 이러한 '안전 행동'은 강박장애의 신경계 회로를 유지하게 한다. 일시적으로만 고통에서 해방될 뿐 강박적 사고와 행동은 다시 반복된다.

심리교육을 끝마치면 첫 번째 치료 단계인 인지적 재구성으로 넘어간다. 치료자는 내담자의 강박적 사고와 행동에 따라 치료의 인지적 요소에 대한 내용을 설정한다. 환자가 노출 및 반응방지 기법을 시도해볼 수 있도록 돕는 것을 목표로 한다. 오염에 대한 강박적 사고를 하는 환자의 경우, 불편한 느낌이나 사실에 근거한 정보를 동반한 신념(예 : 세균 때문에 죽거나 병에 걸릴 것이다)을 줄여주는 것이 인지 분석의 목표가 된다. 청소년들은 이 장애에 내재된 인지와 관련된 강박적 사고의 내용 그 자체를 이해할 수 있다. 강박적 사고를 지탱하는 잘못된 가설에 이름(예 : '운세', '하나님 놀이')을 붙여볼 수 있다. 이 방식은 청소년들이 보다 현실적인 사고(예 : "우리 모두는 앞으로 무슨 일이 일어날지 확실하지 않은 채로 같은 보트에 타고 있다.")를 할 수 있도록 돕는다. 종이에 강박장애 지도를 그려보는 것도 유용할 수 있는데, 다음과 같은 내용을 포함하여 작성한다 — 강박적 사고는 어디에서 왔을까? 이에 대응하는 강박적 행동과 회피 행동의 위치는 어디일까? 강박적 사고와 강박적 행동이 맞닿는 지점은 어디일까? 이야기를 꾸미는 과정을 통해 아이들은 언제 자신의 증상이 괜찮아졌는지, 언제 가장 영향을 많이 받았는지, 언제 증상들을 다스릴 수 있었는지를 발견할 수 있고 기억할 수 있게 된다. 문화적으로 영향력 있는 이야기(예 : '골리 앗을 이긴 다윗')를 활용하거나 영화, TV 프로그램, 책 내용 중 아동이 좋아하는 이 야기를 활용하는 것도 인지적 재구성과 치료에 도움이 될 수 있다. 치료의 목표 및 과제와 관련된 내러티브로 '강박장애를 내 땅에서 쫓아내는 방법'을 활용하기도 한 다(March & Mulle, 1998).

심리교육, 긍정적 자기 지지, 인지 지도 작성을 거치면서 다음 단계인 노출 및 반 응방지 기법을 순조롭게 진행할 수 있다. 치료자는 아동이 두려워하는 상황이나 사 물 등을 두려움의 강도 순으로 나누어 목록을 작성하도록 한다. 이때 '주관적 고통 지수'를 활용할 수 있는데, 0점은 전혀 불안하지 않다는 것을 의미하고 100점은 참 을 수 없는 공포를 의미한다. 주관적 고통 지수는 치료의 핵심 과정에 활용된다. 즉 아동은 두려운 자극에 노출되어 보고, 뇌의 불안과 잘못된 분석 반응을 점차 깨뜨려 본다. 일반적으로 노출 기법은 주관적 고통 지수가 40~60점인 중간 정도 수준의 자 극부터 시작한다.

노출 기법에는 의도적으로 두려운 자극을 접해보는 과정이 포함된다. 이 기법은 강박적 사고와 함께 일어나는 강박적 행동을 멈추도록 하는 **반응방지** 기법과 함께 실 시한다. 노출 시도는 내담자가 갑작스러운 불안을 느낄 경우 성공한 것으로 볼 수 있 으며, 불안이 진정될 때까지 노출을 지속해야 한다. 신경행동 반응인 습관화는 공포 에 대한 신체적이고 정서적인 반응을 줄여준다. 노출이 성공적인 치료의 핵심이기는 하나 내담자에게는 가장 받아들이기 어려우며 완수하기 힘든 치료 방식이기도 하다. 전체 내담자의 1/4 혹은 1/3 정도는 노출 및 반응방지 기법 때문에 치료를 중단하기 도 한다(Kaiser Permanente, 2001b). 치료자는 동일한 상황에서 느낄 수 있는 자신의 고통을 내담자에게 말해주기도 하는데, 이는 내담자가 '불청객'과 직면하는 것이 얼 마나 어려운지 공감해주는 역할을 한다. 그러나 불안한 감정 그 자체는 효과성을 수 차례 입증받아 온 치료를 중단할 만한 타당한 이유에 해당하지 않는다.

강박적 사고 중에서 '다루기 힘든' 내용은 효과적인 치료를 방해하는 역전이를 일 으킬 수 있다. 다음과 같은 예가 이에 해당한다. 치료자는 오염에 대한 공포가 있는 내담자에게 노출의 일종으로 공중화장실 변기 시트를 만진 후 손을 씻지 말라는 요청을 한다. 만약 점검하는 기간 동안에만 손 씻는 행동을 잠시 참는 식으로 노출 및 반응방지 기법의 핵심을 교묘하게 피하는 경우에는 노출의 치료 효과를 기대할 수 없다. 과제는 집 안의 여러 물건으로 내담자의 몸이나 얼굴을 의도적으로 '더럽히는 것'이어야 한다. 이는 뇌의 잘못된 불안처리 방식을 억제하기 위하여 전전두피질에게 새로운 경험과 반복적인 변화의 기회를 제공한다. 불안은 전염성이 높기 때문에 치료자는 환자의 저항을 다루지 못하는 문제를 겪을 수도 있다.

많은 심리치료와 마찬가지로 강박장애의 인지치료 또한 내담자의 특성과 치료 협력 관계 요인이 치료 기술보다 훨씬 중요하게 작용한다. 만약 노출 과제가 너무 어렵다면 치료자와 내담자는 다시 의논하는 과정을 거칠 수 있다. 주관적 고통 지수의 강도를 낮추거나 강박적 행동을 15분 혹은 1시간 후까지 **참아보는 것**으로 목표를 조정할 수 있다. 이 방식을 실제로 적용해보면 사람들은 30분에서 1시간 정도는 손으로 다른 일을 하면서 손 씻는 행동을 참는다.

노출 경험 후 치료자와 내담자는 소감을 나눈다. 다음과 같은 질문을 활용할 수 있다.

- 목표를 성취했습니까?
- 노출 경험 시 당신의 자동적 사고를 지지하는 증거는 무엇이었습니까?
- 노출 경험 시 당신의 자동적 사고와 반대되는 증거가 있었습니까?
- 현실적 사고를 활용하였습니까? 노출 경험 시 당신의 현실적 사고가 진실임을 알려주는 증거는 무엇이었습니까?
- 예상과 다르게 실패한 현실적 사고가 있었습니까? 만약 그렇다면 다시 수정하세요.
- 노출과 관련된 **예상하지 못했던** 자동적 사고를 정리해보세요. 그리고 이를 변화시킬 수 있는 보다 현실적 사고를 생각해보세요.
- 노출을 통해 무엇을 배웠습니까?
- 다음 노출은 무엇에 초점을 두고 싶습니까? 두려움의 강도를 서서히 올려야 효과가 있습니다.

어린 내담자에게 노출 및 반응방지 기법을 적용하기 위해서는 여러 기술이 필요하다. 치료자는 우선 아동이 두려워하는 대상, 행동, 사고를 직면할 수 있도록 지시해야 한다. 그 후에는 강박적 행동을 유발하는 매우 강력한 신경역동적이고 심리학적인 어트랙터에 저항할 수 있도록 지도한다. 대부분은 강박적 행동을 하면 어느 정도 문제가 사라진다는 잘못된 믿음을 갖고 있다. 어린아이들을 위한 단계별 기법은 치료자와 함께 노출 상황을 미리 떠올려보는 훈련과 매주 숙제를 통해 집에서 실제 노출 및 반응방지 기법을 실시해보는 과정을 포함한다. 반응방지 단계 및 이 단계를 거치면서 아이가 스스로 증상을 줄일 수 있도록 하는 과정이 치료에 반드시 포함되어야 한다. 선의의 세력의 도움을 받아 어둠의 세력을 무찌르기 위해 분투하는 어린 영웅들의 내러티브가 도움이 되기도 한다. 영웅 이야기에 내재된 의미들은 아이들이 행동 절차 과정을 유지하는 데 강력한 영향을 미친다.

선행 연구에 따르면 내담자의 고통을 함께 공감해주는 치료자가 가장 유능한 치료자로 나타났다. 공감 능력이 뛰어난 치료자는 긍정적으로 생각하며 내담자에게 신뢰를 준다. 치료 절차를 준수하며 내담자와 힘겨루기를 하지 않으려고 애쓰기도 한다(Kaiser Permanente, 2001b). 또한 유능한 치료자는 '충분히 좋은' 부모와 같은 역할을 한다. 다시 말해, 아이들이 두려움을 이겨내고 세상에 대한 호기심을 탐색하는 데 필요한 안전 기지를 제대로 형성할 수 있도록 도와주는 부모와 같은 역할을 한다.

노출 및 반응방지 기법은 종종 가족 구성원과 함께하는 회기를 추가로 계획하기도 한다. 극단적인 정서 표현은 아동의 증상을 더욱 악화시킬 수 있다. 그렇기 때문에 가족 구성원 모두 침착한 태도를 유지하면서 해당 아동과 긍정적이고 지지적인 상호작용을 할 수 있어야 한다. 이는 치료 성공 여부에 매우 중요한 역할을 한다. 대부분은 자녀의 증상에 다 맞춰주며 계속 괜찮다고 안심시켜주는 방식이 전혀 소용없다는 것을 깨달은 다음에 치료를 받으러 온다. 몇몇 부모는 자녀가 불안해하거나 화를 내면 의식적인 강박 행동을 더욱 많이 하게 하여 서로 간 갈등을 피하려고 한다. 아이에게 화를 내며 그만하라고 요구하는 가족들도 있다. 가족면담의 목표 중 하나는 겉으로 보이는 아동의 증상에만 초점을 두는 것이 아니라 가족 모두 아동의 혼란과 고통을 줄일 수 있는 과정에 참여할 수 있도록 돕는 것이다.

향정신성 약물치료　강박장애를 치료하는 정신과 의사는 경미한 강박장애 증상을 지닌 어린 아동의 경우 심리치료만으로도 증상이 꽤 호전될 수 있다는 점을 유념해야 한다. 사춘기 이전 아동의 치료는 인지행동치료를 가장 우선으로 적용한다. 이는 꽤 심각한 증상을 보이는 아동에게도 마찬가지다. 약물 처방을 받은 강박장애 환자의 약 20%는 처음 처방한 약물에 반응을 하지 않으며 복용량을 자주 조정해야 한다. 이러한 변경은 어느 환자에게도 있을 수 있으나 특히 불안 문제를 갖고 있는 환자에게 자주 발생한다. 부모와 아이에게 인지행동치료를 대안으로 알려준 후 다음 면담까지 고민할 시간을 줌으로써 긍정적 응답을 이끌어낼 수 있다(Kaiser Permanente, 2001b).

　현재 기능과 발달에 심각한 증상이나 매우 큰 어려움이 있는 경우 혹은 인지행동치료 초기 과정을 실패한 경우에는 향정신성 약물치료 시도가 적합하다. 치료 초기에 증가하는 불안 반응을 줄이기 위해 약물치료를 병행하기도 한다. 우울을 동반한 강박장애 환자가 선택적 세로토닌 재흡수 억제제를 복용할 경우, 강박장애 증상보다 우울 증상이 더 빠르고 정확하게 호전된다. 틱이 있거나 통찰 능력이 없는 경우에는 선택적 세로토닌 재흡수 억제제와 함께 다른 약물을 복용하기도 한다. 치료자는 아이들에게 약물치료의 효과, 향후 예상되는 부작용, 약물 복용 기간을 설명해줘야 한다.

사회불안장애

사회불안장애 아동과 청소년은 실수를 매우 두려워한다. 사회불안장애는 '부정적인 감독에 대한 두려움'을 특징으로 한다(Kaiser Permanente, 2008). 사회불안은 사람들과의 교류 상황에서 발생하는데, 심한 경우에는 상황을 떠올리는 것만으로 문제가 되기도 한다. 자신을 비웃거나 끔찍스럽고 역겹게 쳐다보거나 무시하는 듯 지켜보는 관찰자가 항상 연관되어 있다. 이는 실제가 아닌 상상 속의 인물일 수도 있다. 사회불안장애 아동과 청소년은 공공장소에서 식사, 책읽기, 글쓰기 등을 두려워한다. 파티에 참석하거나 공중화장실 사용을 꺼리기도 한다. 여러 사람이 있는 곳이나 권위 있는 사람 앞에서 발표하는 것 또한 어려워한다. 두려움 때문에 대개 회피하려는 모습을 많이 보인다. 사회불안장애 아이들은 교실에서도 잘 보이지 않는 곳에 떨어져 앉는 편이며 결석을 해야 겨우 눈에 띄는 편이다. 아이들의 두려움은 행동과 신체 반응으로 나타난다. 울기, 짜증내기, 소리 지르기, 낯선 사람 피하기 등의 행동을 보인다. 신체 반응으로는 불규칙한 호흡, 안면 홍조, 떨기, 두통, 복통, 심박수 증가 등이 있다.

사회불안장애 아동과 청소년은 종종 외로워 보이기도 하고 조마조마한 것처럼 보이기도 하며 소외되어 보이기도 한다(Kaiser Permanente, 2008). 사회적 상황 속에서는 사회적 기술이 부족하고 자기 평가를 부정적으로 하며 높은 심리적 각성 상태가 지속되기도 한다(Spence et al., 2000). 내성적이고 순응적인 특성을 지닌 사회불안장애 아동 혹은 그렇지 않더라도 또래로부터 부정적인 평가를 받아 온 사회불안장애 아동은 또래의 거절에 더욱 취약한 특성을 보인다(Waas & Graczyk, 2000). 부모는 대체로 사회불안장애 자녀의 불안한 행동을 장애의 증상으로 여기지 않는다. 그렇기 때문에 부모에게 이런 증상을 언급하면 다소 방어적으로 반응을 하는데, 주로 아이가 수줍음이 많은 것뿐이라고 한다.

사실 수줍음과 사회불안장애는 쉽게 구분되지 않는다. 이 둘을 구분하는 핵심 내용 중 하나는 다음과 같다. 임상적 장애는 장애로 인해 **사회적 기술 및 대처 기술**을 학습할 수 있는 능력이 현저하게 손상되어야 하고, 가족이 아닌 사람들과 사회적 관계를 형성하지 못한다는 것을 반드시 기억해야 한다. 그러므로 사회불안장애는 청소년기에 더욱 잘 드러난다. 가족과 분리되어 독립적인 삶을 창조해 나가는 발달과업이 이 시기에 이루어지기 때문이다. 불행하게도 사회불안장애 청소년은 치료를 받기 전까지 폭력, 무단결석, 물질남용 등과 같은 품행 및 적대적 행동 문제와 자살 시도 같은 심리적 증상을 드러낸다. 사회불안장애 청소년은 대개 자의식이 높은 편이며, 변화가 일어나는 시기(예 : 중학교에서 고등학교 진학)에 더 많은 문제를 일으킨다. 또래에 의한 압력 또한 매우 크게 느끼는 편이다. 그러나 임상적으로 의미 있는 증상과 일반 청소년의 고민을 구분하기란 쉬운 일이 아니다.

서구 사회의 사회불안장애 발생률은 대략 6~13%로 추정되는데, 이 수치는 불안장애 유형 중 사회불안장애가 가장 흔한 장애라는 사실을 의미한다(Kaiser Permanente, 2008). 사회불안장애는 남성보다 여성에게 더욱 흔하게 발생한다. 비교문화

연구는 서양 국가에 비해 남동아시아 국가의 발생률이 낮다고 보고하였다. 문화적 영향성이 정부의 사회적 행동 방침에 스며들어 있기 때문에, 임상 평가를 실시할 때 문화적 영향성을 매우 신중하게 고려해야 한다. 모든 인간은 부끄러움이나 창피스러움을 느낀다. 그러나 이러한 상태와 그에 따른 신체적 반응의 의미는 문화, 성별, 사회경제적 상태에 따라 다양하다. 사회불안장애 환자의 절반 정도는 13세 이전에 증상을 보이며, 거의 대부분은 20세 이전에 증상이 나타난다. 어린 시기에 진단받은 사람일수록 치료 없이 증상을 개선하기 어렵다. 조기 발견과 치료를 통해 만성적 불안장애를 예방할 수 있다. 또한 아동 발달에 영향을 미치는 사회 기능의 손상과 같은 부정적 결과를 개선할 수 있다(Kaiser Permanente, 2008).

진단

DSM-IV(American Psychiatric Association, 1994)는 사회불안장애를 다음과 같이 정의한다—사회불안장애는 낯선 사람에게 평가받기 위해 노출되는 사회적 상황이나 일을 수행해야 하는 상황을 현저하게 지속적으로 두려워한다. 아동과 청소년에게 이 장애를 진단 내리기 위해서는 몇 가지 고려해야 할 사항이 있다. 연령에 맞게 친숙한 사람들과 사회적 관계를 맺을 수 있어야 하고, 어른과의 관계뿐만 아니라 친구 관계에서도 반드시 불안 반응이 나타나야 한다. 두려워하는 사회적 상황에 노출되면 대부분 불안 반응을 보이며, 상황에 따라 강렬한 공황 발작을 동반하기도 한다. 결국 이러한 반응 때문에 일상 기능이나 수행을 하지 못하며 자신에게 공포증이 있다는 것을 불편하게 받아들인다. 18세 미만의 경우 적어도 6개월 이상 증상이 나타나야 한다.

앞서 언급했듯이, 임상가들이 가장 어려워하는 주요 진단 문제는 사회불안장애를 일상적인 부끄러움이나 청소년기 자의식과 구분하는 것이다.

인간의 뇌에는 사회적 평가 및 계속되는 사회적 감독에 대한 전략이 고안되어 있다. 여러 신경발달 이론가들에 의하면, 인간의 뇌는 주로 집단생활을 목적으로 진화되었다. 개인의 생존과 성공은 타인의 반응에 따라 결정된다. 특히 발작을 일으킬 수 있는 불안한 상황이나 못마땅한 상황에 처해 있을 때 더욱 두드러진다.

진화를 거치면서 인간의 뇌와 타인에게 접근할 때 필요한 반사신경이 정교하게 발

달했다. 또한 자신에 대한 타인의 정서 반응과 의도를 알아차릴 수 있게 하는 신경역
동 경로가 정교하게 형성되었다. 출생과 동시에 사회적으로 적응하기 위한 학습이
시작된다. 즉 인간은 누군가가 자신을 어떻게 느끼고 있는지를 정확하게 파악하고
능숙하게 적응해야 생존할 수 있다. 만 1세가 되면 사회적 균형을 유지하는 방법에
대한 견고한 내적작동모델이 형성된다. 안정 애착을 형성하지 못하면 유아의 자기위
로와 낙관적 예측에 필요한 신경역동 능력이 손상된다. 매우 원시적인 투쟁-도피 방
어가 신경역동 어트랙터로 작용하여 인간 모두가 갖고 있는 "사람들이 나를 어떻게
생각해야 할까?"에 대한 불안과 싸우라는 신호를 보낸다.

　외향적인 문화권에서는 불안을 드러내는 행위를 단순히 다른 사람과 다르다고 보
는 것이 아니라 다른 사람에 비해 열등하다는 의미로 해석한다. 부끄러움은 나쁜 평
판에 해당된다. '사교적인 특성'은 내성적인 사람을 제외한 모든 사람이 원하는 특성
이다. 치료자는 이런 특성을 사회불안장애 증상으로 진단할 때 DSM-IV 외에도 다
양한 문화, 발달, 행동 특성을 포함하는 관점을 유지해야 한다. 사회불안의 기본 신
체 증상인 떨거나 땀을 많이 흘리거나 혹은 얼굴이 빨개지는 특성은 정상적인 부끄러
움을 느낄 때에도 나타날 수 있으며 사회불안장애의 증상에 해당할 수도 있다. 인지
과정(부정적 평가에 대한 상상)과 행동 반응(고통 및 회피) 또한 중복되는 증상이다.

　부끄러움은 사회불안장애의 위험 요인이지만 성장하는 동안 줄어들기도 한다. 사
실, 수줍음을 많이 타는 아이들 대부분은 불안장애를 겪지 않는다. 불안장애 청소년
들도 어렸을 때 특별히 수줍음을 많이 타지 않은 경우가 대다수다(Kaiser Permanente,
2008). 치료자는 이 조건들을 진단하려고 할 때 사회불안장애 진단이 주관적이고 신
뢰도가 부족하다는 점을 계속 인식하게 될 것이다. 이처럼 사회불안장애는 DSM의
모든 진단에 대한 중요한 점을 지적한다. 즉 치료자가 검토해야 하는 것은 DSM이
아니라 어린 내담자나 가족이다. 치료자는 이들에게 진단을 위한 증거 기반 상담이
아닌 뇌의 잠재적 변화를 일으킬 수 있는 온정, 보살핌, 숙련된 관계를 최우선으로
제공해야 한다.

공존율

사회불안장애로 진단받은 아동과 청소년의 과반수는 불안장애 범주의 다른 장애나 우울, 약물남용 등의 정신과적 증상을 동반한다. 보편적으로 사회불안보다는 공존 증상 때문에 상담을 받으러 온다. 우울은 대개 사회불안장애의 원인이기보다는 결과로 나타나는 증상이다(Kaiser Permanente, 2008).

관계에 대한 만족감은 자존감 및 자기 확신과 매우 높은 관련이 있다. 또한 자신의 가치는 주변 사람들의 인식 및 평가와 매우 밀접한 관련이 있다. 만성적인 사회불안은 개인의 자기 확신, 자기 가치감을 떨어뜨리며 기분을 저하시킨다. 아이들은 점진적으로 자신의 내적작동모델을 형성하게 된다. 이때 주변 사람들이 자신을 어떻게 바라보고 있는지 혹은 자신이 어떤 사람으로 인식되고 있는지에 대한 상상은 매우 큰 영향을 미친다. 부정적인 사회 경험을 할 수도 있지만 아이들은 자신의 사회적 세계에 적극적으로 참여한다. 사회적으로 수용될 수 없는 내재화된 자기상이 행동 억제와 결합하면 초조함, 두려움, 회피, 사회적 기술 결함 등의 악순환이 지속된다. 우울이나 다른 형태의 불안을 동반하는 성인 내담자를 치료하는 임상가는 문제를 드러내는 방식을 선호한다. 이때 기억을 되짚어보기, 사회불안 경험부터 시작하기, 사회적 실패 예상해보기와 같은 방법을 사용한다.

원인론

외향적인 아동은 새로운 사회적 상황 직면 시 처음에는 코르티솔 수치가 상승하지만 빠른 시간 내에 또래와 함께할 때의 수준으로 안정된다. 이들은 정서나 불안을 조절하기 위한 목적으로 사회적 상호작용을 활용한다. 반면에 보다 내성적인 아동은 코르티솔 수치가 증가한 이후에도 지속하여 높은 수치를 유지하는 것으로 나타났다(Gunnar et al., 1997). 사회불안장애 아동은 낯선 사람의 얼굴을 쳐다볼 때 매우 불안해한다(Simonian, Beidel, Turner, Berkes, & Long, 2001). 생애 초기 4년 동안 사회적 능력을 우수하게 발휘하는 아동은 뇌전도에서 좌측 전두엽 비대칭을 나타냈다(Fox et al., 2001). 좌측 전두엽은 사회적으로 발생한 사건을 긍정적으로 생각할 수 있는 능력에 매우 중요한 역할을 한다. 또한 상황을 요령 있게 협상하기 위해 필요한 단어들을 회상할 때에도 핵심 역할을 한다. 우울한 엄마를 둔 초등학생은 우뇌 비대칭이었으며 타인에게 공감 반응을 거의 하지 않는 것으로 나타났다(Jones et al., 2000).

Graeff, Guimarães, de Andrade와 Deakin(1996)은 불안 경험에 대한 두 가지 신경경로(흥분성과 억제성)를 제안하였다. 이 둘은 모두 세로토닌 전달과 관련이 있다(Argyropoulos, Bell, & Nutt, 2001). 매우 민감한 공포 중추가 기저핵, 편도해마 영역, 전전두피질과 같은 대뇌피질 영역에 존재하는 것으로 나타났으며, 이 같은 미묘한 기능적인 이상normality 발견이 축적되고 있다(Mathew, Coplan, & Gorman, 2001; Tillfors, 2004). 사회불안장애 치료의 선택적 세로토닌 재흡수 억제제 효용성은 세로토닌의 특정 문제와 관련된 아이디어를 일부 지지한다. 그러나 이 장애의 원인론은 이러한 '단일 요인' 신경전달물질 이론의 제안과는 달리 복잡하다. 몇 가지 신경전달 체계(세로토닌, 노르아드레날린, 도파민, 부신피질 자극 호르몬 방출인자, GABA 등) 간 관계 불균형이 원인으로 작용할 가능성이 더욱 높다.

사회불안장애는 신경역동 어트랙터의 결과물인 것으로 나타났다. 사회불안장애의 증상은 멈추지 않고 지속된다. 즉 일제히 활동하는 뉴런들은 또다시 일제히 활동할 가능성이 높아진다. 사회불안장애는 가족력이 있는 것으로 지속 발견되고 있다. 장애의 증상이 심각할수록 가족력이 높은 것으로 알려져 있다. 유전 요인의 역할이 그다지 크지는 않지만 가능성 있는 유전 요인은 0.5의 상관을 나타내었다(Kendler, Karkowski, & Prescott, 1999). 현 시대 전문가 대다수는 여러 정서장애와 사회불안장애를 포함하는 불안장애 범주 모두 공통 유전 배경을 갖고 있는 것으로 추측한다(Kendler, Myers, Prescott, & Neale, 2001). 사회불안 문제의 발현을 결정짓는 위험 요인과 보호 요인이 동시에 존재하는 것으로 짐작된다.

치료

공포증과 사회불안장애 아동의 치료 효과를 다룬 논문 23편을 대상으로 한 문헌연구는 상상적 둔감화, 실제 둔감화, 모델링, 자기 지시와 같은 행동치료가 다른 치료에 비해 효과가 높았다는 결론을 제시하였다(Ollendick & King, 1998). 인지행동치료 또한 1년간 추적 결과 효과성이 입증되었다(Kendall et al., 1997). 학교공포증이 있는 아동과 청소년 치료에 적용한 '교육적 지원' 또한 인지행동치료와 마찬가지로 효과가 있는 것으로 나타났다. 두 가지 치료 방식 모두 불안과 우울 증상을 줄여줄 뿐만 아니라 학교 출석률 증가에 긍정적인 영향을 미쳤다(Last, Hansen, & Franco, 1998). 사회불안, 광장공포증, 특정공포증 치료를 위해 교육적 지원, 후속 관리, 노출기반 자기조절을 적용한 결과, 세 가지 치료 방식 모두 치료 종결 및 1년간 추적 관찰에서 효과를 나타냈다(Silverman et al., 1999).

자세하게 살펴보면 인지행동치료와 약물요법 둘 다 사회불안장애 치료에 긍정적인 영향을 미친다. 그러나 약물요법이나 심리사회적 개입이 모든 내담자에게 효과가 있지는 않다. 노출 기법과 인지 기법을 병행하는 방식은 사회불안장애 치료에 가장 많이 활용되며, 4명 중 3명은 이 방식을 통해 증상 호전을 보인다(Kaiser Permanente, 2008). 안타깝게도 아동기 사회불안장애 치료를 다룬 연구는 거의 전무하다.

인지행동치료　공황장애 및 강박장애의 치료와 동일하게 사회불안장애 아동과 청소년의 치료 계획을 세울 때에도 신경역동 방식이 도움이 된다. 사회불안장애는 뇌의 생물학적 요인과 아동의 경험(특히 관계와 불안을 조절하는 방식) 간 상호작용을 통해 발생한다. 신경역동 어트랙터와 인지행동치료의 '핵심 신념'은 상호작용을 통해 각 특성이 더욱 강화되는데, 이 때문에 부적응 행동과 정서조절 패턴이 상당히 안정적으로 발생한다. 인지행동치료는 이 과정을 이해할 수 있도록 해주며, 치료자는 치료 과정 동안 관계맥락 내에서 아동의 변화를 지지하고 북돋아주는 역할을 한다.

사회불안장애 아동과 청소년의 인지행동치료는 성인을 대상으로 개발한 개입 방식을 수정하여 적용한다. 주요 방식으로 노출, 인지적 재구성, 사회기술훈련이 있다.

치료의 첫 단계인 심리교육은 아동과 부모를 교육하는 데 초점을 둔다. 불안의 세 가지 핵심 요소(신체, 인지, 행동)와 특정 신경역동, 문화, 발달 요인이 사회불안에 미치는 영향을 다룬다. 가족에게 임상가가 모를 수도 있는 가족의 문화적 측면을 물어보는 방식도 도움이 된다. 그다음으로 회피는 사회불안장애를 지속하게 하는 핵심 역할임을 설명하고, 불안정한 사회적 상황을 직면하는 방식을 배우는 것이 증상 호전에 어떤 도움을 주는지도 설명한다. 많은 사람들은 자신의 행동과 정서 경험에 내재된 신경회로 개선에 노출(단계적으로 두려운 상황에 맞서기)이 유용하다고 평가한다. 공황장애나 강박장애 치료와 마찬가지로 사회불안장애 치료도 심리교육 단계를 천천히 진행해야 한다. 다음 단계에 진행하는 노출의 성공 여부를 결정할 수도 있기 때문이다. 심리교육은 전전두피질이 노출 경험에서 얻은 다른 방식을 이전보다 우수하게 처리하는 데 도움을 준다.

인지행동치료 접근의 두 번째 단계는 사회불안에 기여하는 모든 기술 결함을 다루는 것이다. 사회적 상황을 회피하면 사회성 기술을 관찰, 연습, 습관화할 수 있는 기회를 잃게 되며 악순환을 지속한다. 사회성 기술 결함이 가장 기본 문제일 수도 있다. 앞서 언급한 바와 같이 사회불안장애 아동은 타인의 얼굴 표정에 드러나는 정서 의미를 해석하기 어려워한다. Meltzoff와 Moore(1977)는 신생아가 타인의 얼굴 표정을 관찰하고 따라할 수 있다는 사실을 입증했다. 얼굴 정서를 인식할 수 있는 능력은 만 3세에 나타나며, 10세부터는 성인과 동일한 수준으로 타인의 얼굴 정서를 인식할 수 있다(Kaiser Permanente, 2008). 이 기술은 만 2세 이상 아동의 사회생활에서 가장 기본이 된다. 친구가 화가 났다는 것을 인식하지 못하고 다가간다면 정적 강화의 기회가 되기보다는 오히려 더 나쁜 기회가 되거나 그 친구로부터 거절을 당할 수 있다. 아동이나 청소년에게 이 능력이 부족할 경우, 치료 과정에 얼굴 정서 인식 훈련을 포함하는 것이 도움이 될 수 있다. 어린 내담 아동은 사회적 기술 부족과 상관없이 자신의 수행에 대한 부정적인 평가를 부담스러워한다. 비디오 촬영 노출과 역할놀이는 자신의 인상에 대한 더욱 현실적인 타인의 평가를 고려할 수 있도록 한다.

다른 개입 방식 집단치료 혹은 개별치료에서 집단치료의 요소를 활용하는 것 또한 훌륭한 방식이 될 수 있다. 이 방식은 치료에 더욱 흥미롭게 참여할 수 있게 하며 인지적 재구성을 실시할 때에도 효율적이다. 또한 집단은 사회불안장애 아이들이 일반적으로 회피하는 상황에 아동을 노출시킬 수 있는 이상적인 기회를 제공하기도 한다. Beidel, Turner와 Morris(2000)는 사회불안을 겨냥한 치료 프로토콜인 아동용 사회성 효과 치료를 개발하였다. 치료 종결 후 사회불안장애 진단을 재검토했을 때 진단 기준에 해당하지 않는 아동의 비율이 통제 집단은 5% 정도에 그쳤으나 조사 대상은 67%(8~12세 아동)로 나타났다. 치료 그룹의 대상자들은 불안 수준이 낮아졌으며 사회적 상황을 회피하는 경우도 줄어들었다. 사회적 상호작용을 이전보다 기술적으로 할 수 있게 되었고 사회적 대화에 참여하는 빈도가 증가했다. 6개월 후 추적 관찰에서도 이 그룹의 85%는 진단 유형에 해당하지 않는 것으로 나타났다. 아프리카계 미국인과 유럽계 미국인 아동을 대상으로 실시한 연구(Ferrell, Beidel, & Turner, 2004)에서도 유사한 임상 결과가 나타났다. 두 그룹 모두 동등한 치료 효과를 나타냈다. Beidel 연구팀은 5년간 추적 관찰을 통해 치료 성과의 유지를 입증하였다. 연구자들은 이러한 결과를 통해 아동기 사회불안장애는 개입 없이 완화되지 않는다고 주장하였으며, 특히 첫 발병 시기가 11세 이전일 경우를 강조하였다(Kaiser Permanente, 2008에서 인용).

집단치료에서 구성원들은 자신의 노출 상황 연출 시 '주연'을 맡거나 다른 구성원의 노출 상황에서 '가장 지지적인 역할'을 한다. 상황은 구성원의 사회공포와 관련된 내용이어야 하며 실시 전에 반드시 주관적 고통 지수를 체크해야 한다. 구성원들은 실제 생활에서 경험하는 사회적 장면에 기초한 상황을 선택하고 싶어 하지만, 일반적으로 노출은 주관적 고통 지수가 낮은 상황에서부터 높은 상황으로 진행한다. 각색한 노출 상황을 연출하는 동안 치료자는 몇 분마다 한 번씩 "주관적 고통 지수는?"하고 질문을 하여 그 순간 내담자들이 평가한 불안 점수를 기록해둔다. 노출 시간이 끝난 다음에 점수 변화를 점검해보면서 불안의 흐름을 추적해볼 수 있다.

노출을 시행하기 전 내담자는 과거 유사한 상황에서 생각했던 자동적 사고를 알고 있어야 한다. 자동적 사고를 개선하기 위해 현실적 사고를 해봤던 경험도 떠올릴 수 있어야 한다. 예를 들면 교실 앞에서 발표하는 상황을 연출하기에 앞서, "나는 멍해질 거야. 그리고 매우 멍청하게 보일 거야."와 같은 자동적 사고가 떠오를 수 있다. 이에 대한 현실적 도전은 "내 마음이 멍해진다고 해서 내가 어리석어진다는 것은 아니지. 만약 무슨 말을 해야 할지 기억이 나지 않는 순간이 오면 노트를 볼 수 있어. 파워포인트 발표 자료를 볼 수도 있어!"가 될 수 있다. 모든 노출이 끝난 후 구성원들은 결과 보고를 받고 다른 구성원들과 함께 경험을 평가해본다. 이때 치료자는 내담자에게 노출 경험에서 얻은 교훈과 주관적 고통 지수에 근거한 불안의 경로를 물어볼 수 있다.

정신약리학적 치료 International Consensus Group on Depression and Anxiety는 사회불안장애 아동 치료 시 선택적 세로토닌 재흡수 억제제를 1차 약물로 권고한다 (Kashdan & Herbert, 2001). 그러나 Chavira와 Stein(2000)은 아동이나 청소년의 약물 복용 장기 효과가 밝혀지지 않았기 때문에 약물 사용을 신중하게 고려할 필요가 있다고 주장한다. 성인의 정신약리학 데이터를 미성년자에게 얼마나 일반화할 수 있는지는 알려져 있지 않으며 아동기 약물요법의 안정성 또한 평가되지 않았다. FDA 승인을 받은 아동과 청소년의 사회불안장애 치료 약물은 존재하지 않으며 치료 효과를 측정하기 위한 임상 약물 실험도 이루어지지 않은 상태다. 그러나 다른 불안장애 범주에 해당하는 진단을 받은 아동과 청소년을 대상으로 실시한 선택적 세로토닌 재흡수 억제제의 무작위 임상실험은 이루어진 바 있다. 행동치료 접근을 지속하여 실시했으나 실패한 아동과 청소년 사례에 한해 약물 처방을 시도하는 것이 바람직하다.

사례 : BASE 적용

심리학전공 박사후 레지던트인 리사는 모니카의 접수상담을 맡았다. 모니카의 부모님은 딸이 최근 들어 위축되어 보이고 꾀병을 부리기도 하며 몇 차례 학교에 가기 싫어했다고 호소하였다. 부모는 리사에게 딸은 늘 수줍은 아이였는데 이제는 그 수줍음이 사람들과 함께 있는 것에 대한 공포로 바뀐 것 같다고 말했다. 특히 학교에서 다른 아이들과 함께 있는 상황을 두려워한다고 했다.

잠시 후 부모님은 상담실을 나갔고 리사는 모니카와 대화를 시도하였다. 매력적인 외모를 가진 열네 살 소녀는 리사와 눈 맞춤을 회피하면서 손가락을 만지작거렸다. 리사가 몇 마디 공감 표현을 하고 간단한 대화를 시도했더니 모니카는 긴장을 약간 풀 수 있었다. 아이는 가끔씩 쳐다보기는 했지만 단답형 질문에만 대답할 뿐 다음 대화를 이어 나가는 데 도움이 될 만한 상세한 표현은 하지 않았다. 부모님의 말씀처럼 아이는 점점 또래들과 거리를 두었으며 늘 내성적인 편이었다. 학교보다

집에 있는 것이 더 나은 이유를 물었더니 "편해서요."라고 대답했다. 아이는 잠시 생각하더니 리사와 눈을 마주치며 "저는 홈스쿨링을 하고 싶어요. 홈스쿨링을 추천해주실 수 있어요?" 하고 말했다.

그날 이후 리사는 돈에게 슈퍼비전을 받았으며 아이의 홈스쿨링 요청 내용을 다루었다. 돈은 BASE 평가를 활용하여 이를 고려해보자고 제안했다. 리사는 모니카의 회피 정도가 낯선 사람들을 어떻게 받아들이고 있는지를 나타내는 것이라고 가정한 후 다시 생각해봤다. "아이는 현재 사회적 경험을 거의 하고 있지 않아요. 저는 아이에 대해 알아낸 것이 거의 없었어요. 아이는 도망치고 싶어 하는 듯했어요. 아이에게 물어볼 내용도 거의 바닥이 났어요." 돈은 리사에게 상담자 자신의 반응을 잘 생각해보고 기억해둘 것을 제안하였다. 추후 치료에 활용하기 위해서다. 그리고 돈은 리사에게 다음과 같이 부연 설명을 해주었다. "선생님의 반응은 사회불안이 있는 사람들을 대할 때 나타날 수 있는 전형적인 반응이에요." "그들은 우리를 피하고 싶어 해요. 그리고 첫 만남에서 몇 분이 지나면 우리도 그런 감정을 느끼게 되지요. 경쟁적이고 무모한 일들이 자주 발생하는 중학교에서 이런 감정 전이가 어떻게 자기충족적 예언으로 되는지 생각해봐야겠어요."

돈과 리사는 사회적 두뇌가 감정 조절과 같은 다양하고 중요한 심리학적 기능 발달에 어떠한 핵심 역할을 하는지 이야기를 나누었다. 돈은 자신이 읽은 여러 연구에서 모니카의 위축된 행동과 높은 불안 특성은 우측 전두의 불균형과 관련이 있다는 결과가 일관적으로 도출되었다고 알려주었다. "그냥 아이와 만나서 이야기를 나누는 것만으로도 도움이 될 듯해요. 어렵지 않은 방법이기도 하고요."

사회불안 문제가 있는 어린 내담자와 조율을 유지하는 데 있어서 뇌와 대인 관계에 대한 대화를 나누려면 치료자가 매우 많은 노력을 해야 한다. 긴장하면 위축되거나 신경질적인 반응을 하는 경향이 있는데, 치료자는 이를 다룰 수 있는 자신만의 사회적 기술이나 능력을 발휘해야 한다. "오늘 제가 알려준 내용이 상담에 도움이 될 거예요. 그리고 내담자의 회피와 위축에 대한 고립, 피로, 지루함, 좌절, 그외에 선생님의 다양한 감정을 이야기 나누는 것도 도움이 될 거예요." 하고 돈은 말했다. 돈은 기능 수준이 우수한 내담자에 한하여 치료자의 역전이 감정을 내담자와 공유해볼 수 있다고 언급했다. "사회불안장애는 실제로는 부정적인 사회적 평가에 대한 두려움을 의미한다는 것을 꼭 기억하세요. 선생님이 모니카에게 느낀 감정과 모니카의 회피에 대한 이야기는 치료 과정 중 어느 시점에 꼭 언급해야 할 거예요." 상대가 감정을 말로 표현하면 우선 상대와 같은 방식으로 정서를 조절하고 반영하기 위해 좌뇌와 우뇌를 동시에 활용하여 경청한다. 그다음에 상대에게 솔직한 반응을 정중히 요청한다. 치료자의 이러한 모습은 내담 아동에게 유용한 모델링이 될 수 있다.

리사와 돈은 심리학적 체계 관점에 입각하여 사회불안장애 아동에게 특별한 접근 방식이 더 적합한지를 검토하였다. 모니카의 경우 내성적이었던 특성이 완전한 사회불안장애로 발전하고 있었다. 리사는 모니카의 회피가 불안을 지속한다고 말했다. "그러면 리사에게 홈스쿨링은 적절하지 않은 접근이겠죠?" 하고 리사가 물었고, 돈은 "그렇죠! 좋아지기 위해서는 오히려 반대의 상황들이 필요할 거예요."라고 답했다.

다음 질문은 치료가 중단되지 않으면서 노출을 지속할 수 있는 방법에 대한 내용이었다. 리사는 내담자와 조율을 유지하려고 노력했기 때문에 모니카와 부모에게 성급하게 노출을 강요하지 않았다. 그 대신 '장기간 평가'를 통해 어떤 치료가 적합한지를 결정하는 것이 좋겠다고 제안했다. 한동안 리사는 치료 관계를 구축하기 위해 노력했다. 이야기를 꺼내도 괜찮을 것 같다는 판단이 섰을 때, 모니카와 부모에게 홈스쿨링은 좋은 생각이 아니라고 전했다. 그 대신 돈이 이끄는 사회불안장애 집단에 참여할 것을 권했다. 이 집단의 구성원들은 노출과 연습을 통해 어떻게 사회불안장애를 극복했는지에 대한 정보를 많이 갖고 있었다. 무엇보다도 이 집단 내에서 리사가 구성원들과 함께 '노출 장면'을 만들어볼 수 있다는 점이 가장 중요했다. 주관적 고통 지수로 불안을 추적함으로써 아이는 자신의 사회적 세계를 보다 가치 있고 흥미로운 곳으로 바꿔갈 수 있었다.

외상 후 스트레스 장애

트라우마를 경험한 아동의 경우 트라우마에 대한 부모의 반응과 가족의 지지는 가장 중요한 중재 요인 중 하나다. 부모의 파국화 반응은 트라우마를 경험한 아동의 장애 발병을 부추긴다. 반면에 안정된 부모의 반응은 보통 반대 역할을 한다. 부모의 정서적 지지 결여는 아동의 트라우마 경험 이후 외상 후 스트레스 장애 발병과 관련이 있지만, 긍정적 지지는 트라우마 후 문제로부터 아이들을 보호하는 요인으로 작용한다 (Kruczek, Salsman, & Vitanz, 2004). 가족의 안정성, 높은 사회경제적 상태, 건강한 대처 기술을 발휘하는 부모 또한 보호 요인에 해당한다. 부모의 이혼이나 가족의 분리를 경험한 아동은 성학대 및 외상 후 스트레스 장애 위험에 노출될 가능성이 통계적으로 훨씬 높다(Davis & Siegel, 2000). 이와 같은 긍정 요인과 부정 요인은 '충분히 좋은' 양육이 아동과 청소년의 상위인지 및 뛰어난 불안 조절 능력 형성과 유지에 어떤 역할을 하는지 알려준다.

여성의 성gender은 아동기 위험 요인이다. 여자 청소년은 트라우마에 노출된 후 불안, 우울, 스트레스 증상을 더욱 강렬하게 표현한다. 이러한 성차는 트라우마가 개인적인 사건(예 : 성학대)인지 광범위하고 사회적인 사건(예 : 자연재해)인지에 따라 다르게 나타난다(Kruczek et al., 2004).

18세 이하 청소년의 외상 후 스트레스 장애 유병률은 6.3%로 추정된다(Reinhertz, Giaconia, Lefkowitz, Pakic, & Frost, 1993). 트라우마를 경험한 모든 청소년이 외상 후 스트레스 장애를 겪는 것은 아니다. 그러나 연구자들은 대체로 장애 발병 위험성은 트라우마에 대한 아동이나 청소년의 인식과 관련이 있다고 제안한다(Yule, Perrin, & Smith, 1999). 트라우마에 대한 아이들의 인식은 심리치료 개입으로 달라진다. 인지행동치료는 외상 후 스트레스 장애 청소년을 대상으로 가장 광범위하게 연구되고 있으며 실증적으로 타당화된 치료 방법이다(Cohen, Berlin, & March, 2000).

진단

DSM-IV(American Psychiatric Association, 1994)는 외상 후 스트레스 장애를 폭넓게

정의한다. 개인이 생명을 위협하는 트라우마에 직접 노출된 경우뿐만 아니라 그런 사건에 간접적으로 관련되어 있거나 다른 사람에게 일어난 사건을 목격한 경우에도 외상 후 스트레스 장애에 해당한다.

DSM-IV-TR에 의하면 외상 후 스트레스 장애는 반드시 다음 조건을 만족해야 한다.

- **일상적인 범위를 벗어나는 트라우마 노출** : 생명위협, 심각한 상해, 심각한 신체 손상과 같은 사건을 경험했거나 목격. 그로 인한 반응으로 극심한 두려움, 무력감, 공포를 느낌.
- **사건의 재경험** : 고각성, 둔감화, 회피 반응을 보임

다음과 같은 외상 후 스트레스 장애의 세 가지 주요 증상은 트라우마 기억을 중심으로 나타난다.

1. **재경험** : 플래시백, 악몽, 사건과 관련한 반복적이고 불현듯 떠오르는 기억(이미지, 생각, 인식)과 같은 형태로 나타난다. 환각, 환청, 해리성 플래시백을 통해 트라우마 사건이 재발하는 것처럼 행동하거나 느낀다.
2. **둔감화를 포함하는 회피** : 트라우마 사건과 연관된 생각, 감정, 대화를 회피한다. 사건의 중요한 부분에 대한 기억이 무뎌져 있을 수 있다. 다른 사람들과 거리를 두려고 하거나 감정을 최소화(예 : 사랑의 감정을 느낄 수 없음)하려는 경향이 있다. 외상 후 스트레스 장애 환자들은 사건 때문에 자신의 미래가 제한되거나 파멸하는 것으로 느끼기도 한다.
3. **고각성** : 잠이 들거나 잠자는 상태를 유지하기 어렵고 낮 시간 동안 집중을 잘하지 못한다. 과잉 경계하며 과장되게 놀라는 반응을 보인다. 트라우마 사건을 상징하거나 나타내는 내(외)현적 자극에 노출되었을 때 극심한 고통이나 심리 반응을 호소한다. 결국 화나 짜증을 조절하지 못하는 뚜렷한 문제를 드러낸다(American Psychiatric Association, 1994).

트라우마 사건 이후 1개월 동안 증상이 감소한 경우에는 급성 스트레스 장애로 진단내릴 수 있다. 증상이 4주 이상 지속될 경우 외상 후 스트레스 장애로 진단한다. 외상 후 스트레스 장애 아동은 성인과 다른 증상을 보인다. Stein과 Kendell(2003)은 아동의 증상을 다음과 같이 제시하였다.

- 과잉행동
- 분노발작
- 극심한 두려움(예 : 혼자 있는 것, 괴물이 나타나는 것)
- 신체화
- 마술적 사고
- 학교문제
- 복수에 대한 생각
- 꿈의 형태로 재경험
- 비관적

외상 후 스트레스 장애는 환자의 다양한 삶에 부정적인 영향을 미친다. 이를테면 엄마는 신생아 자녀에게 민감한 반응을 보이지 못할 수 있다(Schechter, 2004). 엄마의 외상 후 스트레스 장애는 가정의 체계를 무너뜨리고 두려움과 혼란의 연속을 유발하는데, 가족 구성원들이 상호 지지적인 방식으로 노력하더라도 문제는 지속된다(Archer & Burnell, 2003). 임산부와 어린아이를 키우는 여성은 가정폭력과 후속 트라우마 증상에 대한 위험성이 더욱 높다(Garmararian et al., 1996). Stein과 Kendall은 가정폭력 목격을 만성적인 외상 후 스트레스 장애의 주요 요인으로 간주하였다. 가정폭력과 아동학대는 30~50% 중복되며 추후 아동의 트라우마 경험 및 아동기 외상 후 스트레스 장애의 가장 흔한 사건이 되기도 한다(Kaiser Permanente, 2005).

해리는 극단적이긴 하지만 이 장애의 흔한 증상이다. Allen(2001)은 해리의 스펙트럼을 '이탈의 연속'이라는 용어를 사용하여 설명했다. 트라우마를 겪은 사람들은 다음과 같은 경험을 한다.

- **경도의 이탈 혹은 소진** : 외부 사건에 주의를 기울이지 못하고 자기 의식에도 영향을 미친다.
- **중등도의 이탈** : 비인격화와 현실감 상실 같은 비현실적인 경험을 하며 인생과 자기를 멀리서 관찰하는 것처럼 행동한다.
- **극단적인 이탈** : 무반응 상태이기 때문에 자기와 시간에 대한 감각이 없다.

외상 후 스트레스 장애 아동은 일반 아동에 비해 자해 행동을 더욱 많이 하는 경향이 있다. 물어뜯기, 머리 부딪치기, 상처내기, 긁기, 분신 자살이 자해 행동에 해당한다(van der Kolk, 1996). 트라우마의 유형, 노출의 범위, 가능한 사회적 지지, 피해자의 기본 대처 방식 등과 같은 여러 요인은 아동의 외상 후 스트레스 장애 증상 심각성에 영향을 미친다(Pine & Cohen, 2002).

신경역동

성인과 달리 아동의 외상 후 스트레스 장애는 해마의 변화와 관련이 없는 것으로 추정한다(DeBillis et al., 1999). 그러나 다른 불길한 신경역동 요소들이 장애를 유발한다. 외상 후 스트레스 장애 아동은 통제 집단에 비해 두개골과 대뇌가 작은 것으로 나타났다. 이와 같은 비정상은 여아보다 남아의 뇌에서 더욱 두드러졌다. 좌뇌와 우뇌 반구를 연결하는 뇌량 또한 작은 것으로 나타났다. 반면 측뇌실lateral ventricle은 비교적 큰 편이었다. 연구 대상의 두개골 내 결과를 비교하였을 때, 뇌량의 변화는 여아보다 남아의 뇌에서 더 흔하게 일어났다. 뇌량의 감소는 다른 정신의학 장애에서는 발견된 바 없으며 외상 후 스트레스 장애로 고통 받는 어린아이들에게만 나타나는 독특한 결과다(Teicher et al., 2004). 몇몇 연구를 통해 외상 후 스트레스 장애 환자가 트라우마를 회상할 때 활성화되는 뇌 영역 간 비정상적인 연결이 확인되었으며, 트라우마를 경험하긴 했지만 외상 후 스트레스 장애 진단을 받지 않은 청소년들에게는 이러한 결과가 나타나지 않았다(Lanius et al., 2004). 이상의 결과는 트라우마의 심각성에 따라 뇌의 역기능적 문제가 달라질 수 있음을 보여준다. 또한 외상 후 스트레스 장애 환자가 자신의 다양한 생활 영역에서 복잡한 심리 기능을 정상적으로 지속하는 일이 얼마나 어려운지를 나타낸다고 볼 수 있다.

아동기 트라우마와 방임을 다룬 여러 연구에서 피해자의 코르티솔 수치 상승을 확인하였다. 루마니아 고아원 병실에 입원한 외상 후 스트레스 장애 아동, 불안 및 우울과 같은 내재화 문제를 갖고 있는 학령기 피학대 아동에게 이같은 결과가 나타났다(자세한 내용은 Bremner, 2006 참조). Carlson 연구팀(2002)은 외상 후 스트레스 장애 여아의 기초basal 코르티솔 수치가 유사한 트라우마를 겪은 외상 후 스트레스 장애 남아에 비해 높다는 결과를 제시하였다. Klimes-Dougan 연구팀(2001)은 청소년의 코르티솔 일일주기 리듬의 성차를 제시하였다.

치료

외상 후 스트레스 장애로 고통 받는 성인의 경우 집단치료를 통해 고립감을 줄일 수 있다는 연구 결과가 제시된 바 있다. 반면에 아동을 대상으로 한 집단치료의 상기 효과를 밝힌 연구는 많지 않다. 집단치료는 외상 후 스트레스 장애 청소년에게 매우 영향력 있는 개입 방식이다(Yule, 2001). 심리교육을 수반한 집단 인지행동치료는 외상 후 스트레스 장애 청소년뿐만 아니라 부모와 교사에게도 도움이 될 수 있다(Kruczek et al., 2004). 집단치료 선택 시 중요하게 고려해야 할 사항이 있다. 집단 구성원의 시각적 외상 노출을 통해 다른 구성원이 재외상retraumatization을 경험할 수도 있다는 점이다. 집단치료자는 임상적 민감성과 세심함을 최대한 발휘하여 이러한 위험을 방지해야 한다. 매회기 시작과 끝에 간단한 질문지를 작성하도록 하여 정기적으로 내담자의 치료 과정을 평가하는 것이 좋다. 인지행동치료 방식의 외상 후 스트레스 장애 집단에서 주로 사용하는 기법은 트라우마 사건에 대한 해석의 기저가 되는 자동적 사고와 핵심 신념의 재구성이다. 경험을 말로 표현하여 점진적으로 재노출하는 것 또한 흔히 사용하는 기법이다. 몇몇 치료자는 적정 노출을 위해 주관적 고통 지수를 활용하기도 한다. 트라우마 사건을 떠올리게 하는 특정 경험에 대해 광장공포가 있는 내담자에게는 과제를 부여하기도 한다. 그런 다음 집단 내에서 과제 수행과 관련된 경험을 이야기 나누도록 한다. 집단 자체는 치료 방식과 별개로 많은 내담자에게 지속적인 이해와 지지를 제공해줄 수 있다.

심리교육 그룹은 청소년 교육에 매우 효과가 높은데, 트라우마로 인해 어떠한 정서 반응이 나타날 수 있는지 알려주기 때문이다. 재노출reexposure에 효과적으로 대처하는 전략을 가르치며 재연reenactment과 위험 성향 행동risk-taking behavior을 줄이는 방식에 대해서도 알려준다(자세한 내용은 Kruczek et al., 2004 참조). 심리적 경험 보고 또한 십대에게 트라우마 대처와 관련된 정보를 제공하는 데 활용하며, 정상 반응을 할 수 있도록 돕는다(Stallard, 2000).

사례 : BASE 적용

작은 체구의 소녀(10세)는 엄마와 함께 차를 타고 가는 도중에 목숨을 잃을 뻔한 사고를 당했다. 아이와 엄마 모두 비슷한 부상을 입었으며 갈비뼈가 부려져 잠시 입원을 해야 했다. 병원에서는 후속치료를 위해 소녀를 아동·가족 정신의학과에 의뢰하였으나 엄마는 이를 따르지 않았다. 그 후 아이는 악몽을 꾸기 시작했고 차를 타고 이동하는 것을 거부했다. 그제야 엄마는 정신과에 연락을 했다. 싱글맘인 소녀의 엄마는 출근을 해야 했기 때문에 엄마 대신 이모가 아이를 데리고 약속일에 내원했다.

심리학전공 박사후 레지던트 캐슬린은 대기실에서 아이와 이모를 만나 인사를 나눈 후 둘을 자신의 사무실로 안내하였다. 아이는 매우 무서워하는 것처럼 보였다. 아이는 캐슬린에게 "다음에도 또 차를 타고 와야 한다면 다시는 여기 오지 않을 거예요! 아무도 나를 어떻게 하지 못하게 할 거라고요!" 하고 첫 마디를 건넸다. 캐슬린은 잠시 시간을 벌기 위해 아이에게 무슨 상황이었는지 물어봤다. 그런 다음 얼마나 무서웠을지 이해가 되고, 다시는 그런 일이 일어나지 않도록 자신이 도와주겠노라고 말했다. "오늘은 할 수 있는 것들만 하고 나머지는 다시 만나서 고민해 보자." 캐슬린은 이모와 대화를 나누면서 엄마 또한 악몽을 꾸고 있으며 차를 타고 이동하는 것을 매우 두려워한다는 사실을 알게 되었다. 엄마는 직접 운전하는 대신 버스를 타고 매일 한 시간 정도 소요되는 거리를 통근하고 있었다.

캐슬린은 내담자의 치료를 돕기 위한 세부 절차를 잠시 중단했다. 대신 아이가 학교 가는 것을 힘들어하고 있으며, 이 때문에 다양한 증상(복통, 긴장성 두통)을 호소하고 있다는 사실에 집중했다. 첫 만남 동안 캐슬린은 아이가 학교 친구들에 대해 이야기할 수 있도록 했다. 어떤 친구들인지, 친구들은 소녀를 어떻게 부르는지, 친구들이 얼마나 보고 싶은지에 대해 이야기를 나누었다. 캐슬린은 이모와 의논하여 아이가 스쿨버스를 타고 등교하는 계획을 세웠다.

캐슬린은 대체로 일을 잘 처리했고 자신의 방식에 확신을 갖고 있었다. 그러나 슈퍼바이저 도리스를 만나 이 사례를 논의하면서 확신은 줄어들었고 혼란스러워했다. 캐슬린은 엄마의 사정으로 아이가 약속 시간에 올 수 없는 경우 어떻게 해야 하는지 고려하지 않았다. 도리스는 캐슬린이 이 사례에 약간 압도되어 있지는 않은지 염려했다. 외상 후 스트레스 장애 증상이 있는 내담자는 실제로 한 명이 아니라 엄마까지 포함해 두 명이기 때문이다. 좀 더 대화를 나눈 후 캐슬린은 엄마의 참여가 아이의 치료에 매우 중요하다는 것을 알게 되었다. 그러나 엄마의 현재 기능 수준을 고려했을 때 엄마의 참여가 어려울 수도 있었다.

캐슬린은 그날 밤 이모에게 전화를 걸었다. 오늘의 만남을 어떻게 생각하는지 대화를 나눴고, 다음 면담에 엄마가 함께 참석할 수 있는지를 물어봐달라고 당부하였다. 그런 다음 캐슬린은 엄마와 가까워지기 위해 전화 통화를 했다. 치료가 아이에게 얼마나 도움이 되는지, 치료의 목표는 어떻게 정할지, 병원에서는 무엇을 해줄 수 있는지에 대해 이야기를 나눴다. 그리고 가족이 일상으로 돌아가려면 엄마의 도움이 필요하다는 것을 강조했다. 캐슬린은 슈퍼비전에서 BASE 관점으로 다루었던 내용을 엄마에게 전달했다. "가능하면 빨리 소녀를 예전 일상으로 되돌려 놓는 것이 매우 중요해요. 왜냐하면 이러한 증상들이 오랫동안 나타날수록 사라지지 않고 지속될 가능성이 크기 때문입니다." 잠시 고민을 하던 엄마는 "아무래도 그렇겠죠?" 하고 대답했다.

캐슬린은 뇌가 트라우마를 어떻게 받아들이며 이러한 방식은 자주 혹은 오랫동안 반복될수록 일상이 되어 버리기 쉽다는 점을 설명하였다. 캐슬린과 엄마는 아이가 치료에 참석하고 학교에도 갈 수 있도록 함께 노력해야 했다. 캐슬린은 엄마에게 아이가 엄마를 정말로 좋아하는 것 같다고 했다. 아이가 일상생활로 빨리 돌아가기 위해서는 엄마의 노력이 몇 가지 필요하다고 말했다. 아이가 원하는 대로 엄마가 해주고 엄마 또한 치료를 받으면서 노력하는 모습을 직접 보여준다면 매우 큰 도움이 될 것이라고 했다. 그 말을 들은 엄마는 아주 작은 목소리로 "생각을 좀 해볼게요. 그리고 동생하고 의논해볼게요."라고 말하면서 확신은 못하겠다고 했다. 다음날 엄마는 캐슬린에게 전화를 걸어 외상 후 스트레스 장애 치료 경험이 있는 성인상담자와 약속일정을 잡아달라고 요청했다.

다음 슈퍼비전에서 도리스는 "자, 지금까지 우리가 하고 있는 것은 BASE가 아니라 ABSE라고 해야 할 것 같아요. 왜냐하면 위기상담의 경우에는 조율이나 관계 형성이 다른 무엇보다 가장 중요하거든요. 그렇지만 이 장애와 관련된 뇌 역할에 대해서도 잠깐 이야기를 나눠봅시다. 중요한 내용이기도 하고 언젠가는 내담자와 이것에 대해 이야기를 나눠야 할 때가 올 테니까요." 도리스는 공포에 조건화된 편도체가 모든 불안의 형태에 어떤 역할을 하는지 설명했다. 그리고 이 편도체가 과잉 활성화될 경우 전두엽 기능에 어떠한 영향을 미치는지 언급했다. 편도체의 과잉 반응은 전두엽에게 두려움을 일으키는 자극들을 회피하라는 지시를 내린다. 소녀의 경우에는 자동차가 유발 자극이 되었다. 이와 같은 과잉 반응 때문에 소녀의 뇌는 새로운 경험들조차도 두려운 것으로 잘못 해석하고 있었다.

학교에서 친구들과 관계를 다시 회복하는 것 또한 문제 감소에 도움이 될 것으로 판단했다. 기질적으로 씩씩해 보였고 여러 친구들과 어울리기 좋아하는 다소 외향적인 아이로 보였기 때문이다. 아이는 사고 발생 전까지 좌뇌 우세형이었을 것이다. 즉 자신의 감정을 조율하기 위해 긍정적인 방식으로 삶을 바라보고 관계를 활용했던 것으로 추측했다. 전두엽이 현실 검증을 다시 하는 동안 편도체는 이를 익숙하게 받아들일 수 있어야 하는데, 심상 노출 치료가 도움이 된다. 캐슬린은 소녀에게 감정이 변화될 수 있음을 알려주기 위해 뇌에 대한 정보와 '불쾌한 경험'의 원리를 간략하면서도 만화 같은 방식으로 설명했다. 결국 소녀는 '멍청한 뇌의 한 영역'을 확실하게 제어할 수 있는 '영특한 뇌 영역'을 활용할 수 있을 것이라고 스스로 되뇌었다. 차에 탔을 때 있었던 좋은 경험들을 회상하거나 그림을 그려봤으며, 반대로 위험했던 경험들도 자세하게 대화를 나누었다. 이 방식 또한 예전의 균형 잡힌 생활로 돌아가는 데 도움이 될 수 있기 때문이다. 다음으로 소냐와 캐슬린은 회피에 대한 이슈를 다루었다. 엄마와 딸 모두 지나간 과거를 털어버리고 다시 차를 타면서 새로운 기억들을 만들고 싶어 했다.

제9장

아동과 청소년의 우울

난 아득한 절벽 옆에 서 있어. 내가 할 일은 아이들이 절벽으로 떨어질 것 같으면 재빨리 붙잡아주는 거야. 애들이란 앞뒤 생각 없이 마구 달리는 법이니까 말이야. 그럴 때 어딘가에서 내가 나타나서는 꼬마가 떨어지지 않도록 붙잡아주는 거지. 온종일 그 일만 하는 거야. 말하자면 호밀밭의 파수꾼이 되고 싶다고나 할까. 바보 같은 얘기라는 건 알고 있어. 하지만 정말 내가 되고 싶은 건 그거야. 바보 같겠지만 말이야.

—J.D. Salinger, 호밀밭의 파수꾼

유타 주의 어느 봄날 이른 아침이었다. 스쿨버스는 잠에서 덜 깬 십대 아이들로 만원이었다. 그때 갑자기 15세 소년이 운전기사를 향해 총격을 가했고 모든 사람을 강제로 내리게 한 다음 버스를 다급히 몰아 현장을 빠져나갔다. 경찰차는 주택가를 통과하는 버스를 추격하고 있었다. 순간 버스는 어느 집으로 돌진했고 뒤따르던 경찰차는 급브레이크를 밟고 멈춰 섰다. 경찰이 어떤 조치를 취할 틈도 없이 총성이 울려 퍼졌고 십대 청소년은 그렇게 스스로 목숨을 끊었다. 버스로 진입한 경찰이 발견한 시신은 최근에 사망한 같은 반 두 친구의 기사가 실린 신문을 손에 쥐고 있었다(Horiuchi, Good, & Kapos, 1996). 기사에 실린 두 명의 솔트레이크시티 고등학교 학생인 칼즈와 조이는 한 달 전까지만 해도 물리 심화수업을 함께 듣던 같은 반 친구였다. 칼즈는 아버지와 다툰 후 지하실 파이프에 목을 매 자살했다. 그로부터 2주 후 조이는 시속 70마일 속도로 운전하다가 벽을 들이받고 그 자리에서 사망했다.

입학생 2,000명이 등록한 유타 주의 모든 고등학교에서는 연평균 50명이 자살을 시도하는 것으로 추정되었다(Kahn, 1995). 십대의 자살 시도율은 매우 높은 편이며 (자살 성공 전까지 100번 정도 시도하는 것으로 추정), 미국 내 통계 수치로 뚜렷하게 나타났다. 재난통제 및 예방센터에 의하면, 미국 15~18세 아동의 사망 원인은 사고와 살인이 가장 많고 자살은 세 번째다. 12~15세 아동의 경우 자살이 다섯 번째 주요 사망 원인이다(Eaton, Kan, Kinchen, et al., 2008).

발생률과 유병률

우울이나 대인 관계 스트레스는 아동과 청소년 자살의 주요 원인이다. 아동과 청소년의 우울 유병률 수치는 여러 연구에서 꽤 일관되게 보고한다. 아동의 유병률은 전체 인구의 2% 정도를 맴도는 것으로 추정되며(Birmaher et al., 1996), 청소년의 유병률은 약 6~14%에 해당하는 수치로 나타났다(Kessler, Avenevoli, & Ries Merikangas, 2001; Kessler et al., 2005; Shaffer et al., 1996). 또한 우울의 평균 발병 시기가 과거 추정보다 빨라졌거나 실제로 지난 몇 년 동안 빨라지고 있다(Klerman & Weissman, 1989). 어린 시기에 발병한 우울은 지속하거나 성인기에 재발하는 편이며, 시간이 지나면서 보다 심각한 증상으로 나타날 수 있다(Weissman et al., 1999).

아동기 우울은 성차가 거의 없지만 초기 청소년기 이후에는 여아가 우울 증상을 더욱 많이 호소한다(성인 여성은 성인 남성에 비해 우울증에 걸릴 확률이 거의 2배 높음). 아동 우울 측정 도구를 사용한 연구들을 메타분석한 결과, 대략 13세쯤 여아의 우울 발생률이 급격히 증가하면서 남녀 성차가 나타났다(Twenge & Nolen-Hoeksema, 2002). 라틴아메리카 아동을 제외하고는 인종 및 인구사회학적 특성이 우울의 발생률에 영향을 미치지 않는 것으로 나타났다. 우울 발생률의 성차는 연령이 증가하면서 급격하게 두드러진다. 11세의 경우 남아의 발생률은 1.79%, 여아의 발생률은 0.31%다. 15세가 되면 남아는 0.56%, 여아는 4.39%의 발생률 변화가 나타난다. 18세가 되었을 때 남아는 10% 정도의 우울 경험을 보고하지만 여아는 21%로 급증한다(Hankin et al., 1998). Galambos(2004)는 이러한 현상의 원인을 다음 세 가지로 제시하였다.

1. 여아는 초기 청소년기에 훨씬 많은 스트레스를 경험한다.
2. 우울에 미치는 위험 요인은 성별에 따라 차이가 있다.
3. 여아는 십대 시기 특유의 사회적 위험 요인에 더욱 취약하다.

진단

아동기 우울의 초기 증상은 성인의 우울 증상과 마찬가지로 슬픔, 무력감, 기분 변화 등과 관련이 있다. 그러나 아동과 청소년의 우울은 성인의 우울과 다른 형태로 나타난다. 우울한 아동은 아픈 것처럼 보일 수 있으며 학교에 가기 싫어하고 부모와 떨어지기 싫어한다. 혹은 아주 나쁜 일(예 : 부모의 죽음)이 일어날지도 모른다는 걱정에 사로잡혀 있기도 한다. 잠복기와 사춘기 이전 시기의 아동은 자주 토라지고 교실 적응을 잘하지 못한다. 비관적이며 불평을 많이 하기도 하고 삶이 불공평하다는 불만을 표현한다. 부모는 이와 같은 행동을 포함한 다른 어려운 점들을 평가받기 위해 자녀와 함께 내원한다. 이러한 모습을 단지 '발달상 지나가는 특성'으로 여겨야 할지, 우울의 증상이라고 해야 할지 결정하는 것은 어려운 일이다. 그러나 기분 부전과 관련된 증상이 지속되면서 사회적 활동, 관심, 학교 생활, 가족 생활에 지장이 있다면 우울로 진단한다.

우울한 청소년은 종종 반항적이고 화를 잘 내며 짜증을 많이 내는 증상으로 내원하기도 한다. 15세 아이는 "그래요~ 나는 외톨이에요. 세상은 형편없으니까요!"라고 저자인 치료자에게 말했다. 매우 발랄하고 다소 체격이 있는 16세 아이는 무가치감과 좌절감에 자주 휩싸이곤 했는데 짜증스러운 반응으로 자신을 방어하려고 했다. 친구나 가족들과 거리를 두기도 하고 오래 사귄 친구들과 연락을 끊기도 한다. 처음 본 불량 청소년들과 어울려 지내기도 한다. 이와 같은 모습은 청소년기에 정상적으로 나타날 수도 있지만 기분장애의 증상에 해당한다. 증상이 일시적인지 혹은 보다 지속적인지에 따라 진단을 구별할 수 있다.

아동과 십대의 슬픔이나 짜증은 집 외의 여러 장소에서도 나타나야 한다. 심각한 우울을 앓고 있는 청소년의 경우 성인보다 망상이나 환청을 더욱 자주 경험한다. 우울한 십대는 성인에 비해 격렬한 자율신경계 증상보다는 행동 문제를 더욱 많이 일으킨다(Kaiser Permanente, 2003). DSM-IV에 의한 주요우울장애(아동 및 청소년기에 흔히 발생하는 장애 범주에 해당)는 다음에 제시된 증상 중 적어도 5개 이상 해당되어야 한다. 그중 최소 한 가지는 반드시 a나 b를 포함해야 한다.

a 우울한(짜증스러운) 기분

b 흥미와 즐거움 상실

c 현저한 체중 감소

d 불면증 혹은 과잉 수면

e 정신운동의 어려움 혹은 지체

f 피로 및 에너지 저하

g 무가치감 혹은 지나치거나 부적절한 죄책감

h 사고, 집중, 결정의 어려움

i 죽음에 대한 반복적 생각 또는 자살에 대한 구체적인 계획

j 사회적 혹은 기타 중요한 영역에서의 기능 손상

임상가는 십대의 우울을 진단할 때 *DSM-IV* 진단내용 외에도 아래에 제시된 영역에서의 기능 수행 변화를 살펴봐야 한다.

- 학교에서의 수행 태도(예 : 성적 하락 혹은 수업 불참)
- 비난에 대한 반응, 방어적이거나 논쟁적인 태도 증가
- 친구와 가족의 지지와 이해 수용
- 부정적 자기 진술, 비난, 비판

아래의 특성 또한 중요한 징후에 해당한다.

- 칼로 손목을 긋거나 양초 등으로 화상을 입히는 등의 자해 행동
- 죽음, 고통, 악마 숭배, 초자연적인 힘 등과 같은 병적인 주제에 대한 관심
- 만성적인 권태감

감별진단

양극성 장애 청소년의 우울 삽화를 오진단할 가능성이 있기 때문에 각별히 유의해

야 한다. 예를 들면 양극성 장애의 우울 단계를 주요우울증으로 잘못 진단하거나 두 장애의 공존 발병을 놓칠 수도 있다. 양극성 장애의 우울 단계는 주요우울장애와 매우 유사한 증상을 나타낸다. 임상가들은 동시발병 진단을 해야 하는 상황을 겪기도 한다. 반드시 부모에게 자녀의 기분 변화 주기나 조증에 대해 물어봐야 한다. 이러한 절차는 일반적으로 중요하며 약물치료가 필요할 경우에는 더욱 세심하게 진행해야 한다. 양극성 장애 환자가 항우울제를 복용할 경우 다양한 조증 삽화가 더 많이 일어날 수 있다. 심각한 우울 증상을 가진 아동이나 청소년을 만날 경우에는 목소리나 이상한 생각과 관련된 경조증 증상이 있는지 물어봐야 하며 동일한 문제를 지닌 가족 구성원이 있는지도 확인해야 한다. 기분 일치 환각이나 망상, 정신운동 지체, 전반적 무쾌감을 특징으로 하는 심각한 우울은 조증이나 경조증 이후에 자주 나타난다. 조증 상태의 청소년들은 유쾌하거나 의기양양한 인상을 준다. 치료자는 이들의 매우 영리하고 매력적인 모습 때문에 종종 다른 면을 놓치고 있다는 것을 스스로 발견하기도 한다. 이들은 꽤 거창하게 표현하는 편이며 끝없는 에너지를 갖고 있는 것처럼 보인다. 매우 위험한 행동을 하거나 과도한 성욕 때문에 무분별한 성관계를 갖기도 한다.

공존율

정신의학적 진단은 주요 변화를 거듭하고 있다. *DSM-III*와 *IV*를 통해 몇 가지 문제가 해결 혹은 최소화되었으나 핵심 딜레마는 여전히 존재한다. 즉 우울을 포함한 아동과 청소년기에 흔히 발병하는 정신장애를 지지할 수 있는 어떠한 '이학적 결과 physical finding'는 사실상 존재하지 않는다. '진단'이라는 용어가 의료적 맥락 내에서는 가장 이치에 맞는 표현일 수 있으나 이는 문제가 될 수밖에 없다. 그러나 당분간 치료자들은 DSM을 함께 고려해야만 한다. 의사는 의료 진단을 내릴 때 유형type에 대한 이학적 결과를 선호한다. 앞으로 치료자와 정신과 의사는 뇌영상 형태의 이학적 결과를 활용할 수 있게 될 것이다.

우울 진단을 받은 청소년의 과반수는 공존 증상을 갖고 있다. 대부분의 사례에서 우울 삽화 이전에 공존장애 증상을 먼저 나타냈다(자세한 내용은 Graber, 2004

참조). 예를 들어 ADD 진단을 받은 사람들의 1/3 정도는 우울을 동반한다(Kaiser Permanente, 2003). 과잉행동-충동형과 복합형 타입의 ADD 남아는 우울을 동반할 위험성이 더욱 높은 것으로 나타났다(Biederman & Faraone, 2004). ADD와 우울 모두 사회적 기능, 직업, 부정적 자기이미지, 학업성취, 가족 갈등, 자살에 대한 장기 문제와 관련이 있다(Barkley, 2006; Waslick, Kandel, & Kakouros, 2005). 후기 아동기와 모든 청소년기 아이들을 평가할 때 반드시 약물남용을 확인해야 한다. 약물남용으로 인한 증상은 우울이나 양극성 장애의 증상과 유사할 수 있다. 결론적으로 조증과 경조증을 반드시 ADHD 및 파괴적 행동장애와 구별해야 한다. 이 두 장애는 대개 우울 및 양극성 장애와 동시에 발병한다. 양극성 장애의 경우 극심한 기분 조절 곤란은 ADHD에서 흔히 보이는 충동적이고 주의산만한 특성과 함께 나타난다.

평가

이학적 결과가 충분하지 않기 때문에 아동과 청소년의 우울을 평가할 때 가장 기본이 되는 도구는 임상적 면담이다. 13세 이하 아동의 경우 개별 면담 및 부모와 아동이 함께 참석하는 면담을 병행해야 한다. 가족의 영향을 배제한 채 청소년과 대화를 나누는 방식은 부적합하다. 임상가는 평가 시 반드시 개인 및 가족의 정체성과 언어 능력을 고려해야 한다. 만약 가족 구성원이 외국어만 사용할 수 있을 경우에는 가능하다면 통역관과 함께 상담을 진행하는 것이 좋다. 평가 시에는 잠재적 위험 요인 및 현재 드러나고 있는 공존 장애를 검토해야 한다. 이전의 삽화뿐만 아니라 우울 증상의 기간 및 심각성 또한 다른 기분장애 유형과 구별되는지 검토해야 한다. 약물남용의 문제가 발견될 경우 중독상담 전문가의 조언을 구하거나 치료를 연계하는 것 또한 좋은 방법이다(Kaiser Permanente, 2003). 심각한 우울 증상을 갖고 있거나 자살 위험이 높은 사례의 경우, 가족 이외의 사람들(교사, 친척, 친구)과 연락을 취할 수 있도록 준비해두는 것 또한 필요하다.

자살 성향 평가

임상가는 독심술사가 아니다. 그렇기 때문에 행동의 잠재성 평가는 임상가의 지식과 경험에 근거한 추측으로 이루어진다. 임상가는 평가를 진행할 때 내담자를 안전하게 지켜야 하는 의무와 비밀보장의 예외 사항을 내담자에게 알리는 의무를 이행해야 한다. 필요할 경우 부모나 다른 사람들과 함께 안전에 대한 계획을 세우는 것 또한 잊지 않아야 한다. 자살 위험성을 평가할 때 가능하면 부모 없이 청소년 내담자와 개별 면담할 것을 권장한다. 면담에서 발견할 수 있는 위험 요소는 다음과 같다.

- 과거 자살 시도나 흉내 경험
- 현재 자살 사고의 심각성
- 계획의 유무, 계획의 구체성
- 자살에 필요한 도구의 접근성
- 가족이나 가까운 지인 중 자살을 시도하거나 자살한 사람 유무
- 급성 혹은 만성적인 심리사회적 스트레스 요인
- 우울 혹은 양극성 장애 진단 유무
- 충동, 불안, 공격적인 특성, 알코올이나 약물남용 유무
- 따돌림 혹은 비행 청소년과 교류 유무
- 가정 내 총기 소지 유무

자살 청소년의 과반수는 사건 발생 당일 자신의 계획을 밝힌다(Kaiser Permanente, 2003). 과거에 자살 시도 경험이 있다면 이후 다시 시도할 가능성은 급격하게 높아진다. 특히 남자 청소년의 재발률이 높다. 공존 질환은 위험 요인이 될 수 있는데, 특히 공황장애는 높은 위험 요인이다. 예를 들어 여성의 경우 공황장애는 자살 사고와 관련이 있으며 남자 청소년은 공격적인 품행장애가 자살 시도의 가능성을 부추긴다. 조증 혹은 경조증, 심각한 불안, 정신병, 중독 증상이 있거나 타인에게 위협 행동을 가하는 청소년도 자살 위험성이 매우 높다. 자살한 청소년의 53%는 약물중독 진단 이력이 있으며, 이들의 13%는 자살 당시 음주 상태였다(American Academy of Child and Adolescent Psychiatry, 2001; American Academy of Pediatrics, 2000).

자살 방식은 성별에 따라 차이가 있다. 남자 청소년은 총을 쏘거나, 목을 매달거나, 높은 곳에서 뛰어내리기와 같은 치명적인 방법을 선택한다. 여자 청소년은 약물 과다복용이 가장 많은 편이다. 현재의 상황적 위기(절교, 헤어짐 등) 혹은 소원한 관계 경험 등이 자살을 부추길 수 있다. 최근 들어 다양한 문제나 경험이 자살(시도)을 부추긴다. 친구, 임신, 교사와 갈등, 학업 문제, 양육 부재, 부모의 약물남용 혹은 정신건강 문제, 법적 문제, 신체장애, 가정폭력 노출, 학대, 성폭행 등이 해당한다.

원인론

다양한 특성이 우울장애의 원인으로 제시되고 있다. 그중 가장 높은 비중을 차지하는 원인은 유전, 청소년의 애착 양식, 스트레스에 대한 뇌의 반응이다. 기타 요인 중 미국 사회의 특성이 우울의 원인으로 작용한다는 사실은 흥미로운 일이다. 미국의 문화는 갈수록 일상이 다양한 스트레스를 유발한다. 다른 사람에 비해 스트레스 요인에 매우 민감하게 반응하는 사람도 있다. 스트레스는 모든 사람에게 각자 다른 방식으로 영향을 미친다. 정신건강에 대한 미국 보건총감 보고서의 주저자이자 우울에 내재된 문화 요인에 대한 종단연구를 수행한 Jeanne Miranda(개인적 대화, 2007)는 미국으로 이주한 라틴아메리카 인구를 자세히 다루었다. 토착민의 우울 발생률은 미국 태생 시민의 1/4가량이다. 토착민이 미국으로 이주 후 자손의 우울장애 발생률은 미국 태생 시민의 1/2 정도다. 그러나 2세대 자손들은 전체 미국 인구와 동일한 비율로 우울장애를 진단받는다. 이러한 자료는 미국인이 되는 것 자체가 우울장애의 위험 요소임을 시사한다.

유전과 신경역동

크고 작은 환경 요소가 아동의 우울장애에 영향을 미칠 수 있다. 유전자 또한 고려해야 할 요소다. 미국 국립정신건강연구소 소장인 Tomas R. Insel은 다음과 같이 언급했다. "인간의 생물학적 요소는 스트레스와 같은 여러 환경 요소의 우울 유발 방식을 결정한다." 이는 아동기에 학대받은 경험이 있는 성인의 우울 발생률을 조사한 미국 국립정신건강연구소의 연구를 통해 입증되었다. 특정 유전자 변인이 부족한 사람은 다양한 보호 요인을 갖고 있는 사람에 비해 심각한 우울 증상을 2배 이상 나타냈다. 부신피질 자극호르몬 방출호르몬은 특정 스트레스 호르몬이다. 유전자는 이 스트레스 호르몬 수용체의 구조 정보를 갖고 있다. 수용체는 세포의 일부이며 단백질로 구성되어 있다. 세포의 기능에 영향을 미치는 화학전달물질은 수용체에서 결합된다. 부신피질 자극호르몬 방출호르몬은 신경전달 과정을 통제하여 스트레스에 적절하게 반응하도록 한다(Bradley et al., 2008).

스탠퍼드대학교의 Robert Sapolsky(2004)와 다른 연구자들은 스트레스, 불안, 우울 간 관계 측정과 생물학적 설명 가능성을 입증하였다. 미국 국립정신건강연구소는 부신피질 자극호르몬 방출호르몬의 변화를 다룬 사례 연구를 수행하였다. 이 연구를 통해 정신병리를 유발하는 유전자형과 극단적인 아동기 스트레스 그리고 신경생리학의 상호작용 방식이 밝혀졌다. 과잉 활성화된 부신피질 자극호르몬 방출호르몬 체계로 스트레스 사건에 반응하는 아동은 추후 우울장애의 위험성이 높은 것으로 나타났다. 해당 연구팀의 일원인 Kerry Ressler는 다음과 같이 언급했다 "연구를 통해 부신피질 자극호르몬 방출호르몬이 중재하는 방식의 유전적 차이가 발달 문제를 증폭하거나 완화하는 요인이라는 가설을 입증하였다. 즉 과거 아동기 학대 경험이 성인의 우울을 일으키는 위험 요소로 작용하는지 여부는 유전적 차이에 따라 다를 수 있다"(Nauert, 2008년 2월, p. 1에서 인용).

연구는 우울의 생리학에서 스트레스 호르몬과 신경전달물질의 중요성을 명확하게 밝혀냈다. 학대 경험이 있는 우울한 아동은 아침에 코르티솔 수치가 낮은 것으로 나타났다. 학대 경험이 없으며 우울하지 않은 아동의 코르티솔 수치는 오후가 되면 상승세가 감소하는 반면에 학대 경험이 있는 우울한 아동의 코르티솔 수치는 계속 증가한다(Cicchetti & Rogosch, 2001a, b). 부모의 갈등, 이혼, 부모의 우울, 부모의 의학적 문제, 부모-자녀 간 갈등과 같은 스트레스 사건은 모두 청소년기 우울의 위험 요소다. 또래 괴롭힘이나 아름다움에 대한 사회의 비현실적인 기준은 신체상 형성에 혼란을 준다. 이러한 부정적 신체상은 우울을 더욱 유발하며, 특히 여자 청소년에게 두드러지게 나타난다(자세한 내용은 Graber, 2004 참조).

신경역동 대다수 치료자와 고학력 일반인들은 우울이 뉴런 사이의 소통을 촉진하는 특정 신경전달물질의 결핍과 관련이 있거나 결핍이 우울의 원인이라는 점을 알고 있다. '중개인' 역할을 하는 세로토닌과 노르에피네프린 같은 물질이 뉴런 사이 교류를 촉진한다. 이 모델은 그림 9.1과 같다.

반복 언급한 것처럼 광범위한 신경역동 요인과 체계 요인은 주요 심리상태와 기능에 바탕이 된다. 이 원리는 우울 또한 마찬가지다. 우울의 신경전달물질 모델은 실질적으로 유용하게 쓰인다. 제약회사에서 입증한 바와 같이 우울증 환자에게는 항우울제 복용이 가장 최선이다. 그러나 최근의 신경과학에서는 이 모델의 과학적 적절성에 중요한 의문을 제기하고 있다. 세로토닌이나 노르에피네프린 같은 신경전달물질의 수치가 낮으면 우울장애가 발생한다는 견해는 논리상 문제가 있다. 세로토닌은 뇌뿐만 아니라 신체를 통해서도 생성된다. John Horgan(1999)에 의하면 "세로토닌과 같은 신경전달물질은 흔하게 생성되며 그 기능 또한 매우 다양하다. 그렇기 때문에 신경전달물질이 우울에 영향을 미친다는 견해는 적절하지 않다"(p. 37).

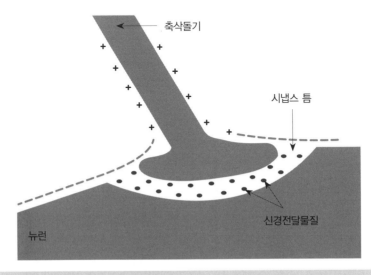

그림 9.1 기분 생리학에 대한 신경전달물질 모델

제약회사의 논리에도 특별한 문제가 있다. 중재 물질이 문제에 도움이 된다고 해서 문제가 중재 물질의 결핍 때문에 발생하는 것은 아니다. 예를 들어 아스피린은 두통에 도움이 되기는 하지만, 두통이 뇌의 아스피린 결핍 때문에 발생하지는 않는다. 방대한 자본을 투자하여 연구를 수행했으나 신경전달물질 가설을 지지할 수 있는 직접 증거는 충분하지 않다. 세로토닌 대사 연구로 생리정신의학 부분 베네트상을 수상한 정신과 의사 David Burns는 다음과 같이 언급했다.

저는 첫 몇 년간 뇌 세로토닌 대사 연구를 위해 시간을 보냈습니다. 그러나 우울을 포함한 다른 정신의학장애의 원인이 뇌 세로토닌 결핍 때문이라는 확실한 증거를 찾을 수 없었습니다. 사실 우리는 살아있는 인간의 뇌 세로토닌 수치를 측정할 수 없습니다. 그렇기 때문에 이 이론을 검토할 수 있는 방법은 없습니다. 뇌는 유압장치와 같은 방식으로 기능하지 않기 때문에 몇몇 신경과학자들은 그 이론의 실효성에 의문을 제기하고 있습니다. (Lacasse & Leo, 2005에서 인용함)

만약 우울이 신경전달물질의 결핍 때문에 발생하는 것이 아니라면 무엇이 원인일까? 몇몇 뇌영상 연구에서는 우울의 증상이 우측 전두엽의 과잉 활성화 및 좌측 전두엽의 억제와 관련이 있다는 결과를 제시했다(Baxter et al., 1985, 1989). 좌뇌의 기능이 활발해야 사건을 해석할 수 있고 긍정적이며 낙관적인 정서가 생성된다. 우울한 사람은 침울한 정서와 기분의 강렬한 힘에 대한 경험, 즉 우울증 때문에 해석 능력을 제대로 발휘하지 못한다. 이러한 특성은 우뇌 우세형과 일치한다. 세부 사항을 고려하기보다는 광범위한 부정적인 관점으로 상황을 바라보는 경향이 있다. 우뇌 기능은 포괄적 사고를 선호한다. 복내측 전전두피질 또한 슬픔을 느낄 때 더욱 활성화된다(Damasio, 1999). 우울한 사람들이 세부 사항 처리를 어려워하는 이유는 전대상피질의 활동이 급격하게 저하되기 때문이다(Lane, 1998). 이를 억제하지 않는다면 생성된 우울의 신경망은 멈추지 않고 지속될 것이다. 안정된 개입 없이 이 신경망이 일제히 활성화될수록 재활성화될 가능성은 더 높아진다. 표 9.1은 우울에 영향을 미치는 뇌 체계 사고brain systems thought의 목록이다.

표 9.1 우울 반응에 대한 신경역동 요소

신경역동 요소	우울할 때 기능 및 결과	영향 받는 기능
우측 전두엽	기능 증가	부정 정서 포괄적 사고
좌측 전두엽	기능 감소	긍정 정서 사건, 언어, 사회적 기능에 대한 서술
전대상피질	기능 감소	세부 사항에 대한 주의
해마	뉴런 사멸로 부피 감소	장기 저장을 위한 세부 사항 기억
뇌 유래 신경영양인자	수치 감소	신경발생 및 신경가소성
부신피질 자극호르몬 방출호르몬	수치 증가	스트레스 호르몬과 신경전달물질에 반응
코르티솔과 아드레날린	수치 증가	교감신경계 활성화 : 피질의 혈류량 감소

뇌영상 연구는 우울한 상태와 관계 문제의 관련 연구를 지지하는 방대한 근거를 제공한다. 예를 들어 우울을 주제로 한 영상 연구들은 우울한 사람의 경우 타인의 얼굴 표정을 의미 있고 흥미롭게 받아들일 수 있도록 기능하는 우반구로 흐르는 혈류가 제한되어 있음을 밝혔다. 자신의 정서 상태를 조절하기 위해 타인의 정서 반응을 활용하려면 얼굴 표정을 읽을 수 있어야 한다. 이 능력이 손상된 사람들은 다른 사람들에 대한 관심이 줄어들고, 슬픔이나 비관적인 생각을 조절하려는 사람들을 제대로 도와주지도 못한다. '표정을 읽는' 능력이 손상된 십대들은 실망과 절망으로 가득한 자신의 내적 세계로 다시 빠져들게 된다.

우울과 해마 최근 우울 연구는 해마의 역할을 강조한다. 측두엽 깊숙한 곳에 위치한 땅콩 크기 정도의 해마는 기억과 정서 반응 처리에 매우 중요한 역할을 한다. 이 모델의 원리는 다음과 같다. 스트레스를 경험하면 시상하부-뇌하수체-부신 체계에서 코르티솔을 분비한다. 코르티솔이 다량 생성되면 해마 뉴런의 수상돌기와 축삭돌기가 줄어들거나 해마 부피 자체가 작아진다. 몇몇 연구에서는 만성 우울 환자의 해마 부피가 10~20% 감소한 것으로 나타났다(Sheline et al., 1996). 코르티솔은 해마를 손상시켜 신경가소성과 신경발생의 핵심 요소 생성을 억제한다. 뇌 유래 신경영양인자는 신경 촉진제의 일종이다. 즉 새로운 수상돌기의 성장을 자극하고 기존 뉴런의 재생산 능력을 촉진한다. 이를 통해 새로운 뉴런이 생성된다.

연구 대상의 1/3 정도는 뇌 유래 신경영양인자 생성과 관련된 지시 전달을 제대로 하지 못하는 비정상적인 유전자를 갖고 있었다(Hariri et al., 2003). 이 대립 유전자를 갖고 있는 사람들의 경우 스트레스는 뇌 유래 신경영양인자 생성에 더욱 부정적인 영향을 미친다. 자살한 사람들은 해마 영역과 전전두엽 영역의 뇌 유래 신경영양인자 수치가 매우 낮은 것으로 밝혀졌다(Dwivedi et al., 2003). 이와 같은 뇌 유래 신경영양인자의 취약성 이론을 통해 우울의 유전 가능성을 예측할 수 있다. 가족 내 우울 유전은 치료자들이 임상 장면에서 종종 관찰하는 특징이기도 하다. 우울 기간 동안 코르티솔 수치가 급격하게 상승하면 해마와 전전두엽에서 문제가 발생한다(Brown, Rush, & McEwen, 1999). 전 연령대의 우울한 사람들은 이로 인해 인지 결함, 작업 기억의 손상, 실행능력 약화 같은 증상을 나타낸다. 스트레스 반응이 줄어들면 뇌 유래 신경영양인자는 다시 생성된다. 또한 감소한 수상돌기와 축삭돌기가 다시 한 번 뻗어나가면서 쌍을 이룬다. 소크생물연구소의 Fred Gage는 세로토닌 재흡수 억제제, 뇌 유래 신경영양인자 생성, 신경발생의 연관성에 대해 다음과 같은 제안을 했다. 이 세 가지 연관성 때문에 파록세틴paroxetine(상품명 : 팍실Paxil)과 같은 항우울제는 3주간 복용해야 효과를 발휘한다. 왜냐하면 기존의 신뉴런이 돌기를 재생성하고 재생성된 돌기가 완벽한 신경회로 순환을 이루기 위해서는 대략 3주 정도 소요되기 때문이다(Ramin, 2007, p. 90에서 재인용).

우울장애의 생리학은 프로작Prozac과 같은 항우울제의 작용만 다루는 것은 아니다. 우울 및 다른 정신장애와 관련 있는 신경 분자 타깃neural molecular target을 선정하기 위한 새로운 연구가 진행되고 있다. GSK3β로 불리는 효소의 불균형적 활성화를 평가한 연구는 이 효소가 세로토닌의 낮은 수치보다 심리장애의 근본 원인일 가능성을 제기하였다. GSK3β를 차단했을 때 세로토닌 수치가 낮은 실험 쥐의 불안과 우울 행동이 사라졌다(Beaulieu et al., 2008).

애착, 관계, 기분

제3장과 제4장에 언급한 것처럼 애착 양식은 일생 동안 지속되는 정서조절의 '내적 작동모델'이다. Siegel(1999), Wallin(2007), 그 외 다른 연구자들은 전반적인 심리 건강을 판단할 때 애착 양식을 중요하게 고려했다. Bowlby(1951, 1969)에 의하면 인간은 생존을 위해 양육자에게 강력한 애착을 형성하려는 성향을 유전적으로 타고난다. Mary Ainsworth(1969)는 영아가 주체와 객체가 분리되지 않은 심리상태에서 삶을 시작한다고 하였다. 이러한 변화는 매우 빨리 일어난다. 6~9개월 아기는 엄마를 선호하게 되면서 엄마와 강력한 유대관계를 형성한다. Ainsworth 연구팀(1978)은 생후 1년 동안 자녀의 내적 상태에 귀 기울이고 조율하려는 엄마의 노력이 매우 중요하다고 하였다. 즉 함께 보내는 시간의 양보다 반응의 방식이 더 중요하게 작용한다. Ainsworth의 관찰 연구 대부분은 우간다에서 이루어졌다. 이후 볼티모어에서 미국인 영아와 엄마 대상 관찰 연구를 통해 이전 연구 결과들을 더욱 확고히 했다(Ainsworth, 1978).

Main(1995), Fonagy(2001)와 같은 후기 애착 연구자들은 양육자에 대한 영아의 애착 '양식'이 전 생애 발달에 매우 중요한 영향을 미친다는 결과를 제시하였다(자세한 내용은 Wallin, 2007 참조). 안정적이고 민감한 엄마를 둔 영아는 분리를 두려워하지 않았고 엄마를 안전기지로 활용하여 환경을 탐색할 수 있었다. 불안정 애착 유형의 엄마를 둔 영아는 회피 애착(엄마를 필요로 하지 않거나 좋아하지 않는 유형)이나 양가적 애착(애착 대상에게 화를 내기도 하지만 지나치게 잘 보이려고 함)을 형성했다. 가장 최악의 형태는 혼란 애착(예측할 수 없고 특이한 방식으로 행동함) 형성이었다. Main을 포함한 다른 연구자들은 이러한 애착 도식(Piaget의 용어)이 생후 12개월까지 형성되며 이후에는 변하지 않는다고 주장했다. 애착 양식은 관계의 기본 역할을 하는 정서조절 양상과 관련이 있다. 애착은 특별한 정서조절 양식의 표현형phenotype을 뇌에 기록하는 프로그래머다.

초기 정서조절 도식은 아이가 생존을 위해 엄마와 애착 관계를 조절할 수 있도록 한다. '내적작동모델'은 의존, 내적 욕구, 증가한 자율성 간 균형을 적절하게 맞추기 위한 전략으로 구성되어 있다. 아동기에는 독립에 대한 기대가 증가한다. 이때 정서 조절 작동모델이 불안정하게 형성된 아동은 끔직한 생리적 스트레스 상황에 더욱 취약해지기 쉽다. 이러한 영향을 설명해주는 극단적인 예시로 루마니아 고아들을 살펴볼 수 있다. 이 영아들은 우울의 모든 증상을 갖고 있었다. 일관된 애착은 뇌 형성에 영양분 역할을 한다. 이는 일관된 애착의 부재가 뇌손상을 일으킬 수 있다는 의미이기도 하다.

Fonagy 및 다른 연구자들은 유전적으로 결정되는 뇌의 신경가소성 능력을 활용하고 형성하는 데 있어 견고한 애착 관계가 중요한 역할을 한다고 단언했다. 아기는 생존을 위한 전략으로 초기 양육자에게 적응한다. 스트레스의 생리는 아기의 뇌에 작용한다. 즉 아기의 뇌는 민감하지 않고 불안정한 정서를 가진 양육자에게 적응하기 위해 고군분투한다. 아기와 엄마의 상호작용은 무엇을 기대할 수 있고, 기대에 벗어난 어떠한 일들이 흔하게 있는지, 무엇이 정서적이고 생리적인 혼란을 일으키는지에 대한 영아의 감각운동 모델을 만들어낸다. 작동모델은 일련의 규칙에 의해 나타나며(Wallin, 2007) 매우 지속성이 높은 편이다. 청소년기는 이 작동모델을 재정비하는 특별한 시기다.

아동은 청소년이 되었을 때 Piaget가 말하는 자신과 타인의 감정을 '조작'할 수 있다. 자신의 감정과 기분을 스스로 조절할 수 있어야 타인의 감정 또한 보다 명확하게 알 수 있다. 이러한 상위인지 능력은 일반 청소년에게 가장 가치 있는 심리 자산 중 하나다. 청소년의 상위인지 능력은 성호르몬, 성장호르몬, 사회적 경쟁, 학교 및 가정에서의 자기애적 특성과 같은 여러 요인의 변화를 경험하면서 발달한다. 이 변화는 청소년기에 격렬하게 일어나며 아이들을 바깥세상으로 이끈다. 가족 밖에서 경험하는 트라우마는 더욱 위협적으로 작용한다. 청소년의 주된 활동지는 가족이 있는 집이 아닌 학교, 파티, 거리로 변하며 이곳에서 위태로운 관계를 형성한다. 상위인지가 발달하면 청소년은 내적 안전 기지, 진정할 수 있는 능력, 객관성을 발휘한다. 강렬한 감정으로부터 적절한 거리를 유지하지 못하는 청소년들은 극심한 스트레스를 경험할 때 우울증에 걸리기 쉽다.

십대 시기에는 내러티브 구성을 담당하는 좌측 전전두엽의 능력이 발달한다. 이는 상위인지의 신경해부학적 기반이 된다. 좌측 전전두엽은 십대가 자신을 다르게 이해하고 활용할 수 있도록 한다. 안정 애착을 형성한 십대에게 친구 관계는 정서조절 지속 및 부모로부터 독립하는 과업 수행에 도움을 준다. 불안정 애착을 형성한 십대는 상황에 압도되기 쉽고 외부 세계로부터 모욕감을 자주 느끼는 경향이 있다. 이들은 사람들과 관계 시 불안정 애착 양상을 지속적으로 보인다. 회피하거나 혼란스럽고 서툰 방식으로 관계를 조율하려고 한다. 이들의 경험은 시냅스에 저장되며 습득된 패턴들을 보다 영구적으로 만들어 버린다. 영구적으로 형성된 패턴은 새로운 경험을 하더라도 달라지지 않는다.

우울증으로 고통 받는 사람들은 자전적 기억을 지나치게 일반화하는 경향이 있다 (Howe et al., 2006). Kaslow, Adamson과 Collins(2000)는 세 가지 인지처리 방식인 부정적인 자기도식, 잘못된 귀인편향, 무력감 및 절망감이 우울과 관련이 있다는 결과를 제시하였다. 좌절감을 주는 애착 대상에게 지속적으로 과잉 적응하도록 하는 인지 및 정서조절 도식을 가진 아동은 청소년이 되었을 때 청소년 문화의 어두운 면인 반사회적 행동, 비관주의, 낮은 자존감을 더욱 많이 드러낸다.

우울증 치료

아동과 청소년의 우울을 치료할 때 목표를 설정하는 방식 중 한 가지는 증상의 기저와 지속 요인인 신경역동 요소(표 9.1 참조)를 고려하는 것이다. 우울한 아이들은 긍정 정서 감소, 인생의 좋은 이야기를 기억하고 예측할 수 있는 능력 손상, 타인에 대한 관심 감소, 세부 사항에 대한 주의집중 감소, 만성적인 스트레스 등과 같은 증상을 나타낸다. 다양한 방식으로 이러한 문제를 해결할 수 있다. 인지행동치료는 뇌의 가장 상위 영역에서부터 변연계까지 변화를 이끌어낸다. 변연계에서부터 대뇌피질까지 영향을 미치는 항우울제를 사용하기도 한다. 이러한 방법들은 내담자에게 무의식적으로 영향을 미치는 애착 양식 및 주변 사람들과의 관계 손상을 개선한다.

치료는 내담자와 가족 평가를 먼저 시작한다. 치료 동맹 형성 능력에 영향을 미치는 내담자의 인지, 정서 요인 또한 평가한다. 자율성 문제가 있는 청소년은 성인이 제안한 합리적인 치료를 받아들이지 않을 수도 있다. 자신의 문제를 또래의 문제와는 다르다고 주장하며 부인할 수도 있다. 자발적으로 치료를 받으러 온 것이 아니기 때문에 평가를 받기 위해 오게 되었다는 것만으로도 모욕감을 느낄 수 있다.

우울한 아동과 청소년에게 성공적으로 적용할 수 있는 개입방법은 다양하다. 우울증이 심한 청소년을 상담할 경우, 다양한 심리사회적 환경을 다루는 다차원적이고 통합적인 치료 계획이 필요할 수 있다(Kaiser Permanente, 2003). 부모가 참여할 경우 조력 관계를 형성하는 데 매우 큰 도움이 된다. 특히 이혼가정의 경우, 아동과 청소년을 상담할 때 성인 양육자 간 논쟁이 자주 일어날 수 있다. 한부모 가정의 경우, 부모는 경제적인 문제로 힘들어할 수 있으며 자녀와 자신의 상담 계획을 세우는 것 또한 어려워한다. 이러한 문제가 있기는 하지만 가능하면 치료 결정을 하기 전, 면담 시 어린 내담 아동의 가장 큰 관심 영역을 지지해주고 이들의 건강한 자율성 추구를 격려해주는 것이 중요하다.

동의서와 비밀보장

아동의 부모나 법적 대리인은 반드시 상담에 동의를 해야 한다. 상담자는 첫 면담 시 청소년과 양육자 모두에게 동의서를 받는 것이 좋다. 상담과 법적 측면에서 상담자와 내담자의 권리에 대해 솔직하게 이야기 나누는 것 또한 필요하다. 비밀보장에 대한 법적 권리가 성인 내담자의 권리와 다른 부분이 있다. 상담자는 청소년 내담자의 자율성 욕구를 중요시하는 동시에 그들을 안전하게 보호해야 하는 의무 또한 충실해야 한다. 아이가 비밀이라며 상담자에게 이야기한 내용을 비밀로 해야 하는지 여부는 비공개 위험성 평가를 기준으로 한다. 혹은 어떤 '금지된' 정보를 상담자가 타인에게 알렸으면 하는 청소년의 바람을 알아차리는 것도 필요하다.

정기적으로 청소년을 만나고 자주 사적인 이슈를 접하는 치료자들은 건강보험 양도 및 책임에 관한 법률 요건의 최신 지식을 잘 갖추고 있어야 한다. 사생활과 기록 보존에 대한 내용이 명시되어 있기 때문이다. 미국의 여러 주에서 12세 이상의 미성년자 중 지적으로 성숙한 경우, 피학대 아동인 경우, 치료를 거부했을 때 심각한 신체나 정신 피해의 위험성이 있을 경우에 한해 부모 동의 없이 상담을 받을 수 있도록 법적으로 규정하고 있다. 또한 치료 관계와 십대의 행복에 부정적인 영향을 미칠 수 있다고 판단할 경우, 부모에게 자녀와 관련된 임상 정보를 공개하지 않을 수 있는 상담자 권리를 여러 주에서 법적으로 명시하고 있다(Kaiser Permanente, 2003).

심리교육

아동의 증상 때문에 힘들어하는 가족 구성원에게 우울과 관련된 객관적 정보를 알려주는 것이 필요하다. 많은 부모와 십대는 우울 증상 때문에 죄책감을 가지거나 비난을 주고받는다. 심리교육은 이러한 불편한 감정을 떨쳐버리거나 완화하는 데 도움을 주기 때문에 아동의 치료 중단을 예방하기도 한다. 우울은 유전 경향이 있다. 심리교육을 받은 부모는 종종 자신의 우울 증상을 알아차리기도 한다. 만약 우울에 대한 교육을 받은 부모가 우울 증상을 갖고 있다면 치료를 받을 수 있도록 의뢰해야 한다. 이는 아동의 치료 효과를 극대화할 수 있는 가장 좋은 방법 중 하나다(Brent et al., 1997).

심리치료

다양한 접근 방식의 심리치료가 아동과 청소년 우울에 효과가 있는 것으로 알려져 있으며, 모든 치료는 공통 효과 요인을 포함하고 있다. 치료 관계는 우울한 아동과 청소년의 성공적인 심리치료에 핵심 역할을 한다. 이는 성인 치료에서도 마찬가지다. '동맹'이란 항상 달콤하고 밝은 관계만을 의미하거나 중요한 대인 관계 갈등을 회피하는 것이 아니다. 치료 관계는 시작이 좋지 않을 수도 있고 부정적으로 형성될 수도 있다. 조율을 실패하는 상황이 생길 수도 있고 그것을 성공적으로 회복하는 상황도 경험할 수 있는데, 이러한 경험 또한 치료 과정에 효과적인 영향을 미친다. 애착 도식의 중요성에 관한 최근 연구에 의하면, 성공적인 치료 목표는 내담자의 복잡한 정서와 관계 문제를 유발하는 무의식적 애착 도식의 개선을 반드시 포함해야 한다(Wallin, 2007). 치료 진행 중에 일부 관계가 나빠진다 하더라도 잘못된 것은 아니다(Safran & Muran, 2003). 관계 손상을 개선하기 위해 쓰이는 에너지는 내담자가 뇌 깊숙이 자리 잡고 있는 정형화된 관계 패턴과 정서조절 패턴에서 벗어날 수 있도록 해준다. 증거 기반 심리치료 연구는 치료 성과 요인 중 하나로 기법을 제시하기도 하였다(Norcross, 2001). 다음에 제시된 개입 방식은 연구를 통해 효과성이 입증되었으며, 아동과 청소년의 우울 치료를 위한 '증거 기반' 치료에 해당한다.

인지행동치료 인지행동치료는 일반적으로 단기로 이루어지며 과제 수행을 포함한다. 과제는 습득한 기술을 연습하고, 변화를 지속하게 하는 인지 및 행동의 신경 어트랙터를 형성하는 데 도움이 된다. 우울한 청소년을 대상으로 인지행동치료, 체계적 행동 가족치료, 비지시적 지지치료의 효과를 비교한 연구(Brent et al., 1998)에서 인지행동치료 효과가 가장 우수했다. 체계적 행동 가족치료 접근은 아이뿐만 아니라 어머니도 우울 진단을 받았을 때 더욱 효과가 있었다. 지지치료는 효과가 없는 것으로 나타났다. 장기 효과는 모든 치료에서 비슷하게 나타났지만 인지행동치료는 다른 치료 방식에 비해 증상 호전을 빨리 일으켰다. 청소년 내담자를 대상으로 인지행동치료를 실시할 경우에는 불안장애 치료에서 언급했던 다음의 몇 가지 방법을 활용한다.

- 행동 활성화 : 합창단, 스카우트 활동, 헬스클럽 다니기
- 기술향상 : 그룹 내 역할극, 개인상담 시 사고 실험
- 자동적 사고와 인지 왜곡 확인 및 수정 : 상담 회기에 진행하거나 일상생활에서 사고 기록지 활용
- 부정적인 핵심 신념 바꾸기 : 현실적이고 대체 가능한 신념 생각하기
- 대인관계 및 사회적 상호작용 향상 : 사회적 접촉 시도

아동과 청소년 대상 집단 인지행동치료는 교육기관에서 더욱 실용적으로 선호하는 방식이다. 효율적이기도 하면서 애착 도식의 변화에 중요한 역할을 하는 사회성 기술을 연습할 수 있기 때문이다. 그러나 집단 인지행동치료를 선호하지 않을 수도 있는데, 우울한 십대들은 대부분 집단 참여를 꺼린다. 꽤 많은 아이들이 자신의 상태를 수치스러워하거나 사회불안장애를 갖고 있기 때문이다. 치료자는 이러한 '저항'을 주의 깊게 고려해야 한다. 집단을 거부하는 십대는 심도 있는 개별 면담을 원하

는 것일 수도 있다. 인지행동치료 추후 회기는 모든 내담자의 재발 방지에 도움이 된다. 특히 청소년은 집단 종결 시점에도 여전히 우울 증상을 호소한다(Clarke, Rohde, Lewinsohn, Hyman, & Seeley, 1999).

변증법적 행동치료　워싱턴대학교의 Marsha Linehan 연구팀은 자살 시도 경험이 있는 경계선borderline 성인 환자를 치료하기 위해 변증법적 행동치료를 개발했다(Linehan, 1993). 정서조절 개선, 충동성 조절, 대인관계 및 자기에 대한 혼란 조절이 치료의 핵심이다. 변증법적 행동치료는 청소년 치료에 매우 적합한 것으로 알려져 있다. 다른 심리치료 방식에 비해 변증법적 행동치료는 더욱 계획적이고 다면적인 특성이 있다. 주 1~2회 개인치료를 받거나 변증법적 행동치료 기술 훈련 그룹에 참여한다.

　개별 혹은 가족 회기와 함께 집단 변증법적 행동치료를 받은 청소년은 변증법적 행동치료가 아닌 '일반 치료'를 받는 청소년에 비해 자살 생각을 덜하고 정신과 병동 입원 일수가 적었다. 심각한 우울 증상 또한 줄어들었으며 치료 종결 비율이 훨씬 높았다(Miller, Karner, & Kanter, 1998). 변증법적 행동치료는 정서조절 기술을 개선하고 관계 손상을 회복하는 데 필요한 기술을 강화함으로써 혼란 혹은 비일관적 애착 도식을 다룬다고 볼 수 있다. 애착문제는 우울한 청소년을 치료할 때 가장 중요하게 다루는 내용이기도 하다.

대인관계 심리치료　대인관계 심리치료 또한 변증법적 행동치료와 마찬가지로 대인관계 상황의 정서조절을 다룬다. 대인관계 심리치료는 주요우울장애로 진단받은 청소년의 치료에 효과가 있다(Curry, 2001). 대인관계 심리치료에서는 대인관계 어려움을 관계 불화, 장기간 슬픔과 상실, 역할 전환, 사회적 고립과 같이 네 가지 유형으로 나누어 치료한다. 처음 6~8주 동안은 내담자가 자신의 극심한 우울 증상에 대해 안도감을 느낄 수 있도록 회기를 진행한다. 16주 이후에는 심리사회적 기능이 보다 향상될 수 있도록 한다. 대인관계 심리치료 또한 우울 재발 내담자에게 유지 치료로서 유용한 방식이다(Mufson, Weissman, Moreau, & Garfinkel, 1999).

가족치료 우울한 아동과 청소년을 위한 가족치료의 효과성을 다룬 연구에서는 다음과 같은 결론을 제시하였다.

- 기분장애 재발을 예방하려면 가족 내 불안정한 정서와 부정적인 상호작용이 반드시 줄어들어야 한다.
- 가족의 역기능적 특성은 우울한 청소년의 회복을 방해한다.
- 부모-자녀 갈등은 사회적 및 심리적 과업 성취를 방해한다.

가족치료의 주된 목표는 부모와 십대가 보다 효과적인 의사소통 기술을 습득하여 서로에 대한 비난과 강렬한 정서 표현을 줄이는 것이다(Brent et al., 1998).

정신역동적 심리치료 정신역동적 심리치료는 내담자의 현재 증상, 행동, 정서에 영향을 미치는 초기 대인관계 갈등 및 트라우마의 역할을 인식하도록 하는 통찰 중심 접근 방식이다. 정신역동치료자는 초기 관계의 역동이 내재화되어 있다가 현재에 다시 나타나는 것으로 가정한다(Fonagy, 2001). 이는 애착이론과 일관된 전제이기도 하다. 정신역동 심리치료는 청소년이 과거와 현재의 관계를 연결할 수 있도록 돕고 더욱 만족스러운 대처 기술을 습득할 수 있도록 한다. 이때 뇌의 신경역동 변화도 함께 발생한다. 통찰 중심 이야기 치료는 이전 방식에서 벗어나 통합된 정체성, 가치, 관계를 형성해야 하는 우울한 청소년에게 적용할 수 있다. 치료자는 십대의 경험을 귀기울여 들어 주고, 인정해줄 수 있으며 함께 대화 나눌 수 있는 안전한 장소를 마련해야 한다. 치료자와 형성하는 치료 관계는 영아기 애착 도식 재형성에 필수 요소다.

기억에 대한 최신 신경과학 모델은 '무의식의 의식화'와 관련된 뇌의 여러 무의식적 기능을 강조한다. 초기 트라우마 사건의 회상과 관련하여 Howe 등(2006)은 다음과 같이 설명했다. 기억이 전언어적preverbally으로 신체에 저장될 수 있다는 관점을 지지하는 증거는 없다. 그렇기 때문에 트라우마를 경험한 어린아이들이 회상하는 사건은 어떻게 보면 진실이 아닐 수도 있다. 어린아이들의 초기 트라우마 회상은 치료에 도움이 되지 않는다고 볼 수 있다. 트라우마는 뉴런의 연결을 바꾸기도 한다. 트라우마 사건으로 인해 자신도 모르게 트라우마 경험과 관련된 신경역동 경로가 강화된다. 치료자는 이러한 사실을 피해자에게 알려주고 그들이 안심할 수 있도록 해야 한다.

정신약리학적 치료

항우울제는 성인을 대상으로 개발 및 검증되었으며 뇌 발달에 미치는 항우울제의 영향은 정확하게 알려지지 않은 상태다. 부모와 치료자는 플루옥세틴(상품명 : 프로작)과 같은 약물 사용이 아동과 십대의 정상 뇌 발달에 부정적 영향을 미칠 수도 있다는 점을 염려한다. 우울한 청소년을 대상으로 한 인지행동치료, 대인 관계 심리치료, 가족치료와 같은 심리사회적 개입에 대한 메타분석은 심리사회적 치료가 위약 통제 실험과 약물치료만큼 효과가 있다는 결론을 내렸다(Michael & Crowley, 2002).

임상 경험이 있는 모든 치료자는 일부 사례에 한해 약물 복용이 치료에 효과적이라고 판단한다. 주요우울 진단을 받은 청소년 439명을 대상으로 병행치료에 대한 대단위 연구(Treatment of Adolescents with Depression Study Team, 2004)가 이루어졌다. 그 결과 약물치료와 심리치료를 병행할 경우 치료 효과가 가장 큰 것으로 나타났다. 연구는 플루옥세틴과 인지행동치료의 치료 효과를 비교하였다. 플루옥세틴은 아동과 청소년에게 사용할 수 있는 유일한 FDA 승인 항우울제다. 병행치료 집단의 치료 효과는 71%인 반면에 플루옥세틴 치료 집단은 60% 상승률을 보였으며 인지행동치료 시행 집단은 43%에 머물렀다. 플라세보 효과 또한 34%로 나타났다. 약물치료만 시행할 경우 몇 가지 위험 요인이 증가한다. 플루옥세틴만 복용할 경우 자살 사고 비율이 15%로 증가하였다. 반면에 병행치료나 인지행동치료 시행 집단의 자살 사고 비율은 각각 8%와 6%에 그쳤다. 이러한 결과는 치료 초기 단계에 특히 두드러졌다. 이 연구는 플루옥세틴이 회복을 앞당겨주는 역할을 하지만 자살 위험성이 있는 대상에게는 약물과 함께 추가적인 안전장치로 인지행동치료 병행을 권장하였다.

'블랙박스' 경고문   FDA는 모든 항우울제 복용 시 자살 사고가 증가할 수 있다는 경고문을 부착하도록 규정하고 있다. 2007년 5월 FDA는 18~24세 성인에게도 이 경고가 해당할 수 있다고 발표하였다. 실제 자살 위험은 항우울제 치료 시작 후 1~2개월 이내에 더욱 증가하는 경향이 있다. 경계선 장애 십대 중 동일 장애를 가진 가족 구성원이 있거나 과거 자살 시도 경험이 있는 십대는 항우울제 복용 시 자살 위험성이 증가한다. 항우울제를 복용하는 십대의 우울 증상이 나빠지고 있는지를 가까이에서 지켜볼 수 있어야 한다. 초조함, 짜증, 화와 관련된 증상이 새롭게 나타나거나 심해지는 경우를 주의 깊게 살펴야 한다. 일반적이지 않은 행동 변화도 위험 표시로 볼 수 있다. FDA 지침에 따라 청소년 내담자가 항우울제를 복용하기 시작했거나 약을 바꾸었을 경우 첫 한 달 동안은 주 1회씩, 이후 한 달은 격주로 담당의나 치료자를 만나야 한다. 약물치료 12주 경과 후에도 의사 면담을 권장하고 있다. 만약 문제가 발생할 경우 더 자주 만날 수도 있다.

재발 방지

아동과 청소년 내담자는 재발 가능성이 매우 높기 때문에 치료 계획을 세울 때 재발 방지와 관련된 내용을 포함해야 한다. 부모와 십대에게 우울의 초기 증상을 정기적으로 알려줘야 한다. 가족들은 우울의 주기적 특성을 이해하고 있어야 한다. 부모와 십대는 우울 증상을 예방할 수 있으며 자기 관리와 대처 기술 활용 계획을 세울 수도 있다.

사례 : BASE 적용

조용하고 수줍음이 많은 앨리스(17세)는 점심시간에 혼자 식당에 앉아 있었다. 이를 본 학교상담사가 앨리스에게 자신의 사무실을 방문해줄 수 있는지 묻자, 아이는 "무슨 일이에요? 제가 뭔가 잘못했어요?" 하고 되물었다. 상담자는 대화를 나누고 싶어서 괜찮은지 의사를 물어보는 것뿐이라고 했다. 앨리스는 "생각해볼게요." 라고 말한 뒤, 마치 중요한 약속 시간에 늦은 사람처럼 가방을 쥐고 성급하게 식당을 빠져나갔다. 아이는 5교시에 사무실로 왔으며 한 의자에 가방을 걸어둔 다음 상담자 책상에서 가장 멀리 있는 의자에 구부정한 자세로 앉았다. 앨리스는 상담자와 눈 맞춤을 피했고 책상서랍만 쳐다봤다. 상담자는 앨리스에게 듣고 있던 음악을 끄고 이어폰을 빼달라고 부탁하자, "아무것도 모르는 사람들은 이 음악을 정서적인 emo 음악이라고 하죠."라고 답했다.

앨리스는 문장 사이에 오랜 공백을 두었고 작고 단조로운 목소리로 말했다. "정서적인 음악이 어떤 거니?" 하고 상담자가 묻자, "감성적 음악이라는 뜻이에요. 그렇지만 그건 아니라고 봐요."라고 대답했다. 질문이나 이야기는 대부분 상담자의 몫이었고, 아이는 최소한의 정보를 주는 대답만 하는 식으로 짧게 대화를 이어나갔다. 상담자는 앨리스에게 어떤 노래를 좋아하는지 물어보기도 했는데, 모두 슬프고 불행한 느낌의 곡이었다. 대화는 매우 일방적이었다. 상담자는 피곤해지면서 졸리기 시작했다. 우울한 아이들을 만날 때마다 자주 느끼는 반응이었다. 대화 도중에 상담자는 앨리스에게 우울한 적이 있었는지 물어봤다.

처음으로 상담자를 쳐다보면서 냉소적인 말투로 "왜요?" 하고 물었다. "저를 멀리 보내시려고 하는 거예요? 그거 좋죠!"

진지한 대답을 요구하자 마침내 앨리스는 "뭐~ 그런 것 같기도 해요." 하고 말했다.

상담자는 우리 병원과 몇 차례 협력을 한 적이 있었기에 앨리스에게 병원 약속일정을 받을 수 있었다. 그는 아이에게 약속일정을 꼭 지켰으면 좋겠다는 당부와 함께 며칠 후 확인해보겠다는 말을 남겼다.

앨리스는 인턴 재닛을 만났다. 앨리스는 가장 친했던 친구와 다투고 난 후부터 약 1년 정도 우울한 느낌이 지속되었다고 했다. 그리고 사람들은 자신이 아닌 그 친구 편을 드는 것 같다고 했다. 그런 느낌이 들면서 모든 사람들과 대화를 나누지 않게 되었다. 앨리스는 내내 기운이 없어 보였고, "나는 절대 아무것도 하지 않을 거예요."라고 했다가 "하느님이 지구에서 저를 데려가주셨으면 정말 좋겠어요. 그러니까 제 말은 저는 살아야 할 큰 이유가 없다고요. 아시겠어요?" 하고 말하기도 했다.

가족력을 살펴봤으나 가족 중 우울증을 앓았던 사람의 흔적은 찾을 수 없었다. 초기 발달사와 가족 관계 또한 거의 정상으로 보였다. 그러나 아이는 부모님 이야기를 할 때 자신이 느꼈던 정서 반응을 표현하기 어려워했으며 재닛은 이를 주의 깊게 고려했다. 아이는 부모님에 대해 대부분 긍정적으로 이야기했으나 그 내용은 흥미롭지 않았으며 피상적으로 들렸다. 재닛은 앨리스가 회피 애착 유형이라고 추측했다.

앨리스는 6개월 전까지만 해도 축구팀 선수로 활약했다. 앨리스가 좋아했던 남자아이가 자신의 친구와 사귀게 되자, 그 이후로 앨리스는 여자아이와 더 이상 아는 척하지 않았다. "제 생각에 제가 그 축구팀에서 쫓겨난 다음부터인 듯해요. 그러니까 제 말은 제가 운동장에서 공을 쫓아간들 누가 바라보기나 하겠어요? 아무도 상관하지 않을 거예요. 저는 집중할 수가 없었어요. 그리고 코치가 저에게 소리쳤어요. 그때 아무도 나에게 관심을 가져주지 않는 것 같았어요. 부모님도 그랬던 것 같아요. '그냥 네가 하고 싶은 대로 하렴. A나 B학점만 받는다면 네가 바라는 건 뭐든지 해도 좋아.'라는 말씀만 하셨어요." 앨리스는 자신이 실패자인 듯하고 모두 자신을 피하는 것 같다고 했다. 그리고 억울함과 분노로 가득한 암흑 세계에 빠져드는 느낌이 자주 든다고 했다. 결국 이러한 느낌은 끊임없는 슬픔, 피로, 자기 비하, 위축과 같은 형태로 나타나게 되었다.

"이제 저는 그런 느낌에서 벗어날 수 없어요… 어쨌든 더 이상 신경 쓰지 않아요."

다음 날 재닛은 슈퍼바이저 베티를 만나 항우울제 처방 여부를 의논하였다. 이에 대해 베티는 "그 결정은 잠시 미뤄봅시다. 시간을 가지고 한 걸음 물러서서 더 큰 그림을 봅시다. BASE 기억하고 있죠? 유용할 것 같으니 그것을 살펴보죠."라고 답했다. 베티의 견해는 다음과 같다. 뇌는 환경 사건과 상호작용하여 발달하는데, 특히 사회적 상호작용이 가능할 수 있도록 발달한다. "뇌는 관계에 의해 형성되고 유지되는 유일한 조직이지요. 뇌에서 일어나는 변화들은 매우 중요해요. 이 연령대의 아이들에게는 특히 더 중요하답니다." 베티는 사회생물학적 상호작용 관점으로 앨리스 사례의 B를 살펴보자고 제안했다.

우선 앨리스는 가장 친한 친구와 절교하면서 매우 상처를 받았고 혼란스러워했다. 다른 여자아이들이 자신을 피한다는 것을 알아차렸을 때 앨리스는 더욱 곱씹어 생각하거나 움츠러들었다. 그 후 자신이 좋아했던 남자아이가 다른 여자아이와 사귀면서부터 이러한 성향은 나날이 심각해졌다. 그 사건 이후로 앨리스는 더 이상 관계에 연연하지 않았고 갈수록 움츠러들게 되었다. 이러한 방식으로 자신의 정서적인 생활을 조율해 왔다. 베티는 설명을 한 뒤 "이해되시죠? 그래요. 좋은 걸까요? 그렇지 않죠."하고 이야기를 마무리 지었다.

앨리스는 어떤 활동에도 기쁨을 느끼거나 관심을 가지지 않았기 때문에 점점 비관적인 생각에 빠져들었다. 베티는 "아마 앨리스 뇌의 어떤 영역이 그렇게 반응하게 하도록 할 것이고, 이는 원인일 수도 있고 결과가 될 수도 있겠어요." 하고 말했다. "어떤 것에도 관심을 가지지 않는 경향과 뇌의 반응 때문에 대뇌 반구의 내적 균형은 무너지게 되지요. 가능하다면 이러한 반응에 대해 영상연구를 해보고 싶은 마음이에요. 앨리스의 경우 우측 전두엽이 지나치게 활성화되어 있는 반면에 좌측 전두엽은 매우 느리게 반응하고 있어요." 재닛은 "앨리스가 계속 위축되고 지나치게 생각을 많이 할수록 이러한 생각과 감정은 더욱 생물학적으로 익숙해져 버릴 거예요."라고 말했다. 이에 대해 베티는 "네, 이런 뉴런이 활성화될수록 뉴런 간 연결은 더욱 늘어날 거예요. 앨리스에게 감성적인 음악을 그만 들으라고 해야겠어요."라고 조언했다.

앨리스는 불안정 애착 유형으로 보이기 때문에 조율 능력을 키우는 것이 어려울 수도 있었다. 재닛은 앨리스와 정서적 유대를 형성하기 위해 둘 사이의 공통점이 조금 더 필요하다고 판단했다. 이를 위해 상담자의 자기 노출이 필요하다고 생각했다. 다음 상담 회기에서 재닛은 앨리스에게 고등학생 때 남자친구에게 차였던 경험담을 들려주었다. "그 남자애가 사실은 풋볼팀 주장이었어. 우리 학교의 댄스파티 퀸이었던 여자아이 때문에 나를 버렸지." 이야기를 들은 앨리스는 크게 웃었다. 당시 재닛은 처음에는 화가 나기도 했고 우울한 기분도 들었지만, 잠시 후 그 남자 때문에 자신의 전체 인생이 망가지면 안 되겠다는 생각을 했다. 그녀는 위축되지 않고 맞서 싸우기로 결심했다. 그런 남자 때문에 힘들어하지 않는다는 것을 상대 남자아이와 자기 자신에게 보여주고 싶었다. "사실, 결국 그렇게 됐었어. 그 남자를 알기 전으로 나는 돌아갔어." 이러한 자기 노출은 앨리스와 재닛 사이의 조율을 증가시켜주는 듯했다. 앨리스의 엄마와 달리 상담자는 자신이 어떠한 기분이었는지를 느낄 수 있는 능력을 갖고 있는 듯했다.

재닛은 자신의 내담자와 단단한 동맹을 형성했다고 판단한 다음부터 앨리스가 예전의 모습을 찾을 수 있도록 여러 가지 방법을 함께 의논했다. 앨리스는 약을 먹기는 싫다고 말했다. "그냥 너무 이상한 느낌을 주는 것 같고 약이 효과가 있을 거라고 생각하지 않아요." 재닛은 앨리스를 우울 심리교육 수업에 참여하도록 했다. 십대들을 대상으로 1회기 진행되는 수업을 통해 우울을 다루는 다양한 방식과 우울에 대한 많은 정보를 얻을 수 있다. 이 수업은 인지행동치료 방식을 강조했다. 앨리스는 심리교육 수업 후 회기에서 인지행동치료 방식을 물어보기도 했고 이를 시도해보고 싶다는 의사를 밝히기도 했다.

이런 점에서 보면 앨리스는 이미 치료의 첫 단계인 심리교육을 수행한 것으로 볼 수 있다. 다음은 인지적 재구성 단계다. 이 단계는 앨리스가 자신의 왜곡된 사고를 명확하게 인식할 수 있도록 한다. 즉 거절당할 가능성이 있는 상황에서 자신의 생각이 얼마나 왜곡되었는지 알게 하고, 핵심 부정 신념을 더욱 강화하는 왜곡된 사고가 무엇인지를 알게 했다. 재닛은 앨리스에게 사고 기록지를 보여주면서 한 회기 동안 학교에서 최근 경험한 사건을 양식에 맞게 작성하도록 했다. 그 기록을 통해 앨리스는 자신의 마음에 어떠한 요소들(아래 제시)이 담겨 있는지를 보다 확실하게 들여다볼 수 있게 되었다.

- 그 사건이 발생했을 때 어떤 상황이었는지, 누가 거기에 있었는지
- 어떤 일이 실제 있었는지 : 누가 무엇을 말했고, 누구에게 무엇을 했는지
- 실제 있었던 일들로 인해 어떤 감정을 느꼈으며, 그 강도는 어느 정도였는지
- 그 감정이 들기 직전과 그 감정이 유지되는 동안 떠오르는 '자동적 사고'는 무엇인지
- 사고의 타당성을 지지할 만한 증거는 무엇인지

- 인지적 해석을 반박할 만한 증거는 어떤 것이 있는지
- 대안적인 사고를 기반으로 한 대안적 해석은 무엇인지
- 기록을 완성한 후 기분이 달라졌는지

앨리스는 처음에 이와 같은 사고 기록을 숙제처럼 부담스럽게 느꼈지만 재닛과 함께 회기를 진행하면서 점점 집중하게 되었다. 작성하는 동안 둘 다 말은 하지 않았다. 앨리스는 경험에 대한 사고 기록 작성을 끝냈으며, '대안적인 사고' 부분을 작성하고 나서 기분이 좀 더 나아졌다. 둘은 함께 치료의 두 번째 단계인 '행동 활성화' 계획을 세우기 시작했다. 앨리스는 어려움 없이 완수했다. 오랜 친구 2명과 대화를 나누었는데, 둘은 모두 따뜻하고 다정하게 앨리스를 대했다.

앨리스는 자신이 갖고 있는 애착 역동 때문에 정서적인 모욕을 당하면 쉽게 상처받았다. 이를 치료하기 위해 보다 정기적이고 장기적인 치료를 지속하기로 하였다. 대학에 진학하면서 치료를 중단했지만 여름방학에 다시 상담을 받았다. 재닛은 앨리스가 가까운 관계의 사람들에게 더욱 확고한 신뢰감과 안전감을 느낄 수 있도록 도왔다. 앨리스는 적응을 잘했고 친한 친구도 사귀게 되었다. 심리학과로 전과하려는 마음을 먹기도 했다. 재닛이 앨리스에게 심리학이나 신경과학에 대해 생각해본 적이 있는지 묻자, 앨리스는 말없이 미소 지었다. 이에 재닛은 "자 그럼, 그것에 대해 이야기를 나누어보자."라고 말했다.

뇌 과학의 기초

인간의 뇌는 약 1.36kg에 불과하지만 우리가 알고 있는 우주 내에서 가장 복잡한 물질 중 하나다. 뇌의 연결성은 경이로움을 불러일으킨다. 주름진 대뇌피질의 외벽에는 약 300억 개의 신경 세포나 뉴런과 10억 개의 신경연접이 존재한다. 이러한 구조에서 활성가능한 경로 수는 우주에 존재하는 소립자 수를 훨씬 초과한다.

—Gerald Edelman

책 전반에 언급되는 뇌와 신경역동 과정에 대한 독자의 이해를 돕기 위하여 부록을 기술하였다. 이와 유사한 내용은 성인 뇌 기반 심리치료(*Brain-Based Therapy with Adults*)(Arden & Linford, 2008)에서도 찾아볼 수 있다.

뇌는 인간의 개인사뿐만 아니라 인류의 역사를 창조하며 인류의 역사를 통해 진화한다. 인류의 진화론적 조상에서 태어난 영아의 머리 크기는 점점 증가하여 산도birth canal의 수용 범위를 초과할 정도로 커졌다. 인간의 영아는 두뇌 크기의 증가와 직립 보행에 필요한 골반 구조를 절충하여 상대적으로 미성숙하고 무력한 상태로 태어난다. 이후 생존을 위해 오랜 시간 의존을 하게 되는데, 이 과정에서 부모와 영아 모두 고도로 진화된 타고난 대인관계 기술을 발휘해야 한다.

초기 의존 시기 동안 뇌는 완전히 기능하는 인간으로 성장하는 데 필요한 뉴런을 연결하기 시작한다. 아동기와 청소년기 내내 뇌 발달이 진행되기 때문에 인간은 다른 종에 비해 더 많은 보살핌을 지속적으로 받아야 한다. 누군가를 돌봐주기 위해서는 정서적 지능과 보살펴주고 싶은 욕구가 있어야 하는데, 인간은 뇌의 생존기제로서 이를 갖고 있다. 여러 포유류는 모자 애착 형성을 위한 능력이 있으며 그중에서 인간의 능력이 가장 우수하다. 인간의 뇌는 아동기에 필요한 보살핌을 받을 수 있도록 해주며, 부모가 되었을 때 자신이 받은 보살핌을 자녀에게 돌려주도록 설계되어 있다. 뇌는 황홀에서 고통, 즉 일상의 행복한 순간부터 감당하기 어려운 우울과 권태감을 아우르는 심리적 현상을 일으킨다. 뇌는 인간에게 환경에 반응하고 환경을 통해 변화할 수 있는 탁월한 능력을 부여한다. 치료자는 뇌의 원리를 최대한 알고 있어야 하며 이 부록을 일종의 기본적인 지침으로 활용하기 바란다.

뉴런과 주변 요소

신경계는 뉴런 수백억 개와 그보다 훨씬 많은 신경교세포glia로 이루어져 있다. 교세포의 중요성은 최근 들어 언급되고 있는 반면, 뉴런은 한 세기 이전부터 연구되어 왔기 때문에 지금까지 다양한 특성이 밝혀졌다. 뉴런은 세포체soma와 그 밖의 세포질로 구성된다. 세포체는 DNA 및 DNA의 기능과 관련된 세포기관을 포함하고 있다. 세포체에서 자라 나온 신경섬유는 두 종류가 있다. 길이가 매우 짧고 축수 같이 생긴 수상돌기dendrites는 다른 뉴런과 특정 수용체에서 정보를 받은 후 뉴런의 세포체로 전기적 자극을 전달한다. 그리고 세포체로 전달된 다량의 정보는 뉴런의 방출 혹은 활동전위action potential를 발생시킨다. 축삭돌기axons는 활동 자극을 세포체에서 다른 뉴런이나 조직(예 : 분비선과 근육)으로 운반한다.

　사회생활을 하는 세포가 있다고 가정한다면 뉴런이 여기에 해당될 것이다(그림 A.1 참조). 뉴런은 항상 무리를 형성한다. 생존을 위해 무수히 많은 동료들의 자극과 상호작용이 필요하다. 인간의 뇌에 존재하는 뉴런 하나는 무려 10,000개나 되는 다른 뉴런들과 대규모로 연결점을 형성하여 방대한 네트워크를 이룬다. 뉴런은 뉴런 사이의 미세한 틈인 시냅스synapses를 통해 의사소통한다(그림 A.2 참조). 시냅스는 너무나 작아서 육안으로는 볼 수 없으며, 한 방울씩 끊임없이 이어지는 유기물을 통해 세포조직을 인지할 가능성이 높다. 시냅스전presynaptic 뉴런은 전달을 보내는 끝 부분, 시냅스후postsynaptic 뉴런은 전달을 받는 끝 부분에 위치한 세포다.

　1800년대 초 일부 과학자들은 뉴런이 미량의 전류를 방출하는 것으로 추측하였

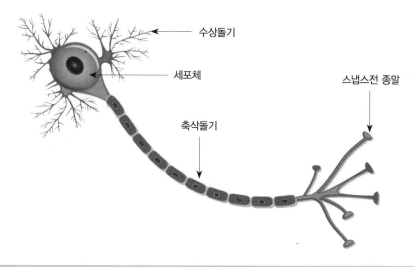

그림 A.1 세포체, 축삭돌기, 수상돌기로 이루어진 뉴런

수상돌기

세포체

축삭돌기

스냅스전 종말

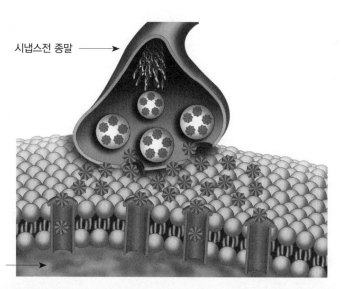

그림 A.2 시냅스

시냅스전 종말

시냅스후 종말

다. 이후 평형을 추구하는 전위의 원리를 적용하여 뉴런의 전류 발생 원리를 설명하게 되었다. 화학전지가 손전등의 전구를 밝히는 방식과 동일한 원리다. 뉴런은 양이온과 음이온(예 : 나트륨, 칼륨, 염소) 및 다른 이온의 배치가 달라질 때 활동한다. 수동 및 능동적 화학 과정은 음이온과 양이온을 미세한 불균등 상태로 유지하도록 한다. 이로 인해 세포 내부는 외부에 비해 상대적으로 음극을 띠게 된다.

뉴런의 세포막에는 특수한 단백질이 포함되어 있는데, 이 단백질은 이온의 출입을 통제하거나 이온을 세포 밖으로 내보내는 역할을 한다. 그렇기 때문에 세포의 전위 차이가 발생한다. 뉴런이 활동하지 않을 때 세포 외부는 양이온 나트륨 농도가 높고, 내부는 음이온 칼륨 농도가 높은 상태로 유지된다. 다른 음이온(예 : 염소) 또한 세포 내부와 외부에 불균등하게 배치된다. 이러한 차이는 뉴런의 외부 환경과 내부 환경을 '불안정한' 균형 상태로 만들어 전기적 전달과 화학적 전달을 가능하게 한다. 화학계의 평형유지와 유사하다고 볼 수 있다. 뉴런은 다른 뉴런과 상호작용할 수 있고 여러 세포들을 연결하는 고리 역할을 할 수도 있다.

뉴런에 입력된 새로운 자극이 안정전위의 역치를 넘어서면 세포체의 전기적 변화와 화학적 변화는 축삭돌기를 따라 빠르게 이동한다. 휘발유에 불이 순식간에 옮겨 붙는 것처럼 세포의 탈분극은 전도율이 높은 축삭돌기를 따라 무한대의 속도로 발생한다. 신경자극은 순식간에 축삭돌기의 끝부분인 **종말팽대**terminal boutons에 도착하여 화학적 신경전달물질 일정량을 시냅스로 내보낸다. 신경전달물질은 **시냅스 틈**cleft을 건너 시냅스후 뉴런 수용체에 순간적으로 결합된다. 그다음에 시냅스후 뉴런의 세포막 전위에 변화가 일어난다. 이러한 변화는 시냅스후 세포의 활동전위를 억제하는 **과분극**hyperpolarization이나 자극하는 **탈분극**depolarization을 수반한다. 시냅스전 뉴런에서 방출된 물질들 중 일부는 활동전위를 유발하거나 억제하기보다는 연결되어 있는 다른 뉴런의 활동성을 **조절**하기도 한다. 순식간에 일어나는 시냅스전 뉴런의 활동(억제, 자극, 조절) 덕분에 다량의 흥분성 정보는 시냅스후 뉴런에서 활동전위를 일으킨다. 신경전달물질은 시냅스 틈을 거쳐 지시를 내린 다음, 수용체에서 분리되어 시냅스전 뉴런으로 **재흡수**reuptake된다. 뉴런은 이런 과정을 통해 다른 뉴런과 소통을 한다.

뉴런은 대개 수천 개의 다른 뉴런과 시냅스를 형성한다. 뉴런 한 쌍의 소통만으로는 중요한 역할을 하기 힘들다. 세포 하나의 축삭돌기에서 발생한 많은 자극들은 시냅스후 세포의 수상돌기에 도착하는데, 이 과정은 수상돌기의 활동전위 없이 이루어진다. 뇌에 형성된 거대한 신경망은 1,000억 개 이상의 시냅스가 형성될 수 있도록 일정하게 뒷받침하는 역할을 한다. 마치 개막식 당일 야구장을 가득 채운 소란스러운 관중처럼 활동한다고 볼 수 있다. Grigsby와 Stevens(2000)는 다음과 같이 표현하였다.

> 뇌에 존재하는 기존의 네트워크는 뉴런을 활성화시켜 자극을 전달한다. 이때 네트워크의 무분별한 전기적 활동은 고도의 조직화 과정에 참여하기 위해 웅성거리는 소리를 낸다고 볼 수 있다. (p. 134)

뇌 전반에서 발생하는 형체를 알 수 없는 뉴런 간 소통은 1초당 수십억 번 일어나며, 심리적 경험을 유발하는 생물학적 기반이 된다. 뇌에는 1,000억 개 이상의 뉴런이 시냅스를 형성하고 있는 것으로 추정된다. 대뇌피질의 뉴런 하나는 1,000~10,000개의 다른 뉴런으로부터 자극을 받아들이며, 받은 자극을 다시 유사한 수만큼의 뉴런으로 전달한다. 대뇌피질에 존재하는 기능이 뛰어난 뉴런은 20,000개의 다른 뉴런과 시냅스를 형성하기도 한다. 대뇌피질 1mm³에는 약 800만~10억 개의 뉴런이 존재한다(Abeles, 1992). 결국 대뇌피질의 뉴런은 1/1,000초마다 다른 뉴런 100개로부터 정보를 받는다고 볼 수 있다.

평균적으로 1/1,000초 내에 흥분성 자극 25개가 입력되어야 뉴런이 점화된다. 이보다 적은 양의 자극과 탈분극은 활동전위를 일으키지 못한다. 뉴런은 자극을 전달한 이후 안정전위를 회복하기 위해 잠시 동안 불응기refractory period를 가진다. 이때는 신경 자극이 활동하지 않기 때문에 세포벽으로 이온을 다시 전달하지 못한다. 뉴런의 흥분성 반응과 억제성 반응 사이의 평형을 통해 중추신경계 전반의 신경망이 활성화된다. 자극으로 인해 이 평형 상태가 깨지게 되면 신경계에는 다양한 역기능적 현상이 발생하기도 하는데, 간질이나 인사불성과 같은 잠재적으로 매우 심각한 심리적 결과를 동반한다.

　대뇌피질의 뉴런은 평균적으로 1초당 5회 정도 활동전위를 발생시키며, 강한 자극을 받을 경우 1초당 100회까지 방출하기도 한다. Walter Freeman은 후각계 연구(Freeman, 1987, 1992, 1995; Skarda & Freeman, 1987)를 통해 중요한 정보 전달의 전반적 패턴을 밝히는 데 있어 뉴런이 큰 역할을 한다고 언급하였다. 자기조직계self-organizing의 가소성과 유연성은 아무리 높이 평가해도 지나치지 않다. 뇌는 끊임없이 자력으로 움직이며 시간이 지날수록 점점 조직화되고 특정 양식을 형성하게 된다. 이를 가능하게 하는 신경망은 점점 활성화될수록 다음에 다시 활성화될 가능성이 높아진다. 즉 일관적인 결과를 지속적으로 만들어내면서도 그 효율은 훨씬 증가한다. 간단하지만 매우 중요한 이 개념은 기억이라는 핵심 심리 기능에 바탕이 된다. 또한 정신 구조, 자아, 습관, 성격과 같은 복잡한 작용의 발달에도 동일하게 적용된다.

　선구적인 캐나다 심리학자 Donald Hebb이 고안한 이 개념은 현재 헤비안 학습Hebbian learning으로 불리고 있다. 그는 다음과 같이 가정하였다.

> 지속하거나 반복되는 반사 활동(혹은 '추적')은 더욱 안정적으로 지속되는 세포의 변화를 가져온다. 보다 구체적으로 설명하면 다음과 같다. 축삭돌기 A가 세포 B를 자극할 수 있을 정도로 가까운 곳에 있으면서 지속적이고 반복적으로 세포점화에 참여할 때, 한쪽 혹은 양쪽 세포 모두 성장 과정이나 대사metabolic 변화를 일으킨다. 그렇기 때문에 B를 점화하는 세포 A의 효율 또한 증가한다. (1949/1998, p. 62)

이 개념은 '함께 활성화된 뉴런은 서로 연결된다'는 유명한 어구로 표현되고 있다. 뇌(더 세부적으로 표현하면, 신경망)는 어떤 것을 한 번 수행하고 나면, 통계적으로 다음에 그것을 다시 처리할 가능성이 높다. 경험은 네트워크를 이루고 있는 개별 뉴런 사이의 시냅스 강도를 증가시키거나 감소시킬 수 있기 때문에 경험에 따라 특정 신경망의 활성화 확률이 달라진다. 이 학습개념은 인간은 정해진 방식으로 인식, 정서, 동기를 느끼거나 행동한다는 개연성을 바꾸어 놓았으며 현대 신경과학의 핵심이 되었다. 시냅스 가소성sysaptic plasticity, 뉴런의 가소성neural plasticity, 신경가소성neuroplasticity으로 불리기도 한다.

신경화학적 작용

생물정신의학은 지난 40년 동안 '화학적 불균형'이라는 단일요인 모델에 중점을 두었으나 최근 들어 보다 넓은 관점을 가지기 시작했다. LeDoux(2003)는 정신질환의 기저를 단일요인 모델이 아닌 시냅스의 변화로 이해해야 한다고 주장하였다. 이전 모델은 다양한 약물에 반응하는 특정 신경전달물질의 활동을 포함하였다. 특히 약물은 모노아민monoamine계 신경전달물질을 강화하거나 차단하여 인지와 정서 기능에 영향을 미치는 것으로 밝혀졌다.

GABA와 글루탐산

신경전달물질 수용체의 주요 아류형subtype 두 가지는 더 빠르고 짧은과 더 천천히 복잡한으로 표현된다. 더 빠르고 짧은 '일차 메신저'는 글루탐산glutamate과 GABA 수용체를 포함하는 이온 채널 수용체다. 이 수용체들은 전하를 띤 이온이 세포벽을 쉽게 통과할 수 있도록 급속한 변화를 이끌어내기 때문에 더 빠르다고 표현한다.

글루탐산은 최근까지 주로 신경전달물질의 주요 억제 요인인 GABA 생산에 중요한 역할을 하는 것으로 여겨졌다. 현재 글루탐산은 주요 흥분성 신경전달물질로 인정받고 있다. 글루탐산은 GABA와 함께 뇌 신경전달물질 대부분을 차지한다. 글루탐산 수용체는 뉴런의 수상돌기에 있는 반면에 GABA 수용체는 뉴런 세포체나 그 근처에 존재한다. LeDoux(2003)는 이 물질의 균형이 변화하는 원리를 설명하였다. 각각의 뉴런은 글루탐산이나 GABA를 받아들이고, 흥분성 글루탐산과 억제성 GABA의 영향 간 균형을 통해 활동전위가 발생한다. GABA가 없으면 억제성 뉴런은 글루탐산의 영향을 받아 계속 활성화된다. 그렇기 때문에 이 둘의 균형이 매우 중요하다. 음식의 맛을 더하는 데 사용하는 글루탐산나트륨monosodium glutamate은 체내의 글루탐산양을 증가시킬 수 있기 때문에 두통, 이명, 그 외 증상을 유발한다. 바륨Valium과 같은 벤조디아제핀benzodiazepine을 복용하면 GABA의 억제성이 증가할 수도 있다.

도파민 중요한 신경전달물질 중 하나인 도파민Dopamine은 뇌간brain stem의 흑질substantia nigra 및 다른 영역에서 생성된다. 도파민은 보상 체계 및 운동 활동과 관련이 있다.

코카인 및 필로폰과 같은 흥분제 마약은 도파민을 증가시키거나 그 효능을 악화시킨
다. 적당량의 도파민은 활력을 불어넣지만 과도한 양은 발작이나 정신증을 유발할
수 있다. 정신분열증과 도파민의 이론적 관련성이 밝혀지면서 도파민 수용체를 차단
하는 다양한 약물이 개발되었다. 클로르프로마진chlorpromazine(상품명 : 토라진Thorazin),
할로페리돌haloperidol(상품명 : 할돌Haldol)과 같은 약물이 초기에 개발된 이후, 다섯 가
지 도파민 수용체가 발견되면서 클로자핀clozapine(상품명 : 클로자릴Clozaril)과 리스페
리돈risperidone(상품명 : 리스페달Risperdal) 같은 새로운 약물이 개발되었다. 도파민 수
용체는 두 가지 유형으로 나뉜다. D1과 D5는 흥분성 유형이며 D2, D3, D4는 주로
억제하거나 조절하는 역할을 한다.

이러한 약물은 정신분열증 치료에 한계가 있는 것으로 밝혀졌다. 파괴형 정신분
열증은 약물치료로 호전되지 않는 편이다. 또한 자기조직계인 뇌는 도파민 차단제
를 대응하기 위해 새로운 도파민 수용체를 만들어낸다. 약물치료만 받을 경우 정신
분열증 환자의 재입원율은 낮아지지 않는 반면, 약물치료와 함께 심리사회적 프로그
램과 직업재활 프로그램에 참가한 정신분열증 환자의 지역사회 적응률은 증가했다
(Arden, 1987).

도파민은 G단백질 수용체를 더 천천히 복잡하게 만드는 신경전달물질이다. 신경
전달물질이 G단백질 수용체에 결합하면 세포 내 물질인 G단백질의 입체 구조가 약
간 변하면서 활성화된다. 그 후 뉴런에 존재하는 '이차 메신저'의 방출을 일으킨다.
이차 메신저는 신경전달물질의 합성을 돕는 효소와 세포의 유전자 발현을 조절하는
단백질 생성을 돕는다. G단백질은 유전자 발현에 영향을 미쳐 그 효과를 발휘하기
때문에, 이 과정은 상대적으로 천천히 일어나며 그 효과는 오랫동안 유지된다. 그러
므로 G단백질 수용체는 '더 천천히 복잡한' 수용체에 해당한다. 항우울제는 효과를
보기 위해 최소 4주를 복용해야 하는데 그 이유 중 하나가 이와 같다고 볼 수 있다.
항우울제는 느리고 복잡한 수용체에 작용하여 유전자 발현에 영향을 줌으로써 그 효
과를 발휘한다.

도파민은 활동 및 보상과 관련이 있다. 코카인 및 필로폰과 같은 약물은 도파민의
재흡수를 일으키거나 억제하여 쾌감을 느끼도록 한다. 도파민은 일반적으로 동기와

더 깊은 관련이 있다. 여러 도파민계는 전측대상회와 전두엽, 특히 안와전전두피질에서 작용한다. 이를 근거로 도파민이 유대 및 애착행동과 관련이 있다고 본다(Insel & Young, 2001).

세로토닌 신경전달물질은 뇌에 그대로 남아 있지 않는다. 제9장에서 언급한 바와 같이 체내 신경전달물질의 약 95%는 소화관에서 처리된다. 도파민처럼 세로토닌serotonin과 세로토닌 수용체에는 몇 가지 중요한 변화가 일어난다. 수많은 다양한 세로토닌 수용체는 소화효소가 흐를 수 있도록 해주거나 창자가 연동운동을 하여 물질을 제거하도록 조절하는 과정 등에 관여한다.

세로토닌은 솔기핵raphe nucleus에서 생성되며 뇌 전반에 작용한다. 세로토닌은 우울과 불안에 영향을 미치는 것으로 알려지면서 최근 매우 큰 주목을 받고 있다. 1987년에 플루옥세틴fluoxetine(상품명 : 프로작Prozac)이 FDA 승인을 받은 이후부터 세로토닌에 대한 관심은 활기를 띠었다. 프로작을 포함한 선택적 세로토닌 재흡수 억제제selective serotonin reuptake inhibitors가 소개된 이후, 우울의 일부 유형은 세로토닌의 낮은 농도와 관련이 있는 것으로 여겨지고 있다. 선택적 세로토닌 재흡수 억제제는 이차 메신저 반응을 통해 그 효과를 발휘한다. 세로토닌은 세포 내 칼슘량을 증가시켜, 새로운 수용체 형성에 필요한 단백질을 생성하는 유전자의 활성화를 일으킨다. LeDoux(2002)는 다음과 같이 언급하였다.

항우울제는 외부 세계에 고립되지 않도록 해주며, 새로운 것을 다시 습득할 수 있도록 뇌에 작용한다. 다시 말해 뇌는 약물치료를 통해 가소성을 일으킨다. (p. 281)

많은 세로토닌 섬유의 마지막 경로는 뇌 정서적 체계의 핵심 요소인 편도체다. 세로토닌은 GABA 세포를 흥분시키며 투사 뉴런을 억제하는 정도를 증가시킨다. 플루옥세틴 같은 약물은 시냅스에 세로토닌 양을 늘려준다. 편도체에서는 투사 뉴런의 활성화를 억제하여 편도체의 극단적인 활동을 하향조정한다. GABA 또한 편도체가 중요하지 않은 자극에 반응하여 활성화되는 것을 억제한다. 주요 스트레스 호르몬

중 하나인 코르티솔 또한 GABA-글루탐산 상호작용의 영향을 받으며, 세로토닌이 GABA에 미치는 효과를 통해 이차적인 영향을 받는다.

에피네프린과 노르에피네프린 　노르에피네프린norepinephrine은 뇌 영역 사이에 있는 청반 locus coeruleus에서 생성되며 응급 반응과 기억에 관여한다. 스트레스 및 트라우마와 관련 있으면서도 한편으로는 방어 반응과 관련이 있다. 노르에피네프린의 높은 수치는 경계, 방어, 공격행동을 포함하는 다양한 투쟁-도피 행동과 관련이 있다. 노르에피네프린은 몇몇 항우울제 약물의 표적이 되기도 한다.

　Tuchker, Luu와 Pribram(1995)에 의하면, 배측dorsal 경로는 대상회에서 전두엽을 지난다. 이 경로는 노르아드레날린(역주 : 노르에피네프린)의 활성화에 크게 의존하며 우뇌를 촉진한다. 또한 내적 신체 상태인 자기 감각에 대한 동기적 편향이 있는 듯하며 자동으로 발생한다. 반면에 복측ventral 변연계 경로는 편도체에서 안와전두피질을 지나며, 도파민 활성화와 좌뇌를 촉진한다. 세부 사항 및 행동 결과의 엄격한 검토에 대해 동기적 편향이 있다.

신경펩타이드 　도파민과 같은 모노아민계 신경전달물질은 흥분성 행동을 유발하는 반면에 엔도르핀, 바소프레신, 옥시토신과 같은 신경펩타이드neuropeptides는 쓰다듬기, 돌보기, 안아주기와 같은 친밀한 행동을 할 수 있게 한다(Panksepp, 1998). 영장류를 대상으로 한 연구(Keverne, Martens, & Tuite, 1989)에서 어미와 새끼가 함께 털을 고르거나 놀 때 엔도르핀이 상승하는 것으로 나타났다. 실험동물에 모르핀을 투여했을 때 외인성 아편이 엔도르핀 수용체 자리를 차지하거나 차단하였으며, 그 결과 동물의 모성행동이 감소하였다(Kalin, Shelton, & Lynn, 1995). 편도체의 중심핵에는 다량의 아편 수용체가 존재한다(Kalin, Shelton, & Snowdon, 1993). 내인성 아편제는 유대감 형성 및 양육과 상관관계가 있으며, 이 결과는 **불안**과 **공포**를 느낄 때 **모성양육**이 신경생리학적 완화를 유발한다는 가설을 지지한다.

　두려움과 불안을 줄여주는 신경역동 경로가 애착 관계 내에서 활성화되는데, 아편제 약물남용은 이 경로를 부정적으로 이용한다고 볼 수 있다. 코카인 같은 약물에 대한 갈망은 유대감 형성 및 양육과 관련이 깊은 **전대상피질**을 활성화한다(Wexler et al., 2001). 초기 양육결핍 때문에 내인성 아편제를 통해 스스로 진정할 수 있는 능력이 부족한 사람들은 약물남용으로 위안을 받는다고 볼 수 있다. 자해 행동(예 : 손목 긋기)으로 고통을 느끼는 아동과 청소년은 내인성 아편제의 방출을 활성화하여 심리적 위안을 느낀다. 이러한 환자들은 아동기에 학대나 방임을 겪었을 가능성이 높다. 아편제의 효과를 차단하는 날트렉손naltrexone을 복용하면 자해 행동이 줄어든다(van der Kolk, 1988). 이는 자해 행동이 아편제와 관련된 진정과 안정감을 느끼게 해준다는 이론을 뒷받침해주는 결과다.

옥시토신oxytocin은 긍정적인 사회적 상호작용과 정서에 도움을 준다(Uvnäs-Moberg, 1998). 접촉을 통한 신체 교류가 증가하면 혈중 옥시토신 농도가 높아지고 긍정적 기분을 많이 느끼는 것으로 나타났다. 옥시토신은 모성 행동을 부추기며 짜증과 공격성을 줄여준다(Bartels & Zeki, 2004; Insel, 2003). **바소프레신**vasopressin 또한 애착 및 유대 형성과 관련이 있다. 포유류 대부분이 일부일처제를 유지하는 것은 바소프레신과 관련이 있다(Young, Lim, Gingrich, & Insel, 2001). 옥시토신과 바소프레신 모두 편도체 여러 곳에 다량의 결합체를 두고 있으며, 시상하부-뇌하수체-부신 축을 조절하여 두려움을 억제하고 스트레스 호르몬 생성을 줄여준다(Carter, 2003).

신경전달물질, 신경조절물질, 호르몬은 역동적이며 경험을 통해 활성화된다. 정서적 경험은 신경화학적 반응과 복잡한 방식으로 상호 소통한다. 예를 들면, 1994년 월드컵에서 브라질이 이탈리아에 패배하자 브라질 축구 팬들의 테스토스테론 수치가 평균 28% 상승하였다. 흥미롭게도 이탈리아 팬들의 테스토스테론 수치는 거의 동일한 비율로 감소하였다(Bernhardt et al., 1998).

모듈과 네트워크 : 뇌 구성요소

뇌에 존재하는 수십억 개의 뉴런이 결합하면 독서, 운동, 음악 감상을 할 수 있는 능력이 생겨난다. 연결되지 않은 뉴런 1개는 아무런 의미가 없다. 뉴런의 기능은 오로지 다른 뉴런이나 특별한 세포와 연결하고 소통하는 것이다. 뉴런 수천 개와 연결되어 있는 개별 뉴런은 복잡한 신경망과 신경로를 구성하고 있다. 발달 단계를 거쳐 변화무쌍한 환경과 교류하는 동안 신경계의 원료가 만들어진다.

대략 임신 중기 태아의 뇌에는 필요 이상으로 많은 뉴런이 만들어진다. 출생 후 어떤 경험을 하느냐에 따라 뉴런의 형태는 달라지며, 연결된 뉴런 또한 '가지치기'를 하거나 제거되기도 한다. 이와 같은 예정된 세포자살을 전문용어로 세포사멸apoptosis이라고 한다. 이 과정을 통해 소통과 번성을 할 수 있는 가장 효율적인 신경망이 형성된다. 결국 뉴런의 활성화는 더욱 강화되어 보다 효율적으로 정보를 전달할 수 있게 된다. 한 번 사용된 뉴런은 새로운 시냅스를 만들어 네트워크를 형성하고 네트워크는 또 다른 네트워크와 결합한다. 출생 후 새로운 시냅스가 방대하게 형성된다. 시냅스전 뉴런과 시냅스후 뉴런에 있는 수용체의 밀도와 반응성이 달라지기 때문에 뉴런의 능률이 향상된다.

뇌는 복잡하고 위계적인 체계다. 모듈의 요소를 포함하는 신경망은 뇌 전반에 광범위하게 분포되어 있다. 즉 모듈의 하위 요소가 모여 모듈을 구성하며, 모든 모듈은 고도로 특성화되어 있기 때문에 각각 고유한 방식으로 뉴런과 심리적 기능에 기여한다(Arbib, Érdi, & Szentágothai, 1998; Eccles, 1984; Gazzaniga & LeDoux, 1978). 뇌 특정 영역은 다양한 심리적 능력과 관련이 있을 수 있는데(예 : 감정을 습득하는 편도체, '사회적 뇌'로 불리는 안와전두피질), 이는 뇌기능 영상화를 통해 더욱 부각되고 있다. 그러나 뇌기능 영상으로 뇌 구조와 기능 간 관계를 파악할 수는 없다. 사실, 중추신경계의 기능적 구조는 밝혀진 것보다 훨씬 더 복잡하다.

뇌는 작지만 '전체는 부분의 합보다 크다'는 원리를 가장 정확하게 적용하고 있다. 이 절에서는 '부분' 혹은 뇌 모듈을 설명하고 있기 때문에 신경역동neurodynamic이라는 수식어를 자주 접하게 될 것이다. 그 뜻을 다시 한 번 요약하자면 각 영역은 전뇌whole brain의 처리 방식과 상태에 따라 매우 큰 영향을 받는다는 의미다. 모듈은 구체적인 대상이라기보다는 개념으로 존재한다. 기본적으로는 서로 다른 조직에 존재하는 세포 집단이라고 본다. 일반적으로 복잡한 심리 활동은 수많은 모듈이 정보를 동시에 처리하는 과정과 넓게 분포된 다른 시냅스로 정보를 순차적으로 전달하는 과정을 거친다. 모든 모듈은 특정 기능 혹은 그 기능의 하위 요소를 조절한다. 각 모듈은 독립적으로 기능하면서도 뇌의 구조적-기능적 조직에 영향을 받는다. 언어와 같은 기능적 체계는 단일 뇌 영역(예 : 골상학자의 '발화 영역')이나 2개 영역(예 : 브로카 영역과 베르니케 영역)이 아닌 상당히 많은 다양한 피질하부 및 피질 영역을 통해 발생한다. 발화와 언어는 상대적으로 독립적이고 다양한 심리적 과정을 포함한다(예 : 자음 인식, 자음 생성, 시제 이해, 목적어와 동사 구분, 문법, 몸짓, 내적 언어, 혀의 움직임 조절). 뇌의 위계적 구조 특성상, 모듈은 하위 모듈로 구성되어 있으며 하위 모듈은 또 다른 하위 계층의 모듈로 구성되어 있다.

신경망

신경망neural network은 시냅스를 형성하고 있는 뉴런의 집합체다. 신경망의 구조와 기능의 변화는 광범위하게 분포된 뉴런의 집합체가 관여하는 학습과 관련이 있다. 거대 신경망에서 일어나는 뉴런의 활동 패턴은 행동과 학습에 가장 중요한 영향을 미친다. 뇌는 전체적으로 봤을 때 여러 영역에 분포되어 있는 역동적인 신경망으로 조직화되어 있다. 어떤 신경망에 존재하는 특정 뉴런들은 시간이 지나면서 바뀔 수도 있다. 그러나 우리가 학습하고 환경에 적응하는 동안 이 신경망은 예측하지 못한 특정 심리적 경험을 비교적 일관되게 조절한다.

　뉴런 간 연결 강도가 변화(시냅스 가소성)하면 일정한 수준과 형태를 지닌 정보를 처리하는 신경망의 반응 정도가 달라진다. 이 사실은 행동적, 사회적, 정서적 의미를 내포하고 있다. 즉 신경망의 반복적인 활성화와 행동 습관에 따라 신경망의 활성화 정도가 달라진다. 학습 과정으로 인해 미래에 누군가가 특정 심리적 활동(지각, 정서, 인지, 운동신경)에 개입할 가능성이 달라질 수 있다는 의미이기도 하다. 학습된 행동의 발생은 확률적 사건이다. 유기체의 내·외적 환경이 지속적으로 달라지기 때문에 변화 가능성은 무한하다(Globus & Arpai, 1993; Grigsby & Stevens, 2000). 심지어 뉴런의 활동 패턴은 사람의 정신 상태나 환경의 미세한 변화만으로도 매우 달라질 수 있다.

　뉴런의 발달과 신경망 형성은 심리 발달과 신체 발달을 동반한다. 영아기에는 신경망 기능이 급성장하면서 환경과 관계 맺는 능력이 발달한다. 특히 가장 두드러진

외적 환경인 양육자와 관계 맺는 능력이 발달한다. 치료자는 좋은 사회적 관계가 건강한 발달에 필수임을 늘 명심해야 한다. 방임된 새끼 동물의 뇌 해부와 인간의 뇌 영상 연구 덕분에 애정 어린 상호작용 결핍이 어떤 영향을 미치는지 알 수 있게 되었다. 갓 형성된 축삭돌기와 수상돌기는 부모 및 형제와 나누는 세밀한 정서 교류에 자극을 받는다. 미소와 옹알이, 시무룩하거나 놀리는 표정, 누군가의 욕구를 채워주거나 그렇지 못할 때 느끼는 기쁨이나 고통 등이 정서적 교류에 해당한다.

　사회적 환경은 뇌 발달과 방대한 신경망 발달에 필수 요소다. 사회적 상호작용과 종합적인 인지 능력이 기질을 형성한다고 가정할 경우, 건강하게 보살펴주는 사회적 환경은 개인의 긍정적, 적응적, 건강한 발달을 돕는다. 반면에 의존 시기인 아동기에 빈곤하고 잔인하며 충격적인 사회적 환경에 노출될 경우, 아동의 뇌는 추후 행동 문제와 정서발달문제 가능성을 증폭하는 방식으로 형성될 것이다.

뇌 속으로의 여행

쪼글쪼글 주름진 젤리 형태의 뇌 무게는 약 1.36kg이다. 인간은 뇌를 통해 아름다움, 두려움, 지루함 등을 느끼게 되는데 그 원리를 이해하는 것은 어쩌면 끝이 없는 작업일 수도 있다. 작고 보잘것없는 겉모습과 달리 내부는 매우 복잡하게 구성되어 있다. 신경망은 대개 통계적으로 예측가능한 방식대로 반응하며 뇌 속에서 특정 기능을 수행하는 것으로 알려져 있다. 그러나 신경망을 이루고 있는 뉴런은 동떨어진 다른 뉴런에게 영향을 미칠 수 있다. 한 곳에서 발생한 사소한 사건이 순식간에 전체 체계에 거대한 변화를 유발하기도 한다. 단일 영역이 아닌 동떨어진 뇌 영역들이 함께 복잡한 기능을 수행하기는 하지만, 특정 영역의 역할을 일반화해 볼 수는 있다.

피질하 구조

뇌간brain stem은 척수 끝에 위치하고 있다. 뇌간의 가장 아래쪽에는 연수medullar가 있는데, 호흡 및 심장박동과 같은 기본적인 생리 현상을 조절한다. 또한 신체의 감각신경섬유를 시상과 상위 기관으로 전달하며, 피질의 운동 뉴런이 척수를 통해 근육으로 전달될 수 있도록 한다. 연수의 아래쪽에는 섬유다발이 모여 있는데, 좌뇌를 오가는 신경섬유는 척수 오른편을 지나가며 우뇌를 오가는 신경섬유는 척수 왼편을 지나간다.

뇌교pons는 연수와 중뇌 사이에 있으며 앞쪽으로 돌출되어 있다. 뇌교는 여러 뇌신경의 기점일 뿐 아니라 호흡에도 핵심 역할을 한다. 여러 뇌 영역으로 정보를 전달하며 소뇌와 서로 연결되어 있다. 각성을 조절하기도 한다.

뇌교 위에 있는 중뇌midbrain는 기저핵과 밀접한 관련이 있는 흑질 외에도 여러 중요한 감각핵과 운동핵을 포함하고 있다. 뇌간의 상단 연장선에 해당하는 시상thalamus은 각 반구에 하나씩 대칭으로 있으며, 간뇌diencephalon의 대부분을 차지한다. 시상의 구조와 기능은 매우 복잡하다. 이해하기 쉽게 설명하자면, 시상은 피질과 피질하 구조 사이에서 일부 운동 정보뿐 아니라 온갖 감각 정보를 전달하고 처리하는 역할을 한다. 시상 아래에 중뇌와 뇌교가 있기 때문에 시상은 일반적으로 수면, 깨어 있는 상태, 각성을 조절한다. 시상에 영향을 주는 일부 뇌졸중은 시상통증 증후군으로 불리기도 하는 디제린-로시 증후군Déjerine-Roussy syndrome을 유발하기도 한다. 이 증후군에 해당하는 사람들은 일상에서 심각한 작열통을 느낀다.

다음으로 언급할 소뇌cerebellum는 오래전부터 오로지 운동 기능과 관련이 있는 것으로 여겨져 왔다. 소뇌 손상이나 변성은 둔한 몸놀림, 불안정한 운동실조ataxia, 움직일 때 몸이 떨리는 활동떨림action tremor, 비정상적인 근긴장도를 유발하기도 한다. 사람의 소뇌 일부 영역 병변은 고차원적 인지, 이른바 실행인지기능과 고전적 조건형성을 통한 학습 능력에 영향을 미치기도 한다.

아몬드 모양의 편도체amygdala는 뇌 양쪽에 하나씩 측두엽 안쪽에 자리 잡고 있으며, 변연계limbic system의 일부로 알려져 있다. 참고로 amygdala는 라틴어 'almond'에서 유래했다. 편도체는 정서, 학습, 기억 강화, 자율신경계 조절, 얼굴 표정 해석 등에 관여하는 여러 핵으로 구성되어 있다.

LeDoux, McGaugh, 그 외 다수 학자의 연구를 통해 편도체는 공포 조건화에 중요한 역할을 하는 기관으로 상당한 관심을 받았다. 편도체는 긍정적 · 부정적 정서 경험에 모두 활성화된다. 그러나 긍정적이고 기쁜 경험보다는 부정적이고 두려운 경험을 할 때 더욱 활성화된다. 일부 정서적 기억, 특히 각성 수준이 낮은 정서적 기억에는 편도체가 전혀 활성화되지 않는 것으로 나타났다(Kensinger & Corkin, 2004; LaBar, 2007).

편도체는 기쁜 표정과 슬픈 표정에 모두 반응하기는 하지만, 그중에서 특히 공포와 잠재적인 두려움에 즉각적인 반응을 보인다(Yang et al., 2002). 위협적인 자극이 아니라는 판단이 서면 편도체 활성화는 감소한다(Whalen, 1998). Davis(1998)는 공포를 유발하는 편도체에 전기적 자극을 가하면 놀람 반사startle reflex가 강화되는 반면에 편도체 병변은 이를 완벽하게 차단한다는 결과를 제시하였다. 편도체 반응 방식은 두 가지로 나뉜다. 즉 시상에서 편도체로 바로 전달되는 빠른 방식과 시상에서 대뇌피질을 거친 다음 편도체로 전달되는 느린 방식으로 나뉜다. LeDoux(1996)는 첫 번째 방식을 '하위경로low road', 두 번째 방식을 '고위경로high road'라고 하였다. 하위경로는 빠르지만 정확하지 않다. 공포 조건화와 관련된 경로다. 고전적 조건형성에서 공포 조건화는 조건화된 자극(Pavlov의 유명한 실험에서 종소리)이 무조건적 자극(개 음식)과 관련이 있을 때 발생한다. 조건화된 자극(종소리)과 무조건적 자극(음식)이 확실하게 결합하면, 조건화된 반응(종소리를 들으면 침 흘리기)은 쉽게 사라지지 않는다. 이는 모든 심리학 학부생들이 학습하는 내용이다.

고위경로는 느리지만 복잡한 과정을 거친다. 상황에 당면했을 때 의식적으로 생각해보고 현실 검증을 거친다. "벨 소리가 울렸지만 음식은 없었어. 연달아 다섯 번이나 그랬잖아." 하고 생각해볼 수 있다. 편도체의 하위경로는 매우 적응적인 기능을 한다. 인간의 선조가 암컷 사자를 사냥하려고 나섰다가 실제 사자를 발견했을 때, 편도체는 적절한 행동을 할 수 있도록 했다. "그건 사자가 아니었어. 그냥 사자처럼 생긴 덤불이었어."와 같은 위양성false positives은 위험하지 않은 상황이다. 그러나 "이를 어째! 덤불이 나를 쫓아오고 있어."와 같은 위음성false negatives은 반대가 된다. 편도체를 통한 신속한 대처는 사자와 덤불의 형태를 정확하게 구별하는 것보다 훨씬 중요하다.

물론 편도체의 속도와 민감성이 부정적으로 작용하기도 한다. 빠르게 반응하기 때문에 합당한 이유가 없을 때에도 두려움을 느끼게 할 수 있기 때문이다. 게다가 편도체는 땀이나 빨라지는 호흡과 같은 내적 자극에 대한 조건화된 반응을 조장한다. 이러한 내적 반응을 공격적인 회색 곰에게 두려움을 느낄 때와 동일한 수준으로 받아들일 경우, 편도체는 급격하게 활성화되며 자극에 대한 자기강화 주기self-reinforcing cycle가 공황 발작을 유발한다. 공포증 혹은 외상 후 스트레스 장애의 증상 중 하나인 플래시백 발생과 유지는 피질이 참여하지 않거나 피질 억제가 제대로 되지 않을 때 발생할 수 있다. 치료에서는 편도체의 반응을 없애고(노출 기법), 내측 전두엽이 느린 추적 기능을 활성화(인지적 재구성 및 심리교육)할 수 있도록 한다.

편도체는 뇌 중심에 있는 전대상피질을 포함하는 내측전전두피질 및 눈 바로 뒤쪽 상단에 위치한 안와전전두피질과 소통을 한다. 안와내측전전두피질은 편도체 및 다른 영역과 함께 정서처리 및 그에 따른 행동 반응을 조절한다. 편도체가 공포에 반응을 하는 동안 전전두피질은 공포 및 그에 따른 반응을 통제하는 데 관여한다. 전전두피질은 편도체가 유발하는 공포 반응을 멈출 수 있다. 의식적인 개입이 이러한 반응을 바꾸거나 억누른다고 볼 수 있다. 앞서 언급했듯이 고전적 조건화 반응을 제거(소멸)하려면 피질이 개입해야 한다. 그러나 편도체는 상의하달식 억제를 무시하거나 지나치는 경향이 큰 편이며, 덤불을 호랑이라고 착각하게끔 자율신경계를 곧바로 자극할 수 있다.

편도체는 의식적인 자각에서 벗어난 수준으로 기능하지만 의식적이고 무의식적인 수준에서 일어나는 인간의 정서적 삶에 핵심 역할을 한다. LeDoux(1996)와 그의 동료들은 모듈성modularity 덕분에 편도체가 피질의 어떠한 개입이나 의식적인 과정 없이 공포 반응을 제거하는 데 조건화될 수 있다고 밝혔다. 조건화된 공포는 시상부터 편도체에 이르는 피질하 경로가 중재한다. 정서학습에 대한 피질하 경로의 중재 역할은 매우 활기차게 무의식적으로 이루어진다. 그러나 편도체는 서술기억 처리에는 중요한 역할을 하지 않는다. 한편, '소거된' 조건 반응의 재발에 대한 Pavlov의 연구 결과는 의식적으로 공포 반응의 신경경로를 차단할 수는 있으나 그 신경경로는 손상되지 않고 그대로 남아 있다는 점을 상기시켜준다. Pavlov의 실험을 지속한 연구자들은 조건화된 학습이 소거되기 어렵다는 결론을 내렸다.

편도체는 해마에 비해 스트레스에 의한 활성화 반응이 큰 편이다. 인간은 위험 요인이 무엇인지 생각하기보다는 즉각적으로 반응을 보이기 때문에 만성적인 스트레스는 체계를 바꾸어 놓기도 한다. 본질적으로 편도체에서 피질로 이어지는 연결은 피질에서 편도체로 이어지는 연결보다 강력하다. 그리고 강렬한 감정을 조절하는 신경망은 비교적 오랜 기간 활성화된다. 아마도 이 두 가지 이유 때문에 사고가 공포를 약화시키는 과정보다 공포 감정이 의식적 사고에 영향을 미치는 과정이 훨씬 수월하게 이루어진다고 볼 수 있다(이 과정이 완전히 사라지지 않는다면, 인지기반치료 및 통찰 중심의 정신역동치료는 장기간 진행될 것이다).

편도체와 피질은 확고한 상호관계를 이룬다. 예를 들어 McGaugh(2004)의 기억조절 가설을 살펴보면 다음과 같다. 정서적으로 강렬한 경험을 하게 되면 편도체는 코르티코스테로이드와 아드레날린 작동계를 활성화하며, 이는 피질이 기억을 더욱 공고화consolidation하게 한다. 마찬가지로 편도체는 스트레스 호르몬 방출을 조절하는 역할을 하는데(Diorio, Vian, & Meancy, 1993), 편도체가 전전두피질을 무시하면 피질의 억제 기능은 효율성이 떨어진다. 그 결과 편도체는 계속 활성화되며, 스트레스 호르몬이 증가하고, 소거를 더욱 어렵게 만드는 '새로운 학습'을 유발하는 반응 패턴이 발생한다(LeDoux, 1996).

해마hippocampus 또한 변연계에 해당하며 꽤 복잡하게 이루어진 영역이다. 정서 또는 정서적 학습에 비해 서술기억의 공고화와 더 깊은 관련이 있다. 해마는 사실과 자전적 사건을 정확하고 의식적으로 기억할 수 있게 해주는 광범위한 신경망을 연결한다. 편도체와 해마는 매우 밀접하게 연결되어 있다. 여러 면에서 두 모듈은 '별난커플'이다. [역주 : 별난커플(The odd couple)은 1965년 Neil Sirmon이 제작한 미국 영화로 정반대 성격의 두 주인공 펠릭스와 오스카의 이야기다.] 편도체는 변덕스러운 펠릭스, 해마는 보다 안정적인 오스카 역할을 한다고 볼 수 있다. 둘 사이에 공유하는 경로는 장기기억 저장과 정서가 포함된 기억을 회상할 수 있도록 한다. 오랫동안 스트레스가 지속되면 해마가 손상되기도 한다. 일부 연구자들은 해마가 작은 사람들이 외상 후 스트레스 장애에 취약하다고 주장하였다. 반면, 다른 연구자들은 스트레스로 인한 신경역동적인 경험이 해마 위축을 유발한다고 제안하였다(자세한 내용은 Bremner, 2006 참조). 성인의 뇌에서 해마는 새로운 세포가 성장(신경발생)하는 장소다. 만성적인 스트레스나 우울을 앓고 있는 사람은 이 신경발생이 감소하는데, 선택적 세로토닌 재흡수 억제제를 복용하면 신경발생이 촉진된다. 반면, 스트레스 때문에 편도체가 활성화되면 이유 없이 짜증과 신경질을 낸다.

알츠하이머병은 측두엽, 특히 해마에 있는 뉴런이 손실되었을 때 상대적으로 빠르게 진행된다. 이 병의 가장 첫 번째 증상이자 핵심 증상인 건망증은 해마의 뉴런 손실과 관련이 있다고 볼 수 있다. 해마는 고차원적 인지 기능에 핵심 역할을 하지만 정서 경험에는 거의 관여하지 않는다. 동물실험을 통해 조기학습 시 편도체가 지배하는 것으로 밝혀졌다. 새끼 쥐는 학습을 할 때 해마보다 편도체가 더욱 활성화된다 (Rudy & Morledge, 1994; Grigsby & Stevens, 2000 요약). 해마의 기능이 필요한 과제를 학습하기 이전 시기의 새끼 쥐는 해마가 아닌 편도체의 기능이 필요한 과제를 학습할 수 있다. 아동 또한 마찬가지다.

매우 어린 아이들은 맥락과 관련이 없는 학습(습관, 조건화된 반응)을 하게 될 가능성이 높다. 다시 말해, 특정 행동의 원인이 되는 사건을 회상하기란 적어도 보통 상황에서는 불가능할 것이다. (Grigsby & Stevens, 2000, p. 99)

전대상피질

전대상피질anterior cingulate cortex은 내측 피질 영역에 있는 대상회gyrus의 일부다. 좌반구와 우반구를 연결하는 신경섬유다발인 뇌량corpus callosum 위에 위치하고 있다. 대상회 또한 복잡하면서도 흥미로운 기능을 하는 영역으로 오류 검출, 행위 주체감, 사회적 상호작용, 주의집중과 같은 매우 중요한 기능에 관여한다(Rudebeck et al., 2006). 전대상피질은 신체 고통에 대한 일종의 경보시스템 기능을 하며, 어쩌면 거절, 제외, 배척의 위험에 대응하기도 한다(Eisenberger & Lieberman, 2004). 영장류의 사회적 특성 그리고 생존을 위해 무리를 이루어 생활해야 했던 선조들을 고려해보면, 진화론적 관점에서 거절이나 배척은 죽음을 초래할 수도 있었다. 그렇기 때문에 전대상피질과 같은 특정 모듈은 위험한 상황을 사회적 신호로 받아들이는 일에 더욱 민감해졌다(Eisenberger & Lieberman, 2004). 현재 전대상피질은 사회불안장애와 관련이 있는 것으로 추정한다(Kaiser Permanente, 2008).

예상대로 전대상피질은 편도체와 단단하게 연결되어 있다. 그러나 편도체와 달리 작업기억(최근 30초 동안 의식적으로 유지하는 기억) 및 자기의식과 관련된 기능계에 관여한다(Lenartowicz & McIntosh, 2005; Moran et al., 2006). 게다가 전대상피질과 안와전두피질의 연결은 고위경로 반응과 반응유연성 형성에 개입하는 것으로 추정된다. 전대상피질에 손상을 입은 사람들 중 일부는 갑작스럽게 화를 내거나 충동적인 행동을 하는 것으로 보고되었다.

대뇌 비대칭

대뇌피질cerebral cortex은 뇌에서 가장 많은 부피를 차지한다. 대뇌 반구 표면을 감싸고 있는 대뇌피질은 6개 층으로 이루어져 있으며 두께는 1.5~4.5mm다. 우뇌 피질의 기둥column은 좌뇌 피질 기둥과 다르게 구성되어 있다. 우뇌 기둥은 좀 더 수평적으로 연결되어 있으며, 교차양상cross-modal 표상을 가능하게 한다. 이러한 기둥 구조 덕분에 우뇌는 맥락을 파악할 수 있으며 상황을 전체적으로 이해할 수 있다. 반면 좌뇌는 세부적인 것을 더욱 중요시한다. (단, 반구 특성화는 성별 차이가 있다. 여성은 남성에 비해 특성화 경향이 매우 낮으며 보다 복잡한 교차양상 과정을 거친다.)

피질의 여섯 층은 기둥 내에 흐르는 입력, 출력, 양방향 정보를 체계적으로 처리한다. 높은 층(첫 번째, 두 번째)에서 받아들인 정보는 낮은 층(다섯 번째, 여섯 번째)에서 감각 정보로 흡수된다. 중간 층(세 번째, 네 번째)은 두 가지 정보를 연결한다(Hawkins & Blakeslee, 2004). 세부적으로 살펴보면, 두 번째 층 뉴런은 인접한 피질 세포와 연결된다. 세 번째 층 뉴런은 좀 더 멀리 떨어져 있는 피질의 세포와 연결되기도 하고, 뇌량을 통해 양 반구의 소통을 가능하게 하기도 한다. 네 번째 층 뉴런은 시상에서 뻗어 나온 신경섬유와 연결되어 있다. 다섯 번째 층 뉴런은 피질 하부 구조로 정보를 전달한다. 여섯 번째 층 뉴런은 시상까지 연결되어 있다. 첫 번째 층 뉴런의 연결 방식은 거의 알려지지 않았다(Hawkins & Blakeslee, 2004).

피질은 회gyri(gyrus의 복수형, 피질 겉으로 드러난 부분)와 구sulci(sulcus의 복수형, 회 사이 틈이나 깊게 파인 주름)로 접혀져 있다. 이 주름은 피질의 표면적을 증가시킨다. 피질은 고도로 차별화되어 있으며, 피질의 여러 영역은 뇌기능 체계의 모듈형 하위 요인으로서 다양한 역할을 한다. 대다수 포유류의 양 반구는 비대칭 구조로 이루어져 있으며, 인간의 태아 또한 마찬가지다. 진화 과정을 거치는 동안 양 반구 기능은 점점 차이를 나타내며 특성화되어 왔고 이러한 특성은 남성에게서 더욱 두드러진다(Gerschwind & Galaburda 1985). 뇌량은 초기 아동기인 1~4세 동안 급격하게 발달하면서 양 반구를 통합한다. 이를 통해 양 반구가 자율적으로 기능하기보다는 넓게 분포된 네트워크 속에서 거대한 연결점의 집합체처럼 기능하도록 한다(Galin, Johnstone, Nakell, & Herron, 1979).

Michael Gazzaniga는 Roger Sperry와 함께 분할 뇌split-brain 환자, 즉 치료를 위해 뇌량을 제거한 난치성 간질 환자를 대상으로 획기적인 연구를 진행하였다. 그 결과 외과적 수술을 통해 분리된 양 반구는 현저하게 다른 특성을 드러내는 것으로 나타났다(Gazzaniga, 1985; Gazzaniga, Bogen, & Sperry, 1962; Gazzaniga & LeDoux, 1978; Gazzaniga, Wilson, & LeDoux, 1977). 우측 시각 영역은 좌뇌 반구 후두부(특히 후두엽) 활성화, 좌측 시각 영역은 우뇌 반구 후두부 활성화와 관련이 있다.

일부 연구자들은 보다 정교한 여러 기능과 행동의 경우 대개 어느 한쪽 반구가 이를 담당하는 것으로 추측한다. 잠정적인 결론이기는 하지만 일부는 임상적으로 유용하다. 예를 들어 왼쪽 응시는 우뇌와 관련 있는 비관적인 시각을 암시하며, 좌뇌 활성화에 의한 오른쪽 응시는 긍정적인 시각을 암시한다고 볼 수 있다(Drake, 1984; Thayer & Cohen, 1985). 우뇌는 왼쪽 얼굴의 근육조직을 제어하여 왼쪽 얼굴에 드러나는 정서 표현을 지배한다. 일부 연구자들은 오른쪽에 비해 왼쪽 얼굴에 정서 표현이 더욱 풍부하게 나타난다고 언급하였다(Johnsen & Hugdahl, 1991; Sergent, Ohta, & MacDonald, 1992). 또한 사람들은 자전적 기억을 회상할 때 왼쪽을 바라보는 경향이 있는데(Wheeler, Stuss, & Tulving, 1997), 이는 우반구 활성화를 반영한다고 볼 수 있다. 단, 이러한 자료가 결정적인 것은 아니다. 개인차가 매우 크며 성별에 따른 반구의 편재화 및 특성화 차이 또한 고려해야 한다. 그렇지만 이와 같은 자료는 내담자의 비언어적 의사소통을 판단할 때 유용한 임상적 가설이 된다.

좌뇌의 피질 기둥은 세부 사항을 문제 중심적 관점으로 파악하도록 한다. 좌뇌의 세밀하고 분석적인 방식은 사실에 의존하는 반면, 맥락지향적인 우뇌는 상황의 요점을 파악한다. 일반적으로 우뇌는 새로운 경험을 처리하며, 좌뇌는 일상적인 일들을 처리한다. 이러한 차이는 뇌의 음악처리 방식으로 설명할 수 있다. 우뇌가 음악처리를 담당한다는 신념은 과잉일반화며 현재 논란이 되고 있다. 음악 지식이 많지 않은 사람들은 우뇌를 활용하여 음악을 처리하는데, 이는 음악이 새로운 경험에 해당하기 때문이다. 전문 음악가는 대부분 좌뇌를 활용하여 음악을 처리한다(Bever & Chiarello, 1974).

미국 국립보건연구원 Alex Martin 연구팀은 혈류 양상을 측정할 수 있는 양전자 방사 단층 촬영법positron emission tomography을 활용하여 개인이 새로운 일을 습득하는 과정에 대해 설명하였다. 새로운 정보는 우선 우뇌에서 처리된다. 그 뒤 일상적으로 익숙해진 정보는 좌뇌가 담당하며, 이러한 과정은 언어적 정보와 비언어적 정보 모두 동일하게 나타난다(Martin et al., 1997). 처음 만나는 사람의 얼굴은 우뇌에서 처리하는 반면에 익숙한 얼굴은 대개 좌뇌에서 처리한다(Henson, Shallice, & Dolan, 2000; Marzi & Berlucchi, 1977).

성별은 다른 기능을 하는 양 반구의 상대적 기여도를 결정하는 데 중요한 역할을 하며(Springer & Deutsch, 1998), 이러한 차이는 임신 초기에 나타나기 시작한다(Trevarthen, 1996). 성장 과정에서도 두드러지는데, 언어발달은 평균적으로 여아가 남아보다 빠른 편이다. 반면에 상반신 체력, 운동협응능력, 공간지각능력은 남아가 여아보다 우수하다(자세한 내용은 Kimura, 1999와 Ullman et al., 2008 참조). 언어 유창성 측면에서도 이러한 차이가 나타난다. 일반적으로 여성은 문법, 말의 속도, 언어적 기억, 언어 유창성과 같은 기술이 필요한 검사에서 강점을 보인 반면에 남성은 토막짜기, 미로찾기, 비언어적인 추상적 사고가 필요한 검사에서 여성에 비해 우수한 성과를 거두었다(Hampson, 2008; Kimura, 1999; Maitland, Herlitz, Nyberg, Backman, & Nilsson, 2004).

남성은 일반적으로 공간지각과 관련된 우뇌 능력이 우수하며, 여성은 좌뇌와 관련된 언어능력과 세부에 주의를 기울이는 능력이 우수하다고 볼 수 있다. 그러나 성별에 따른 뇌기능(특히 언어) 편재화 차이는 연구에서 지나치게 단순화된 결과로 나타난다. 게다가 최근 연구는 성별 차이를 나타내는 능력, 예를 들면 남성이 신경학적으로 우수하다고 보는 비언어적인 추상적 사고에 대한 연구 결과에 의문을 제기하고 있다. Feng, Spence와 Pratt(2007)은 남녀 대학생에게 10시간 동안 액션 비디오 게임을 하게 한 후 비언어적인 추상적 사고를 측정하는 표준화 검사를 수행했다. 연구 결과는 성별차이가 감소한 것으로 나타났다. 일반적으로 여성은 남성에 비해 편재화가 크게 두드러지지 않으며, 반구 간 상호작용이 훨씬 유연한 것으로 나타났다. 여성은 양 반구를 모두 활용하여 정보를 처리하는 경향이 두드러진다고 볼 수 있는데(예 : 한쪽 반구만 정보를 처리할 수도 있고, 양 반구가 협력하여 처리할 수도 있다), 이는 두꺼운 뇌량과 관련이 있는 것으로 추측된다. 양전자 단층촬영 영상을 통해 남성에 비해 여성의 양측성(양손잡이의 신경역동적 특성에 해당)이 우수한 것으로 확인되었다. 그러나 '우뇌 작업' 대부분을 조절하는 네트워크는 좌뇌에 있는 영역nodes 처리를 포함하며, 그 반대의 경우도 마찬가지다. 반구의 각 기능을 밝히려는 시도는 이 사실을 종종 고려하지 못할 때가 있다. 뇌는 복잡한 질문에 간단하게 대답하려는 성향을 받아들이지 않는다. 가장 단순한 뉴런 신경망조차도 활성화될 때는 뇌 곳곳을 연결한다. 이를 감안했을 때 우리는 우뇌와 좌뇌에 대한 잠정적인 일반화에 빠져있다고 볼 수 있다.

우뇌 피질은 언어능력이 부족하다는 이유로 비우세nondominant 반구 혹은 보조subordinate 반구로 불리기도 한다. 그렇다고 해서 우뇌가 언어능력이 전혀 없다는 의미는 아니다. 우뇌는 괜찮은 역설과 적절한 은유를 인식한다는 증거가 있기 때문이다. 우뇌는 운율 체계(시), 비언어적 행동, 지각을 포함하는 **화용론**에서 중요한 역할을 한다. 의미론적 언어 기능과 구문론적 언어 기능은 좌뇌에서 담당하지만, 욕설과 같은 정서적 의미가 포함된 언어 이해는 우뇌가 우세한 것으로 보인다(Serlman, 1977). 타인의 언어에 담긴 정서적 의미 인식, 자신의 신체와 정서적 감각 유지, 타인에 대한 위험성 평가는 좌뇌보다 우뇌가 우세하다(Devinsky, 2000).

우뇌는 '변연계 영역'에 있는 피질 하부의 정서 네트워크와 단단히 결합되어 있기 때문에 정신역동적 무의식의 발상지로 불리기도 한다(신경과학자들은 '무의식'이라는 용어를 사용하지 않는다). 우뇌는 정서 처리 및 애착과 관련된 피질 하부 영역과 많이 연결되어 있으며 내분비와 자율신경계에도 관여한다(Wittling & Pfluger, 1990). 더불어 우뇌는 신체 각성 상태 조절에 더 많은 영향을 미치며(Damasio, 1994), 정서 발생 또한 안정적인 좌뇌에 비해 매우 급격한 편이다. 이같은 보편적인 방식은 실제 상황에서 훨씬 복잡하게 이루어진다. 하지만 우뇌는 부정적 정서, 새로운 자극, 관계에서 발생하는 정서적 뉘앙스를 잘 받아들이며 사회적 고립을 중재한다. 우뇌 우세형 성인은 자존감이 낮고(Persinger & Makarec, 1991) 우울 증상(Nikolaenko, Egorov, & Frieman, 1997)이 있는 것으로 나타났다.

지속적인 연구를 통해 긍정 정서 경험(우뇌에서 좌뇌로 변화)이나 부정 정서 경험(좌뇌에서 우뇌로 변화)이 양 반구의 활성화 균형상태를 변화시킨다는 견해가 입증되고 있다. 즉 우뇌 우세형은 슬픔, 불안, 분노와 같은 불안정하고 부정적인 정서와 관련이 있는 반면에 좌뇌 우세형은 만족, 행복과 같은 긍정적 정서와 관련이 있다(Davidson, 1992). 일부 연구를 통해 전전두피질의 비대칭 활성화와 정서양식이 관련 있는 것으로 나타났다. 일반적으로 우측 전전두피질이 활성화될수록 부정적인 정서를 많이 느끼며, 좌측 전전두피질이 활성화될수록 긍정적인 정서를 많이 느낀다(Hugdahl & Davidson, 2003). 부정적인 정서 상태를 회복하는 능력은 회복탄력성의 중요한 측면이다.

Richard Davidson(2000)은 대뇌 비대칭과 기분 상태에 관한 연구 분야의 선구적인 공헌자다. Davidson은 역경에 처했을 때 긍정적인 기분 상태와 행복감을 유지하는 사람들의 경우 회복탄력성이 높다고 제안하였다. 이들은 원래의 신경심리학적 기초 상태로 수월하게 회복한다. 낙관주의, 희망적인 성향, 강인함, 긍정적인 자기 인식, 긍정적인 인생관, 풍부한 유머감각과 같은 성격특성은 역경을 더욱 빨리 회복하는 요인으로 작용한다. 이러한 성향은 영아기에도 나타난다. 예를 들면 울거나 슬퍼하는 영아는 우측 전두의 뇌전도가 더욱 활성화되는 반면에 행복과 같은 '접근 정서'를 표현하는 영아는 좌측 전두의 뇌전도가 더욱 활성화된다(Bell & Fox, 1994).

우측 전두가 비대칭적인 사람들은 부정적이고 내성적이라는 결과와 일치하는 연구로서, Schmidt(1999)는 자기보고식으로 수줍음 정도를 높게 평가한 여자 대학생의 뇌에서 우측 전두의 뇌전도 비대칭과 좌측 전두의 저활성화를 발견하였다. 사회 지향적인 사람들일수록 좌측 전두 비대칭이 크게 나타났다. 또한 우측 전두 활성화는 불안과 깊은 관련이 있다. 영장류를 대상으로 한 연구에서 불안한 상태는 스트레스 호르몬 수치 상승 및 우뇌 활성화와 상관관계가 있는 것으로 나타났다(Kalin et al., 1998). 원초적이고 강렬한 정서는 우뇌에서 발생한다(Porges, Doussard-Roosevelt, & Maiti, 1994; Ross, Homan, & Buck, 1994).

우뇌의 뛰어난 정서 민감성은 무의식의 평가 과정으로 볼 수 있다(Fischer, Shaver, & Carnochan, 1990). 우뇌는 다른 사람들이 무슨 말을 하는지와 상관없이 그들의 얼굴 표정에 드러나는 정서를 파악할 때 활성화된다(Ahern et al., 1991). 우뇌 손상 환자는 얼굴 표정에 드러난 정서와 몸짓 언어에서의 정서적 단서를 파악하지 못하는 것으로 나타났다(Blonder et al., 1991).

생애 첫 2년 동안은 좌뇌에 비해 우뇌가 급격하게 발달한다(Chiron et al., 1997; Thatcher, Walker, & Giudice, 1987). Schore(1994)에 의하면 좌뇌는 배외측 전전두피질의 지배를 받는 반면에 우뇌는 안와전두피질의 지배를 받는다(그러므로 우뇌는 변연계에 더욱 통합된다고 볼 수 있다). 이러한 비대칭 발달은 다양한 형태의 인지발달과 추후 언어행동 발달에 비해 사회정서적 애착 도식의 조기 성숙과 관련이 있다. 영아는 친밀하고 지지적인 관계 맥락 내에서 맺은 정서적인 수준에 따라 세상과 관계를 형성한다. 애착의 기본 양식과 집단 정체성을 강조하는 현상은 무의식적 기억 체계에 암호화된다. 애착과 정체성 경험은 좌뇌의 언어성과 외현적인 자전적 기억의 초기 발달에 중대한 영향을 미친다. 그러므로 상담자는 내담자의 초기 발달사를 재구성하는 데 심혈을 기울여야 한다.

좌뇌를 우뇌 대변인 관점으로 본다면, 좌뇌는 말하기 좋아하고 논리적이라고 볼 수 있다. 좌뇌는 보다 중립적으로 세상을 바라보고 해석하는 경향이 있다. 좌뇌는 우뇌와 다른 방식으로 정보를 처리한다. 즉 세부적인 것에 초점을 두는 편이며 직선적, 순차적, 시간의존적인 정보를 선호한다.

Gazzaniga(1996)는 좌뇌의 해석 기능을 중점적으로 연구하였다. 좌뇌는 사건의 발생이나 경험을 일관성 있는 내러티브로 만들어내는 데 특화되어 있다. 뇌량이 절단된 상황과 마찬가지로 좌뇌가 우뇌와 분리될 경우, 좌뇌는 우뇌의 지각을 지나치게 작화confabulation한다. 즉 우뇌의 역할인 전체 상황 파악이나 맥락에 대한 충분한 이해가 부족한 상태에서 여러 정보들을 성급하게 모아 상황을 설명하려는 내러티브를 만들어낸다. 분할 뇌 환자를 대상으로 한 연구(예 : Gazzaniga, 1985, 1996; Gazzaniga & LeDoux, 1978)에서는 인간이 행동을 설명할 때 대부분 작화적인 특성을 드러낸다고 보았다. 작화적인 특성은 상담 과정 중 드러내는 방어 형태인 회피와 합리화에도 나타난다.

좌뇌는 상황을 긍정적으로 해석하는 일을 담당한다고 볼 수 있다. 이러한 관점에서 보면, 좌뇌는 대통령의 실언이나 실수로 인한 불안정한 상황을 수습하기 위해 성명을 발표하는 백악관 대변인과 같은 역할을 한다. 뇌에서 이러한 기능이 제대로 작동하게 되면 긍정적인 해석은 중요한 정서조절 기능으로 작용한다. 좌뇌 손상으로 좌반구 활성화가 급격하게 감소한 환자는 대개 비관적이고 우울한 성향을 나타내는데, 이는 좌반구가 다양한 정서를 균형 있게 조절한다는 점을 시사한다. 좌측 전전두피질은 긍정적인 정서를 일으키는 식욕 자극에 활성화된다(Urray et al., 2004).

즉흥적인 감정은 우뇌와 관련이 있는 반면에 죄책감과 같은 사회적 상황과 관련된 감정은 좌뇌에서 처리하는 것으로 추측된다. 좌뇌가 우뇌와 소통을 중단하게 되면 얼굴 표정을 읽거나 해석할 수 없다. 반면, 우뇌는 얼굴 표정과 목소리 톤을 수월하게 처리한다(Heller, Etienne, & Miller, 1995; Ross et al., 1994). 의식적 대처와 문제해결은 언어능력과 관련이 있기 때문에 좌뇌에서 담당한다(Corina, Vaid, & Bellugi, 1992). 청각장애인은 수화를 표현하거나 이해할 때 좌뇌를 활용한다는 연구(예 : Neville et al., 1998)가 진행되기도 하였다.

15개월쯤 되면 아동의 표현 및 수용 언어 발달과 관련된 좌뇌의 급격한 성장이 이루어진다. 생후 3년까지 뇌량은 지속적으로 발달하면서 양 반구 통합과 개별 기능을 촉진한다. 3세 이하 아동은 반구의 기능을 통합하지 못하는 것으로 나타났으며 일부 연구자(Siegel, 1999)는 이 시기 아동이 뇌 분할 환자와 유사한 특징을 나타낸다고 주장한다. 물론 이러한 비유는 흥미롭기는 하지만 다소 과장된 면이 있다는 점을 참고하기 바란다. 4세 아동은 이전 시기보다 정보를 제대로 처리할 수 있으며 단어를 사용하여 자신의 내적 상태와 욕구를 표현할 수 있게 된다. 물론 반구 간 상호작용 증가 외에도 언어, 인지, 자기 인식의 발달이나 세련된 자기표현능력이 점점 증가했기 때문일 수도 있다.

부록에서는 특정 기능으로 분화된 모듈과 체계를 강조하고 있기는 하지만, 뇌는 통합적이고 역동적인 체계라는 점을 유념해야 한다. 모듈 방식으로만 뇌를 이해하게 되면 복잡한 문제들을 잘못 이해하거나 단순하게 받아들이는 결과를 초래한다. 자신과 타인을 구분할 때 '우뇌형' 혹은 '좌뇌형'이라는 표현을 쓰는 경우가 여기에 해당한다. Springer와 Deutsch(1998)의 주장처럼 '이분법적 관점'을 주의해야 한다. 일부 과학적 정보가 전체를 대표하는 개념으로 과잉일반화될 수 있기 때문이다. 1980년대에는 두뇌 기능의 국재화localization에 대한 관심이 급증하였다. Goldberg(2001)는 "Gall의 골상학은 모듈성이라는 이름으로 특이한 부흥을 일으켰다."며 다음과 같이 언급하였다.

모듈 이론은 대부분 현실적으로 설명할 수 없다. 수많은 특정 사실을 일반적인 원리로 단순화할 수 없기 때문에 과학적 이론의 기본 요건을 충족하지 못한다. 고대 신념 체계 영역은 새롭게 발명된 표기법을 사용하여 단순하게 분류한다. 이와 같은 방식으로 모듈 이론에서는 새롭게 관찰한 내용을 그때마다 새로운 모듈에 도입하기 때문에 매력적이면서도 즉시 설명할 수 있을 것 같은 착각을 불러일으킨다. (pp. 56~57)

전두엽

Goldberg(2001)는 뇌의 일부인 전두엽을 '실행 두뇌'라고 명명하였으며, 그의 스승이자 러시아의 저명한 신경심리학자 Alexander Luria는 '실행 제어 시스템'으로 명명하였다. 전두엽은 나머지 뇌 영역의 활성화를 제어하며, 뉴런 수십억 개가 결합하여 만들어내는 정보를 받아들인다. 전두엽은 주의집중, 계획 설정, 의사결정, 억제, 목표지향적 행동 개시를 조절하는 신경망에서 매우 중요한 중심점이다. 예를 들어 안와전두피질orbitofrontal cortex(전전두피질 영역 중에서 안구 바로 뒤쪽에 위치)은 피질 하부 구조의 과잉 활성화를 억제한다. 이 때문에 '사회적 뇌'의 핵심으로 불리기도 한다. 충동적인 정서 반응은 사람들을 흥분시키는데, 인간은 이 반응을 억제할 수 있기 때문에 보다 복잡한 상호작용을 할 수 있다. 인간은 무수한 세대를 거치면서 다른 인간과 무리를 지어 생활해 왔으며 이를 통해 생존 이득을 누릴 수 있었다. 이는 모두 안와전두피질 덕분이다. 안와전두피질이 없다면 사람들과 함께 할 때 매우 변덕스럽게 행동하고 정서적으로 불안정하며 전투적인 특성을 보일 가능성이 높다.

복잡하고 다양한 기능을 하는 전전두피질은 전두엽에서 상당히 많은 부분을 차지하고 있지만 아직까지 완전하게 이해되지 않은 뇌 영역이다. 1960년대 Teuber(1964)는 '불가사의한 전두엽'에 대해 기술하였다. 전전두피질의 여러 영역은 '침묵의 피질'로 불리기도 했으나 현재는 작업기억, 정서조절, 실행 인지 기능에 있어 핵심 역할을 하는 것으로 알려져 있다. 전두엽은 고차원적 인지 기능에 해당하는 의사결정 기능을 한다. 의사결정불능은 전두엽 기능이 빈약하다는 의미다.

배외측 전전두피질dorsolateral prefrontal cortex은 특히 작업기억능력에 중요한 역할을 한다. 전두엽에 속하는 이 영역은 뇌 윗면(배측)과 앞부분의 옆면(외측)으로 구성되어 있다. 배측 피질의 위치는 수면 밖으로 튀어나와 있는 상어 등지느러미를 떠올리면 쉽게 기억할 수 있다. 척수에서 배측은 등쪽 표면을 가리키며, 뇌의 배측은 특별히 정수리를 가리킨다. 그러므로 배외측 전전두피질은 정수리 부분의 전전두 영역과 전방 전두엽의 양쪽에 해당한다. 이 영역은 주의력과 작업기억능력에 관여할 뿐 아니라(Rezai et al., 1993), 시간의 경과에 따른 경험을 정리하는 데 도움을 주는 것으로 밝혀졌다(Knight & Grabowecky, 1995). 작업기억은 시냅스 환경에서 일어나는 일시적인 신경화학적 변화로 발생하는 단기기억 체계다. 작업기억 덕분에 관심 있는 정보의 흐름을 회상하거나 처리할 수 있다. 작업기억은 사전에서 방금 찾은 단어를 노트에 옮겨 적기 전까지 머릿속으로 철자를 기억할 수 있게 해준다. 그렇기 때문에 작업기억의 내용은 근본적으로 의식의 내용이다. 일상에서의 처리는 대부분 무의식적으로 일어나기 때문에 작업기억의 용량은 제한되어 있다. 계속 입력되는 감각 정보를 의식하려고 하거나 매우 재미없는 일을 수행하는 데 필요한 자료까지 기억하려고 하다 보면 의식적 자각과 관련된 작업기억 회로에 과부하가 걸릴 수 있다.

앞서 언급한 대로 전두엽의 일부인 안와전두피질은 안구 뒤쪽 상단에 위치하고 있으며, 내측 전전두피질은 반구를 연결하는 뇌량 위에 위치한다(그림 A.3 참조). 안와

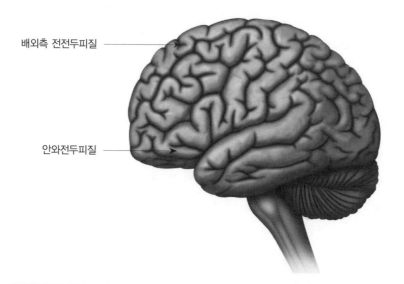

배외측 전전두피질 ─────

안와전두피질 ─────

그림 A.3 전전두피질에서 배외측 전전두피질과 안와전두피질 위치

전두피질은 자극적인 정서를 유발하는 상황에서 고위경로 반응을 선택할 수 있는 능력을 조절한다. 손상된 안와전두피질은 전대상피질과 편도체 같은 중요한 '정서적 두뇌'의 활성화를 제대로 조절하지 못한다. 안와전두피질 손상은 욕구, 충동, 정서적 표현을 억제하지 못하는 증상을 초래한다. 안와전두피질이 손상된 사람들은 충동적이며 정서적인 감정을 억제하지 못한다. 난폭한 운전자가 되기도 한다. 상점을 지나가다가 충동적으로 물건을 훔치기도 하며 잡히더라도 체포에 불응하면서 과잉 반응을 보일 수 있다. 대인관계에서도 무례하게 행동하거나 성적으로 부적절한 행동을 하기도 한다.

안와전두피질은 변화가능성이 있는 맥락이나 관점에 유연하게 대처하도록 해주며(Nobre, Coull, Frith, & Mesulam, 1999), 자동 반사 반응 대신 새로운 반응 형성을 가능하게 한다(Freedman et al., 1998). 뿐만 아니라 자율신경계 조절, 사회적 인식과 마음이론, 도덕적 판단, 자기 인식, 자전적 기억에도 관여한다.

피니어스 게이지Phinias Gage는 안와전두피질 역할을 알 수 있는 전형적인 사례다. 공사현장사고로 철근이 그의 안와전두피질을 관통했다. 뇌를 제외하고는 다친 곳이 없었던 게이지는 초반에는 변화가 없었지만 갈수록 이전과 다른 모습을 드러냈다. 인지 능력은 그대로였지만 충동을 억제하는 능력을 상실한 것으로 보였다. 사고 이전까지만 해도 강직한 성품으로 널리 인정받던 감독관이었으나 사고 후 충동적인 사람으로 돌변했다. 감정을 잘 드러내지 않던 사람이었지만 일관적이지 않고 무례하며 전반적으로 억제를 잘 하지 못하는 사람으로 변했다. 그 뒤 게이지는 서커스에서 괴짜로 일하다가 20년 후 샌프란시스코에서 무일푼으로 최후를 맞이했다.

안와전두피질은 정서 정보에 기초한 결정을 내릴 때 활성화된다(Teasdale et al., 1999). 정서조절에서도 반드시 필요하다. 예를 들어 평소와 다름없이 학교로 여섯 살 아들을 데리러 가기 위해 운전을 하고 있다고 해보자. 학교에서 몰려나온 아이들은 부모를 만나 함께 걸어가기도 하고 일부는 스쿨버스를 타고 있다. 이때 아들이 보이지 않자 어디에 있는지 궁금해진다. 몇 분 후 범불안 각성 느낌을 가지기 시작한다. 아이가 있을 만한 곳은 어디일까? 담임선생님과 대화를 하고 있을 수도 있다. 학교 안으로 들어가 텅 빈 복도를 주시한다. 교실 문이 잠겨 있어서 작은 창문을 통해 들여다봤으나 아무도 없다. 아이는 어디에 있을까? 지난 주 뉴스에 나왔던 이웃의 유괴범 사건이 머릿속을 스치고 지나간다. 호흡과 심박수가 빨라지면서 공황의 초기 단계를 느낀다. 그 후 뭔가 오늘 하루가 이상하다는 생각이 떠오른다. PDA를 꺼내 확인해보니 현장학습을 가는 날이라 아들이 30분 후에 돌아온다는 것을 알게 된다. 장기기억이 제대로 작동한 것이다. 안와전두피질은 편도체에게 과잉 반응을 중단하라고 지시하며, 불안으로 인한 신체 증상을 멈추게 하기 위해 부교감신경계로 신호를 보낸다.

정서를 의식화할 수 있는 한 가지 방법은 피질하 부위에 발생하는 무의식적인 정서 반응을 전두엽과 연결하는 것이다(LeDoux, 1996). 안와전두피질은 변연계 구조 및 복잡한 사고에 관여하는 다른 피질 영역과 연결되어 있다. 그러므로 안와전두피질은 정서와 동기를 바탕으로 하는 계획 설정에 매우 중요한 역할을 한다(Damasio, 1994). 안와전두피질은 해마와 연결되어 있으며 이 연결을 통해 외현기억에 접근할 수 있다. 복잡하게 구성되어 있는 안와전두피질은 사건과 사람에 대한 정서의 강도 부과에 관여하는 네트워크의 핵심 부위다. 이를 근거로 Schore(1994)는 안와전두피질을

정서조절에 관여하는 주요 피질 영역이라고 제안하였다. 트라우마는 이와 같은 피질
-피질하 조절 처리에 부정적인 영향을 미친다. 과거에 트라우마를 자주 겪은 경계선
환자를 상담할 때 안와전두피질의 신경망 활성화를 기본으로 한다.

신경가소성과 신경역동

신경발생neurogenesis이란 새로운 뉴런이 생성된다는 뜻이다. 한때는 뇌의 새로운 신경
성장은 불가능하다고 추정했었지만, 최근 연구는 이 법칙에 존재하는 일부 중요한
예외를 제시하고 있다. 뉴런은 영장류 및 인간 뇌 속에 있는 해마와 같은 중요한 부
위에서 탄생하는 것으로 알려져 있다(Gould et al., 1999; Eriksson et al., 1998). 같
은 방식으로 줄기세포는 후각신경구olfactory bulb와 해마에 속하는 치상회dentate gyrus에
서 발견되었다(Jacobs et al., 2000). 지속적인 학습은 성장이 끝난 영장류의 신피질
neocortex 내 신경발생을 활성화한다(Gould et al., 1999). 인간의 해마에서 일어나는 신
경발생을 발견함으로써 빠르게 변화하는 환경에 적응하기 위해 기억이 얼마나 중요
한지를 알게 되었다.

신경발생이 인간의 뇌에서 얼마나 일반화될 수 있는지는 여전히 논쟁의 대상이
다. 그러나 특정 환경에서 뉴런이 번식한다(혹은 다른 세포들이 새로운 뉴런으로 변
한다)는 것을 다양한 방식으로 발견하였으며, 이는 뇌신경가소성에 대한 또 다른 특
징에 해당한다. 뇌는 환경 변화에 극도로 민감하며 다음 도전에 부응하기 위해 끊임
없이 스스로를 재조직한다. 이러한 환경 민감성은 뇌에 순간적으로 방대한 전기화학
적 신호를 보낼 수 있는 개별 뉴런과 신경망을 통해 획득된다.

환경의 영향으로 생긴 생물학적 변화에 대한 신경역동 능력은 인간 뇌의 중요한
특징 중 하나다. 극도의 예를 하나 들어보면, 사고로 손가락을 잃었다면 체감각 피질
somatosensory cortex 중 그 손가락과 관련 있는 뇌 부위가 오그라들 수도 있다. 반대로 기
량이 뛰어난 기타연주자가 된다면 프렛fret을 누르는 왼손 주요 손가락과 관련된 뇌
부위가 확장될 수도 있다. 신경가소성은 발달에서 학습과 변화의 바탕이 된다. 아동
이 특정 능력을 개발할 때마다 이 능력을 받쳐주는 신경망은 강화된다. 아동의 뇌 성

장과 발달은 가장 오래된 뇌 영역부터 이루어진다. 예를 들어 뇌간 및 뇌간과 관련된 반사작용은 곧바로 연결된다. 반면에 전전두엽은 대략 20대 초반이 지나야 완전하게 발달한다.

초기 발달시기에는 필요 이상의 많은 뉴런들이 만들어진다. 노벨상 수상자 Gerald Edelman(1987, 1989)은 '신경다윈주의'라는 용어를 사용하였다. 여기에는 뉴런이 다른 뉴런과 연결되는 것을 서로 경쟁한다는 의미가 담겨있다. 처음 생성된 뉴런은 크기가 작고 발달이 제대로 되어 있지 않다. 가지arborization라는 긴 돌기를 통해 인접한 뉴런에 연결되기도 하지만 일부는 멀리 있는 다른 뉴런과 연결되기도 한다. 그 외 연결이 튼튼하지 않거나 사용하지 않는 뉴런은 가지치기를 통해 사라진다. Edelman은 Darwin의 원리를 적용하여 세포의 적자생존 개념을 제시하였다. 뇌는 태어나는 순간부터 계속 발전하는 역동적 체계다. 즉 세상과 상호작용하기 위해 스스로 변화하는데, 특히 뇌는 사회적 세계를 형성하며 그곳에 반드시 적응해야 한다. 이처럼 뇌는 환경에 매우 민감하기 때문에 우리가 어떤 일을 하는지에 따라 뇌에 미치는 영향은 달라진다고 볼 수 있다. 한 연구는 대학 교육이 치매 발병에 미치는 영향을 탐색하기 위해, 대학에 진학하여 학업을 계속한 사람들과 성인기에 정규교육을 받지 않은 사람들의 치매 발생률을 비교하였다. 그 결과 대학 교육을 받은 사람들은 치매에 영향을 받지 않거나 치매 발병을 늦출 수 있는 것으로 나타났다(Schmand, 1997).

자극이 풍부한 환경은 뇌가 잠재능력을 최대한으로 발휘할 수 있도록 한다. 수상돌기는 환경 자극에 많이 노출될수록 정보를 받기 위해 다른 뉴런으로 가지를 뻗는다. 수상돌기는 많은 가지를 내뻗으면서 매우 밀집된 형태를 나타낼 수도 있고, 제한적으로 소수 뉴런과 급격하게 연결을 맺기도 한다. 다른 뉴런과 연결된 수상돌기가 많을수록 더욱 복잡한 정보를 받아들일 수 있으며, 이 정보들을 더욱 쉽게 창의적으로 활용할 수 있다. 동물실험 결과, 결핍환경에서 자란 새끼보다 자극이 풍부한 환경에서 자란 새끼는 미토콘드리아 활성화가 높고, 뉴런의 시냅스 연결이 많고, 이들 세포를 뒷받침해주는 미세혈관이 더 많으며, 더 두껍고 무거운 해마를 갖고 있는 것으로 나타났다(Kempermann et al., 1997/1998; Kolb & Whishaw, 1998). 해마와 시각피질의 신경성장인자 수치 증가(Torasdotter et al., 1998), 신경교세포 활성화 증가,

수상돌기 길이 증가(Kolb & Whishaw, 1998) 또한 긍정적 환경의 영향에 해당한다.

신경가소성은 '사용 혹은 소실'이라는 개념을 엄격하게 적용한다. 뉴런의 사용은 새로운 기억을 형성할 수 있는 능력을 키워주며 오래된 기억의 보존을 강화한다. 기억을 떠올릴 때마다 신경역동 경로는 그 기억이 더욱 생생해질 수 있도록 한다. 기억을 자주 떠올리지 않게 되면 오래된 기억은 점점 희미해진다. 따라서 이러한 원리를 적용하면 시험공부를 할 때 벼락치기는 크게 도움이 되지 않는다. Edelman의 신경다윈주의 모델에서 '적합성'은 활성화 혹은 사용을 기반으로 한다.

장기강화long-term potentiation는 신경가소성에서 강조하는 과정이다. 장기강화는 시냅스의 강도 변화를 나타낸다. 시냅스에 단기간 전송속도를 높일 수 있을 만큼의 폭발적 전기자극을 주면 시냅스 강도가 변하게 되는데 이를 장기강화라고 한다. 장기강화는 세포 사이의 자극이 지속될 때 발생하기도 한다. 지속적인 자극은 시냅스 연결을 강화하며, 연결된 시냅스가 미래에 다시 발화될 수 있도록 한다. 장기강화의 영향은 비교적 오랫동안 유지된다. 흥분성 신경전달물질인 글루탐산은 장기강화에서 핵심 역할을 한다. 특정 수용체가 글루탐산과 결합할 때 그 수용체는 시냅스전 뉴런의 활성화와 시냅스후 뉴런의 활성화를 함께 탐지하기 때문에 시냅스 전송의 효율성이 증가한다. 이러한 특정 수용체가 차단될 경우 경험에 기반을 둔 가소성은 방해를 받는다(Kleinschmidt et al., 1987).

신경영양인자neurotrophins 또한 신경가소성을 유발하는 것으로 알려져 있다. 신경영양인자는 뉴런의 생존과 성장을 촉진한다. 뉴런이 점화하면 시냅스후 세포에서 신경영양인자 분자가 분비된다. 이후 역방향으로 시냅스를 건너가 확산된 다음 시냅스전 종말에서 흡수된다(Kutz & Shatz, 1996). 이를 통해 직전에 신경전달물질을 분비했던 시냅스전 세포는 새로운 가지치기와 새로운 시냅스 연결을 하게 된다. 신경영양인자를 공급받은 시냅스전 종말은 죽음의 운명에서 벗어나기 때문에, 신경영양인자는 세포 선택에도 관여한다고 볼 수 있다. 활성화되었던 세포들만이 뉴런의 재성장 경쟁에 참여하게 된다.

결국 심리치료는 내담자 혹은 치료자에게 스스로 변할 수 있는 뇌의 위대한 능력을 활용하는 기회를 제공해주는 풍요로운 환경에 해당된다.

Abeles, M. (1991). *Corticonics: Neural circuits of the cerebral cortex*. Cambridge: Cambridge University Press.

Ahern, G. L., Schomer, D. L., Kleefield, J., Blume, H., Rees-Cosgrove, G., Weintraub, S., & Mesulam, M. M. (1991). Right hemisphere advantage for evaluating emotional facial expressions. *Cortex, 27*, 193–202.

Aichorn, A. (1926/1955). *Wayward youth*. New York: Meridian Books.

Ainsworth, M. D. S. (1963). The development of infant-mother interaction among the Ganda. In B. M. Foss (Ed.), *Determinants of infant behavior* (Vol. 2, pp. 67–112). New York: Wiley.

Ainsworth, M. D. S. (1967) *Infancy in Uganda: Infant care and the growth of love*. Baltimore: John Hopkins University Press.

Ainsworth, M. (1969). Object relations, dependency and attachment: A theoretical review of the infant-mother relationship. *Child Development, 40*, 969–1025.

Ainsworth, M. D. S., Blehar, M. C., Waters, E., & Wall, S. (1978). *Patterns of attachment: A psychological study of the strange situation*. Hillsdale, NJ: Erlbaum.

Allman, J. M., Watson, K. K., Tetreault, N. A., & Hakeem, A. Y. (2005). Intuition and autism: A possible role for Von Economo neurons. *Trends in Cognitive Sciences, 9*, 367–373.

Allman, J. M., Hakeem, A., Erwin, J. M., Nimchinsky, E., & Hof, P. (2001). The anterior cingulate cortex: The evolution of an interface between emotion and cognition. *Annals of the New York Academy of Sciences, 935*, 107–117.

Albert, M. S., Jones, K., Savage, C. R., Berkman, L., Seeman, T., Blazer, D., Rowe, J. W. (1995). Predictors of cognitive change in older persons: MacArthur studies of successful aging. *Psychological Aging, 10*(4), 578–589.

Allen, J. G. (2001). *Traumatic relationships and serious mental disorders*. Hoboken, NJ: Wiley.

Allister, L., Lester, B. M., Carr, S., & Liu, J. (2001). The effects of maternal depression on fetal heart rate response to vibroacoustic stimulation. *Developmental Neuropsychology, 20*(3), 639–651.

Allman, J. M. (2001). The anterior cingulate cortex: The evolution of an interface between emotion and cognition. *Annals of the New York Academy of Sciences, 935*, 107–117.

American Academy of Child and Adolescent Psychiatry. (2001). Practice parameters for the assessment and treatment of children and adolescents with suicidal behavior. *Journal of the American Academy of Child and Adolescent Psychiatry, 40*(Suppl. 4), 24–51.

American Academy of Pediatrics. (2000). Suicide and suicide attempts in adolescents. *Pediatrics, 105*(4), 871–874. American Psychiatric Association. (1980). *Diagnostic and statistical manual of mental disorders* (3rd ed.). Washington, DC: Author.

American Psychiatric Association. *Diagnostic and statistical manual of mental disorders* (3rd ed.). (1980). Washington, DC: Author.

American Psychiatric Association. (1994). *Diagnostic and statistical manual of mental disorders* (4th ed.). Washington, DC: Author.

American Psychiatric Association Task Force on DSM-IV. (2000). *Diagnostic and statistical manual of mental disorders* (4th ed. rev.). Washington, DC: Author.

American Psychological Association. Society of Clinical Psychology. (1995). Training in and dissemination of empirically-validated psychological treatments: Report and recommendations. *The Clinical Psychologist, 48,* 3–27.

American Sleep Disorder Association. (1997). *International classification of sleep disorders: Diagnostic and coding manual.* (Rev. ed.). Rochester, MN: American Sleep Disorder Association.

Anastopoulos, A. D., Rhoads, L. H., & Farley, S. H. (2006). Counseling and training parents. In R. A. Barkley & K. F. Murphy (Eds.). *Attention-deficit hyperactivity disorder: A clinical workbook* (3rd ed.). New York: Guilford Press, 453–479.

Andreason, N. C. (2001). *Brave new brain: Conquering mental illness in the era of the genome.* New York: Oxford University Press.

Angold, A., Costello, E., & Worthman, C. (1998). Puberty and depression: The roles of age, pubertal status and pubertal timing. *Psychological Medicine, 28,* 51–61.

Angold, A., Worthman, C. M., & Costello, E. J. (2003). Puberty and depression. In C. Hayward (Ed.), *Gender differences at puberty.* New York: Cambridge University Press, 137–164.

Arbib, M. A. (2002). Language evolution: The mirror system hypothesis. In M. A. Arbib (Ed.), *The handbook of brain theory and neural networks* (2nd ed., pp. 606–611). Cambridge, MA: MIT Press.

Arbib, M. A., Érdi, P., & Szentágothai, J. (1998). *Neural organization: Structure, function, and dynamics.* Cambridge, MA: MIT Press.

Archer, C., & Burnell, A. (Eds.). (2003). *Trauma, attachment, and family permanence: Fear can stop you loving.* London: Jessica Kingsley.

Arden, J. (1996). *Consciousness, dreams, and self: A transdisciplinary approach.* Madison, CT: International Universities Press/Psychosocial Press.

Arden, J. B. (1987) Psychosocial Vocational Rehabilitation–The Next Step. *Psychosocial Rehabilitation,* Vol. *12,* No. 1, 61–64.

Arden, J. (2003). *America's meltdown: Creating the lowest common denominator society.* Westport, CT: Praeger.

Arden, J. & Linford, L. (2009). *Brain-based therapy with adults.* New York: Wiley.

Argyropoulos, S. V., Bell, C. J., & Nutt, D. J. (2001). Brain function in social anxiety disorder. *Psychiatric Clinics of North America, 24*(4), 707–722.

Arnold, P. D., & Richter, M. A. (2001). Is obsessive-compulsive disorder an autoimmune disease? *Canadian Medical Association Journal, 165*(10), 1353–1358.

Aronowitz, B. R., DeCaria, C., Allen, A., Weiss, N., Saunders, A., Marglin, L., et al., (1997) The neuropsychiatry of autism and Asperger's disorders: Review of the literature and case report. *CNS Spectrums, 2,* 43–60.

Arnstein, A. F. T. (1998). Catecholamine modulation of prefrontal cognitive function. *Trends in Cognitive Science, 2,* 436–447.

Ashbury, K., Dunn, J. F., Pike, A., & Plomin, R. (2003). Nonshared environment influences on individual differences in early behavioral development: A monozygyotic twin differences study. *Child Development, 74*(3), 933–943.

Ashman, S. B., Dawson, G., Panagiotgides, H., Yamada, E., & Wilkinson, C. W. (2002). Stress hormone levels of children of depressed mothers. *Development and*

Psychopathology, 14, 333–349.

Ayduk, O., Mendoza-Denton, R., Mischel, W., Downey, G., Peake, P., & Rodiguez, M. (2000). Regulating the interpersonal self: Strategic self-regulation for coping with rejection for coping with rejection sensitivity. *Journal of Personality and Social Psychology, 79,* 776–792.

Azuma, H. (1996). Cross-national research on child development: The Hess-Azuma collaboration in retrospect. In D. Schwalb & B. Schwalb (Eds.), *Japanese childrearing: Two generations of scholarship.* New York: Guilford Press.

Baddeley, A. (1994). The remembered self and the enacted self. In V. Neisser & R. Fivush (Eds.), *The remembering self: Construction and accuracy in the self-narrative* (pp. 236–242). Cambridge, UK: Cambridge University Press.

Baird, G., Cox, A., Baron–Cohen, S., Swettenham, J., Wheelwright, S., & Drew, A. (2001). Screening and surveillance for autism and pervasive development disorders. *Archives of Diseases in Childhood, 84,* 468–475.

Balaban, M. T. (1995). Affective influences on startle in five-month-old infants: Reactions to facial expression of emotion. *Child Development, 66,* 28–36.

Baldwin, D. A., & Moses, L. J. (1996). The ontongeny of social information gathering. *Child Development, 67,* 1915–1939.

Barber, B. K. (2002). *Intrusive parenting: How psychological control affects children and adolescents.* Washington, DC: American Psychology Association.

Barinaga, M. (1993). Death gives birth to the nervous system. But how? *Science, 259,* 762–763.

Barkley, R. A. (1997a). *ADHD and the Nature of Self-Control.* New York: Guilford Press.

Barkley, R. A. (1997b). Behavioral inhibition, sustained attention, and executive functions: Constructing a unifying theory of ADHD. *Psychological Bulletin, 121*(1), 65–94.

Barkley, R. A. (2003). Attention-Deficit/Hyperactivity Disorder. In E. J. Marsh & R. A. Barkley (Eds.), *Child psychopathology* (2nd ed., pp. 75–143). New York: Guilford Press.

Barkley, R. A. (2006). *Attention-deficit hyperactivity disorder: A handbook for diagnosis and treatment* (3rd ed.). New York: Guilford Press.

Barlow, D. H., Craske, M. G., Cerny, J. A., & Klosko, J. S. (1989). Behavioral treatment of panic disorder. *Behavior Therapy, 20,* 261–282.

Baron-Cohen, S. (1995). *Mindblindness.* Cambridge, MA: MIT Press.

Baron-Cohen, S. (2000). The cognitive neuroscience of autism: Evolutionary approaches. In M. Gassaniga (Ed.), *The new cognitive neurosciences* (2nd ed.). Cambridge, MA: MIT Press, 1249–1257.

Baron-Cohen, S., Allen, J., & Gillberg, C. (1992). Can autism be detected at 18 months? The needle, the haystack, and the CHAT. *British Journal of Psychiatry, 161,* 839–843.

Baron-Cohen, S., Ring, H. A., Bullmore, E. T., Wheelright, S., Ashwin, C., & Williams, S. C. R. (2000). The amygdala theory of autism. *Neuroscience and Biobehavioral Reviews, 24,* 355–364.

Barrett, K. C., & Campos, J. J. (1987). Perspectives on emotional development: II. A functionalist approach to emotions. In J. Osofsky (Ed.), *Handbook of infant development* (2nd ed., pp. 555–578). New York: Wiley.

Barry, R. J., Clarke, A. R., & Johnstone, S. J. (2003). A review of the electrophysiology in attention–deficit disorder/hyperactivity disorder: I. Qualitative and quantitative electroencephlaography. *Clinical Neurophysiology, 114*, 171–183.

Bartels, A., & Zeki, S. (2004). The neural correlates of maternal and romantic love. *NeuroImage, 21*, 1155–1166.

Bartsch, K., & Wellman, H. M. (1995). *Children talk about the mind.* New York: Oxford University Press.

Baumeister, R. F., & Muraven, M. (1996). Identity as adoption to social, cultural, and historical context. *Journal of Adolescence, 19*, 405–416.

Baumrind, D. (1978). Parental disciplinary patterns and social competence in children. *Youth and Society, 9*, 239–276.

Baumrind, D. (1991). Effective parenting during the early adolescent transition. In P. A. Cowan & M. Hetherington (Eds.), *Family Transitions* (pp. 111–163). Hillsdale, NJ: Lawerence Erlbaum.

Baving, L., Laucht, M., & Schmidt, M. H. (2000). Oppositional children differ from healthy children in frontal brain activation. *Journal of Abnormal Child Psychology, 28*, 267–275.

Baxter, L. R., Phelps, M. E. Mazziotta, J. C., Schwartz, J. M., Gerner, R. H., Selin, C. E., et al. (1985). Cerebral metabolic rates for glucose metabolism in mood disorders. *Archives of General Psychology, 42*, 441–447.

Baxter, L. R., Schwartz, J. M., Bergman, K. S., Szuba, M. P., Guze, B. H., Mazziotta, J. C., et al. (1992). Caudate glucose metabolic rate changes with both drug and behavior therapy for obsessive-compulsive disorder. *Archives of General Psychiatry, 49*, 681–689.

Baxter, L. R., Jr., Schwartz, J. M., Bergman, K. S., Szuba, M. P., Guze, B. H., Mazziotta, J. C., et al. (1992). Caudate glucose metabolic rate changes with both drug and behavior therapy for obsessive-compulsive disorder. *Archives of General Psychiatry, 49*(9), 681–689.

Baxter, L. R., Jr., Schwartz, J. M., Phelps, M. E., Mazziotta, J. C., Guze, B. H., Selin, C. E., et al. (1989). Reduction of prefrontal cortex glucose metabolism common in three types of depression, *Archives of General Psychiatry, 46*, 243–250.

Beauchaine, T. P. (2001). Vagal tone, development, and Gray's motivational theory: Toward an integrated model of autonomic nervous system functioning in psychopathology. *Development and Psychopathology, 13*, 183–214.

Beaulieu, J. M., Zhang, X., Rodriguiz, R. M., et al. (2008). Role of GSK3ß in behavioral abnormalities induced by serotonin deficiency. *Proceedings of the National Academy of Sciences, 105*(4): 1333–1338.

Beck, A. T. (1976). *Cognitive therapy and emotional disorders.* New York: International Universities Press.

Becking, E., Wilson, M., & Reiser, P. (1999). Therapist Handbook for TOTS: A temperament-based behavioral group therapy for parents and preschoolers. Napa, CA: E.M. Power Publishing.

Beebe, B., & Lachmann, F. M. (1988). Mother-infant mutual influence and precursors of psychic structure. In A. Goldberg (Ed.), *Frontiers in self psychology. Progress in self psychology* (Vol. 3, pp. 3–26). Hillsdale, NJ: Analytic Press.

Beebe, B., & Lachmann, F. M. (1994). Representation and internalization in infancy:

Three principles of salience. *Psychoanalytic Psychology, 11*, 127–165.

Beebe, B., & Lachmann, F. M. (2002). *Infant research and adult treatment*. New York: Analytic Press.

Beidel, D. C., Turner, S. M., & Morris, T. L. (2000). Behavioral treatment of childhood social phobia. *Journal of Consulting and Clinical Psychology, 68*(6), 1072–1080.

Bell, M. A., & Fox, N. A. (1994). Brain development over the first year of life: Relations between EEG frequency and coherence and cognition and affective behaviours. In G. Dawson & K. Fischer (Eds.), *Human behaviour and the developing brain* (pp. 314–345). New York: Guilford Press.

Benton, D. (1992). Vitamin-mineral supplantation and intelligence of children: A review. *Journal of of Ortho Medicine, 7*, : 31–38.

Berman, S., Weems, C. F., Silverman, W. K., & Kurtines, W. M. (2000). Predictors of outcome in exposure-based cognitive and behavioural treatment for phobia anxiety disorders in children. *Behavior Therapy, 31*, 713–731.

Bernfeld, S. (1922). Kinderheim Baumgarten. *Juedischer Verlag* (Berlin).

Bernhardt, P. C., Dabbs, J. M., Jr., Fielden, J. A., & Lutter, C. D. (1998). Testosterone changes during vicarious experience of winning and losing fans at sporting events. *Physiology and Behavior, 65*(1), 59–62.

Bernieri, F., & Rosenthal, R. (1991). Interpersonal coordination: Behavioral matching and interactional synchrony. In R. Feldman & B. Rimé, *Fundamentals of nonverbal behavior*. New York: Cambridge University Press, 401–431.

Berthoz, S., Armony, J. L., Blair, R. J. R., & Dolan, R. J. (2002). An fMRI study of intentional and unintentional (embarrassing) violations of social norms. *Brain, 125*, 1696–1708.

Bessette, A. (2004). Obsessive-compulsive disorder. In T. P. Gullotta & G. A. Adams (Eds.), *Handbook of adolescent behavior problems: Evidence-based approaches to prevention and treatment* (pp. 255–283). New York: Springer.

Bever, T. G., & Chiarello, R. J. (1974). Cerebral dominance in musicians and non-musicians. *Science, 185*(150), 537–539.

Biederman, J. (2004). Impact of comorbidity in adults with attention-deficit/hyperactivity disorder. *Journal of Clinical Psychiatry, 65*(Suppl. 3), 3–7.

Biederman, J. & Faraone, S. V. (2004). The Massachusetts General Hospital studies of gender influences on attention-deficit/hyperactivity disorder in youth and relatives. *Psychiatric Clinics of North America, 27*(2): 225–232.

Birmaher, B., Ryan, N. D., Williamson, D. E., et al. (1996). Childhood and adolescent depression: A review of the past 10 years. Part I. *Journal of the American Academy of Child and Adolescent Psychiatry, 35*(11): 1427–1439.

Black, J. E., Jones, A., Nelson, C. A., & Greenough, W. T. (1998). Neuronal plasticity and the developing mood. In N. E. Alessi, J. T. Coyle, S. I. Harrison, & S. Eth (Eds.), *Handbook of child and adolescent psychiatry* (pp. 31–53). New York: Wiley.

Blonder, L. X., Bowers, D., & Heilman, K. M. (1991). The role of the right hemisphere in emotional communication. *Brain, 114*, 1115–1127.

Blumberg, H. P., Charney, D. S., & Krystal, J. H. (2002). Frontotemporal neural systems in bipolar disorder. *Seminars in Clinical Neuropsychiatry, 7*(4), 243–254.

Bokhorst, C. L., Bakermans-Kranenburg, M. J., Fearon, R. M., Van IJzendoorn, M. H., Fonagy, P., & Schuengel, C. (2003). The importance of shared environment in mother-infant attachment security: A Behavioral Genetic Study. *Child Devel-*

opment, 74, 1769–1782.

Botvinick, M., Jha, A. P., Bylsma, L. M., Fabian, S. A., Solomon, P. E., & Prkachin, K. M. (2005). Viewing facial expressions of pain engages cortical areas involved in the direct experience of pain. *NeuroImage, 25*, 312–319.

Bowen, M. (1978). *Family therapy in clinical practice.* New York: Jason Aronson

Bowlby, J. (1951). *Maternal care and mental health.* (WHO monograph series No. 2). Geneva: World Health Organization.

Bowlby, J. (1969). *Attachment and loss, Vol. 1: Attachment.* New York: Basic Books.

Bowlby, J. (1973). *Attachment and loss, Vol. 2: Separation.* New York: Basic Books.

Bowlby, J. (1980). *Attachment and loss, Vol. 3: Loss, sadness and depression.* New York: Basic Books.

Bradley, R. G., Binder, E. B., Epstein, M. P., et al. (2008). Influence of child abuse on adult depression: Moderation by the corticotrophin-releasing hormone receptor gene. *Archives of General Psychiatry, 65*(2): 190–200.

Briggs, A. & Macartney, A. (1984). *Toynbee Hall. The first hundred years.* London: Routledge and Kegan Paul.

Bremner, J. D. (2002). Neuroimaging studies in posttraumatic stress disorder. *Current Psychiatry Reports, 4*(4), 254–263.

Bremner, J. D. (2003). Long-term effects of childhood abuse on brain and neuro-biology. *Child and Adolescent Psychiatric Clinics of North America, 12*, 271–292.

Bremner, J. D. (2006). Traumatic stress from a multiple-levels-of analysis perspective. In D. Cicchetti & D. Cohen, *Developmental psychopathology, Vol. 2, Developmental neuroscience* (pp. 656–676). Hoboken, NJ: Wiley.

Bremner, J. D., Krystal, J. H., Southwick, S. M., & Charney, D. S. (1995). Functional neuroantonomical correlates of the effects of stress on memory. *Journal of Psychiatry, 156*, 360–366.

Bremner, J. D., Randall, P., Scott, M., Bronen, R., Seibyl, J., Southwick, S. M., et al. (1995). MRI-based measurement of hippocampus volume in patients with combat-related posttraumatic stress disorder. *American Journal of Psychiatry, 152*, 973–981.

Bremner, J. D., Randall, P., Vermetten, E., Staib, L., Bronen, R., Mazure, C. J., et al. (1997). Magnetic resonance imaging–based measurement of hippocampal volume in posttraumatic stress disorder related to childhood physical and sexual abuse—a preliminary report. *Biological Psychiatry, 41*, 23–32.

Bremner, J. D., Vermetten, E., Vythilingam, M., Afzal, N., Schmahl, C., Elzinga, B., et al. (2004). Neural correlates of the classic color and emotional Stroop in women with abuse-related posttraumatic stress disorder. *Biological Psychiatry, 15*(6), 612–620.

Brent, D. A., Holder, D., Birmaher, B., Baugher, M. Roth, C., & Johnson, B. (1997). A clinical psychotherapy trial for adolescent depression comparing cognitive, family, and supportive treatments. *Archives of General Psychiatry, 54*, 877–885.

Brent, D., Kolko, D., Birmaher, B., Baugher, M., Bridge, J., Roth, C., et al. (1998). Predictors of treatment efficacy in a clinical trial of three psychosocial treatments for adolescent depression. *Journal of the American Academy of Child and Adolescent Psychiatry, 37*, 906–914.

Briggs, A. & Macartney, A. (1984). *Toynbee Hall. The first hundred years.* London:

Routledge and Kegan Paul.

Briggs, J. (1970). *Never in anger*. Cambridge, MA: Harvard University Press.

Brizendine, L. (2007). *The female brain*. New York: Broadway Books.

Brothers, L. (1996). Brain mechanisms of social cognition. *Journal of Psychopharmacology, 10*, 2–8.

Brothers, L. (1997). *Friday's footprint*. New York: Oxford Press.

Brown, E. S., Rush, A. J., & McEwen, B. S. (1999). Hippocampal remodeling and damage by corticosteroids: Implications for mood disorders. *Neuropsychopharmacology, 21*, 474–484.

Bruder, G. E., Tenke, C. E., Stewart, J. W., Towey, J. P., Leite, P., Voglmaier, M. M., et al. (1995). Brain event related potential to complex tones in depressed patients: Relation to perceptual asymmetry and clinical features. *Psychophysiology, 32*, 373–381.

Burlington, D., & Freud, A. (1943a). *Young children in wartime*. London: George Allen and Unwin.

Burlington, D., & Freud, A. (1943b). *War and children*. London: Medical War Books.

Burns, N. R., Nettelback, T., & Cooper, C. J. (2000). Event-related potential correlates of some human cognitive ability constructs. *Personality and Individual Differences, 29*, 157–168.

Bush, G., Luu, P., & Posner, M. I. (2000). Cognitive and emotional influences in anterior cingulate cortex. *Trends in Cognitive Sciences, 4*, 215–222.

Cadoret, R. J., Yates, W. R., Troughton, E., Woodworth, G., & Stewart, M. A. (1995). Genetic-environmental interaction in the genesis of aggressivity and conduct disorders. *Archives of General Psychiatry, 52*, 916–924.

Calafas, K. J., & Taylor, W. C. (1994). Effects of physical activity on psychological variables in adolescents. *Pediatric Exercise Science, 6*, 406–423.

Cameron, H. A., & McKay, R. (1999). Restoring production of hippocampal neurons in old age. *Nature Neuroscience, 2*, 894–897.

Campbell, F. A., & Ramey, C. T. (1995). Cognitive and school outcomes for high-risk African American students at middle adolescence: Positive effects of early intervention. *American Educational Research Journal, 32*, 743–772.

Carpenter, G. (1974) "Mother's face and the newborn." *New Scientist*. 21: 742–744.

Caron, A. J., Caron, R. F., & MacLean, D. J. (1988). Infant discrimination of naturalistic emotional expressions: The role of the face and voice. *Child Development, 59*, 604–616.

Carr, L., Iacoboni, M., Dubeau, M. C., Mazziotta, J. C., & Lenzi, G. L. (2003). Neural mechanisms of empathy in humans: A relay from neural systems for imitation to limbic areas. *Proceedings of the National Academy of Sciences, USA, 100*, 5497–5502.

Carrion, V. G., Weems, C. F., Ray, R. D., Glaser, B., Hessl, D., & Reiss, A. L. (2002). Diurnal salivary cortisol in pediatric posttraumatic stress disorder. *Biological Psychiatry, 51*, 575–582.

Carskadon, M. A. (1999). *Adolescent sleep patterns: Biological, social, and psychological influences*. New York: Cambridge University Press.

Carter, C. S. (2003). Developmental consequences of oxytocin. *Physiology & Behavior, 79*, 383–397.

Carter, C. S., Braver, T. S., Barch, D. M., Botvinick, M. M., Noll, D. & Cohen, J. D. (1998). Anterior cingulate cortex, error detection, and the online monitoring of performance. *Science, 280,* 747–749.

Carter, C. S., Braver, T. S., Barch, D. M., Botvinick, M. M., Noll, D., & Cohen, J. D. (1998). Anterior cingulate cortex, error detection, and the online monitoring of performance. *Science, 280,* 747–749.

Casanova, M. F., Buxhoeveden, P., Switala, A. E., & Roy, E. (2002). Minicolumnar pathology in autism. *Neurology, 58,* 428–432.

Casey, B. J., Trainor, R., Giedd, J., Vauss, Y., Vaituzis, C. K., Hamburger, S., et al. (1997). The role of the anterior cingulate in automatic and controlled proces-ses: A developmental neuroanatomical study. *Developmental Psychobiology, 30,* 61–69.

Cassidy, J., Parke, R. D., Butkovsky, L., Braungart, J. M. (1992) Family-peer connections: The role of emotional expressiveness within the family and child-ren's understanding of emotions. *Child Development, 63,* 603–618.

Caspi, A., Harrington, H., Milne, B., Amell, J. W., Theodore, R. F., & Moffitt, T. E. (2003). Children's behavioral styles at age 3 are linked to their adult personality traits at age 26. *Journal of Personality, 71*(4), 495–513.

Caspi, A., & Silva, P. A. (1995). Temperamental qualities at age three predict personality traits in young adulthood. *Child Development, 66,* 486–498.

Cassidy, J., Kirsh, S. J., Scolton, K. L., & Parke, R. (1996). Attachment and represen-tations of peer relationships. *Development Psychology, 32,* 892–904.

Cassidy, J., Kirsh, S. J., Scolton, K. L., & Parke, R., (1996). Attachment and representations of peer relationships. *Developmental Psychology, 64,* 1815–1828.

Cassidy, J., Parke, R. D., Butkovsky, L., & Braungart, J. M. (1992). Family-peer connections: The role of emotional expressiveness within the family and child-ren's understanding of emotions. *Child Development, 63,* 603–613.

Castellanos, F. X., Sharp, W. S., Gottesman, R. F., Greenstein, D. K., Giedd, J. N., & Rapport, J. C. (2003). Anatomic brain abnormalities in monozygotic twins discordant for attention deficit hyperactivity disorder. *American Journal of Psychiatry, 160,* 1693–1696.

Chavira, D. A., & Stein, M. B. (2000). Recent developments in child and adolescent social phobia. *Current Psychiatry Reports, 2,* 347–352.

Cherny, S. S., Fulker, D. K., Corley, R. P., Plomin, R., & DeFries, J. C. (1994). Continuity and change in infant shyness from 14 to 20 months. *Behavior Genetics, 24,* 365–379.

Chess, S., & Thomas, A. (1990). The New York Longitudinal Study: The young adult periods. *Canadian Journal of Psychiatry, 35,* 577–561.

Chiron, C., Jambaque, I., Nabbout, R., Lounes, R., Syrota, A., & Dulac, O. (1997). The right brain is dominant in human infants. *Brain, 120,* 1057–1065.

Chisholm, J. S. (1996). Learning respect for everything. In C. P. Huang, M. E. Lamb, & I. E. Siegel (Eds.), *Images of childhood* (pp. 167–183). Mahwah, NJ: Lawarence Erlbaum.

Christoff, K., Ream, J. M., Geddes, L. P. T., & Gabrieli, J. D. E. (2003). Evaluating self-generated information. *Behavioral Neuroscience, 117,* 1161–1168.

Chugani, H. T. (1998). A critical period of brain development: Studies of cerebral glucose utilization with PET. *Preventive Medicine, 27,* 184–188.

Chugani, H. T., Phelps, M. E., & Mazziotta, J. C. (1987) Position emission tomo-graphy study of human brain functional development. *Annals of Neurology, 22,* 487–497.

Cicchetti, D., & Curtis, J. (2006). The developing brain and neural plasticity: Implications for normality, psychopathology, and resilience. In D. Cicchetti and D. Cohen (Eds.), *Handbook of developmental psychopathology* (2nd ed., pp. 2–64). Hoboken, NJ: Wiley.

Cicchetti, D., & Rogosch, F. A. (2001a). Diverse patterns of neuroendocrine function. *Development and Psychopathology, 13,* 667–693.

Cicchetti, D., & Rogosch, F. A. (2001b). The impact of child maltreatment and psychopathology upon neuroendocrine functioning. *Development and Psychopathology, 13,* 783–804.

Cicchetti, D., & Tucker, D. (1994). Development and self-regulatory structures of the mind. *Development and Psychopathology, 6,* 531–814.

Clark, C. R., McFarlane, A. C., Morris, P., Weber, D. L., Sonkkilla, C., Shaw, M., et al. (2003). Cerebral function in posttraumatic stress disorder during verbal working memory updating: A positron emission tomography study. *Biological Psychiatry, 53,* 474–481.

Clarke, G. N., Rohde, P., Lewinsohn, P. M., Hyman, H., & Seeley, J. (1999). Cognitive-behavioral treatment of adolescent depression: Efficacy of acute group treatment and booster sessions. *Journal of the American Academy of Child and Adolescent Psychiatry, 38*(3), 272–279.

Cohen, J. A., Berlin, L., & March, J. S. (2000). Treatment of children and adolescents. In E. B. Foa, T. M. Keane, & M. J. Friedman (Eds.), *Effective treatments for PTSD: Practice guidelines from the International Society for Traumatic Stress Studies* (pp. 106–138). New York: Guilford Press.

Cohn, J. K., & Tronick, E. K. (1982). Communication rules and sequential structure of infant behavior during normal and depressed interaction. In E. K. Tronik (Ed.), *Social interchange in infancy.* Baltimore, MD: University.

Collins, W. A., & Laursen, B. (2004). Parenting-adolescent relationship and influences. In R. M. Lerner & L. Steinberg (Eds.), *Handbook of adolescent psychology* (2nd ed., pp. 331–394). Hoboken, NJ: Wiley.

Conners, C. K., Epstein, J. N., March, J. S., Angold, A., Wells, K. C., Klaric, J., et al. (2001). Multimodal treatment of ADHD in the MTA: An alternative outcome analysis. *Journal of the American Academy of Child and Adolescent Psychiatry, 40,* 159–167.

Conteras, J. M., Kerns, K. A., Weiner, B. L., Gentzler, A. L., & Tomich, P. L. (2000). Emotion regulation as a mediator of association between mother-child attachment and peer relationships in middle childhood. *Journal of Family Psychology, 14,* 111–124. (date wrong in text)

Corina, D. P., Vaid, J., & Bellugi, V. (1992). The linguistic basis of left hemisphere specialization. *Science, 255,* 1258–1260.

Corwin, M., Kanitkar, K. N., Schwebach, A., & Muslow, M. (2004) Attention-deficit/hyperactivity disorder. In T. P. Gullotta & G. R. Adams, *Handbook of adolescent behavioral problems: Evidence-based approaches to prevention and treatment* (pp. 159–183). New York: Springer.

Costello, E. J., & Angold, A. (1995). Epidemiology. In J. March (Ed.), *Anxiety disorder in children and adolescents* (pp. 109–124). New York: Guilford Press.

Courchesne, E., Carper, R., & Ashoomoff, N. (2003). Evidence of brain overgrowth in the first year of life in autism. *Journal of the American Medical Association, 290,*

337–344.

Courtin, C. (2000). The impact of sign language on the cognitive development of deaf children: The case of theories of mind. *Cognition, 77*, 25–31.

Courtin, C., & Melot, A.-M. (2005). Metacognitive development of deaf children: Lessons from the appearance-reality and false belief tasks. *Journal of Deaf Studies and Deaf Education, 5*, 266–276.

Cozolino, L. (2002). *The neuroscience of psychotherapy*. New York: Norton.

Cozolino, L. (2006). *The neuroscience of human relationships: Attachment and the developing social brain*. New York: Norton.

Craske, M. G., Meadows, E., & Barlow, D. H. (1994). *Therapist's guide for your mastery of anxiety and panic II and agoraphobia supplement*. New York: Graywind Press.

Creswell, J. D., Baldwin, M. A., Way, M., Eisenberger, N. I., & Lieberman, M. (2007). Neural correlates of dispositional mindfulness during affective labeling. *Psychosomatic Medicine, 69*.

Critchley, H. D., Wiens, S., Rotshtein, P., Öhman, A., & Solan, R. J. (2004). Neural systems supporting interoceptive awareness. *Nature Neuroscience, 7*, 189–195.

Cumberland-Li, A. (2003). The relation of parental emotionality and related dispositional traits to parental expression of emotion and children's social functioning. *Motivation and Emotion, 1*, 27–56.

Curry, J. F. (2001). Specific psychotherapies for childhood and adolescent depression. *Biological Psychiatry, 49*, 1091–1100.

Czeisler, C. A., & Khalsa, S. B. S. (2001). The human circadian timing system and sleep-wake regulation. In M. Kryger, T. Roth, & W. Dement (Eds.), *Principles and practice of sleep medicine* (3rd ed. pp. 353–375). Philadelphia: W. B. Saunders.

Dahl, R. E., Tubnick, L., al-Shabbout, M., & Ryan, N. (1997). Normal maturation of sleep: A longitudinal EEG study in children. *Sleep Research, 26*, 155.

Damasio, A. (1999). *The feeling of what happens: Body and emotion in the making of consciousness*. New York: Harcourt.

Damasio, A. (2003). *Looking for Spinoza's joy, sorrow, and the feeling brain*. New York: Harcourt.

Damasio, A. R. (1994). *Descartes' error*. New York: Putnam and Sons.

Danforth, J. S. (1998). The outcome of parent training using Behavior Management Flow Chart with mothers and their children with oppositional defiant disorder and attention–deficit hyperactivity disorder. *Behavior Modification, 22*, 443–473.

Dantzer, R., Bluthe, R., Gheus, G., Cremona, S., Laye, S., Parnet, P., et al. (1998). Molecular basis of sickness behavior. *New York Academy of Science, 856*, 132–138.

Davidson, F. J., & Fox, N. (1982). Asymmetrical brain activity discriminates between positive versus negative affective stimuli in human infants. *Science, 218*, 1235–1237.

Davidson, R. J. (1992). Emotion and affective style: Hemispheric substrates. *Psychological Science, 3*, 39–43.

Davidson, R. J. (2003). Affective neuroscience and psychophysiology. *Psychophysiology, 40*, 655–665.

Davidson, R. J. (1998). Affective style and affective disorders: Perspectives from affective neuroscience. *Cognition and Emotion, 12,* 307–320.

Davidson, R. J. (2000). Affective style, psychopathology, and resilience: Brain mechanisms and plasticity. *American Psychologist, 55,* 1196–1214.

Davidson, R. J., Jackson, L., & Kalin, N. H. (2000). Emotion, plasticity, context, and regulation. *Psychological Bulletin, 126,* 890–909.

Davidson, R. J., Kabit-Zinn, J., Schumacher, J., Rosenkranz, M., Muller, D., & Santorelli, S. F. (2003). Alterations in brain and immune function produced by mindfulness meditation. *Psychosomatic Medicine, 65*(4), 564–570.

Davidson, R. J., Marshall, J. R., Tomarkken, A. J., & Henriques, J. B. (2000). While a phobic waits: Regional brain electrical and automatic activity in social phobics during anticipation of public speaking. *Biological Psychiatry, 47,* 85–95.

Davis, M. (1998). Are different parts of the extended amygdala involved in fear versus anxiety? *Biological Psychiatry, 44,* 1239–1247.

Davis, K. L., Charney, D., Coyle, J. T., & Nemeroff, C. (2002). *Neuropsychopharmocology: The fifth generation of progress. An official publication of the American College of Neuropsychopharmocology.* New York: Lippincott, Williams, & Wilkins.

Davis, L., & Siegel, L. J. (2000). Posttraumatic stress disorder in children and adolescents: A review and analysis. *Clinical Child and Family Psychology Review, 3*(3), 135–154.

Dawson, M., & Ashman, S. (2000). On the origins of a vulnerability to depression: The influence of early social environment of the development psychobiological systems related to risk for affective disorder. In C. A. Nelson (Ed.), *Minnesota Symposia on Child Psychology: Vol. 31, The effects of adversity on neurobehavioral development* (pp. 245–278). New York: Lawrence Erlbaum.

Dawson, G. (1994). Development of emotional expression and emotion reguation in infancy. In G. Dawson, & K. W. Fischer (Eds.), *Human Behavior and the Developing Brain* (pp. 346–379). New York: Guilford.

Dawson, G., Frey, K., Panagiotides, H., Osterling, J., & Hessel, D. (1997) Infants of depressed mothers exhibit atypical frontal brain activation: A replication and extension of previous findings. *Journal of Child Psychology and Psychiatry, 38,* 179–186.

DeBellis, M. D., Baum, A. S., Birmaher, B., Keshavan, M. S., Eccard, C. H., Boring, A. M., et al. (1999). *A. E. Bennett Research Award—Development traumatology, Biological stress systems. Biological Psychiatry 15,* 1259–1270.

de Decker, A., Hermans, D., Raes, F., & Eelen, P. (2003). Autobiographical memory specificity and trauma in inpatient adolescents. *Journal of Clinical Child and Adolescent Psychology, 32,* 22–31.

Demeyer, M., Shea, P., Hendrie, H., et al. (1981). Plasma trytophan and five other amino acids in depressed and normal subjects. *Archives of General Psychiatry, 38,* 642–645.

DiPietro, J. A. (2004) The role of maternal stress in child development. *Current Directions in Psychological Science, 13,* 71–74.

Derryberry, D., & Reed, M. A. (2002). Anxiety-related attentional biases and their regulation by attentional control. *Journal of Abnormal Psychology, 111,* 225–246.

Derryberry, D., & Tucker, D. (2006). Motivation, Self-regulation, and Self-organization. In D. Cicchetti & D. Cohen (Eds.), *Developmental psychopathology, Vol. 2, Developmental neuroscience* (pp. 502–533). Hoboken, NJ: Wiley.

Devinsky, O. (2000). Right cerebral hemisphere dominance for a sense of corporeal and emotional self. *Epilepsy and Behavior, 1,* 60–73.

DeVries, M. W. (1989). Difficult temperament: A universal and culturally embedded concept. In W. B. Carey & S. McDevitt (Eds.), *Clinical and educational applications of temperament research.* Berwyn, PA: Swets North America.

De Weerth, C. & van Geert, V. (2002). Changing patterns of infant behavior and mother-infant interaction: Intra- and inter-individual variability. *Infant Behavior & Development, 24,* 347–371.

deWolff, M. S., & van IJzendoorn, M. H. (1997). Sensitivity and attachment: A meta-analysis of parental antecedents of infant attachment. *Child Development, 68,* 571–591.

Diamond, G., Reis, B., Diamond, G., Siqueland, L., & Isaas, L. (2002). Attachment-based family therapy for depressed adolescents: A treatment development study. *Journal of the American Academy of Child and Adolescent Psychiatry, 42,* 656–665.

Diorio, D., Viau, V., & Meaney, M. J. (1993). The role of the medial prefrontal cortex (cingulate gyrus) in the regulation of hypothalamic-pituitary-adrenal responses to stress. *Journal of Neuroscience, 13,* 3839–3847.

Dixon, S., Tronick, E., Keeler, C., & Brazelton, T. B. (1981). Mother-infant interaction among the Gusii of Kenya. In T. M. Field, A. M. Sostek, P. Vietze, & P. H. Leiderman (Eds.), *Culture and early interaction.* Hillsdale, NJ: Lawrence Erlbaum.

Donovan, C. L., & Spence, S. H. (2000). Prevention of childhood anxiety disorders. *Clinical Psychology Review, 20,* 509–531.

Draganski, B., Gaser, C., Busch, V., Schuierer, G., Bogdahn, V., & May, A. (2004). Changes in grey matter induce by training. *Nature, 427,* 311–312.

Drake, R. A. (1984). Lateral asymmetry of personal optimism. *Journal of Research in Personality, 18,* 497–507.

Dunbar R. I. (1996). *Grooming, gossip, and the evolution of language.* Cambridge: Harvard University Press.

Dwivedi Y., Rao, J. S., Rizavi, H. S., et al. (2003). Abnormal expression and functional characteristics of cyclic adenosine monophosphate response element binding protein in postmortem brain of suicide subjects. *Archives of General Psychiatry, 60,* 273–282.

Eaton, D.K., Kann, L., Kinchen, S., Ross, J., Hawkins, J., et al. Youth risk behavior surveillance—United States, 2007. (2008). *Morbidity and mortality weekly report.* June 6, 2008, 57(SS04), 1–131.

Eccles, J. C. (1984). The cerebral neocortex: A theory of its operation. In E. G. Jones & A. Peters (Eds.), *Cerebral cortex: Functional properties of cortical cells* (Vol. 2). New York: Plenum Press.

Edelman, G. M. (1987). *Neural Darwinism: The theory of neuronal group selection.* New York: Basic Books.

Edelman, G. M. (2006). *Second nature: brain science and human knowledge.* New Haven: Yale University Press.

Edelman, G. M. (1989). *The remembered present: A biological theory of consciousness.* New York: Basic Books.

Edelman, G. M. (1993). Neural Darwinism: Selection and reentrant signaling in higher brain function. *Neuron, 10,* 115–125.

Edwards, H. E., & Burnham, W. M. (2001). The impact of corticosteroids of the developing animal. *Pediatric Research, 50,* 433–440.

Egaas, B., Courchesne, E., & Saitoh, O. (1995). Reduced size of corpus callosum in autism. *Archives of Neurology, 52,* 794–801.

Eigsti, I. M., & Cicchetti, D. (2004). The impact of child maltreatment on expressive syntax at 60 months. *Developmental Science, 7*(1), 88–102.

Eisenberg, N., Fabes, R. A., Guthrie, I. K., & Reiser, M. (2000). Dispositional emotionality and regulation: Their role in predicting quality of social functioning. *Journal of Personality and Social Psychology, 72,* 136–157.

Eisenberger, N. I., & Lieberman, M. D. (2004). Why rejection hurts: A common neural alarm system for physical and social pain. *Trends in Cognitive Sciences, 8,* 294–300.

Ekman, P. (1993). Facial expression and emotion. 1992 Award Addresses. *American Psychologist, 48*(4), 384–392.

Ekman, P., & Frieson, W. (1972). Constants across culture in the face and emotion. *Journal of Personaility and Social Psychology, 17,* 124–129.

Elbert, T., Pantev, C., Wienbruch, C., Rockstroh, B., & Taub, E. (1995). Increased cortical representation of the fingers of the left hand in string players. *Science, 270,* 305–307.

Elia, J. (1991). Methylphenidate and dextroamphetamine treatments of hyperactivity: Are there true nonresponders? *Psychiatry Research, 36,* 141.

Ellis, A. (1962). *Reason and emotion in psychotherapy.* Secaucus, NJ: Lyle Stuart.

Ellis, A. (1996) *Reason and emotion in psychotherapy.* Secaucus, NJ: Lyle Stuart.

Ellworth, C. P., Muir, D. W., & Hains, S. M. J. (1993). Social competence and person-object differienciation: An analysis of the still-face effect. *Developmental Psychology, 29,* 63–73.

Emde, R. N., Plomin, R., Robinson, J., Corley, R., DeFries, J., Fulker, D. W., et al. (1992). Temperament, emotion, and cognition at fourteen months: The MacArthur Lognitudinal Twin Study. *Child Development, 63,* 1437–1455.

Erikson, E. (1963). *Childhood and society* (2nd ed.). New York: Norton.

Erickson, P. S., Perfileva, E., Bjork-Erickson, T., Alborn, A. M., Nordborg, C., Peterson, A. A.et al. (1998). Neurogenesis in the adult human hippocampus. *Nature Medicine, 4,* 1313–1317.

Essex, M. J., Klein, J. H., Eunsuk, C., & Kalin, N. H. (2002). Maternal stress beginning in infancy may sensitize children to later stress exposure: Effects on cortisol and behavior. *Biological Psychiatry, 52,* 776–784.

Eysenck, H. (1952). *The structure of human personality.* New York: Wiley.

Farrington, D. P. (1994). Childhood, adolescent, and adult features of violent males. In L. R. Huesman (Ed.), *Aggressive behavior: Current perspectives* (pp. 215–240). New York: Plenum Press.

Fifer, W. & Moon, C. (1995). The effects of fetal experience with sound. In J. P. Lecanuet, W. Fifer, N., Krasnergor, B. W., Smotherman (Eds.) *Fetal development: A psychobiological perspective.* (pp. 351–366). Hillsdale, NJ: Erlbaum.

Field, T. M., Fox, N. A., Pickens, J., & Nawrocki, T. (1995) Right frontal EEG activation in 3-to-6 month old infants of depressed mothers, *Developmental Psychology, 31,* 358–363.

Felitti, V. J., Anda, R. F., Nordenberg, D., & Williamson, D. F. & Marks, J. S. (1998). Relationship of childhood abuse and household dysfunction to many of the leading causes of death in adults. The Adverse Childhood Experiences (ACE) Study. *American Journal of Preventive Medicine, 14*(4): 361–364.

Felton, D. L., Ackerman, K. D., Wiegand, S. J., & Felton, S. Y. (1987). Noradrenergic sympathetic innervation of the spleen: I. Nerve fibers associate with lymphocytes and macrophanges in specific compartments of the splenic white pulp. *Journal of Neuroscience Research, 18,* 28–36.

Feng, J., Spence, I., & Pratt, J. (2007). Playing an action video game reduces gender differences in spatial cognition. *Psychological Science, 18*(10), 850–855.

Feniman, S., Roberts, D., Hsieh, K., Sawyer, D., & Swanson, D. (1992). A critical review of social referencing in infancy. In S. Feinman (Ed.), *Social referencing and social construction of reality in infancy.* New York: Plenum Press.

Ferrell, C. B., Beidel, D. C., & Turner, S. M. (2004). Assessment and treatment of socially phobic children: A cross-cultural comparison. *Journal of Clinical Child and Adolescent Psychology, 33*(2), 260–268.

Field, T. M. (1998). Maternal depression effects on infants and early interventions. *Preventative Medicine, 27,* 200–203.

Field, T. M., Fox, N. A., Pickens, J., & Nawrocki, T. (1995). Right frontal EEG activation in 3-to-6 month old infants of depressed mothers. *Developmental Psychology, 31,* 358–363.

Field, T. M., & Walden, T. A. (1982). Production and perception of facial expressions in infancy and early childhood. In H. W. Reece & L. P. Lippsitt (Eds.), *Advances in child development and behavior* (Vol. 16). New York: Academic Press.

Fifer, W., & Moon, C. (1995). The effects of fetal experience with sound. In J. P. Lecanuet, W. Fifer, N. Krasnergor, & B. W. Smotherman (Eds.), *Fetal development: A psychobiological perspective* (pp. 351–366). Hillsdale, NJ: Lawrence Erlbaum.

Finman, R., Davidson, R. J., Coton, M. B., Straus, A., & Kagan, J. (1998). Psychophysiological correlates of inhibitions to the unfamiliar in children [Abstract]. *Psychophysiology, 26,* 524.

Fischer, K., Shaver, P. R., & Carnochan, P. (1990). How emotions develop and how they organize development. *Cognition and Emotion, 4,* 81–127.

Fisher, L., Ames, E. W., Chisholm, K., & Savoie, L. (1997). Problems reported by parents of Romanian orphans adopted to British Columbia. *International Journal of Behavioral Development, 20,* 67–87.

Fivush, R. (1998). Children's recollections of traumatic and nontraumatic events. *Development and Psychopathology, 10,* 699–716.

Fletcher, P. C., Frith, C. D., Baker, S. C., Shallice, T., Frackowiak, R. S., & Dolan, R. J. (1995) The mind's eye: Precuneus activation in memory-related imagery. *NeuroImage, 2,* 95–200.

Fonagy, P. (2001). *Attachment theory and psychoanalysis.* New York: Other Press.

Fonagy, P., Leigh, T., Steele, M., Steele, H., et al. (1996). The relation of attachment status, psychiatric classification, and response to psychotherapy. *Journal of Consulting and Clinical Psychology, 64,* 22–31.

Fonagy, P., Steele, M., Steele, H., Leigh, T., et al. (1995). Attachment, the reflective self, and borderline states: The predictive specificity of the Adult Attachment

Interview and pathological emotional development. In S. Goldberg, R. Muir, & J. Kerr (Eds.), *Attachment theory: Social, developmental and clinical perspectives* (pp. 233–278). Hillsdale, NJ: Analytic Press.

Fonagy, P., & Target, M. (2006). The mentalization focused approach to self pathology. *Journal of Personality Disorders, 20*(6), 544–576.

Fonagy, P., Target, J., Steele, M., Steele, H., Leigh, T., Levinson, A., *et al.* (1997). Crime and attachment: Morality, disruptive behavior, borderline personality disorder, crime and their relationship to security of attachment. In L. Atkinson & K. J. Zucker (Eds.), *Attachment and psychopathology* (pp. 223–274). New York: Guilford Press.

Ford, D. E., & Kamerow, D. B. (1989). Epidemiological study of sleep disturbances and psychiatric disorders: An opportunity for prevention? *Journal of the American Medical Association, 262*, 1479–1484.

Ford, T., Goodman, R., & Meltzer, H. (2003). The British Child and Adolescent Mental Health Survey 1999: The prevalence of DSM-IV disorders. *Journal of the American Academy of Child and Adolescent Psychiatry, 42*, 2103–1211.

Fox, N. A., Calkins, S. D., & Bell, M. A. (1994). Neural plasticity and development in the first year of life. *Developmental Psychopathology, 6*, 677–696.

Fox, N. A., & Field, T. (1989). Individual differences in preschool entry behavior. *Journal of Applied Development Psychology, 10*, 527–540.

Fox, N. A., Hane, A. A., & Perez-Edgar, K. (2006). Psychophysiological methods for the study of developmental psychopathology. In D. Cicchetti & D. Cohen, *Developmental psychopathology, Vol. 2, Developmental neuroscience* (pp. 381–427). Hoboken, NJ: Wiley.

Fox, N. A., Henderson, H. A., Rubin, K. A, Rubin, K. H., Calkins, S. D., & Schmidt, L. A. (2001). Continuity and discontinuity of behavioral inhibition and exuberance: Psychophysiological and behavioral influences across the first four years of life. *Child Development, 72*, 1–21.

Fox, N. A., Kimmerly, N. L., & Schafer, W. D. (1991). Attachment to mother/ attachment to father: A meta-analysis. *Child Development, 62*, 210–225.

Francis, D., Diorio, J., Liu, D., & Meaney, M. J. (1999). Nongenomic transmission across generations of maternal behavior and stress responses in the rat. *Science, 286*, 1155–1158.

Freeman, J. B., Garcia, A. M., Fucci, C., Karitani, M., Miller, L., & Leonard, H. L. (2003). Family-based treatment of early-onset obsessive-compulsive disorder. *Journal of Child Adolescent Psychopharmocology, 13*(1), 71–80.

Freedman, M., Black, S., Ebert, P., & Binns, M. (1998). Orbitofrontal function, object alternation and preservation. *Cerebral Cortex, 8*, 18–27.

Freeman, W. (1987). Simulation of chaotic EEG patterns with a dynamic model of the olfactory system. *Biological Cybernetics, 56*, 139–150.

Freeman, W. (1995). *Societies of brains: A study in the neuroscience of love and hate.* Hillsdale, NJ: Lawrence Erlbaum.

Freeman, W. J. (1992). Tutorial in neurobiology. *International Journal of Bifurcation and Chaos, 2*, 451–482.

Freud, A. (1946). *The psycho-analytical treatment of children. Technical lectures and essays.* New York: International Universities Press.

Freud, A., & Burlington, D. (1944). *Infants without families.* New York: International

Universities Press.

Freud, S. (1888/1990). Aphasie. In M. Solms & M. Saling (Eds.), *A moment of transition: Two neuroscientific articles by Sigmund Freud*. London: Karnac Books.

Freud, S. (1958). Project for a scientific psychology. *New introductory lectures in psychoanalysis*. In J. Strachey (Ed. & Trans.), *The standard edition of the complete psychological works of Sigmund Freud* (Vol. 12, pp. 111–120). London: Hogarth Press. (Original work published 1895.)

Freud, S. (1962). Three essays on the theory of sexuality. J. Strachey (trans.). New York: Basic Books. (Originally published 1905.)

Frith, C. D., & Frith, U. (1999). Interacting minds: A biological basis. *Science, 286*, 1692–1695.

Fuster, J. M. (2000). The prefrontal cortex of the primate: A synopsis. *Psychobiology, 28*, 125–131.

Fuster, J. M. (1997). *The prefrontal cortex*. Philadelphia: Lippincott-Raven Publishers.

Galambos, N. L. (2004). *Gender and gender role development in adolescence*. In R. M. Lerner & L. Steinberg (Eds.), *Handbook of adolescence* (2nd ed., pp. 233–262). Hoboken, NJ: Wiley.

Galin, D., Johnstone, J., Nakell, L., & Herron, J. (1979). Development for the capacity for tactile information transfer between hemispheres in normal children. *Science, 204*, 13301–1331.

Gallese, V. (2001). The "shared manifold" hypothesis: From mirror neurons to empathy. *Journal of Consciousness Studies, 8*, 33–50.

Gallese, V., & Keysers, C. (2001). Mirror neurons: A sensorimotor representation system. *Behavioral and Brain Sciences, 24*, 983–984.

Gallup, G. G. (1997). Absence of self-recognition in a monkey (macaca fasicularis) following prolonged exposure to a mirror. *Developmental Psychobiology, 10*(3), 281–281.

Garmararian, J. A., Lazorick, S., Spitz, A. M. Ballard, T. J., Saltzman, L. E., & Marks, J. S. (1996). Prevalence of domestic violence against pregnant women: A review of the literature. *Journal of the American Medical Association, 275*(24), 1915–1920.

Gaub, M., & Carlson, C. L. (1997). Gender differences in ADHD: A meta-analysis and critical review. *Journal of the American Academy of Child and Adolescent Psychiatry, 36*, 1036–1045.

Gauthier, I., Tarr, M. J., Moylan, J., Skudlarski, P., Gore, J. C., & Anderson, A. W. (2000). The fusiform "face area" is part of a network that processes faces at the individual level. *Journal of Cognitive Neurscience, 12*, 495–504.

Gazzaniga, M. S. (1995). Consciousness and the cerebral hemispheres. In M. S. Gazzaniga (Ed.), *The cognitive neurosciences* (pp. 1391–1400). Cambridge, MA: MIT Press.

Gazzaniga, M. S., Eliassen, J. C., Nisenson, L., Wessinger, C. M., & Baynes, K. B. (1996). Collaboration between the hemispheres of a callosotomy patient: Emergent right hemisphere speech and the left brain interpreter. *Brain, 119*, 1255–1262.

Gazzaniga, M. S. (1985). *The social brain*. New York: Basic Books.

Gazzaniga M. S., Bogen, J. E, & Sperry, R. W. (1962). Some functional effects of sectioning the cerebral commissures in man. *Proceedings of the National Academy of Sciences, 48*, 1765–1769.

Gazzaniga, M. S., & LeDoux, J. E. (1978). *The integrated mind*. New York: Plenum Press.

Gazzaniga, M. S., Wilson D. H., & LeDoux, J. E. (1977). Language, praxis, and the right hemisphere: Clues to some mechanisms of consciousness. *Neurology, 27,* 1144–1147.

Geller, D. A., Biederman, J., Jones, J., Shapiro, S., Schwartz, S., & Park, K. S. (1998). Obsessive-compulsive disorder in children and adolescents: A review. *Harvard Review of Psychiatry, 5*(5), 260–273.

Geller, D. A., Wager, K. D., Emslie, G. L., Murphy, T. K., Gallager, D., Gardiner, C., & Carpenter, D. J. (2002). Efficacy of paroxetine in pediatric OCD: Results of a multi-center study. *Annual Meeting New Research Program and Abstracts* (No. 349). Washington, DC: American Psychological Association.

Gerrard, I., & Anastopoloulos, A. A. (2005, August). The relationship between ADHD and mother-child attachment in early childhood. Paper presented at the annual meeting of the American Psychological Association, Washington, DC.

Gerschwind, N., & Galaburda, A. M. (1985). Cerebral lateralization: Biological mechanisms, associations, and pathology: A hypothesis and program for research. *Archives of Neurology, 42,* 428–459.

Giedd, J. N., Blumenthal, J., Molloy, E., & Castellanos, F. X. (2001). Brain imaging of attention deficit/hyperactivity disorder. *Annals of the New York Academy of Science, 931,* 33–49.

Giedd, J., Shaw, P. Wallace, G., Gogtay, N., & Lenroot, R. (2006). Anatomic brain imaging studies of normal of normal and abnormal brain development in children and adolescence. In D. Cicchetti & D. Cohen (Eds.). *Development psychopathology* (Vol. 2, pp. 127–196). Hoboken, NJ: Wiley.

Gilbertson, M. W., Shenton, M. H., Ciszewski, A., Kasai, K.Lasko, N. B., Orr, S. P., et al. (2002) Smaller hippocampal volume predicts pathologic vulnerability to psychogical trauma. *Nature Neuroscience, 5*(11), 1242–1247.

Glick, S. D., Meibach, R. C., Cox, R. D., & Maayani, S. (1979). Mulitiple and inter-related functional asymmetries in rat brain. *Life Science, 4,* 395–400.

Glick, S. D., Ross, D. A., & Hough, L. B. (1982). Lateral asymmetry of neuro-transmitters in human brain. *Brain Research, 234*(1), 53–63.

Globus, G., & Arpai, J. P. (1993). Psychiatry and the new dynamics. *Biological Psychiatry, 35,* 352–364.

Goldberg, E. (2001). *The Executive bain: Frontal lobes and the civilized mind*. New York: Oxford University Press.

Goldberg, J., True, W. R., Eisen, S. A., & Henderson, W. G. (1990). A twin study of the Vietnam War on posttraumatic stress disorder. *Journal of the American Medical Association, 263,* 1227–1232.

Goldman-Rakic, P. S. (1987). Development of cortical circuitry and cognitive function. *Child Development, 58,* 601–622.

Goleman, D. (2004). *Destructive emotions: A scientific dialogue with the Dalai Lama*. New York: Bantam Books.

Goleman, D. (2006). *Social intelligence: The new science of human relationships*. New York: Bantam Books.

Goodman, R., & Stevenson, J. (1989). A twin study of hyperactivity: II. The aetiological role of genes, family relationship, and perinatal adversity. *Journal of Child Psychology and Psychiatry, 30*, 691–709.

Goodwin, R. D., Fergusson, D. M., & Horwood, L. J. (2004). Early anxious/withdrawn behaviors predict later internalizing disorders. *Journal of Child Psychology and Psychiatry, 45*, 874–883.

Goodman, W. K., Price, L. H., Rasmussen, S. A., Mazure, C., Delgado, P., Heninger, G. R., & Charney, D. S. (1989a). The Yale-Brown Obsessive Compulsive Scale (Y-BOCS): Part I. Development, use, and reliability. *Archives of General Psychiatry, 46*(11), 1006–1011.

Goodman, W. K., Price, L. H., Rasmussen, S. A., Mazure, C., Delgado, P.Heninger, G. R., & Charney, D. S. (1989b). The Yale-Brown Obsessive Compulsive Scale (Y-BOCS): Part II. Validity. *Archives of General Psychiatry, 46*(11), 1012–1016.

Goodyer, I. M., Herbert, J., Tamplin, A., & Altham, P. (2000). First-episode major depression in adolescents: Affective, cognitive and endocrine characteristics of risk status and predictors of onset. *British Journal of Psychiatry, 176*, 142–149.

Gould, E., Tanapat, P., Hastings, N. B., & Shors, T. J. (1999). Neurogenesis in adult: A possible role in learning. *Trends in Cognitive Science, 3*, 186–191.

Goren, C. C., Sarty, M., & Wu, P. Y. K. (1975). Visual following and pattern discrimination of face-like stimuli by newborn infants. *Pediatrics, 56*(4), 544–549.

Gottesman, I. I. (1974). Developmental genetics and ontogenetic psychology: Overdue détente and propositions from a matchmaker. In A. Pick (Ed.), *Minnesota symposia on child psychology* (Vol. 8). Minneapolis: University of Minnesota Press.

Gottlieb, G., & Blair, C. (2004). How early experience matters in intellectual development in the case of poverty. *Prevention Science, 5*, 245–252.

Gottman, J., & Katz, L. K. (1996). Parental meta-emotion philosophy and the emotional life of families: The theoretical models and preliminary data. *Journal of Family Psychology, 10*, 243–268.

Gottman, J. M., Katz, L. F., & Hooven, C. (1996). *Meta-emotion: How families communicate emotionally*. Mahwah, NJ: Lawrence Erlbaum.

Gould, E., Reeves, A. J., Graziano, M. S. A., & Gross, C. G. (1999). Neurogenesis in the neocortex of adult primates. *Science, 628*, 548–552.

Gould, E., Reeves, A. J., Graziano, M. S., & Gross, C. G. (1999). Neurogenesis in the neocortex of adult primates. *Science, 286*, 548–552.

Gould, E., & Tanapat, P. (1999). Stress and hippocampal neurgenesis. *Biological Psychiatry, 46*, 1472–1479.

Gould, E., Tanapat, P., McEwen, B. S., Flugge, G., & Fuchs, E. (1998). Proliferation of granule cell precursors in dentate gyrus of adult monkeys is diminished by stress. *Proceedings of National Academy of Science, USA, 95*(6), 3168–3171.

Graber, J. A. (2004). Internalizing problems during adolescence. In R. M. Lerner & L. Steinberg (Eds.), *Handbook of adolescent psychology* (2nd ed., pp. 587–626). Hoboken, NJ: Wiley.

Graczyk, P. A., Connolly, S. D., & Corapci, F. (2005). Anxiety disorders in childhood and adolescents: Theory, treatment, and prevention. In T. G. Gullotta & G. R. Adams (Eds.), *Handbook of adolescent behavioral problems: Evidence-based approaches to prevention and treatment*, pp. 131–159. New York: Springer.

Graeff, F. G., Guimarães, F. S., de Andrade, T. G. C. S., & Deakin, J. F. W. (1996). Role of 5-HT in stress, anxiety, and depression. *Pharmacology Biochemistry and Behavior, 54*(1), 129–141.

Granger, D. A., Granger, G. A., & Granger, S. W. (2006). Immunology and developmental psychopathology. In D. Cicchetti & D. Cohen (Eds.), *Developmental psychopathology Vol. 2, Developmental neuroscience* (pp. 677–709). Hoboken, NJ: Wiley.

Green, B. L., Grace, M., Vary, J. G., Kramer, T., Gleser, G. C., & Leonard, A. (1994). Children of disaster in the second decade: A 17-year follow-up of Buffalo Creek survivors. *Journal of the American Academy of Child and Adolescent Psychiatry, 33*, 71–79.

Greenough, W. T., Black, J. E., & Wallace, C. S. (1987). Experience and brain development. *Child Development, 58*, 539–559.

Gressens, P. (2000). Mechanisms and disturbances of neuronal migration. *Pediatric Research, 48*(6), 725–730.

Grigsby, J., & Stevens, D. (2000). *Neurodynamics of personality*. New York: Guilford Press.

Grossman, K. E., Grossman, K. F., & Warter, V. (1981). German children's behavior toward their mothers at 12 months and their father at 18 months in Ainsworth's Strange Situation. *International Journal of Behavioral Development, 4*, 157–181.

Guerrero, A. P., Hishinuma, E. S., Andrade, N. N., Bell, C. K., Kurahara, D. K., Lee, T. G., Turner, H., Andrus, J., Yuen, N. Y., & Stokes, A. J. (2003). Demographic and clinical characteristics of adolescents in Hawaii with obsessive-compulsive disorder. *Archives of Pediatric and Adolescent Medicine, 15*(7), 665–670.

Gullon, E., & King, N. J. (1997). Three-year follow-up of normal fear in children and adolescents aged 7 to 18 years. *British Journal of Developmental Psychology, 15*, 97–111.

Gundel, H., Lopez-Sala, A., & Ceballos-Baumann, A. O. (2004). Alexithymia correlates with the size of the right anterior cingulate. *Psychosomatic Medicine, 66, 132–140*.

Gunnar, M. R. (1994). Psychoendrocrine studies of temperament and stress in early childhood: Expanding current models. In J. E. Bates & T. D. Wachs (Eds.), *Temperament: Individual differences at the interface of biology and behavior* (pp. 175–198). Washington, DC: American Psychological Association.

Gunnar, M. R., Porter, F. L., Wolf, C. M., Rigatuso, J., & Larson, M. C. (1995). Neonatal stress reactivity: Predictions to later emotional temperament. *Child Development, 66*, 1–13.

Gunnar, M. R., Tout, K., deHaan, M., Pierce, S., & Stansburg, K. (1997). Temperament, social competence, and adrenocortical activity in preschoolers. *Developmental Psychobiology, 31*, 65–85.

Gunnar, M. (2001) Effects of early deprivation. Findings from orphanage-reared infants and children. In C. Nelson & M. Luciana (Eds.) *Handbook of developmental cognitive neuroscience*. (pp. 617–629). Cambridge, MA: MIT Press.

Gunnar, M. R. (1998) Quality of care and buffering of neuroendrocrine stress reactions: Potential effects of the developing brain. *Prevention Medicine, 27*, 208–211.

Gunnar, M. R., & Vazquez, D. (2006). Stress neurobiology and developmental psychopathology. In D. Cicchetti & D. Cohen, *Developmental psychopathology, Vol. 2, Developmental neuroscience* (pp. 533–577). Hoboken, NJ: Wiley.

Gutgesell, H., et al. (1999). Cadiovascular monitoring of children and adolescents receiving psychotropic drugs. *Circulation, 99,* 979.

Halligan, S., Herbert, J., Goodyer, I. M., & Murray, L. (2004). Exposure to postnatal depression predicts elevated cortisol in adolescent offspring. *Biological Psychiatry, 55,* 376–381.

Hallowell, E. M., & Ratey, J. J. (1994). *Driven to distraction: Recognizing and coping with attention deficit disorder from childhood through adulthood.* New York: Pantheon Books.

Hampson, E. (2008). Endocrine contributions to sex differences in visuospatial perception and cognition. In J. B. Becker, K. J. Berkley, N. Geary, E. Hampson, J. P. Herman, & E. A. Young (Eds.), *Sex differences in the brain: From genes to behavior* (pp. 311–325). New York: Oxford University Press.

Hankin, B. L., Abraham, L. Y., Moffit, T. E., Silva, P. A., McGee R., & Angell, K. E. (1998). Development of depression from pre-adolescence to young adulthood: Emerging gender differences in a 10-year longitudinal study. *Journal of Abnormal Psychology, 107,* 128–140.

Hansen, D., Lou, H. C., & Olsen, J. (2000). Serious life events and congenital malformations: A national study with complete follow-up. *Lancet, 356,* 875–880.

Hariri, A. R., Bookheimer, S. Y., & Mazziotta, J. C. (2000). Modulating emotional responses: Effects of a neocortical network on the limbic system. *NeuroReport: For Rapid Communication of Neuroscience Research 11*(1), 43–48.

Hariri, A. R., Goldberg, T. E., Mattay, V. S., et al. (2003). Brain-derived neurotrophic factor val[66]met polymorphism affects human memory–related hippocampal activity and predicts memory performance. *Journal of Neuroscience, 23*(17), 6690–6694.

Hart, D., Hoffman, V., Edelstein, W., & Keller, M. (1997). The relationship of childhood personality types to adolescent behavior and development. *Developmental Psychology, 33,* 195–205.

Harter, S., Bresnick, S., Bouchey, H. A., & Whitsell, N. R. (1997). The development of multiple role-related selves during adolescence. *Development and Psychopathology, 9,* 835–854.

Harwood, R., Miller, S. A., & Vasta, R. (2008). *Child psychology: Developing in a changing society* (5th ed.) Hoboken, NJ: Wiley.

Hauri, P. J., & Fischer, J. (1986). Persistant psychophysiology (learned) insomnia. *Sleep, 9,* 38–53.

Haviland, J. M., & Lelwica, M. (1987). The induced affect response: 10-week-old infants' response to three emotional expressions. *Developmental Psychology, 23,* 97–104.

Hawkins, J., & Blakeslee, S. (2004). *On intelligence.* New York: Holt.

Hawkins, J. D., Smith, B. H., Hill, K. G., Kosterman, R. F. C., & Abbott, R. D. (2003). Understanding and preventing crime and violence: Findings from the Seattle Social Development Project. In T. P. Thornberry & M. D. Krohn (Eds.), *Taking stock of delinquency: An overview of findings from contemporary longitudinal studies* (pp. 255–312). New York: Kluwer Academic/Plenum Press.

Hayward, C., Killen, J. D., Kraemer, H. C., & Taylor, C. B. (2000). Predictor of panic attacks in adolescents. *Journal of the American Academy of Child and Adolescent Psychiatry, 39*(2), 207–214.

Haznedar, M. M., Buchsbaum, M. S., Wei, T. C., Hof, P. R., Cartwright, C., Bienstock, C. A., et al. (2000). Limbic circuitry in patients with autistm spectrum disorders studied with positron emission tomography and magnetic resonance imaging. *American Journal of Psychiatry, 157,* 1994–2001.

Hebb, D. (1949/1998). *The organization of behavior.* New York: Wiley.

Heim, C., & Nemeroff, C. B. (1999). The impact of early adverse experience on brain systems involved in the pathophysiology of anxiety and affected disorders. *Biological Psychiatry, 46,* 1509–1522.

Heiss, W. D., Kessler, J., Mielke, R.Szelies, B., & Herholtz, K. (1994). Long-term effects of phosphatidylserine, pyritinol, and cognitive training in Alzheimer's disease: A neuropsychological EEG and PET investigation. *Dementia, 5,* 88–98.

Heller, W. (1993). Gender differences in depression: Perspectives from neuropsychology. *Journal of Affective Disorders, 29,* 129–143.

Heller, W., Etienne, M. A., & Miller, G. A. (1995). Patterns of perceptual asymmetry in depression and anxiety: Implications for neuropsychological models of emotion and psychopathology. *Journal of Abnormal Psychology, 104,* 327–333.

Henggler, S. W., Edwards, J. J., Cohen, R., & Summerville, M. B. (1992), Predicting changes in children's popularity: The role of family relations. *Journal of Applied Developmental Psychology, 12,* 205–218.

Henson, R., Shallice, T., & Dolan, R. (2000). Neuroimaging evidence for dissociable forms of repetition primary. *Science, 287*(5456), 1269–1272.

Herschkowitz, N., Kagan, J. & Zilles, K. (1997) Neurobiological basis of behavioral development in the first year. *Neuorpediatrics. 28,* 296–306.

Heuther, G. (1998) Stress and the adaptive self-organization of neuronal connectivity during early childhood. *International Journal of Developmental Neuorscience, 16,* 297–306.

Hickie, I., & Lloyd, A. (1995). Are cytokines associated with neuropsychiatric syndromes in humans? *International Journal of Immunopharmocology, 17,* 677–683.

Hill, J. (2003). Early identification of individuals at risk for antisocial personality disorder. *British Journal of Psychiatry, 182*(Suppl. 144), 11–12.

Hoff, E. (2003). The specificity of environmental influence: Socioeconomic status affects early vocabulary development via maternal speech. *Child Development, 74*(5), 1368–1376.

Horgan, J. (1999). *The undiscovered mind: How the human brain defies replication, medication, and explanation.* New York: Free Press.

Horiuchi, V., Good, J., & Kapos, K. (1996, May 15). He was really a good kid: Did deaths of two students push busjacker over the edge? *Salt Lake Tribune,* pp. A1, A5.

Howe, M. L. (2000). *The fate of early memories: Developmental science and the retention of childhood experiences.* Washington, DC: American Psychological Association.

Howe, M. L., Toth, S. L., & Cicchetti, D. (2006). *Memory and developmental pathology, Vol. 2, Developmental Neuroscience* (pp. 629–655). Hoboken, NJ: Wiley.

Hudson, J. L., Kendall, P. C., Coles, M. E., Robin, J. A., & Webb, A. (2002). The other side of the coin: Using intervention research in child anxiety disorders to inform developmental psychopathology. *Developmental and Psychopathology, 14,*

819–841.

Huff, F., & Growdon, J. (1984). Dietary enhancement of CNS neurotransmitter. *Integrative Psychiatry*, 149–154.

Hugdahl, K., & Davidson, R.J. (Eds.). (2003). *The asymmetrical brain*. Cambridge, MA: MIT Press.

Huttenlocher, P. R. (1990). Morphometric study of human cerebral cortex development. *Neuropsychologia, 28*, 517–527.

Hynd, G. W., Semrud-Clikeman M., Lorys, A. R., Novey, E. S., Eliopulos, D., & Lyytine, H. (1991) Corpus callosum morphology in attention deficit-hyperactivity disorder: Morphometric analysis of MRI. *Journal of Learning Disabilities Research Review, 6*(1), 59–67.

Iacoboni, M. (2003). Understanding intentions through imitations. In S. Johnson (Ed.), *Taking action: Cognitive neuroscience perspectives on intentional acts* (pp. 107–138). Cambridge, MA: MIT Press.

Iacoboni, M. (2005). Understanding others: Imitation, language, empathy. In S. Hurly & N. Chater (Eds.), *Perspectives on imitation: From neuroscience to social science. Vol. I, Mechanisms of imitation and imitation in animals* (pp. 77–100). Cambridge, MA: MIT Press.

Iacoboni, M., & Lenzi, G. L. (2002). Mirror neurons, the insula, and empathy. *Behavioral and Brain Sciences, 25*, 107–138.

Iacoboni, M., Lieberman, M. D., Knowlton, B. J., Molnar-Szakacs, I., Moritz, M., Throop, C. J., et al. (2004). Watching social interactions produces dorsomedial prefrontal and medial parietal fMRI signal increases compared to a resting baseline. *NeuroImage, 21*, 1167–1173.

Insel, T. R. (2003). Is social attachment an addictive disorder? *Physiology & Behavior, 79*, 351–357.

Insel, T. R., & Young, L. J. (2001). The neurobiology of attachment. *Nature Reviews Neuroscience, 2*, 129–136.

Isley, S., O'Neil, R., & Parke, R. D. (1996). The relation of parental affect and control behavior to children's classroom acceptance: A concurrent and predictive analysis. *Early Education and Development, 7*, 7–73.

Izard, C. E., Fantauzzo, C. A., Castle, J. M., Haynes, O. M., Rayias, M. F., & Putnam, P. H. (1995). The ontogeny and significance of infants's facial expressions in the first 9 months of life. *Developmental Psychology, 31*, 997–1013.

Jackson, J. H. (1884/1932). *Selected writings of John Hughlings Jackson*. London: Hodder & Stoughton.

Jacobs, B. L., van Prag, H., & Gage, F. H. (2000). Depression and the birth and death of brain cells. *American Scientist, 88*, 340–345.

Jacobson, L., & Sapolsky, R. (1991). The role of the hippocampus in feedback regulation of the hypothalamic-pituitary-adrenocortical axis. *Endrocrine Reviews, 12*(2), 118–134.

James, W. (1890). *The principles of psychology*. New York: Holt.

Jausovec, N. (2000). Differences in cognitive processes between gifted, intelligent, creative and average individuals while solving complex problems: An EEG study. *Intelligence, 28*, 213–237.

Jausovec, N., & Jausovec, K. (2001). Differences in EEG current density related to intelligence. *Cognitive Brain Research, 12*, 55–60.

Jelicic, L., & Merckkelback, H. (2004). Traumatic stress, brain changes, and memory deficits: A critical note. *Journal of Nervous and Mental Disease, 192*(8), 548–553.

Johnsen, B. H., & Hugdahl, K. (1991). Hemispheric asymmetry in conditioning to facial emotional expressions. *Psychophysiology, 28*, 154–162.

Johnson, M. A. (2004). Hull house. In J. R. Grossman, A. Durkin, & J. L. Reiff (Eds.). *The encyclopedia of Chicago.* Chicago: University of Chicago Press.

Jones, N. A., Field, T., & Davalos, M. (2000). Right frontal EEG asymmetry and lack of empathy in preschool children of depressed mothers. *Child Psychiatry and Human Development, 30*, 189–204.

Jung, C. G. (1971). Psychological types. In W. McGuire (Ed.) *The collected works of C. G. Jung. Vol. 6.* Bollinger Series XX. Princeton, NJ: Princeton University Press.

Kagan, J. (1992). Behavior, biology, and the meanings of temperamental constructs. *Pediatrics, 90*, 510–513.

Kagan, J. (1994). *Galen's prophecy.* New York: Basic Books.

Kagan, J. (1998). *Biology and the child.* In W. Damon (Series Ed.) & N. Eisenberg (Vol. Ed.) *Handbook of child psychology: Vol. 3. Social, emotional, and personality development* (5th ed., pp. 105–176). New York: Wiley.

Kagan, J., Arcus, D., Snidman, N., & Rimm, S. E. (1995). Asymmetry of the forehead temperament and cardiac activity. *Neuropsychology, 9*, 1–5.

Kagan, J., & Herschkowitz, N. (2005). *A young mind into a growing brain.* Mahwah, NJ: Lawrence Erlbaum.

Kagan, J. & Snidman, N. (1991) Temperamental factors in human development. *American Psychologist, 46*, 856–862.

Kagan, J., & Snidman, N. (2004). *The long shadow of temperament.* Cambridge, MA: Harvard University Press.

Kagan, J., Snidman, N., Zentner, M., & Peterson, E. (1999). Infant temperament and anxious symptoms in school age children. *Development and Psychopathology, 11*, 209–224.

Kahn, J. (1995) Adolescent depression: An overview. (Available from the University of Utah Neuropsychiatric Institute, 501 Way, Salt Lake City, Utah, 84108.

Kaiser Permanente Northern California Regional Psychiatry and Chemical Dependency Best Practices, Second Edition Panic Guideline Team. (2001a). *Clinical practice guideline for the treatment of panic disorder in psychiatry* (2nd ed.). Oakland, CA: Kaiser Permanente.

Kaiser Permanente Northern California Regional Psychiatry and Chemical Dependency Best Practices, OCD Guideline Team. (2001b). *Clinical practice guideline for the treatment of obsessive-compulsive disorder in adults and children in psychiatry.* Oakland, CA: Kaiser Permanente.

Kaiser Permanente Northern California Regional Psychiatry and Chemical Dependency Best Practices, Adolescent Depression Best Practices Workgroup. (2003). *Recommendations for the treatment of despression in adolescents.* Oakland, CA: Kaiser Permanente.

Kaiser Permanente Northern California Regional Psychiatry and Chemical Dependency Best Practices, Attention Deficit and Hyperactivity Workgroup. (2004). *Practice recommendations for the diagnosis and treatment of attention deficit hyperactivity disorder.* Oakland, CA: Kaiser Permanente.

Kaiser Permanente Northern California Regional Psychiatry and Chemical Dependency Best Practices, Intimate Partner Abuse Best Practices Workgroup. (2005). *Recommendations for assessing and treating intimate partner abuse*. Oakland, CA: Kaiser Permanente.

Kaiser Permanente Northern California Regional Psychiatry and Chemical Dependency Best Practices, Anxiety Best Practices Workgroup. (2008). *Clinical practice guideline for the treatment of social anxiety disorder*. Oakland, CA: Kaiser Permanente.

Kalafat, J. (2004). Suicide. In T. P. Gullotta & G. R. Adams (Eds.), *Handbook of adolescent behavioral problems: Evidence-based approaches to prevention and treatment* (pp. 231–254). New York: Springer.

Kalin, N. H., Larson, C., Shelton, S. E., & Davidson, R. J. (1998). Asymmetric frontal brain activity, cortisol, and behavior associated with fearful temperament in rhesus monkeys. *Behavioral Neuroscience, 112*, 286–292.

Kalin, N. H., Shelton, S. E., & Lynn, D. E. (1995) Opiate systems in mother and infant primates coordinate intimate contact during reunion. *Psychoneuroendocrinology, 20*(7), 735–742.

Kalin, N. H., Shelton, S. E., & Snowdon, C. T. (1993). Social factors regulating security and fear in infant rhesus monkeys. *Depression, 1*, 137–142.

Kandel, E. R. (1998). A new intellectual framework for psychiatry. *American Journal of Psychiatry, 155*, 457–469. (Kandel spelled wrong in text)

Kandel, E. R., & Squire, L. (2000). Neuroscience: Breaking down scientific barriers to the study of brain and mind, *Science, 290*, 1113–1120.

Kapp, B. S., Supple, W. F., & Whalen, R. (1994). Effects of electrical stimulation of the amygdaloid central nucleus of neurocortical arousal in the rabbit. *Behavior Neuroscience, 108*, 81–93.

Kashdan, T. B., & Herbert, J. D. (2001). Social anxiety disorder in childhood and adolescence: Current status and future directions. *Clinical Child and Family Psychology Review, 4*(1), 37–61.

Kaslow, N. J., Adamson, L. B., & Collins, M. H. (2000). A developmental psychopathology perspective on cognitive components of child and adolescent depression. In A. J. Sameroff, M. Lewis, & S. M. Miller (Eds.), *Handbook of developmental psychopathology* (2nd ed., pp. 491–510). New York: Plenum Press.

Katz, F. K., & Woodin, E. (2002). Hostility, hostile development, and conflict engagement in marriages: Effect on child and family functioning. *Child Development, 73*, 636–656.

Katz, L. F., & Gottman, J. M. (1995). Vagal tone protects children from from marital conflict. *Development and Psychopathology, 36*, 569–540.

Kaye, K. (1982). *The mental and social life of babies*. Chicago: University of Chicago Press.

Kazdin, A. E. (1997). Parent management training: Evidence, outcome, and issues. *Journal of Child and Adolescent Psychiatry, 36*, 1349–1356.

Kazdin, A. E., & Weisz, J. R. (1998). Identifying and developing empirically support child and adolescent treatment of antisocial children. *Cognitive Therapy and Research, 21*, 185–207.

Keating, D. P. (2004). Cognitive and brain development. In R. J. Lerner & L. D. Steinberg (Eds.), *Handbook of adolescent psychology* (2nd ed., pp. 45–84). Hoboken,

NJ: Wiley.

Kegan, R. (1994). *In over our heads: The mental demands of modern life*. Cambridge, MA: Harvard University Press.

Kemperman, G., Kuhn, H. G., & Gagge, F. H. (1995). More hippocampal neurons in adult mice living in an enriched environment. *Nature, 386*(6624), 493–495.

Kemperman, G. Kuhn, H. G., & Gage, F. H. (1998) Experience induced neurogenesis in the senescent dentate gyrus. *Journal of Neuroscience. 18*, 3206–3212.

Kemperman, G., Kuhn, H. G., & Gagge, F. H. (2000). Activity-dependent regulation of neuronal plasticity and self-repair. *Progress in Brain Research, 127*, 35–48.

Kendall, P. C., Flannery-Schroeder, E., Panichelli-Mindel, S. M., Southam-Gerow, M., Henin, A., & Warman, M. (1997). Therapy for youths with anxiety disorders: A second randomized clinical trial. *Journal of Consulting and Clinical Psychology, 65*(3), 366–380.

Kendler, K. S., Karkowski, L. M., & Prescott, C. A. (1999). Fears and phobias: Reliability and heritability. *Psychological Medicine, 29*(3), 539–553.

Kendler, K. S., Myers, J., Prescott, C. A., & Neale, M. C. (2001). The genetic epidemiology of irrational fears and phobias in men. *Archives of General Psychiatry, 58*(3), 257–265.

Kensinger, E. A., & Corkin, S. (2004). Two routes to emotional memory: Distinct neural processes for valence and arousal. *Proceedings of the National Academy of Sciences of the USA, 101*, 3310–3315.

Kessler, R. C., Adler, L. A., Barkley, R. Biederman, J., Conners, C. K., Faraone, S. V., et al. (2005). Patterns and predictors of attention-deficit/hyperactivity disorder persistence into adulthood: Result from the national comorbidity survey replication. *Biological Psychiatry, 57*(11), 1442–1451.

Kessler, R. C., Avenevoli, S., & Ries Merikangas, K. (2001). Mood disorders in children and adolescents: An epidemiological perspective. *Biological Psychiatry, 49*(12), 1002–1014.

Kessler, R. C., Berglund, P., Demler, O., et al. (2005). Lifetime prevalence and age-of-onset distributions of DSM-IV disorders in the National Comorbidity Survey Replication. *Archives of General Psychiatry, 62*, 593–602.

Keverne, E. B., Martens, N. D., & Tuite, B. (1989). Beta-endorphin concentrations in cerebrospinal fluid of monkeys are influenced by grooming relationships. *Psychoneuroendocrinology, 18*, 307–321.

Kilts, C. D., Egan, G., Gideon, D. A., Ely, T. D., & Hoffman, J. M. (2003). Dissociable neural pathways are involved in the recognition of emotion in static and dynamic facial expressions. *NeuroImage, 18*, 156–168.

Kimura, D. (1999). *Sex and cognition*. Cambridge, MA: MIT Press.

Kirschbaum, C., & Hellhammer, D. H. (1994). Salivary cortisol in psychoneuroendrocrine research: Recent developments and application. *Psychoneuroendrocrinology, 19*, 313–333.

Klein, M. (1975/1921–1945). *The collected writings of Melanie Klein. Vol. 1, Love, guilt and reparation and other works 1921–1945*. London: Hogarth Press.

Klerman, G. L., Weissman, M. M., Rounsaville, B. J., and Chevron, E. S. (1984). *Interpersonal psychotherapy of depression: A brief focused specific strategy*. New York: Basic Books.

Klerman, G. L., & Weissman, M. M. (1989). Increasing rates of depression. *Journal of the American Medical Association, 261,* 2229–2235.

Kleinschmidt, A., Bess, M. F., & Singer, W. (1987). Blockade of "NMDA" receptors disrupts experience-based plasticity of kitten striate cortex. *Science, 238,* 355–358.

Klimes-Dougan, B., Hastings, P. D., Granger, D. A., Usher, B. A., & Zahn-Waxler, C. (2001). Adrenocortical activity in at-risk and normally developing adolescents: Individual differences in salivary cortisol basal levels, diurnal variation, and responses to social challenges. *Development and Psychopathology, 13*(695), 117–142.

Knight, R. T., & Grabowecky, M. (1995). Escape from linear time: Prefrontal cortex and conscious experience. In M. S. Gazzaniga (Ed.), *The cognitive neurosciences* (pp. 1357–1371). Cambridge, MA: MIT Press.

Kochanska, G. (1994). Beyond cognition: Expanding the search for the early roots of internalisation and conscience. *Developmental Psychology, 30,* 20–22.

Kochanska, G., Murray, K. T., & Harlan, E. T. (2000). Effortful control in early childhood: Continuity and change, antecedents, and implications for social development. *Developmental Psychopathology, 36,* 230–232.

Kolb, B. (1989). Brain development, plasticity, and behavior. *American Psychologist, 44,* 1203–1212.

Kolb, B. (1995). *Brain plasticity and behavior.* Mahwah, NJ: Lawerence Erlbaum.

Kolb, B., Forgie, M., Gibb, R., Gorny, G., & Rowntree, S. (1998). Age, experience, and the changing brain. *Neuroscience and Biobehavioral Reviews, 22,* 143–159.

Kolb, B., & Gibb, R. (2002). Frontal lobe plasticity and behavior. In T. Donald & T. Robert (Eds.), *Principles of frontal lobe function* (pp. 541–556). New York: Oxford University Press.

Kolb, B., & Winshaw, I. Q. (2003). *Fundamentals of human Neuropsychology* (5th Ed.). New York: Freeman.

Kolb, B., & Whishaw, I. O. (1998). Brain plasticity and behavior. *Annual Review of Psychology, 49,* 43–64.

Krawczyk, D. C. (2002). Contributions of the prefrontal cortex to the neural basis of human decision making. *Neuroscience and Biobehavioral Reviews, 26,* 631–664.

Kruczek, T., Salsman, J. R., & Vitanz, S. (2004). Prevention and treatment of post-traumatic stress disorder in adolescents. In T. P. Gullotta & G. R. Adams (Eds.), *Handbook of adolescent behavioral problems: Evidence-based approaches to prevention and treatment* (pp. 331–350). New York: Springer.

Kruesi, M. J. P., Schmidt, M. E., Donnelly, M., Hibbs, E. D., & Hamberburger, S. D. (1989) Urinary free cortisol output and disruptive behavior in children. *Journal of the American Academy of Child and Adolescent Psychiatry, 28,* 441–443.

Kruesi, M. J., Casanova, M. F., Mannhein, G., & Johnson-Bilder, A. (2004). Reduced temporal lobe volume in early onset conduct disorder. *Psychiatry Research, 132,* 1–11.

Kubitz, K. K., Landers, D. M., Petuzzello, S. J., & Han, M. W. (1996). The effects of acute and chronic exercise on sleep. *Sports Medicine, 21*(4), 277–291.

Kuhn, C. M., & Schanberg, S. M. (1998). Responses to maternal separation: Mechanisms and mediators. *International Journal of Developmental Neuroscience, 16,* 261–270.

Kumakira, C., Kodama, K., Shimiza, E., Yamanouchi, N., Okada, S., Noda, et al. (1991). Study of the association between the serotonin transporter gene regulating region polymorphism and personality traits in the Japanese population. *Neuroscience Letters, 263,* 205–207. (Date wrong in text)

LaBar, K. S. (2007). Beyond fear: Emotional memory mechanisms in the human brain. *Current Directions in Psychological Science, 16,* 173–177.

Lacasse, J. R., & Leo, J. (2005, November 8). Serotonin and depression: A disconnect between the advertisements and the scientific literature. *PLoS Med.* 2(12): e392. Published online. doi: 10.1371/journal.pmed.0020392.

Lambert, N. M. (1998). Adolescent outcomes of hyperactive children. *American Psychologist, 43,* 786–799.

Lambert, M. J., & Barley, D. E. (2002). Research summary on the therapeutic relationship and psychotherapy outcome. In J. D. Norcross (Ed.), *Psychotherapy relationships that work: Therapist contributions and responsiveness to patients.* New York: Oxford University Press.

Lane, R. D. (1998). Neural correlates of levels of emotional awareness: Evidence of an interaction between emotion and attention in the anterior cingulate cortex. *Journal of Cognitive Neuroscience, 10,* 525–535.

Lanius, R. A., Williamson, P. C., Densmore, M., Boksman, K., Neufeld, R. W., Gati, J. S., et al. (2004). The nature of traumatic memories: A 4-T fMRI functional connectivity analysis. *American Journal of Psychiatry, 161,* 36–44.

Larsen, R. J., Kasimatis, M., & Frey, K. (1992). Facilitating the furrowed brow: An unobtrusive test of the facial feedback hypothesis applied to unpleasant affect. *Cognition and Emotion, 6,* 321–338.

Last, C., Hansen, C., & Franco, N. (1998). Cognitive-behavioral therapy of school phobia. *Journal of the American Academy of Child and Adolescent Psychiatry, 37,* 404–411.

Lazar, I., Darlington, R., Murray, H., Royce, J., & Snipper, A. (1982). Lasting effects of early education: A report from the Consortium for Longitudinal Studies. *Monographs of the Society for Research in Child Development, 47* (Serial No. 195).

LeDoux, J. (1996). *The emotional brain: The mysterious underpinnings of emotional life.* New York: Simon and Schuster.

LeDoux, J. (2002). *The synaptic self: How brains become who we are.* New York: Penguin.

Lee, J. R., Mulsow, M., & Reifman, A. (2003). Long-term correlates of attention deficit hyperactivity disorder: A meta-analysis. *Journal of Family and Consumer Sciences.*

Lenartowicz, A., & McIntosh, A. R. (2005). The role of anterior cingulate cortex in working memory is shaped by functional connectivity. *Journal of Cognitive Neuroscience, 17,* 1026–1042.

Leonard, H. L., & Swedo, S. E. (2001). Pediatric autoimmune neuropsychiatric disorders associated with streptococcal infection (PANDAS). *International Journal of Neuropsychpharmacology, 4*(2), 1919–1980.

Leppanen, J., & Hietanen, J. (2003). Affect and face perception. *Emotion, 3,* 315–326.

Levine, S., (2001) Primary social relationships influence the development of the hypothalamic-pituitary-adrenal axis in the rat. *Physiology and Behavior,*

73, 255–260.

Levitt, J. G., Blanton, R. E., Smalley, S., Thompson, P. M., Gutherie, D., McCracken, J. T., et al. (2003). Cortical sulcal maps in autism. *Cerebral Cortex, 13*, 728–735.

Lewinsohn, P. M., Roberts, R. E., Seeley, J. R.Rohde, P., Gotlib, I. H., & Hops, H. (1994). Adolescent psychopathology: II. Psychosocial risk factors for depression. *Journal of Abnormal Psychology, 103*, 302–315.

Lewinsohn, P. M., Rohde, P., Kleine, D. N., & Seeley, J. R. (1999). Natural course of adolescent major depressive disorder: I. Continuity into young adulthood. *Journal of the American Academy of Child & Adolescent Psychiatry, 38*, 56–63.

Lewis, D. A. (1997). Development of the prefrontal cortex during adolescence: Insights into vulnerable neural circuits in schizophrenia. *Neuropsychopharmocology, 16*, 385–398.

Lewis, M., Alessandri, S. M., & Sullivan, M. W. (1990). Violation of expectancy, loss of control, and anger expression in young infants. *Developmental Psychology, 26*, 745–751.

Lewis, M., & Michaelson, L. (1985). Faces as signs and symbols. In G. Zivin (Ed.), *Development of expressive behavior: Biological-environment interaction*. New York: Plenum.

Lewis, M. D. (1995). Cognition-emotion feedback and the self-organization of developmental paths. *Human Development, 38*, 71–102.

Lieberman, M., & Eisenberger, N. I. (2005). A pain by any other name (rejection, exclusion, ostracism) still hurts the same: The role of dorsal anterior cingulate cortex in social and physical pain. In J. Cacioppo (Ed.), *Social neuroscience: People thinking about people*. Cambridge, MA: MIT Press.

Lilja, A., Hagstdius, S., Risberg, J., Salford, L. G., & Smith, G. L. W. (1992). Frontal lobe dynamics in brain tumor patients: A study of regional cerebral blood flow and after surgery. *Journal of Neuropsychiatry and Neuropsychological Behavioral Neurology, 5*, 294–300.

Linehan, M. (1993). *Cognitive-behavioral treatment of borderline personality disorder*. New York: Guilford Press.

Loehlin, J. C., Neiderhiser, J. M., & Reiss, D. (2005). Genetic and environment components of adolescent adjustment and parental behavior: A multivariate analysis. *Child Development, 76*(5), 1104–1115.

Lougee, L., Perlmutter, S. J., Nicholson, R., Garvey, M. A., & Swedo, S. E. (2000). Psychiatric disorders in first degree relatives of children with pediatric auto-immune neuropsychiatric disorders associated with streptococco infections (PANDAS). *Journal of the American Academy of Child and Adolescent Psychiatry, 39*(9), 1120–1126.

Lonigan, C. J., Philips, B. M., & Ricky, J. A. (2003). Posttraumatic stress disorder in children: Diagnosis, assessment, and associated feature. *Children and Adolescent Psychiatric Clinic of North America, 12*, 171–194.

Lopez, J. F., Akil, H., & Watson, S. J. (1999). Neural circuits mediating stress. *Biological Psychiatry, 46*, 1461–1471.

Luciana, M. (2006). Cognitive neuroscience and the prefrontal cortex: Normative development and vulnerability to psychopathology. In D. Citthetti & D. Cohen (Eds.), *Developmental psychopathology Vol. 2, Developmental Neuroscience* (pp. 292–332). Hoboken, NJ: Wiley.

Lupien, S. J., Ouellet-Morin, I., Hupbach, A., Tu, M. T., Buss, C., Walker, D., Pruessner, J., & McEwen, B. S. (2006). Beyond the stress concept: Allostatic load—A developmental, biological, and cognitive perspective. In D. Cicchetti & D. Cohen (Eds.), *Development psychopathology. Vol. 2, Developmental Neuroscience* (pp. 578–628). Hoboken, NJ: Wiley.

Lynch, M., & Cicchetti, D. (1998). Trauma, mental representation, and the organization of memory for mother-referent material. *Development and Psychopathology, 10,* 235–257.

Maccari, S., Danaudery, M., Morley-Fletcher, S., Zuena, A. R., Cinque, C., & Van Reeth, O. (2003). Prenatal stress and long-term consequences: Implications of glucocorticoids hormones. *Neuroscience and Biobehavioral Reviews, 27,* 119–127.

Madras, B. K., Miller, G. M., & Fischman, A. J. (2002). The dopamine transporter: Relevance to attention deficit hyperactivity disorder (ADHD). *Behavioral Brain Research, 130,* 57–63.

Maguire, E. A., Godian, D. G., Johnsrude, I. S., Good, C. D., Ashburner, R. S., Frakowiak, R. S., & Frith, C. (2000). Navigation-related structural change in the hippocampi of taxi cab drivers. *Proceedings of the National Academy of Sciences, USA, 97*(8), 4398–4403.

Main, M. (1991). Metacognitive knowledge, metacognitive monitoring, and singular (coherent) vs. multiple (incoherent) models of attachment: Findings and directions for future research. In C. M. Parkes, J. Stevenson-Hinde, & P. Marris (Eds.), *Attachment across the life cycle* (pp. 127–159). London: Tavistock/Routledge.

Main, M. (1995). Attachment: Overview, with implications for clinical work. In S. Goldberg, R. Muir, & J. Kerr (Eds.), *Attachment theory: Social developmental and clinical perspectives* (pp. 407–474). New York: Guilford Press.

Main, M., Hesse, E., & Kaplan, N. (1985). Predictability of attachment behavior and representational processes. In K. E. Grossmann, K. Grossmann, & E. Waters (Eds.), *Attachment from infancy to adulthood: Lessons from longitudinal studies* (pp. 245–304). New York: Guilford Press.

Main, M., & Solomon, J. (1990). Discovery of a disorganized/disoriented attachment pattern. In T. B. Brazelton & M. W. Yogman (Eds.). *Affective development in infancy,* pp. 95–124. Norword, NJ: Ablex.

Main, M., & Hesse, E. (1990). Parents' unresolved traumatic experiences are related to infant disorganized status: Is frightened and/or frightening parental behavior the linking mechanism? In M. T. Greenburg, D. Cicchetti, & E. M. Cummings (Eds.), *Attachment in the preschool years: Theory, research, and intervention* (pp. 161–182). Chicago: University of Chicago Press.

Maitland, S. B., Herlitz, A., Nyberg, L., Backman, L., & Nilsson, L. G. (2004). Selective sex differences in declarative memory. *Memory and Cognition, 32,* 1160–1169.

Mangelsdorf, S., Gunnar, M., Vestenbaum, R., Lang, S., & Adresas, D. (1990). Infant proneness to distress temperament, maternal personality and mother-infant attachment. *Child Development, 61,* 820–831.

Manke, B., Saudino, K. J., & Grant, J. D. (2001). Extreme analyses of observed temperament dimensions. In R. N. Emde & J. K. Hewitt (Eds.), *Infancy to early childhood,* 52–72. New York: Oxford University Press.

March, J., & Mulle, K. (1998). *OCD in Children and adolescents: A cognitive-behavioral treatment manual.* New York: Guilford Press.

March, J. S., Franklin, M., Nelson, A., & Foa, E. (2001). Cognitive-behavioral psychotherapy for pediatric obsessive-compulsive disorder. *Journal of Clinical Child Psychology, 30*(1), 8–18.

Markowitsch, H. J.Vanderkerckhove, M. M. P., Lanfermann, H., & Russ, M. O. (2003). Brain circuts for the retrival of sad and happy autobiographic episodes. *Cortex, 39,* 643–665.

Marrocco, R. T., & Davidson, M. C. (1998). Neurochemistry of attention. In R. Parasuranman (Ed.), *The attention brain* (pp. 35–50). Cambridge, MA: MIT Press.

Martin, A., Wiggs, C. L., & Weisberg, J. (1997). Modulation of human medial temporal lobe activity by form, meaning, and experience. *Hippocampus, 7,* 587–593.

Marzi, A., & Berlucchi, G. (1997). Right visual field superiority for accuracy of recognition of famous faces in normals. *Neuropsychologia, 15*(6), 751–756.

Mason, J. W. (1968). A review of psychoendocrine research on the sympathetic-adrenal medullary system. *Psychosomatic Medicine, 30*(Suppl. 5), 631–653.

Masten, A. S., & Reed, M. G. (2002). Resilience in development. In S. R. Synder & S. J. Lopez (Eds.), *The handbook of positive psychology* (pp. 74–88) Oxford, UK: Oxford University Press.

Mathew, S. J., Coplan, J. D., & Gorman, J. M. (2001). Neurobiological mechanisms of social anxiety disorder. *American Journal of Psychiatry, 158*(10), 1558–1567.

Mayberg, H. (2007). *Address to the Kaiser Permanente Medical Center's Annual Psychiatry Conference,* San Francisco, CA.

Mayer, N. K., & Tronick, E. Z. (1985). *Mothers' turn-giving signals and infant turn-taking mother-infant interaction.* In T. M. Field & N. A. Fox (Eds.), *Social perception in infants.* Norwood, NJ: Ablex.

McAdams, D. (1999). Personal narratives and life story. In L. A. Perwin & O. P. John (Eds.), *Handbook of personality: Theory and research* (pp. 478–500). New York: Guilford Press.

McCabe, A., & Peterson, C. (1991). Getting the story: A longitudinal study of parental styles in eliciting narratives and developing narratives and developing narrative skill. In A. McCabe & C. Peterson (Eds.), *Developing narrative structure* (pp. 217–253). Hillsdale, NJ: Lawrence Erlbaum.

McCraty, R., Atkinson, M., Tomasion, D., & Tiller, W. A. (1998). The electricity of touch: Detection and measurement of cardiac energy exchange between people. In K. H. Pribram & J. King (Eds.), *Brain and Values: Is biological science of values possible?* (pp. 359–379). Hillsdale, NJ: Erlbaum.

McDonald, D. G., & Hodgdon, J. A. (1991). *The psychological effects of aerobic fitness training: Research and theory.* New York: Springer-Verlag.

McEwen, B. (1999). Development of the cerebral cortex. XIII: Stress and brain development—II. *Journal of the American Academy of Child and Adolescent Psychiatry, 38,* 101–103.

McEwen, B. S. (1998). Stress, adaptation, and disease: Allostasis and allostatic load. *Annals of the New York Academy of Science, 840,* 33–44.

McEwen, B. S., & Stellar, E. (1993). Stress and the individual—Mechanisms leading to disease. *Archives of Internal Medicine, 153,* 2093–2101.

McEwen, B. S., & Wingfield, J. C. (2003). The concept of allostasis in biology and biomedicine. *Hormones and Behavior, 43,* 2–15.

McFarland, D. (2001). Respiratory markers of conversational interaction. *Journal of Speech, Language, and Hearing Research, 44,* 128–145.

McGaugh, J. L. (2004). The amygdala modulates the consolidation of memories of emotionally arousing experiences. *Annual Review of Neuroscience, 27,* 1–28.

McNaughton, B. L. (1987). Hippocampal synaptic enhancement and information storage. *Trends in Neuroscience, 10,* 408–415.

McNaughton, B. L. (1991). Associative pattern competition in hippocampal circuts: New evidence and new questions. *Brain Research Review, 16,* 202–204.

Meaney, M. J. (2001). Maternal care, gene expression, and the transmission of individual differences in stress reactivity across generations. *Annual Review of Neuroscience, 24,* 1161–1192.

Meaney, M. J., Aitken, D. H., Viau, V., Sharma, S., & Sharrieau, A. (1989) Neonatal handling alters adrenalcortical feedback sensitivity and hippocampus type II glucocorticoid receptor binding in the rat. *Neuroendrocrinology, 50,* 597–604.

Meins, E. (1997). Security of attachment and maternal tutoring strategies: Interaction within the zone of proximal development. *British Journal of Development Psychology, 15,* 129–144.

Mellin, E., & Beamish, P. (2002). Interpersonal theory and adolescents with depression: Clinical update. *Journal of Mental Health Counseling, 24,* 110–125.

Meltzoff, A., & Goopnick, A. (1993). The role of imitation in understanding persons and developing a theory of mind. In S. Baron-Cohen, H. Tager-Flusbert, & D. Cohen (Eds.), *Understanding other minds.* New York: Oxford University Press.

Meltzoff A., & Moore, M. (1977). Imitation of facial and manual gestures by human neonates. *Science, 198,* 75–78.

Meltzoff, P. H. (1995). Understanding the intensions of others: Re-enactment of intended acts by 18-month-old child. *Developmental Psychology, 31,* 838–850.

Mesulam, M. M. (1998). From sensation to cognition. *Brain, 121,* 1013–1052.

Michael, K. D., & Crowley, S. L. (2002). How effective are treatments for child and adolescent depression? A meta-analytic review. *Clinical Psychology Review, 22,* 247–269.

Michelson, D., et al. (2002) Atomoxetine in the treatment of children and adolescent with Attention-Deficit/Hyperactivity Disorder: A randomized, placebo-controlled, dose-response study. *Pediatric electronic abstracts,* e83.

Michelson, D., et al. (2002, November). Once-daily atomoxetine treatment for children and adolescents with attention deficit hyperactivity disorder: A randomized, placebo-controlled study. *American Journal of Psychiatry, 159,* 1896–1901.

Mitchell, S. A., & Black, M. J. (Eds.). (1995). *Freud and beyond: A history of modern psychoanalytic thought.* New York: Basic Books.

Miller, L., Koerner, K., & Kanter, J. (1998). Dialectical behavior therapy. Part II. Clinical application of DBT for patients with multiple problems. *Journal of Practical Psychology.*

Mirescu, C., Peters, J. D., & Gould, E. (2004). Early life experience alters response of adult neurogenesis to stress. *Nature Neuroscience, 7(8),* 841–846.

Mitchell, J. T., & Everly, G. S. Jr. (2000). Critical incident stress management and critical incident stress debriefings: Evolutions, effects, and outcomes. In B. Raphael & J. P. Wilson (Eds.), *Psychological debriefing: Theory practice, and evidence* (pp. 71–90). New York: Cambridge University Press.

Mitchell, S. A., & Black, M. J. (Eds.). (1995). *Freud and beyond: A history of modern psychoanalytic thought.* New York: Basic Books.

Miyake, K., Campos, J., Bradshaw, D., & Kagan, J. (1986). Issues in socioemotional development. In H. Stevenson, H. Azuma, & K. Hakuta (Eds.), *Childhood development and education in Japan.* New York: Freeman.

Miyake, K., Chen, S., & Campos, J. (1985). Infant temperament, mother's mode of interaction, and attachment in Japan. In I. Bretherton & E. Waters (Eds.), Growing points in attachment theory and research. *Monographs of the Society for Research in Child Development, 50* (1/2, Serial No. 209), 276–297.

Monaghan, D., Bridges, R., & Cotman, C. (1989). The excitatory amino acid receptors. *Annual Review of Pharmacology Toxicology, 29,* 365–402.

Monk, C., Sloan, R. P., Myers, M. M., Ellman, L., Werner, E., et al. (2004). Fetal heart rate reactivity differs by women's psychiatric status: An early marker for developmental risk? *Journal of American Academy of Child and Adolescent Psychiatry, 43*(3), 283–290.

Morris, B. J., & Sloutsky, V. (2001). Children's solutions of logical versus empirical problems: What's missing and what develops? *Cognitive Development, 16,* 907–928.

MTA Cooperative Group (1999) A 14-month randomized clinical trial of treatment strategies for Attention Deficit/Hyperactivity Disorder. *Archives of General Psychiatry, 56,* 1073–1086.

Mufson, L., Weissman, N., Moreau, D., & Garfinkel, R., (1997). Efficacy of interpersonal psychotherapy for depressed adolescents. *Archives of General Psychiatry, 56,* 573–579.

Mymberg, J. H. & van Nloppen, B. (1994). Obsessive-compulsive disorder: A concealed diagnosis. *American Family Physician, 49*(5), 1129–1137.

Nachmias, M., Gunnar, M. R., Mangelsdorf, S., Parritz, R. H., & Buss, K. (1996). Behavioral inhibition and stress reactivity: The moderating role of attachment security. *Child Development, 67,* 508–522.

National Academy of Sciences. (2003). *Proceedings of the National Academy of Sciences, 99*(1), 309–314.

Nauert, R. Gene protects from depression after childhood abuse. *PsychCentral.* http://psychcentral.com/news/2008/02/06/gene-protects-from-depression-after-childhood-abuse/1880.html.

Nelson, C. A. (2000). The neurobiological bases of early intervention. In J. Shonkoff & S. Meisels (Eds.), *Handbook of early childhood intervention* (2nd ed., pp. 204–227). New York: Cambridge University Press.

Nelson, E. E., Leibenluft, E., McClure, E. B., & Pine, D. S. (2005). The social re-orientation of adolescence: A neuroscience perspective on the process and its relation to psychopathology. *Psychological Medicine, 35,* 163–174.

Nemeroff, C. B. (1996). The corticotrophin-releasing factor (CRF) hypothesis of depression: New findings and new directions. *Molecular Psychiatry, 1,* 336–342.

Neville, H. J., Bavelier, D., Corina, D., Rauschecker, J., Karni, A., Lalwani, A., et al. (1998). Cerebral organization for language in deaf and hearing subjects: Biological constraints and effects of experience. *Proceedings of the National Academy of Sciences, USA, 95,* 922–929.

Nikolaenko, N. N., Egorov, A. Y., & Frieman, E. A. (1997). Representational activity of the right and left hemispheres of the brain. *Behavioral Neurology, 10,* 49–59.

Nimchinsky, E. A., Gilissen, E., Allman, J. M., Perl, D. P., Erwin, J. M., & Hof, P. R. (1999). A neuronal morphologic type unique to humans and great apes. *Proceedings of the National Academy of Sciences, USA, 96,* 5268–5273.

Nimchinsky, E. A., Vogt, B. A., Morrison, J. H., & Hof, P. R. (1995). Spindle neurons of the human anterior cingulate cortex. *Journal of Comparative Neurology, 355,* 27–37.

Nitschke, J. B., Nelson, E. E., Rusch, B. D., Fox, A. S., Oakes, T. R., & Davidson, R. J. (2003). Orbitofrontal cortex tracks positive mood in mothers viewing pictures of their newborn infants. *NeuroImage, 21,* 583–592.

Nobler, M. S., Sakheim, H. A., Prohovnick, I., Moeller, J. R., Mukherjee, S., Schur, D. B., et al. (1994). Regional blood flow in mood disorders: III. Treatment and clinical response. *Archives of General Psychiatry, 51*(2), 887–897.

Nobre, A. C., Coull, J. T., Frith, C. D., & Mesulam, M. M. (1999). Orbitofrontal cortex is activated during breaches of expectation in tasks of visual attention. *Nature Neuroscience, 2,* 11–12.

Norcross, J. C. (Ed.). (2001). Empirically supported therapy relationships: Summary report of the Division 29 Task Force. *Psychotherapy, 38*(4), 345–356.

Norcross, J. D. (Ed.). (2002). *Psychotherapy relationships that work: Therapist contributions and responsiveness to patients, Chapter 1: Empirically supported relationships,* pp. 3–32. New York: Oxford University Press.

North, T. C., McCullagh, P., & Tran, Z. V. (1990). Effect of exercise on depression. *Exercise and Sport Science Reviews, 18,* 379–415.

Nowicki, S., & Duke, S. (2002). *Will I ever fit in?* New York: Free Press.

Ochs, E., & Schieffelin, B. B. (1984). Language acquisition and socialization: Three developmental stories and their implications. In R. Schweder & R. LeVine (Eds.), *Culture theory: Essays on the mind, self, and emotion.* Cambridge, UK: Cambridge University Press.

Ochsner, K. (2006). How thinking controls feeling: A social cognitive neuroscience approach. In P. Winkleman & E. Harmon-Jones (Eds.), *Social neuroscience.* New York: Oxford University Press.

Ochsner, K., & Gross, J. (2005). The cognitive control of emotion. *Trends in Neuroscience, 9,* 242–249.

Ochsner, K. N., Bunge, S. A., Gross, J. J., & Gabrieli, J. D. E. (2002). Rethinking feelings: An fMRI study of the cognitive regulation of emotion. *Journal of Cognitive Neuroscience, 14,* 1215–1229.

O'Connor, K. P., Aardema, F., Robillard, S., Guay, S., Pélissier, M.-C., Todorov, C., et al. (2006). Cognitive behaviour therapy and medication in the treatment of obsessive-compulsive disorder. *Acta Psychiatrica Scandinavica, 113*(5), 408–419.

O'Connor, P. J., & Youngstedt, M. A. (1995). Influence of exercise on human sleep. *Exercise and Sports Science Review, 23,* 105–134.

O'Connor, T. G., Heron, J., Golding, J., Beveridge, M., & Glover, V. (2002). Maternal antenatal anxiety and children's behavioral/emotional problems at 4 years: Report from the Avon Longitudinal Study of Parents and Children.

British Journal of Psychiatry, 180, 502–508.

Ogawa, J. R., Sroufe, L. A., Weinfeld, N. S., Carlson, E. A. & Egeland, B. (1997). Development and the fragmented self: Longitudinal study of dissociated symptomatology in a nonclinical sample. Development and Psychopathology, 9, 855–880.

Olney, J., Lubruyere, J., Wang, G., Wozniak, D. F., Price, M. T., & Sesma, M. A. (1991). NMDA antagonist neuotoxicity: Mechanism and prevention. Science, 257, 1515–1518.

Ollendick, T., & King, N. (1998). Empirically supported treatments for children with phobic and anxiety disorders: Current status. Journal of Clinical Child Psychology, 27, 156–167.

Pajer, K., Gardner, W., Rubin, R. T., Perel, J., & Neal, S. (2001). Decreased cortisol levels in adolescent girls with conduct disorder. Archives of General Psychiatry, 58(3), 297–302.

Panksepp, J. (1998). Affective neuroscience: The foundations of human and animal emotions. New York: Oxford University Press.

Pantev, C., Engelien, A., Candia, V., & Elbert, T. (2001). Representational cortex in musicians: Plastic alterations in response to musical practices. Annals of the New York Academy of Sciences, 930, 300–314.

Pantev, C., Oostenveid, R., Engelien, A., Ross, B., Roberts, L. E., & Hoke, M. (1998). Increased auditory cortical representation in musicians. Nature, 392, 811–814.

Parent, M. B., West, M., & McGaugh, J. L. (1994). Memory of rats with amygdala regions 30 days after footshock—motivated escape training reflects degree of original training. Behavioral Neuroscience, 108, 1080–1087.

Parke, R. D., & Buriel, R. (1998). Socialization in the family: Ethnic and ecological perspective. In W. Damon (Series Ed.), N. Eisenberg (Vol. Ed.), Handbook of child psychology, Vol. 3 (pp. 463–552). New York: Wiley.

Pascual-Leone, A. (2001). The brain that plays music and is changed by it. Annals of the New York Academy of Sciences, 930, 315–329.

Pascual-Leone, A., & Torres, F. (1993). Plasticity of the sensorimotor cortex representation of the reading finger in Braille readers. Brain, 116, 39–52.

Peleaz-Nogueras, M., Field, T., Cigales, M., Gonzalez, A., & Clasky, S. (1994). Infants of depressed mothers show less "depressed" behavior with their nursery teachers. Infant Mental Health Journal, 15, 358–367.

Pelham, W., Jr., Wheeler, T., & Chronis, A. (1998). Empirically supported psychosocial treatment for attention deficit hyperactivity disorder. Journal of Clinical Child Psychology, 27, 190–205.

Pelphrey, K. A., Sasson, N. J., Reznick, J. S., Paul, G., Goldman, B. D., & Piven, J. (2002). Visual scanning of faces in autism. Journal of Autism and Developmental Disorders, 32, 249–261.

Perry, B. D., Pollard, R. A., Blakey, T. I., Baker, W. L., & Vigilante, D. (1995). Childhood trauma, the neurobiology of adaptation and "use dependent" development of the brain; How "states" become "traits." Infant Mental Health Journal, 16(4), 271–291.

Persinger, M. A., & Makarec, K. (1991). Greater right hemisphericity is associated with lower self-esteem in adults. Perceptual and Motor Skills, 73, 1244–1246.

Phillips, A. (1993) On kissing, tickling and being bored: Psychoanalytic essays on the *unexamined life.* Cambridge, MA: Harvard University Press.

Piaget, J. (1951). *The child's conception of the world.* London: Routledge and Kegan Paul.

Piaget, J. (1952). *The origins of intelligence in children.* New York: International Universities Press.

Piaget, J., & Inhelder, B. (1969). *The psychology of the child.* New York: Basic Books.

Pierce K. and Courchesne, E. (2000) Exploring the neurofunctional organization of face processing in autism [comment]. *Arch. Gen. Psychiatry. 57,* pp. 344–346.

Pike, A., & Plomin, R. (1996). Importance of nonshared environmental factors for childhood and adolescent psychopathology. *Journal of the American Academy of Child and Adolescent Psychiatry, 35,* 560–570.

Pina, A. A., Silverman, W. K., Fuentes, R. M., Kurtines, W. M., & Weems, C. F. (2003). Exposure-based cognitive-behavioral treatment for phobia and anxiety disorders: Treatment effects and maintenance for Hispanic/Latino to European youths. *Journal of the American Academy of Child and Adolescent Psychiatry, 42,* 1179–1187.

Pine, D. S., & Cohen, J. A. (2002). Trauma in children and adolescence: Risk and treatment of psychiatric sequelae. *Biological Psychiatry, 51,* 519–531.

Pollak, S. D. (2001). P3b reflects maltreated children's reactions to facial displays of emotion. *Psychophysiology, 38,* 267–274. (no et al in text)

Pollak, S. D., Cicchetti, D., Hornung, K., & Reed, A. (2000). Recognizing emotional faces: Developmental effects of child abuse and neglect. *Developmental Psychology, 68,* 773–787.

Pollak, S. D., & Sinha, P. (2002). Effects of early experience on children's recognition of facial displays of emotion. *Development Psychology, 38*(5), 784–791.

Pollack, S., & Tolley-Schell, S. (2003). Selective attention to facial emotion in physically abused children. *Journal of Abnormal Psychology, 112,* 323–338.

Porges, S. W., Doussard-Roosevelt, J. A., & Maiti, A. K. (1994). Vagal tone and the physiological regulation of emotion. In N. Fox (Ed.), Biological and behavioral foundations of emotion regulation. *Monographs of the Society for Research in Child Development, 59* (2–3, Serial No. 240), 167–186.

Posner, M. I., & Rothbart, M. K. (1998). Attention, self-regulation, and consciousness. *Philosophical Transactions of the Royal Society of London Biological Sciences, 353*(1377), 1915–1927.

Post, R. M., & Weiss, S. R. B. (1997). Emergent properties of neural systems: How focal molecular neurobiological alterations can affect behavior. *Development and Psychopathology, 9,* 907–929.

Premack, D. G., & Woodruff, G. (1978). Does the chimpanzee have a theory of mind? *Behavioral and Brain Sciences, 1,* 515–526.

Preston, S. D., & de Waal, F. B. M. (2002). Empathy: Its ultimate and proximate bases. *Behavioral and Brain Sciences, 25,* 1–72.

Prochaska, J. O., & Norcross, J. D. (2002). *Systems of psychotherapy: A transtheoiretical analysis* (5th ed.). Pacific Grove, CA: Brooks/Cole.

Puce, A., Allison, T., Gore, J. C., & McCarthy, G. (1995). Face-sensitive regions in human extrastriate cortex studied by functional MRI. *Journal of Neurophysiology, 74,* 1192–1199.

Pynoos, R. S., Steinberg, A. M., & Piacentini, J. C. (1999). A developmental psychopathology model of childhood traumatic stress and intersection with anxiety disorders. *Biological Psychiatry, 46*, 1542–1554.

Pynoos, R. S., Frederick, C., & Nader, K. (1987). Life threat and post-traumatic stress in school-age children. *Archives of General Psychiatry, 44*, 1057–1063.

Pynoos, R. S., Goenjian, A., Tashjian, M., Karakashian, M., Manjikian, R., Manoukian, G., et al. (1993). Post-traumatic stress reactions in children after the 1988 Armenian earthquake. *British Journal of Psychiatry, 163*, 239–247.

Rajkowska, G. (2003). Depression: What we can learn from postmortem studies. *Neuroscientist, 9*(4), 273–284.

Ramey, C. T., Campbell, F. A., Burchinal, M., Skinner, M. L., Gardiner, D. M. & Ramey, S. L. (2000) Persistent effects of early childhood education on high-risk children and their mothers. *Applied Developmental Psychology, 4*, 214.

Ramin, C. J. (2007). *Carved in sand: When attention fails and memory fades in midlife.* New York: HarperCollins.

Ramnani, N., & Miall, R. C. (2004). A system in the human brain for predicting the actions of others. *Nature Neuroscience, 7*, 85–90.

Reiman, E. M., Raichle, M. E., Butler, F. K., Hersocovitch, P., & Robins, E. (1984). A focal brain abnormality in panic disorder, a severe form of anxiety. *Nature, 310*, 683–685.

Reinhertz, H. A., Giaconia, R. M., Lefkowitz, E. S., Pakic, B., & Frost, A. K. (1993). Prevalence of psychiatric disorders in a community of older adolescents. *Journal of the American Academy of Child and Adolescent Psychiatry, 32*, 369–377.

Reiss, D., Neiderhiser, J. M., Hetherington, E. M., & Plomin, R. (2000). *The relationship code: Deciphering genetic and social patterns in adolescent development.* Cambridge, MA: Havard University Press.

Rezai, K., Andreason, N. C., Alliger, R., Cohen, G., Swayze, V., & O'Leary, D. S. (1993). The neuropsychology of the prefrontal cortex. *Archives of Neurology, 50*, 636–642.

Rilling, J. K., Gutman, D. A., Zeh, T. R., Panoni, G., Berns, G. S., & Kilts, C. D. (2002). A neural basis for social cooperation. *Neuron, 35*, 395–405.

Rilling, J. K., & Insel, T. R. (1999). Differential expansion of neural projection systems in primate brain evolution. *NeuroReport, 10*, 1453–1459.

Rizzolatti, G., & Arbib, M. A. (1998). Language within our grasp. *Trends in Neurosciences, 21*, 188–194.

Rizzolatti, G., Fadiga, L., & Gallese, V. (2001). Neurophysiological mechanisms underlying understanding and imitation. *Nature Reviews Neuroscience, 2*, 66–70.

Rizzolatti, G., Fadiga, L., Gallese, V., & Fogassi, C. (1996). Pre-motor cortex and the recognition of motor action. *Cognitive Brain Research, 3*(2), 131–141.

Robert, C., & Bishop, B. (2004). Depression. In T. P. Gullotta & G. A. Adams, *Handbook of behavioral problems: Evidence-based approaches to prevention and treatment* (pp. 200–230). New York: Springer.

Robin, A. L., (2007, October 19). Assessing and treating adolescents with ADHD. Address to the Northern California Psychiatry and CDS ADHD Best Practices Champions, Napa, CA.

Rochat, P. (2002). Various kinds of empathy as revealed by the developing child, not the monkey's brain. *Behavioral and Brain Science, 25,* 45–46.

Roehrs, T. (1993). Alcohol. In M. A. Carskadon, A. Rochtschaffen, G. Richardson, R. Roth, & W. Dement (Eds.), *Principles and practice of sleep medicine* (3rd ed., pp. 414–418). Philadelphia: W. S. Saunders.

Rogosch, F. A., Cicchetti, D., Shields, A., & Toth, S. L. (1995). Parenting dysfunction in child maltreatment. In M. H. Bornstein (Ed.), *Handbook of parenting. Vol. 4, Applied and practical parenting,* pp. 127–159. Mahwah, NJ: Erlbaum.

Roman, T., Szobot, C., Martins, S., Biederman, J., Rohde, L. A., & Hutz, M. H. (2002). Dopamine transporter gene response to methylphenidate in attention-deficit hyperactivity disorder. *Pharmacogenetics, 12,* 497–499.

Rosenberg, I., & Miller, J. (1992). Nutritional factors in physical and cognitive functions of elderly people. *American Journal of Clinical Nutrition, 55,* 12373–12435.

Ross, E. D., Homan, R. W., & Buck, R. W. (1994). Differential hemispheric lateralization of primary and social emotions: Implications for developing a comprehensive neurology for emotions, repression, and the subconscious. *Neuropsychology and Behavior Neurology, 7(1),* 1–19.

Rothbart, M. K., & Bates, J. E. (1998). Temperament. In W. Damon (Series Ed.) & N. Eisenberg (Vol. Ed.), *Handbook of child psychology: Vol. 3. Social, emotional, and personality development* (5th ed., pp. 105-176). New York: Wiley.

Rothbart, M. K., & Derryberry, D. (2002). Temperament in child. In C. von Hofsten & L. Bäckmen (Eds.), *Psychology at the turn of the millennium: Vol. 2. Social, developmental, and clinical perspectives* (pp. 17–35). East Sussex, UK: Psychology Press.

Rothbart, M. K., & Posner, M. I. (2006). Temperment, attention, and developmental psychopathology. In D. Cicchetti & D. Cohen (Eds.), *Developmental psychopathology: Vol. 2. Developmental neuroscience* (pp. 465–502). New York: Wiley.

Rubia, K., Overmeyer, S., Taylor, E., Brammer, M., Williams, S. C. R., Simmons, A., et al. (1999). Hypofrontality in attention deficit hyperactivity disorder during higher-order motor control: A study with functional MRI. *American Journal of Psychiatry, 156,* 891–896.

Rubin, K. H., Bukowski, W., & Parker, J. G. (1998). Peer interactions, relationships, and groups. In W. Damon (Series Ed.) & N. Einsenberg (Vol. Ed.), *Handbook of child psychology: Vol 2: Cognition, Perception, and Language* (pp. 619–700). New York: Wiley.

Rubin, K. H., Burgess, K. B., Kennedy, A. E., & Steward, S. L. (2003). Social withdrawal in childhood. In E. J. Mash & R. A. Barkley (Eds.), *Child psychopathology* (2nd ed., pp. 372–408). New York: Guilford Press.

Rudebeck, P. H., Buckley, M. J., Walton, M. E., & Rushworth, M. F. S. (2006). A role for the macaque anterior cingulate gyrus in social valuation. *Science, 313,* 1310–1312.

Rutter, M., and the English and Romanian Adoptees (ERA) Study Team. (1998). Developmental catch-up, and deficit, following adoption after severe global early privation. *Journal of Child Psychology and Psychiatry, 39(4),* 465–476.

Rutter, M., Kreppner, J., & O'Connor, T. (2001). Specificity and heterogeneity in children's responses to profound institutional privation. *British Journal of Psychiatry, 179,* 97–103.

Saarni, C., Mumme, D., & Campos, J. J. (1998). Emotional development: Action, communication, and understanding. In W. Damon (Series Ed.) & N. Eisenberg

(Vol. Ed.), *Handbook of child psychology: Vol. 3. Social, emotional, and personality development* (5th ed., pp. 237–309) New York: Wiley.

Sabbagh, M. A. (2004). Understanding orbital frontal contributions to the theory-of-mind reasoning. Implications for autism. *Brain and Cognition, 55*, 209–219.

Sadato, N., Pascual-Leone, A., Grafman, J., Ibanez, V., Delber, M. F., Dodd, G., et al. (1996). Activation of the primary visual cortex by Braille reading in blind subjects. *Nature, 380*, 526–528.

Safran, J. D., & Muran, J. C. (2003). *Negotiating the therapeutic alliance: A relational treatment guide.* New York: Guilford Press.

Salinger, J. D. (1951). *The catcher in the rye.* Boston: Little, Brown.

Sandler, J., & Freud, A. (1985). *The analysis of defense.* New York: International Universities Press.

Sandu, S., Cook, P., & Diamond, M. C. (1985). Rat cortisol estrogen receptors: male-female, right-left. *Experimental Neurology, 92*(1), 186–196.

Sapolsky, R. M. (1997). The importance of a well-groomed child. *Science, 277*, 1620–1621.

Sapolsky, R. M. (1996). Why stress is bad for your brain. *Science, 273*, 749–750.

Sapolsky, R. M. (1998). *Why zebras don't get ulcers: An updated guide to stress, stress-related diseases and coping* (2nd Ed.). New York: W. H. Freeman and Co.

Sapolsky, R. M. (2004). *Why zebras don't get ulcers.* New York: Henry Holt.

Sapolsky, R. M., Romero, L. M., & Munck, A. U. (2000). How do glucorcorticoids influence stress response? Integrating permissive suppressive, stimulatory, and preparative actions. *Endocrine Reviews, 21*, 55–89.

Saxena, S., Brody A. L., Maidment, K. M., Dunkin, J. J., Colgan, M., Alborzian, S., Phelps, M. E., Baxter, L. R., Jr (1999). Localized orbitofrontal and subcortical metabolic changes and predictors of response to paroxetine treatment in obsessive-compulsive disorder. *Neuropsychopharmacology, 21*(6): 683–93.

Saxena, S., Brody, A. L., Maidment, K. M., Smith, E. C., Zohrabi, N., Katz, E., et al. (2004). Cerebral glucose metabolism in obsessive-compulsive hoarding. *American Journal of Psychiatry, 161*(6), 1038–1048.

Scarr, S. (1992). Development and individual differences. *Child Development, 63*, 119.

Scarr, S., (1993) Biological and cultural diversity: The legacy of Darwin for development. *Child Development, 64*, 1333–1353.

Schaie, K. W., & Willis, S. L. (1986). Can decline in adult intellectual functioning be reversed? *Developmental Psychology, 22*(2), 121–128.

Schechter, D. S. (2004). How post-traumatic stress affects mothers' perceptions of their babies: A brief video feedback intervention makes a difference. *Zero to Three, 24*(3), 143–165.

Schiffer, F., Teicher, M. H., & Papanicolaou, A. C. (1995). Evoked potential evidence for right brain activity during the recall of traumatic memories. *Journal of Neuropsychiatry and Clinical Neurosciences, 7*, 169–175.

Schmidt, L. A. (1999). Frontal brain electrical activity in shyness and sociability. *Psychological Science, 10*, 316–321.

Schmidt, L. A., Trainor, L. J., & Santesso, D. L. (2003). Development of frontal electroencephalogram (EEG) and heart rate (ECG) responses to affective musical stimuli during the first twelve months of post natal life. *Brain and Cognition, 52*, 27–32.

Schoenbaum, G., Chiba, A., & Gallagher, M. (2003). Orbitofrontal and basolateral amygdala encode expected outcomes during learning. *Journal of Neurophysiology*, *89*, 2823–2838.

Schoenbaum, G., Setlow, B., Nugent, S. L., Saddoris, M. P. A., & Gallagher, M. (2003). Lessons of orbito frontal cortex and basolateral amygdala complex disrupt acquisition of odor-guided discriminations and reversals. *Learning and Memory*, *10*, 129–140.

Schore, A. N. (1994). *Affect regulation and the origins of the self: The neurobiology of emotional development*. Hillsdale, NJ: Lawrence Erlbaum.

Schore, A. N. (1997). A century after Freud's Project—Is a rapprochement between psychoanalysis and neurobiology at hand? *Journal of the American Psychoanalytic Association*, *45*, 1–34.

Schore, A. N. (2002). Clinical implications of psychoneurobiological model of projective identification. In S. Alhanati (Ed.), *Primitive mental states*, Vol. 2, 1–65. New York: Karnac.

Schore, A. N. (2003). *Affect regulation and the repair of the self*. New York: Norton.

Searlman, A. (1977). A review of right hemisphere linguistic capabilities. *Psychological Bulletin*, *84*(3), 503–528. (spelled wrong in text)

Schmand, B., Smit, J. H., Geerlings, M. I., & Lindeboom, J. (1997). The effects of intelligence and education on the development of dementia: A test of the brain reserve hypothesis. *Psychological Medicine*, *27*, 1337–1344.

Schwartz, C. E., Wright, C. I., Shin, L. M., et al. (2003). Inhibited and uninhibited infants grown up: Adult amygdalar response to novelty. *Science*, *300*, 1952–1953.

Searlman, A. (1977). A review of right hemisphere linguistic capabilities. *Psychological Bulletin*, *84*(3), 503–528. (spelled wrong in text).

Seeman, T. E., Glei, D., Goldman, N., Weinstein, M., Singer, B., & Lin, Y. H. (2004). Social relationships and allostatic load in Taiwanese elderly and near elderly. *Social Science and Medicine*, *59*(11), 2245–2257.

Seeman, T. E., Lusignolo, T. M., Albert, M., & Berkman, L. (2001). Social relationships, social support, and patterns of cognitive aging in healthy, high-functioning older adults: MacArthur studies of successful aging. *Health Psychology*, *20*(4), 243–255.

Segal, L. B., Oster, H., Cohen, M., Caspi, B., Myers, M., & Brown, D. (1995). Smiling and fussing in seven-month-old preterm and full-term Black infants in the still-face situation. *Child Development*, *66*, 1829–1843.

Segal, M. (2003). Dendritic spines and long-term plasticity, *Nature*, *6*, 277–284.

Segal, Z. V., Williams, J. M. G., & Teasdale, J. D. (2002). *Mindfulness-based cognitive therapy for depression: A new approach to preventing relapse*. New York: Guilford Press.

Sergent, J., Ohta, S., & MacDonald, B. (1992). Functional neuroanatomy of face and object processing. *Brain*, *115*, 15–36.

Shaffer, D., Fisher, P., Dulkan, M. K, et al. (1996). The NIMH Diagnostic Interview Schedule for Children version 2.3 (DISC–2.3): Ddescription, acceptability, prevalence rates and performance in the MECA study. *Journal of the American Academy of Child and Adolescent Psychiatry*, *35*(7), 865–877.

Sheline, Y. I. (2003). Neuroimaging studies of mood disorder effects on the brain. *Biological Psychiatry*, *54*(3), 338–352.

Sheline, Y. I., Sanghavi, M., Mintun, M. A., & Gado, M. H. (1999). Depression duration but not age predicts hippocampal volume loss in medically healthy women with recurrent major depression. *Journal of Neuroscience, 19,* 5034–5043.

Shoda, Y., Mischel, W., & Peake, P. K. (1990). Predicting adolescent cognitive and self-regulatory competencies from preschool delay of gratification: Identifying diagnostic conditions. *Development Psychology, 26,* 978–986.

Shoenthaler, S., Stephen, A., & Doraz, W. (1991). Controlled trail of vitamin-mineral supplementation on intelligence and brain function. *Personal Differences, 12,* 343–350.

Shore, R. (1997). *Rethinking the brain.* New York: Families and Work Institute.

Siegel, D. J. (1999). *Developing mind: Toward a neurobiology of interpersonal experience.* New York: Guilford Press.

Siegel, D. J., & Hartzell, M. (2004). *Parenting from the inside out.* New York: Jeremy P. Tarcher/Penguin.

Siegel, R. E. (1968). *Galen's system of physiology and medicine.* Basel: Kargel.

Silver, L. B. (1999). *Attention-deficit hyperactivity disorder* (2nd ed.). Washington, DC: American Psychiatric Press.

Silverman, W. K., Kurtines, W. M., Ginburg, G. S., Weems, C. F., Rabian, B., & Saraine (1999). Contingency management, self-control, and education support in the treatment of childhood phobic disorders: A randomized clinical trait. *Journal of Consulting and Clinical Psychology, 67,* 995–1003.

Simonian, S. J., Beidel, D. C., Turner, S. M., Berkes, J. L., & Long, J. H. (2001). Recognition of facial affect by children and adolescents diagnosed with social phobia. *Child Psychiatry and Human Development, 32*(2), 137–145.

Singer, B., & Ryff, C. D. (1999). Hierarchies of life histories and associated health risks. *Annals of the New York Academy of Sciences, 896,* 96–116.

Skarda, C. A., & Freeman, W. J. (1987). How brains make chaos in order to make sense of the world. *Behavioral and Brain Sciences, 10,* 161–195.

Smith, B., Waschbusch, D., Willoughby, M., & Evans, S. (2000). The efficacy, safety, and practicality of treatments for adolescents with attention-deficit/hyperactivity disorder (ADHD). *Clinical Child and Family Psychology Review, 3,* 243–267.

Society for Neuroscience (2000). Brain briefings: Astrocytes. http://www.sfn.org/index.cfm?pagename=brainbriefings_astrocytes.

Solms, M., & Saling, M. (1990). *A moment of transition: Two neuroscientific articles by Sigmund Freud.* London: Karnac Books and the Institute for Psycho-Analysis.

Solomon, G. F., & Moos, R. H. (1965). The relationship of personality to the presence of rheumatoid factor in asymptomatic relatives of patients with rheumatoid arthritis. *Psychosomatic Medicine, 27,* 350.

South-Gerow, M. A, Kendall, P. C., & Weersing, V. R. (2001). Examing outcome variability: Correlates of treatment response in a child and adolescent anxiety clinic. *Journal of Child Clinical Psychology, 30,* 422–436.

Spear, L. P. (2000). The adolescent brain and age-related behavioral manifestations. *Neuroscience and Biobehavioral Reviews, 24,* 417–463.

Spence, S. H., Donovan, C., & Brechman-Tousaint, M. (2000). The treatment of childhood social phobia: The effectiveness of a social skills based cognitive-behavioral intervention, without parental involvement. *Journal of Clinical Psychology and Psychiatry, 41,* 731–726.

Spitz, R. A. (1983). *Dialogues from infancy: Selected papers*. R. N. Emde (Ed.). New York: International Universities Press.

Springer, S., & Deutsch, G. (1998). *Left brain, right brain: Perspectives from cognitive neuroscience*. New York: W. H. Freeman

Sroufe, L. A. (1996). *Emotional development: The organization of emotional life in the early years*. New York: Cambridge University Press.

Sroufe, L. A., Egeland, B., Carlson, E. A., & Collins, W. A. (2005). *The development of the person: The Minnesota study of risk and adaptation from birth to adulthood*. New York: Guilford Press.

Stallard, P. (2000). Debriefing adolescents after critical life events. In B. Raphael & J. P Wilson (Eds.), *Psychological debriefing: Theory, practice, and evidence* (pp. 213–224). New York: Cambridge University Press.

Stams, G. J. M., Juffer, F., & Van IJzendoorn, A. H. (2002). Maternal sensitivity, infant attachment, and temperament in early childhood predict adjustment in middle school. *Developmental Psychology, 38*, 806–821.

Stein, P., & Kendall, J. (2003). *Psychological trauma and the developing brain: Neurologically based interventions for troubled children*. Binghamton, NY: Haworth Maltreatment and Trauma Press.

Steinberg, L., Dahl, R., Keating, D., Kupfer, D. J., Masten, A. S., & Pine, D. S. (2006). The study of developmental psychopathology in adolescence: Affective neuroscience with the study of context. In D. Cicchetti & D. Cohen (Eds.), *Developmental psychopathology: Vol. 2. Developmental neuroscience* (pp. 710–741). Hoboken, NJ: Wiley.

Steinberg, L., Lamborn, S. D. Dornbusch, S., & Darling, N. (1992). Impact of parenting practices on adolescent achievement: Authoritative parenting, school involvement, and encouragement to succeed. *Child Development, 63*, 1266–1281.

Sterling, P., & Eyer, J. (1998). Allostasis: A new paradigm to explain arousal pathology. In S. Fischer & J. Reason (Eds.), *Handbook of life stress, cognition and health* (pp. 629–649). New York: Wiley.

Stern, D. N. (1985). *The interpersonal world of the infant: A view from psychoanalysis and developmental psychology*. New York: Basic Books.

Stern, D. N., Sander, L. W., Nahum, J. P., Harrison, A. M., Lyons-Ruth, K., Morgan, A. C., et al. (1998). Non-interpretive mechanisms in psychoanalytic psychotherapy. The "something more" than interpretation. *International Journal of Psychoanlaysis, 79*, 903–921.

Stuss, D. T., Alexander, M. P., Floden, D., Binns, M. A., Levine, B., McIntosh, A. R., et al. (2002). Fractionation and localization of distinct frontal lobe process: Evidence from focal lesion in humans. In D. T. Stuss & R. T. Knight (Eds.), *Principles of frontal lobe function* (pp. 392–407). New York: Oxford University Press.

Sullivan, R. M., & Gratton, A. (2002). Prefrontal cortical regulation of hypothalamic-pituitary adrenal function in the rat and implications for psychopathology: Side matters. *Psychoneuroendrocrinology, 27*, 99–114.

Susman, E. J., & Rogel, A. (2004). Puberty and psychological development. In R. M. Lerner & L. Steinberg (Eds.), *Handbook of adolescent psychology* (2nd ed., pp. 15–44). Hoboken, NJ: Wiley.

Takahashi, K. (1990). Are the key assumptions of the "Strange Situation" procedure universal? A view from Japanese research. *Human Development, 33,* 23–30.

Tangney, J., & Fischer, K. (Eds.). (1995). *Self-conscious emotions: The psychology of shame, guilt, emabarrassment, and pride.* New York: Guilford Press.

Taylor, W. D., Steffens, D. C., MacFall, J. R., McQuiod, D. R., Payne, M. E., Provenzale, J. M., et al. (2003). White matter hyperintensity progression and late-life depression outcomes. *Archives of General Psychiatry, 60*(11), 1090–1096.

Teasdale, J. D., Howard, R. J., Cox, S. G., Ha, Y., Brammer, M. J., Williams, S. C. R., & Checkley, S. A. (1999). Functional MRI study of the cognitive generation of affect. *American Journal of Psychiatry, 156,* 209–215.

Teichner, G., & Golden, C. J. (2000). The relationship of neuropsychological impairment to conduct disorder in adolescence: A conceptual review. *Aggression and Violent Behavior, 5,* 509–528.

Teicher, M. H. (2002). Scars that won't heal: The neurobiology of child abuse. *Scientific American, 286*(3), 68–75.

Teicher, M. H., Andersen, S. L., & Hostetter, J. C. (1995). Evidence for dopamine receptor pruning between adolescence and adulthood in striatum but not nucleus accumbens. *Developmental Brain Research, 89,* 167–172.

Teicher, M. H., Andersen, S. L., Polcari, A., Anderson, C. M., & Navalta, C. P. (2002). Developmental neurobiology of childhood stress and trauma. *Psychiatric Clinics of North America, 25,* 397–426.

Teichner, M. H., Anderson, S. L., Polcari, A., Anderson, C. M., Navalta, C. P., & Kim, D. M. (2003). The neurobiological consequences of early stress and childhood maltreatment. *Neuroscience and Biobehavioral Reviews, 27,* 33–44.

Teicher, M. H., Dumont, N. L., Ito, Y., Vaituzis, C., Geidd, J. N., & Andersen, S. L. (2004). Childhood neglect is associated with reduced corpus callosum area. *Biological Psychiatry, 56,* 80–85.

Teicher, M. H., Glod, C. A., Surrey, J., & Swett, C., Jr. (1993). Early childhood abuse and limbic system ratings in adult psychiatric outpatients. *Journal of Neuropsychiatry and Clinical Neurosciences, 5,* 301–306.

Teicher, M. H., Ito, Y., Glod, C. A., Andersen, S. L., Dumont, N., & Ackerman, E. (1997). Preliminary evidence for abnormal cortical development in physically and sexually abused children using EEG coherence and MRI. *Annals of the New York Academy of Sciences, 821,* 160–175.

Teuber, H.-L. (1964). The riddle of frontal lobe function in man. In J. M. Warren & K. Akert (Eds.). *The frontal granular cortex and behaviour* (pp. 410–444). New York: McGraw-Hill.

Thatcher, R. W., Walker, R. A., & Giudice, S. (1987). Human cerebral hemispheres develop at different rates and ages. *Science, 236,* 1110–1113.

Thayer, J. F., & Cohen, B. H. (1985). Differential hemispheric lateralization for positive and negative emotion: An electromyographic study. *Biological Psychology, 21*(4), 265–266.

Thomas, A., & Chess, S. (1977). *Temperament and development.* New York: Brunner/Mazel.

Thompson, P. M., Giedd, J. N., Woods, R. P., MacDonald, D., Evans, A. C., & Toga, A. W. (2000). Growth patterns in the developing brain detected by using continuum mechanical tensor maps. *Nature, 404,* 190–193.

Thompson, R. A. (1999). Early attachment and later development. In J. Cassidy &

P. R. Shaver (Eds.), *Handbook of attachment: Theory, research, and clinical applications* (pp. 265–286). New York: Guilford Press.

Tillfors, M. (2004). Why do some individuals develop social phobia? A review with emphasis on the neurobiological influences. *Nordic Journal of Psychiatry, 58*(4), 267–276.

Treatment of Adolescents with Depression Study Team. (2004). Fluoxetine, cognitive-behavioral therapy, and their combination for adolescents with depression. *Journal of the American Medical Association, 292*: 807–820.

Treadwell, K. R. H., Flannery-Schroeder, E. C., & Kendell, P. C. (1995). Ethnicity and gender in relative to adaptive functioning, diagnostic status, and treatment outcome in children from an anxiety clinic. *Journal of Anxiety Disorders, 9*, 373–384.

Trevarthen, C. (1993). The self born in intersubjectivity: The psychology of an infant communicating. In U. Neisser (Ed.), *The perceived self: Ecological and interpersonal sources of self-knowledge.* Cambridge: Cambridge University Press.

Trevarthen, C. (1996). Lateral asymmetries in infancy: Implications for the development of the hemispheres. *Neuroscience and Biobehavioral Reviews, 20*, 1–16.

Tronick, E. (1989). Emotion and emotional communication in infants. *American Psychologist, 44*, 112–119.

Tronick, E. Z., & Weinberg, M. K. (1997). Depressed mothers and infants: Failure to form dyadic states of consciousness. In L. Murray, & P. J. Cooper (Eds.), *Postpartum Depression and Child Development* (pp. 54–81). New York: Guilford Press.

Tronick, E. (1989). Emotion and emotional communication in infants. *American Psychologist, 44*, 112–119.

True, W. R., Rice, J., Eisen, S. A., Heath, A. C., Goldberg, J., Lyons, M. J., et al., (1993). A twin study of genetic and environment contributions to liability for posttraumatic stress symptoms. *Archives of General Psychiatry, 50*, 257–264.

Tucker, D., Penland, J., Sanstead, H., et al. (1990). Nutritional status and brain function in aging. *Journal of Clinical Nutrition, 52*, 93–102.

Tucker, D. M., Luu, P., & Pribram, K. H. (1995). Social and emotional self-regulation. In J. Grafman & K. J. Hoyoak, (Eds.), *Structure and functions of the human prefrontal cortex,* (pp. 213–239). New York: New York Academy of Sciences.

Tupler, L. A., Krishnan, K. R., McDonald, W. N., Dombeck, C. B., D'Souza, S., & Steffens, D. C. (2002). Anatomic location and laterality of MRI signal hyperintensities in late-life depression. *Journal of Psychosomatic Research, 53*(2), 665–676.

Twenge, J. M., & Nolen-Hoeksema, S. (2002). Age, gender, race, socioeconomic status, and birth cohort differences on the Children's Depression Inventory: A meta-analysis. *Journal of Abnormal Psychology, 111*, 578–588.

Ullman, M. T., Miranda, R. A., & Travers, M. L. (2008). Sex differences in the neurocognition of language. In J. B. Becker, K. J. Berkley, N. Geary, E. Hampson, J. P. Herman, & E. A. Young (Eds.), *Sex differences in the brain: From genes to behavior* (pp. 291–309). New York: Oxford University Press.

Underwood, M. K., Coie, J. D., & Herbsman, C. R. (1992). Display rules for anger and aggression in school-age children. *Child Development, 62*, 366–380.

University of Utah Neuropsychiatric Institute. *Adolescent depression: An overview.* Available from author, 501 Chipeta Way, Salt Lake City, UT 84108.

Urry, H. L., Nitschke, J. B., Dolski, I., Jackson, D. C., Dalton, K. M., Mueller, C. J., et al. (2004). Making a life worth living: Neural correlates of well-being. *Psychological Science, 15*(6), 367–372.

Uvnäs-Moberg, K. (1998). Oxytocin may mediate the benefits of positive social interaction and emotions. *Psychoneuroendocrinology, 23,* 819–835.

Vaidya, C. J., Austin G., Kirkorian G., Ridlehuber, H. W., Desmond J. E., Glover, G. H., et al. (1998). Selective effects of methylphenidate in attention deficit hyperactivity disorder: A functional magnetic resonance study. *Proceedings of the National Academy of Science, 95,* 14494–14499.

Van den Boom, D. C. (1994). The influence of temperament and mothering on attachment and sensitive responsiveness among lower-class mothers with irritable infants. *Child Development, 65,* 1457–1477.

van der Kolk, B. A. (1996). The complexity of adaptation to trauma: Self-regulation, stimulation discrimination, and characterlogical development. In B. A.van der Kolk, A. C. Mcfarlane, & L. Weisaeth (Eds.), *Traumatic stress: The effects of overwhelming experience on mind, body, and society* (pp. 182–213). New York: Guilford Press.

van der Kolk, B. A., Perry, J. C. & Herman, J. L. (1991). Childhood origins of self-destructive behavior. *American Journal of Psychiatry, 148,* 1665–1671.

van der Kolk, B. A. (2003). The neurobiology of childhood trauma and abuse. *Child and Adolescent Psychiatric Clinics of North America, 12,* 293–317.

van IJzendoorn, M. H., & Bakerman-Kranenburg, M. J. (1997). Intergenerational transmission of attachment: A move to the contextual level. In L. Atkinson and K. L. Zucker (Eds.), *Attachment and psychopathology* (pp. 135–170). New York: Guilford Press.

Vaughn, B. E., & Bost, K. K. (1999). Attachment and temperament: Redundent, independent, or interacting influences on interpersonal adaptation and personality development? In J. Cassidy & P. R. Shaver (Eds.), *Handbook of attachment: Theory, research, and clinical applications,* 198–223. New York: Guilford Press.

Vernadakis, A. (1996). Glia-neuron intercommunications and synaptic plasticity. *Progressive Neurobiology, 49,* 185–214.

Videbech, P., & Ravnkilde, B. (2004). Hippocampal volume and depression: A meta-analysis of MRI studies. *American Journal of Psychiatry, 16*(11), 1957–1966.

Volkow, N. D., Wang, G. J., Fowler, J. S., Gatley, S. J., Logan, J., Ding, Y. S., et al. (1998). Dopamine transporter occupancies in the human brain induced by therapeutic doses of oral methylphenidate. *American Journal of Psychiatry, 155,* 1325–1331.

von Bertalanffy, L. (1968). *General systems theory.* New York: Braziller.

Waas, G. A., & Graczyk, P. A. (2000). Child behaviors leading to peer rejection: A view from the peer group. *Child Study Journal, 29*(4), 291–306.

Walker-Andrews, A. S. (1997). Infants' perception of expressive behaviors: Differenciation of multimodal information. *Psychological Bulletin, 121,* 437–456.

Wallin, D. (2007). *Attachment in psychotherapy.* New York: Guilford Press.

Waslick, B. D., Kandel, R., & Kakouros, A. (2005). Depression in children and adolescents. In D. Shaffer and B. D. Waslik (Eds.), *The many faces of depression in children and adolescents.* Washington, DC: American Psychiatric Association.

Watson, C., & Gametchu, B. (1999). Membrane-initiated steroid actions and the proteins that mediate them. *Proceedings of the Society for Experimental Biology and Medicine, 220,* 9–19.

Weems, C. F., Hayward, C., Killen, J. D. & Taylor, C. B. (2002). A longitudinal investigation of anxiety sensitivity in adolescents. *Journal of Abnormal Psychology, 111,* 471–477.

Weinberg, H. A. (1999). Parent training for attention-deficit hyperactivity disorder: Parent and child outcome. *Journal of Clinical Psychology, 55*(7), 907–913.

Weiner, I. (1998). *Principles of psychotherapy.* New York: Wiley.

Weinfield, N. S., Stroufe, L. A., Egeland, B., & Carlson, E. A. (1999). The nature of individual differences in infant-caregiver attachment. In J. Cassidy & P. R. Shaver (Eds.), *Handbook of attachment: Theory, research, and clinical applications* (pp. 68–88). New York: Guilford Press.

Weissman, M. M., Wolk, S., Goldstein R. B., et al. (1999). Depressed adolescents grown up. *Journal of the American Medical Association, 281,* 1701–1713).

Wellman, H. M., Harris, P. L., Banerjee, M., & Sinclair, A. (1995). Early understandings of emotion: Evidence from natural language. *Cognition and Emotion, 9,* 117–149.

Werner, E. E. (1990). Protective factors and individual resilience. In S. J. Meisels & J. P. Shonkoff (Eds.), *Handbook of early childhood intervention, 2nd ed.* pp. 115–132. New York: Cambridge University Press.

Werner, E. E., & Smith, R. S. (2001). *Journeys from childhood to midlife: Risk, resilience, and recovery.* Ithaca, NY: Cornell University Press.

Wexler, B. (2006). *Brain and culture: Neurobiology, ideology, and social change.* Boston: MIT Press.

Wexler, B. E., Gottschalk, C. H., Fulbright, R. K., Prohovnik, I., Lacadie, C. M., Rounsaville, B. J., et al. (2001). Functional magnetic resonance imaging of cocaine craving. *American Journal of Psychiatry, 158,* 86–95.

Whalen, P. J. (1998). Fear, vigilance, and ambiguity: Initial neuroimaging studies of the human amygdala. *Current Directions in Psychological Science, 7,* 177–188.

Whalen, P. J., Kagan, J., & Cook, R. G. (2004). Human amygdala responsivity to masked fearful eye whites. *Science, 306,* 2061.

Wheeler, R. E., Stuss, D. T., & Tulving, E. (1997). Toward a theory of episodic memory: The frontal lobes and autonoetic consciousness. *Psychological Bulletin, 121,* 331–354.

Winnicott, D. W. (1941/1975a). Primitive emotional development. In *Through paediatrics to psycho-analysis: Collected papers* (pp. 142–160). London: Hogarth Press.

Winnicott, D. W. (1941/1975b). The observation of infants in a set situation. In *Through paediatrics to psycho-analysis: Collected papers* (pp. 52–70). London: Hogarth Press.

Winnicott, D. W. (1953). Transitional objects and transitional phenomena. *International Journal of Psychoanalysis, 34,* 89–97.

Winnicott, D. W. (1965). The theory of the parent-infant relationship. *International Journal of Psycho-Analysis, 41:* 585–595.

Winnicott, D. W., (Ed.) (1965/1990). The maturational processes and the facilitating environment. London: Karnac Books.

Winnicott, D. W., (1967/1971). Mirror role of mother and family in child development. In D. W. Winnicott, *Playing and reality* (pp. 111–118). London: Tavistock.

Winnicott, D. W. (1975). *Holding and interpretation.* New York: Basic Books.

Witelson, S. F., Glezer, I. I., & Kigar, D. L. (1995). Woman have greater density of neurons in the posterior temporal cortex. *Journal of Neuroscience, 15*(5), 3418–3428.

Wittling, W., & Pfluger, M. (1990). Neuroendocrine hemisphere asymmetries: Salivary cortisol secretion during lateralized viewing of emotion-related and neutral films. *Brain and Cognition, 14,* 243–265.

Wolfe, A. E. (2002). Get out of my life, but first could you drive me and Cheryl to the mall?: A parent's guide to the new teenager. New York: Farrar, Straus, and Giroux.

Wolpe, J. (1958). *Psychotherapy by reciprocal inhibition.* Stanford, CA: Stanford University Press.

Wood, J. J., McLeod, B. D., Sigman, M., Hwang, W., & Chu, B. C. (2003). Parenting and childhood anxiety: Theory, empirical, and future directions. *Journal of Child Psychology and Psychiatry, 44,* 134–151.

Wu, J., Kramer, G. L., Kram, M., Steciuk, M., Crawford, I. L., & Petty, F. (1999). Serotonin and learned helplessness: A regional study of 5-HTIA receptors and serotonin transport site in rat brain. *Journal of Psychiatric Research, 33,* 17–22.

Wu, J. C., Buschsbaum, M. S., Hersey, T. G., Hazlett, E., Sciotte, N., & Johnson, J. C. (1991). PET in generalized anxiety disorder. *Biological Psychiatry, 29,* 1181–1199.

Wurtman, R., Hefti, F., & Malamed, E. (1981). Precursor control of neurotransmitter synthesis. *Pharmacology Review, 32,* 315–335.

Yang, T., Menon, V., Eliez, S., Blasey, C., White, C. D., Reid, A. J., et al. (2002). Amygdalar activation associated with positive and negative facial expressions. *NeuroReport, 13,* 1737–1741.

Yehuda, R. (2001). Postraumatic stress disorder. *Journal of Clinical Psychiatry, 62* (Suppl. 17) 23–28.

Yehuda, R., Keefe, R. S. E., Harvey, P. D., Levengood, R. A., Gerber, D. K., Geni, J., et al. (1995). Learning and memory in combat veterans with posttraumatic stress disorder. *American Journal of Psychiatry, 152,* 137–139.

Young, L. J., Lim, M. M., Gingrich, B., & Insel, T. R. (2001). Cellular mechanisms of social attachment. *Hormones and Behavior, 40,* 133–138.

Yule, W. (2001). Post-traumatic disorder in children and adolescents. *International Review of Psychiatry, 13,* 194–200.

Yule, W., Perrin, S., & Smith, P. (1999). Post-traumatic reactions in children and adolescents. In W. Yule (Ed.), *Posttraumatic stress disorders* (pp. 25–50). New York: Wiley.

Zahn-Waxler, C., Cole, P. M., & Baraett, K. C. (1991). *Guilt and empathy: Sex differences and implications for the development of depression.* In J. Garber & K. A. Dodge (Eds.) *Emotional regulation and dysregulation* (pp. 243–272). Cambridge, England: Cambridge University Press.

Zahn-Waxler, C., & Radke-Yarrow, M. (1990). The origins of empathetic concern. *Motivation and Emotion, 14,* 107–130.

Zeisel, S., & Blusztajn, J. (1994). Choline and human nutrition. *Annual Review of Nutrition, 14,* 269–296.

Zuercher-White, E. (1997). *Treating panic disorder and agoraphobia: A step-by-step clinical guide.* Oakland, CA: New Harbinger Publications.

찾아보기

ㄱ

가족 체계 119

가지치기 15, 24, 264, 284

각성 267

간뇌 267

감정신호 인지 불능증 97

감정표현 불능증 98

강박장애 184, 189

강박적 사고 189

강박적 행동 189

개념적 체계 144

개별화교육계획 173

거울신경세포 95, 124

거짓 자기 55, 59, 67

격려 41

결정적 시기 9, 18, 34

경조증 229

경험기대 14

경험기대적 발달 18

경험의존 14

경험의존적 학습 20

계통발생적 순서 18

고각성 214

고위경로 268, 281

고전적 조건형성 268

공감 124

공감능력 125

공고화 270

공동구성 133

공명 62

공포 조건화 267, 268

공포증 269

공포 회로 각성 38

공황 발작 269

공황장애 181, 182, 184, 231

과립세포 11

과분극 256

과잉행동 155

관계 손상 52, 72

관대한 유형 114

교감신경계 92

교차양상 61, 68

교차양상 표상 272

구 272

구안파신 166

국재화 가설 3

권위 있는 부모 114

귀납적 방식 114

글루탐산 12, 259, 285

급성 스트레스 장애 215

기반 32

기본 신뢰 63

기질 31, 32, 37, 64

기초 상태 87

긴장 36

까다로운 아이 33

ㄴ

날트렉손 263

내러티브 66, 83, 102, 128

내적작동모델 67, 204, 238

내측 전전두피질 126

내향성 32

네트워크 263

노르아드레날린 262

노르에피네프린 161, 234, 262

노르트립틸린 165

노출 기법 93, 269

노출 및 반응방지 기법 198

노출 반복 188

노출-반응-예방 기법 93

놀람 반사 268

놀이치료 82

뇌간 259, 266, 284

뇌교 267

뇌량 15, 161, 271, 278

뇌 방추 영역 95

뇌신경가소성 39, 283

뇌 유래 신경영양인자 79, 236

뇌전도 38, 276

뇌하수체 22

뉴런 8, 29, 254, 283

뉴런의 가소성 258

느린 아이 33

ㄷ

단기기억 280

단일 도식 67

달리 분류되지 않는 불안장애 184

당질코르티코이드 11, 37, 71

대뇌피질 17, 21, 272

대립 유전자 62

대상 중심 체계 130

대상피질 80

대상회 271

데시프라민 165

덱스트로암페타민 164

도식 45, 61, 91

도파민 11, 30, 128, 162, 259

독재적인 유형의 부모 113

동시성 73, 76

동화 45, 91

두정엽 21

둔감화 214

디제린-로시 증후군 267

디하이드로에피안드로스테론 103

디하이드로에피안드로스테론
   설페이트 103

또래 관계 163

ㄹ

리탈린 162

립세포 12

ㅁ

마음이론 71, 94, 125

맥락 독립적 결정 105

맥락 의존적 결정 105

메신저-RNA 80

메틸페니데이트 162, 164

모계 공격성 30

모노아민계 신경전달물질 259

모듈 263, 279

모르핀 11

모성 돌봄 72

모성 우울 74

무관심한 유형 114

무조건적인 관계 133

무조건적 자극 268

무표정 73

무표정 기법 60

물리적 근접성 42

미상핵 161

미소 43

미주신경 36

미주신경 긴장 75

민감기 18

ㅂ

바소프레신 128, 262, 263

반사 30

반영 기법 133

반영적 사고 109

반영하기 52, 71

반응 범위 35

발화 8

방추상회 130

방추세포 42, 128

배냇짓 43

배외측 전전두피질 21, 106, 162, 277, 280

백질 21, 106, 108, 161

범불안장애 181, 183

베르니케 영역 3

벤조디아제핀 11

변경유전자 34

변연계 5, 42, 267

변증법적 행동치료 244

보상 체계 259

보조 반구 275

복내측 전전두피질 107

복잡계 6

복잡성 6

복측 뇌간 160

복합 모델 67

부교감신경 36

부교감신경계 92, 282

부모 양육 방식 113

부신 103

부신 안드로겐 103

부신피질기 103

부신피질 자극호르몬 방출호르몬 233

부적강화 46, 170

부주의형 153

부프로피온 165

분리 56
분리불안 45
분리불안장애 181
분할 뇌 환자 273, 278
불안민감성 182
불안 애착 66
불안장애 181
불안정한 운동실조 267
불응기 257
불화 개선 134
브로카 영역 3, 124
비밀보장 241
비언어적 의사소통 130
비우세 반구 275
비활성 회로 131

ㅅ
사춘기 103
사회불안장애 181, 184, 201, 271
사회적 뇌 110, 264, 279
사회적 동물 29
사회적 미소 43, 124
사회적 참조 45
사회적 체계 139
삼환계 항우울제 165
상동증적 행동의식 189
상실 56
상위인지 67, 73, 109, 110, 125
상위인지 능력 239
상전두이랑 97

상측두고랑 125, 126
상측두구 130
상호성 73
상호참조 88
서술기억 270
선택적 노르에피네프린 재흡수 억제제 166
선택적 세로토닌 재흡수 억제제 201, 210, 261
설정 상황 54
섬엽 124, 125, 129
성인 애착 66
성인 애착 면접 66
성장호르몬 103
세로토닌 11, 62, 128, 234, 261
세포사멸 15, 19, 264
세포 이주 15
세포 정교화 15
세포체 254
소뇌 15, 22, 161, 267
솔기핵 261
수상돌기 8, 11, 15, 23, 254, 284
수용체 259
수초화 20, 106, 108
순한 아이 33
스트라테라 164
스트레스 11, 79, 233
시각 절벽 45
시각피질 61
시냅스 15, 19, 25, 254, 265
시냅스 가소성 258, 265

시냅스 수식 24
시냅스의 가지치기 107, 108
시냅스전 뉴런 254, 264
시냅스 틈 162, 256
시냅스후 뉴런 254, 264
시상 22, 267
시상하부 22
시상하부-뇌하수체-부신 축 79, 81, 263
시상하부-뇌하수체-부신피질(HPA) 축
 22
식세포 15
신경가소성 11, 23, 24, 53, 236, 258, 285
신경가소성의 유연성 127
신경계 254, 264
신경관 15
신경교세포 20, 254
신경다원주의 16, 284
신경 대사 25
신경로 264
신경망 264, 265, 283
신경발생 11, 12, 79, 236, 270, 283
신경 분자 타깃 237
신경세포 분열 12
신경역동 25, 264, 283
신경역동 어트랙터 144
신경영양인자 20, 285
신경전달물질 8, 10, 259
신경펩타이드 80, 262
신체 접촉 41
신피질 283

실행 기능 영역 160
실행 두뇌 279
심리교육 207, 251, 269
심리적 경험 보고 218
심상 노출 치료 220
쌍방향 조절 132

ㅇ

아스퍼거장애 97
아토목세틴 164, 166
안드로겐 103
안아주는 환경 51, 89, 119, 187
안와전두피질 10, 21, 73, 90, 107, 126,
 277, 281
안와전전두피질 261
안전지대 56
안전한 비상상황 92
안정기지 57, 63, 67
안정 애착 53, 66
안정전위 257
알부테롤 166
알츠하이머병 271
알파차단제 164, 166
암묵기억 52, 53, 58, 60, 63, 137
암묵기억체계 5
애더럴 164
애착 56
애착 관계 42
애착 대상 56
애착 도식 42, 58, 63, 67, 75, 110

애착 양식 57, 124, 238

애착 유형 58

양가적 애착 58

양극성 장애 228

양육 31

양육도식 29

양전자 방사 단층 촬영법 274

어트랙터 7, 18, 37, 60, 87

어트랙터의 결과물 206

억제 성향 183

얼굴 표정 43, 129

에스트로겐 29, 103

엔도르핀 262

역동 모델 101

역전이 186, 198, 212

연수 266

영아의 낯선 상황 57

오이디푸스 콤플렉스 50

옥시토신 29, 262, 263

외상 후 스트레스 장애 269, 270

외향성 32

외현기억 5, 71, 84, 282

우반구 16

우울 226

원시적 사고 42

원형 61

웰부트린 165

위험 성향 행동 218

유대감 41

유아기적 환상 50

유연성 92

유전자 31, 39

유전자 유래 14

유형론 32

육성된 천성 14

음성 피드백 72

의식행동 189

이미프라민 165

이완운동 89

이차 메신저 260

인지적 재구성 187, 197, 251, 269

인지행동치료 196, 206, 243

일일 주기 183

일차 메신저 259

ㅈ

자극감응훈련 188

자기강화 신경역동 현상 37

자기강화 주기 269

자기 인식 능력 94

자기조절 61, 68, 71

자기조직계 258

자기조직화 7, 23, 113

자기 체계 91

자동적 사고 209

자살 225, 231

자율신경계 36

자의식 46

자전적 기억 129, 240

자해 행동 216

작업기억 45, 162, 272

작업기억능력 280

장기강화 285

재결합 행동 57

재경험 214

재노출 218

재양육 132

재연 218

재외상 217

재흡수 256

저항 혹은 양가적 애착 59

적소 찾기 36

적합도 35

적합성 285

전대상피질 22, 38, 80, 128, 263, 271

전두엽 21, 126, 261, 279

전두엽-선조체-시상-대뇌피질 네트워크
   193

전운동 피질 61, 125

전이 145

전이관계 92

전이 역동 136

전전두피질 17, 21, 22, 45, 106, 160, 280

전측대상회 261

점진적인 노출 89

접근 성향 182

접근 정서 276

접근추구 56, 57

정서적 두뇌 281

정서적 상호작용 42, 46

정서적 조율 42, 44

정서조절 39, 44, 73, 238, 282

정신 모델 58

정신분석적 관점 101

정신역동적 심리치료 245

정신장애 진단 및 통계 편람 152

정신적 반응 8

정적강화 171

정적 관심 170, 171

정적 보상 체계 171

제한설정 133

조건화된 자극 268

조율 44, 51, 71, 132, 137

조절 63

조증 229

종말팽대 256

좌반구 16

주관적 고통 지수 198, 209

주관적 세계 55

주요우울장애 103, 229

주의력 280

주의력결핍장애 151

줄기세포 12, 283

중간대상 51

중뇌 267

중추신경자극제 164

증거 기반 상담 93

증거 기반 치료 146

지속적인 주의집중 152

지지적인 관계 52

진단 체계 141

ㅊ

창발적 과정 6
천성 31
청반 262
청소년 정신병리 111
체감각 126
체감각 피질 283
체계적 둔감화 89
초기 대상자 50
초점주의력 151
축삭돌기 15, 21, 108, 254
충돌 51
충동성 153
충분히 좋은 양육 51, 63, 89, 213
측뇌실 216
측두엽 21, 105, 271
치료 관계 131, 242
치료적인 뇌 125
치상회 11, 12, 283

ㅋ

코르티솔 9, 29, 58, 75, 116, 233
코르티솔 일일주기 리듬 217
클로니딘 166

ㅌ

탈분극 256
테스토스테론 103

토큰경제 172
투사 뉴런 261
투쟁도피 전략 38
투쟁-도피 행동 262
특성 8, 29, 182
특성화 16, 37
특정공포증 182

ㅍ

파국화 반응 213
파록세틴 194, 237
팍실 194, 237
편도체 15, 22, 38, 42, 45, 127, 130, 261, 267
편재화 156, 274
표상 60
프로게스테론 29
프로락틴 30
프로작 246
플래시백 269
플루옥세틴 246
피니어스 게이지 107, 281
피질 하부 127
핍돌기세포 108

ㅎ

하부 전전두피질 126
하위경로 268
항우울제 144, 246, 260, 261
해리 215

해마 5, 22, 71, 236, 270, 282, 283

행동치료 206

행동치료적 부모 양육 훈련 166

허용적인 부모 114

헤비안 가소성 117

헤비안 원리 77, 80

헤비안 학습 23, 258

헤비안 학습법 86

헴스테드 보육원 50

형식적 조작기 68

혼란 60

혼합 항우울제 165

화용론 275

확산적 사고 109

환경 민감성 283

환상 56, 88

활동떨림 267

활동전위 254, 258

회 272

회백질 24

회복탄력성 276

회피 214

회피 애착 58, 59, 66

후각신경구 283

후두엽 21, 273

후두정엽 125

후부피질 161

후성적 31

흑질 259

흥분성 신경전달물질 259

기타

BASE 123

BDNF 20

D4 도파민 수용체 161

DSM 141

GABA 259

GSK3β 237

G단백질 수용체 260

Hebb 원칙 34

Prochaska의 변화단계모델 활용 186

REM 수면 43, 104

2차 성징 103

24시간 주기리듬 104